frauen helfen frauen e.V.
Lübeck (Hrsg.)

BEI ALLER LIEBE . . .
GEWALT IM GESCHLECHTERVERHÄLTNIS

Eine Kongressdokumentation

Wissenschaftliche Reihe

Band 126

frauen helfen frauen e.V.
Lübeck (Hrsg.)

BEI ALLER LIEBE …

GEWALT IM GESCHLECHTERVERHÄLTNIS

Eine Kongressdokumentation

Kleine Verlag • Bielefeld

Die Deutsche Bibliothek – CIP-Einheitsaufnahme

Bei aller Liebe ... : Gewalt im Geschlechterverhältnis ; eine Kongress-dokumentation / frauen helfen frauen e.V. Lübeck (Hrsg.). – Bielefeld : Kleine, 2000

(Wissenschaftliche Reihe ; Bd. 126)
ISBN 3-89370-336-5

Postfach 10 16 68
33516 Bielefeld

Herstellung: Kleine Verlag GmbH
Printed in Germany

Inhaltsverzeichnis

Angelika Henschel

„Bei aller Liebe...“

Vorwort

Mit dem Begriff der *Liebe* wird in erster Linie die Liebe zwischen dem weiblichen und männlichen Geschlecht assoziiert, die, ähnlich wie die *Mutterliebe*, auf das Engste mit romantischen Idealvorstellungen verbunden zu sein scheint. Liebe, die alle Menschen brauchen, ist jedoch nicht nur auf das heterosexuelle Paar beschränkt, sondern findet sich zwischen Eltern und Kindern oder in gleichgeschlechtlichen Beziehungen und beinhaltet nicht nur die Fähigkeit zur Anerkennung der eigenen und der Autonomie des anderen, sondern meint auch, Liebe ertragen zu können. Denn *Liebe als Passion*[1] oder die *Fesseln der Liebe*[2] können im *ganz normalen Chaos der Liebe*[3] verheerende Folgen zeitigen. Unter geschlechtsbewusster und -reflektierender Betrachtung kann sich also die Frage stellen, wie werden *Liebesgeschichten im Patriarchat*[4] auch geschrieben, und was soll im Namen der Liebe alles ertragen werden. Unter welchen Bedingungen und mit welchen Folgen wird mitunter von Frauen und Männern der Mythos Liebe in Beziehungen beschworen und aufrecht erhalten, selbst dann, wenn gegenseitige Wertschätzung, Achtung und Respekt durch unterschiedlichste Formen der Gewalt abgelöst werden. Wenn es also nicht mehr werbend heißt *liebst du mich?*[5], sondern mit unverhohlener Drohung, *bei aller Liebe. ...*

In mittlerweile mehr als zwanzigjähriger Auseinandersetzung mit dem Themenkomplex der Gewalt im sozialen Nahraum haben sich die Frauenhausbewegung und die Frauenforschung insbesondere mit der *Liebe der*

---

1 Luhmann, N.: Liebe als Passion – Zur Codierung von Intimität, Frankfurt a. Main 1990

2 Benjamin, J.: Die Fesseln der Liebe – Psychoanalyse, Feminismus und das Problem der Macht, Frankfurt a. Main 1990

3 Beck, U./Beck-Gernsheim,E.: Das ganz normale Chaos der Liebe, Frankfurt a. Main 1990

4 Benard, C./Schlaffer, E.: Liebesgeschichten aus dem Patriarchat – Von der übermäßigen Bereitschaft der Frauen, sich mit dem Vorhandenen zu arrangieren, Reinbek bei Hamburg 1981

5 Laing, R. D.: Liebst du mich? Köln 1978

Frauen[6] und deren *Beziehungsschwächen*[7], auf dem Hintergrund asymmetrischer gesellschaftlicher Geschlechterverhältnisse, beschäftigt und Unterstützungs- und Hilfsangebote für misshandelte und von männlicher Gewalt bedrohte Frauen und deren Kinder entwickelt. Die Beschäftigung mit dem Themenkomplex Gewalt gegen Frauen, Gewalt im sozialen Nahraum dient deshalb nicht mehr vorrangig der Enttabuisierung sondern versucht, bestehende Maßnahmen um aktuelle theoretische Beiträge und Diskussionen sowie um veränderte Arbeitsansätze zu ergänzen und zu verändern.

Das vorliegende Buch, das zahlreiche Beiträge des gleichnamigen Kongresses *Bei aller Liebe – Gewalt im Geschlechterverhältnis*[8] enthält, verfolgt einerseits das Ziel, den Kongress zu dokumentieren (in: *Aufbruch?! Neue gemeinsame Wege aus der Gewalt gegen Frauen, Geschlechterdemokratie als Maßnahme gegen Gewalt, Resümee, Anhang*). Andererseits werden die aktuellen, auch politisch geführten Debatten und veränderten Handlungsansätze einer geschlechtsbewussten, kritischen Sozialen- und Interventionsarbeit einer breiteren Fachöffentlichkeit zugänglich gemacht. So finden sich in diesem Band sowohl eher theoretisch orientierte Ausführungen, die den Stand der wissenschaftlichen Forschung und Theoriebildung nachzeichnen, als auch konkrete Beispiele aus der Praxis, die auf neue Präventions- und Interventionsstrategien im Umgang mit der Gewalt im Geschlechterverhältnis verweisen.

Um eine unreflektierte Übernahme neuer Konzepte und Handlungsansätze in der Arbeit mit von Gewalt betroffenen Frauen und ihren Kindern zu vermeiden bzw., um veränderte Anti-Gewalt-Strategien und Arbeitsansätze erkennen zu können, bedarf es des Blicks in die Erfolge und Grenzen der Frauenhausbewegung. Inwieweit konnten formulierte Ansprüche und Zielsetzungen der politischen Bewegung im Zuge des Professionalisierungsprozesses innerhalb der konkreten Frauenhausarbeit aufrecht erhalten und umgesetzt werden. *Margrit Brückner* geht diesen und anderen offenen Fragen in ihrem Beitrag *Von der Frauenhausbewegung zur*

6 Brückner, M.: Die Liebe der Frauen – Über Weiblichkeit und Misshandlung, Frankfurt a. Main 1988

7 Brückner, M.: Lebensstark, Beziehungsschwach, Psychologie Heute, Heft 12, Dezember 1988

8 Der gleichnamige, vom Verein Frauen helfen Frauen e.V. ausgerichtete Kongress, fand in der Zeit vom 7. – 9.10.1999 in Lübeck statt.

Frauenhausarbeit: Konsolidierung oder neuer Aufbruch? nach. Dabei stellt sie heraus, dass ein Alleinanspruch auf die Bearbeitung der Thematik Gewalt gegen Frauen und die Unterbindung realer vielfältiger Arbeitsansätze in diesem Bereich weder der Frauenhausbewegung, noch den betroffenen Frauen und ihren Kindern dienlich sein kann. Denn gesellschaftliche Pluralisierungs- und Individualisierungsprozesse spiegeln sich innerhalb der Frauenhausbewohnerinnenstruktur und in der Ausdifferenzierung des sozialen Hilfenetzes wider. Deshalb zielt Margrit Brückner in ihren Ausführungen sowohl auf die verstärkte gesellschaftliche Teilhabe der Frauenhausbewegung, als auch auf die kritische Reflexion der Arbeitsansätze innerhalb der Frauenhausarbeit ab.

Das Kapitel *Asymmetrische Geschlechterverhältnisse und Gewalt* beinhaltet verschiedene AutorInnenbeiträge, die sich sowohl aus historisch-soziologischer Sicht, als auch aus psychologischer bzw. psychotherapeutischer und sozialpädagogischer Sicht mit dem Themenkomplex beschäftigen.

Gerd Stecklina, der einen eher soziologisch orientierten Überblick über das Thema *Familiale Gewalt und Geschlechtsspezifik* gibt, hebt dabei hervor, dass insbesondere durch die mit den Individualisierungsprozessen verbundenen neuen Anforderungen an familiale Strukturen, emotionale Überforderungen eintreten können. Der Rückgriff auf traditionelle Rollenstereotype und Handlungsmuster kann dann dazu führen, dass Gewaltintentionen und Gewaltanwendungen gegenüber Partnern und Kindern begünstigt werden.

Aus therapeutischer Sicht nimmt *Charlotte Aykler Formen und Nutzen von Gewalt gegen Frauen* in den Blick. Die unterschiedlichen Formen der Gewalt als Mittel zur Durchsetzung von Macht, Herrschaft und Kontrolle betrachtet sie dabei nicht nur im Kontext intimer Beziehungen, sondern verweist auf die gesellschaftlichen Strukturelemente, die Gewalt im Geschlechterverhältnis begünstigen können. Aus feministischer Perspektive zeigt sie Ansätze und Perspektiven in der Arbeit mit von Gewalt betroffenen Frauen auf. Das Element der Selbstermächtigung im therapeutischen Prozess ist dabei grundlegendes Anliegen und Ziel.

Marion Traub geht in ihren Ausführungen der Frage nach *Wie werden Frauen zum Opfer.* Anhand eines Fallbeispiels zeigt sie auf, wie schwer es Frauen auf Grund ihrer Sozialisation fällt, Vorstellungen von ihrem eigenen Wert und ihren Möglichkeiten der Gegenwehr zu entwickeln. Mangelndes Selbstwertgefühl und mangelnde weibliche Aggressions- und Abgrenzungsfähigkeiten, so veranschaulicht sie durch ihren geschichtlichen Gedankenstreifzug, sind dabei aufs Engste mit der abendländischen Tradition der gesellschaftlichen Abwertung von Frauen verbunden.

Eine noch immer vernachlässigte Zielgruppe männlicher Gewalt nehmen die Autorinnen *Bettina Durt* und *Magdalene Ossege* in ihrem Beitrag *(Un)gleiche Schwestern?! – Spezifische Gewalterfahrungen von Frauen mit Behinderungen und Möglichkeiten der Unterstützung* in den Blick. Die spezifischen Ursachen und Erscheinungsformen von Gewalt, denen Frauen mit Beeinträchtigungen ausgesetzt sein können, wurden bisher nur unzureichend in der Frauen- und Frauenhausarbeit berücksichtigt. Behindernde Sozialisationsbedingungen und Lebenslagen, mit denen diese Frauen konfrontiert sind, erfahren bisher in der aktuellen Debatte geringe Aufmerksamkeit, weshalb dem Arbeitsansatz und Konzept von *mixed pickles e.V.* besondere Bedeutung zukommt.

In den letzten Jahren hat die Opfer- und Defizitperspektive nicht nur in der feministisch orientierten Sozialarbeit an Einfluss verloren. Ressourcen orientierte Handlungsansätze, die Partizipation und Selbstermächtigung in den Vordergrund politischer und sozialarbeiterischer Prävention und Intervention stellen, betonen auf struktureller, institutioneller und sozialer Ebene das Moment des *Empowerment*, wie auch das gleichnamige Kapitel überschrieben ist.

Angelika Henschel macht in ihren Ausführungen *Was will die Frau? – Empowerment in der Bildungs- und Gruppenarbeit mit Frauenhausbewohnerinnen* durch ein konkretes, handlungsorientiertes Konzept deutlich, wie durch politische Bildungs- und Gruppenangebote Bewohnerinnen außerhalb des Frauenhauses durch Stärkung des Selbstwertgefühls darin unterstützt werden können, sich aktiv für ihre Bedürfnisse und Belange einzusetzen.

Die Selbstbestimmung und Handlungsfähigkeit von misshandelten Frauen zu unterstützen und zu stärken galt von jeher als eine zentrale Zielsetzung innerhalb der autonomen Frauenhausbewegung. Wie diese Zielsetzung innerhalb der professionellen Frauenhausarbeit durch Beteiligungsformen aufrecht erhalten werden kann, zeigen *Nasrim Abbassi, Anke Kock* und *Sara Meitner* in ihrem Beitrag *Zwischen Kinderspiel und Kunststück* auf. Ehemalige Frauenhausbewohnerinnen, die eins der fünf Foren des Kongresses vorbereiteten, stehen hier für ein beispielhaftes und nachahmenswertes Modell und zeigen, was Empowerment konkret bedeuten kann.

Einen ganz anderen Aspekt des Empowerment zeigt *Martina Palm* in ihrem Aufsatz *Ich sehe was, was du nicht siehst...* auf, der an den sozialisationsbedingten Kommunikations-und Sozialkompetenzen von Frauen anknüpft. Im Rahmen freiwilliger feministischer Initiative tritt das *Projekt Patchwork* mit der Zielsetzung an, die unterschiedlichen Informationen, Fähigkeiten und Ressourcen von ehrenamtlich tätigen Frauen so zu nutzen, dass zusätzlich zum bestehenden sozialen Netz Hilfs- und Unterstützungsangebote für von Gewalt betroffene Frauen entstehen.

Frauenhausarbeit, die sich in erster Linie als parteiliche Arbeit für und mit von Misshandlung betroffenen Frauen versteht, hat in den letzten Jahren auch stärker die mittelbar und unmittelbar von häuslicher Gewalt betroffenen Mädchen und Jungen in den Blick genommen. Auch in der Jugendforschung sind Mädchen und Jungen zunehmend als Opfer und TäterInnen in den aktuellen Untersuchungen stärker berücksichtigt. Jugendhilfe und Jugendarbeit bemühen sich in neuen Konzepten und Arbeitsansätzen um Präventions- und Interventionsmodelle, um gewalttätiges Verhalten zu verhindern bzw. einzudämmen. So beschäftigt sich auch das Kapitel *Jungen und Mädchen – Gewaltpräventions- und Interventionsansätze* mit neueren Forschungsansätzen und konkreten praktischen Arbeitsansätzen.

Ulrike Popp geht in ihren Ausführungen *Schülergewalt – ein Jungenphänomen?* der Frage nach, inwieweit im Prozess des alltäglichen *doing gender* Mädchen und Jungen in der Schule in spezifischer Weise an der Entstehung und Ausführung von gewalttätigem Verhalten beteiligt sein können. Geschlechtstypische oder -stereotype Ausdrucks- und Beteiligungsformen sollten deshalb für beide Geschlechter ermittelt und in der schulischen Präventionsarbeit Berücksichtigung finden, so ihr Fazit.

Wie ein Selbstbehauptungs- und Selbstverteidigungsprojekt in der schulischen Präventionsarbeit für Mädchen aussehen kann, schildert *Christiane Wortberg* in ihrem Beitrag *Macht uns nicht an!*. Dabei ist besonders interessant, dass es ihr gelingt, ein Buch mit Mädchen zu schreiben, die als Sonderschülerinnen weder angemessene Erfahrungen mit dem Umgang mit Schriftsprache sammeln konnten, noch durch ihre schulische Laufbahn und Sozialisationserfahrungen über positive Selbstkonzepte und übermäßiges Selbstwertgefühl verfügen.

Die bisherige Aussage, dass in der Jugendhilfe und Anti-Gewalt-Arbeit ausschließlich männliche gewalttätige Jugendliche in Erscheinung treten, muss auf Grund neuerer Studien und Erkenntnisse differenzierter betrachtet werden. *Brigitte Tschermak* stellt deshalb ein *Ambulantes Anti-Aggressivitäts-Training (AAT)* vor, dass in ihrer Einrichtung seit 1997 mit Körperverletzern durchgeführt wird. Das Training, das sich bisher an männliche

gewalttätige Jugendliche wandte, wurde unlängst zum ersten Mal in modifizierter Form mit Mädchen, die durch Körperverletzungsdelikte in Erscheinung getreten waren, durchgeführt.
Feministisch orientierte mädchen- und frauenspezifische Arbeitsansätze sind in der Sozialen Arbeit seit Ende der siebziger Jahre zunehmend selbstverständlicher geworden. Im Rahmen mädchenspezifischer Jugendhilfe leistet das Autonome Mädchenhaus Kiel bereits seit Jahren Unterstützung in der Anti-Gewalt-Arbeit. *Maureen Raburu* stellt *Mädchenspezifische Kriseninvention im Spannungsfeld des Geschlechterverhältnisses* am Beispiel der eigenen Einrichtung, die neben der Anlauf- und Beratungsstelle auch eine Zufluchtstätte unterhält, in ihrem Artikel vor.
Jungen und Mädchen, die im sozialen Nahraum Zeugen von Gewalt sind bzw. selbst Gewalt erfahren, leiden häufig an unterschiedlichen Entwicklungsstörungen oder treten mit auffälligem Verhalten in Erscheinung. Wie erleben und verarbeiten sie die Gewalt zwischen Mutter und Partner, was bedeuten ihnen das Verlassen des gewohnten Umfeldes und der Frauenhausaufenthalt, wie erleben sie ihre Mütter, die Mitarbeiterinnen und anderen Kinder bzw. Jugendlichen in der Institution Frauenhaus. Wie kann bzw. sollte sich die Arbeit mit Mädchen und Jungen unter den spezifischen Bedingungen im Frauenhaus vollziehen, um im Sinne von geschlechtsbewusster und kritischer Gewaltprävention und Entwicklungsförderung pädagogisch zu handeln. Diesen und anderen Fragen sind die Mitarbeiterinnen des Frauenhauses Lübeck *Anke Kock* und *Heidrun Stegen* in ihrem Beitrag *Privatsache* nachgegangen. Bereichert werden die Ausführungen durch eine Fülle von Zitaten Jugendlicher, die früher selbst einmal im Lübecker Frauenhaus gelebt haben.
Obwohl seit 25 Jahren über das Thema Gewalt im Geschlechterverhältnis diskutiert, geforscht und geschrieben wird, Politik und Öffentlichkeit diese Thematik nicht mehr verleugnen und Maßnahmen ergreifen, zeigen sich noch immer Defizite in der Ausbildung der Kräfte, die in der praktischen (Sozialen) Arbeit tätig sind. Im Kapitel *Defizite und Perspektiven in der Aus- und Fortbildung von Professionellen* finden sich Aufsätze, die Anregungen für verbesserte Ausbildungsmöglichkeiten bieten. Denn, so *Sabine Scheffler* in ihrem Artikel *Gewalt im Geschlechterverhältnis – ein blinder Fleck in der Ausbildung von Professionellen?*, *„Geschlecht als soziale Ordnungskategorie, als Analyseeinheit für bestehende Benachteiligungen hat noch längst nicht den angemessenen Stellenwert innerhalb der Ausbildung gefunden" (Umstellg. v. d. Verfass.).* Scheffler nimmt in ihren Ausführungen die Schwierigkeiten

der Inhalte, Lehr- und Lernformen in den Blick und plädiert für eine Institutionalisierung von Frauen- und Geschlechterforschung, um diese des „Nischencharakters“ und der Exotik zu berauben. Gleichstellungspolitik an Hochschulen und die curriculare Verankerung des Themenkomplexes „Geschlechterverhältnisse“ in durchdachten Studiengängen, sind demnach nicht obsolet, sondern bedürfen nach wie vor gezielter Umsetzung, um Professionalisierung voranzutreiben. *Brigitte Sellach* stellt in ihrem Beitrag *Von vielfältigem Nutzen: Die neuen Fortbildungsmaterialien für Mitarbeiterinnen im Frauenhaus* vor.

Im Kapitel *Alte Ziele – Neue Wege* geht es den Herausgeberinnen darum, aufzuzeigen, welche aktuellen Konzepte, Maßnahmen und Initiativen zurzeit entwickelt und diskutiert werden, um der Gewalt in engen sozialen Beziehungen angemessener, vernetzt und effektiver begegnen zu können. Aus Sicht von Verwaltung, Interventionsprojekten, Staatsanwaltschaft, Frauenhausarbeit und breiten nationalen und internationalen Bündnissen wird dabei immer wieder darauf hingewiesen, dass lediglich unterschiedliche, vielfältige Arbeitsansätze und vernetzte Arbeitsbündnisse zu einem langfristigen Erfolg in der Bekämpfung der Gewalt gegen Frauen führen können. *Dagmar Ohl* (*Vernetzt, verstrickt, vereinnahmt?...*) verschweigt dabei nicht, mit welchen Schwierigkeiten die am vernetzten Handeln beteiligte Frauenhausbewegung bei der Kooperation zu kämpfen hat.

Welche Erfahrungen in der Zusammenarbeit mit Justiz, Polizei, Frauenhäusern, Frauenberatungsstellen und Einzelpersonen im Rahmen des Berliner Modell- und Interventionsprojektes BIG gemacht und welche Ergebnisse hier bisher erzielt wurden, stellen die Autorinnen *Birgit Schweikert* und *Patty Schneider* in ihrem Artikel *Alte Ziele auf neuen Wegen ...* vor.

Wie die derzeitige und zukünftige Rolle der Justiz im Arbeitsfeld Gewalt im sozialen Nahraum aussieht bzw. sich gestalten könnte, um im Rahmen von Prävention und Intervention wirksamer tätig zu werden, zeigt *Ulrike Stahlmann-Liebelt* (*Rolle der Justiz: Teil im Netzwerk oder letzte Instanz?*) aus Sicht einer Staatsanwältin auf. Deutlich wird durch ihre Ausführungen, dass sowohl verbesserte rechtliche Rahmenbedingungen, wie auch die konsequente Einhaltung dieser, dazu beitragen könnten, die häusliche Sphäre nicht zum rechtsfreien und damit einem erhöhten Gewaltrisiko ausgesetzten Bereich werden zu lassen. Justiz sollte nicht zuletzt deshalb integrierter Bestandteil des Netzwerkes gegen Gewalt sein.

Das Bundesland Nordrhein-Westfalen kann bereits seit Jahren auf eine relativ gut entwickelte Infrastruktur für von Gewalt betroffene Frauen zurückgreifen, weshalb ein Blick in dieses Bundesland für weitere Überlegungen im Interventionsbereich interessant und sinnvoll sein könnte. *Ute Rösemann* stellt in ihrem Beitrag *Die Kartoffel blüht,* die in der Landesarbeitsgemeinschaft der autonomen Frauenberatungsstellen NRW entwickelten Standards für Interventionsprojekte zur Diskussion.

Öffentlichkeitsarbeit zum Thema Gewalt gegen Frauen stellte von Anbeginn der Frauenhausarbeit einen zentralen Schwerpunkt in der Anti-Gewalt-Arbeit dar. Allerdings gelang es nur selten und nur vereinzelt, ein größeres Aktionsbündnis herzustellen, mit dem im Sinne einer breit angelegten Kampagne auf die Problematik der Männergewalt gegen Frauen hingewiesen werden konnte. Ein erfolgreiches Beispiel auf diesem Weg stellt *Anita Heiliger* in ihrem Aufsatz *Aktiv gegen Männergewalt* vor. Die Auseinandersetzung mit der Thematik innerhalb eines breiten Bündnisses, das Konzept, die Finanzierung, die Schwierigkeiten und Erfolge dieser öffentlichkeitswirksamen Kampagne werden dokumentiert und können damit Anregungen für Aktionsbündnisse in anderen Städten und Regionen geben.

Der Blick über den Tellerrand in der Anti-Gewalt-Arbeit beinhaltet auch die Auseinandersetzung mit den unterschiedlichen Maßnahmen im europäischen Ausland. Als besonders weit reichendes und innovatives Konzept hat sich dabei die Vorgehensweise der ÖsterreicherInnen herausgestellt, die auch für den Aktionsplan der Bundesregierung zur Bekämpfung von Gewalt gegen Frauen Anstöße gegeben hat. *Rosa Logar* stellt deshalb in ihrem Beitrag *Innovation in der Gewaltprävention durch die Frauenbewegung: ...* das Gewaltschutzgesetz und die Tätigkeit der neuen Interventionsstellen vor.

Die Frauenhausbewegung, die sich explizit als politische Kraft verstand, wurde durch den Frauenhausalltag häufig ihrer öffentlichen und politischen Bedeutung beraubt. Insbesondere in den aktuellen Debatten wird jedoch immer wieder auf die Bedeutung gesellschaftlicher und politischer Maßnahmen im Kampf gegen Gewalt gegen Frauen verwiesen. Dennoch wurde bisher aus Sicht der politikwissenschaftlichen Forschung nur selten das Thema Gewalt im Geschlechterverhältnis untersucht und thematisiert.

Monika Schröttle gelingt es in ihren Ausführungen *Staatliche Politik und Gewalt gegen Frauen in engen sozialen Beziehungen – ein politiktheoretischer und empirischer Zusammenhang?* hier eine (Forschungs-)Lücke zu schließen. Durch ihre Untersuchung am Beispiel der ehemaligen DDR wird deutlich, dass trotz unterschiedlicher gesellschaftlicher Rahmenbedingungen in West- und Ostdeutschland (unterschiedliche Normenvermittlung durch Staat, Gesellschaft und Medien bezüglich der Rolle der Frau und Gewalt, unterschiedliches Ausmaß an sozialer Kontrolle etc.) körperliche Gewalt gegen Frauen gleich stark vertreten und nach der Wende kein Gewaltanstieg zu verzeichnen war. Die Konsequenzen, die Schröttle aus ihrer politikwissenschaftlichen Sicht zieht, decken sich dabei z.T. mit den bereits eingeschlagenen Anti-Gewalt-Strategien, wobei die Autorin betont, dass *„Frauen- und Hilfeprojekte ... ihre gesellschaftsgestaltende Macht und Verantwortung ebenso wahrnehmen* (sollten) *wie andere solidarische Kräfte innerhalb und außerhalb der staatlichen Institutionen“* (Umstellg. v. d. Verf.).

In ihrem Beitrag *Geschlechterdemokratie als Maßnahme gegen Gewalt* versucht *Angelika Henschel,* die im Kongress und in der Fachöffentlichkeit sich widerspiegelnden politischen Debatten nachzuzeichnen, wobei sie auch auf die aktuellen Rahmenbedingungen innerhalb des Landes Schleswig-Holstein eingeht und ein vorläufiges persönliches Fazit zieht.

Marietta Bäumer und *Margot Flaig* reflektieren als Kongressorganisatorinnen in ihrem Beitrag *Von den Freunden und Leiden eines Kongresses – ein Resümee* das Kongressprojekt in seiner inhaltlichen und organisatorischen Ausgestaltung. In ihren Ausführungen wird die Wichtigkeit dieses Kongresses für alle Fachkräfte, die mit dem Thema Gewalt im Geschlechterverhältnis zu tun haben, deutlich.

Die während des Kongresses geführten engagierten und von hoher fachlicher Kompetenz getragenen Diskussionen sowie die in diesem Sammelband veröffentlichten Artikel machen deutlich, dass das Problem der Gewalt im Geschlechterverhältnis noch immer auf Lösung wartet sowie von großer politischer Bedeutung ist und die unterschiedlichsten sozialen und gesellschaftlichen Bereiche tangiert. Dabei ist diese Erkenntnis nicht neu, worauf die Frauenhausbewegung und Mitarbeiterinnen von Frauenprojekten immer wieder verweisen. Dennoch lässt sich m.E. ein Strukturwandel im Umgang mit den alten Themen und Zielen erkennen, der nicht nur im „Atmosphärischen“ anzusiedeln ist. So wird jetzt auch außerhalb von sozialen Bewegungen entschieden, ernsthaft und mit dem Willen zur Veränderung über die Thematik der Männergewalt gegen Frauen, der Gewalt im sozialen Nahraum diskutiert. Von Seiten der Politik (z.B. Aktionsplan der Bundesregierung) und den unterschiedlichen gesellschaftlichen Kräften (Polizei, Justiz etc.) wird dabei in der Regel auch anerkannt, dass hierbei nicht auf die Stellungnahmen, Positionen und die Zusammenarbeit mit den seit Jahren in diesen Themen ausgewiesenen Mitarbeiterinnen von Frauenhäusern und -beratungsstellen verzichtet werden kann. Dies muss noch nicht bedeuten, dass deshalb alle an diesem öffentlichen und politischen Prozess beteiligten Parteien zu übereinstimmenden Wahrnehmungen, Bewertungen, Aktionen und Maßnahmen kommen müssen und werden. Frustrationstoleranz und ein langer Atem werden jeweils vor Ort in den Präventions- und Interventionsprojekten gefragt sein, und es wird sich auch die Frage stellen, inwieweit es den Frauenhausmitarbeiterinnen aus ihrer Geschichte und ihren jeweiligen lokalen „Verstrickungen“ heraus gelingen kann, diesen Weg mit zu tragen. Der Kongress und die Beiträge in diesem Buch machen für diesen sicherlich nicht einfachen Prozess jedenfalls Mut.

Unser Dank gilt den AutorInnen für ihre Beiträge, die sich auch als unterstützende und kritische Begleitung auf dem neu eingeschlagenen Weg der Bekämpfung von Gewalt gegen Frauen verstehen lassen. Gedankt sei auch dem Vorstand und Verein Frauen helfen Frauen sowie den Kolleginnen im Frauenhaus, die durch finanzielle Unterstützung und persönliche Mehrarbeit zum Gelingen des Buches beigetragen haben.

Angelika Henschel

Aufbruch?! – Neue gemeinsame Wege aus der Gewalt gegen Frauen – Einblicke in einen Kongress –

Gewalt gegen Mädchen und Frauen wird auf Grund der langjährigen politischen- und Öffentlichkeitsarbeit der Frauenbewegung nicht mehr ausschließlich als „Frauenfrage" in reinen Frauen(arbeits)zusammenhängen verhandelt, sondern mittlerweile international in den Kontext der Menschenrechtsdebatte gestellt. Die Staaten der Europäischen Union, die das Jahr 1999 zum Aktionsjahr gegen Gewalt an Frauen erklärt haben, machen deutlich, dass sie die häusliche Gewalt stärker bekämpfen wollen. Aktionspläne, veränderte Arbeitsbündnisse und eine breitere Vernetzung bilden dabei neue Wege, die weiterhin an den alten Zielen orientiert sind, an der Vorbeugung und Beseitigung von Gewalt gegen Frauen und der Gewährung größtmöglichen Schutzes der von Gewalt Betroffenen.

Gewalt gegen Frauen ist also längst kein gesellschaftliches Tabuthema mehr und so bleibt zu fragen, ob ein Kongress, der sich der Thematik der Gewalt im Geschlechterverhältnis annimmt, überhaupt noch Berechtigung haben kann. Ist zu dieser Thematik nicht bereits ausgiebig geforscht, geschrieben und diskutiert worden. Aber welchen Nutzen haben diese Debatten bisher gehabt, wenn festgestellt werden kann, dass männliche Gewalt gegen Frauen und Kinder nicht beseitigt werden konnte und Frauenhäuser noch immer eine starke Nachfrage ihrer Unterstützungsangebote erleben. Welche neuen Impulse können von einem Kongress für die Politik, aber auch für die in sozialen und gesellschaftlichen Institutionen tätigen Menschen ausgehen.

Diese und viele weitere Fragen bildeten für den Verein Frauen helfen Frauen e.V. und die Frauenhausmitarbeiterinnen die Grundlage für die Idee, einen öffentlichkeitswirksamen Kongress auszurichten. Nicht nur das aktuelle politische Klima, sondern auch das 21-jährige Bestehen des Autonomen Frauenhauses Lübeck wurden zum Anlass genommen, sich mit dem Erreichten kritisch auseinander zu setzen, die eigene Arbeit zu reflektieren, neue Ideen zu entwickeln und konkrete praktische Beispiele aus der Anti-Gewalt-Arbeit kennen zu lernen und zu diskutieren. Durch

die Zusammenarbeit mit den Schirmfrauen Doris Gercke (Schriftstellerin) sowie der Bischöfin der Nordelbischen Kirche, Maria Jepsen, gelang ein überregionales Presseecho vor, während und nach dem Kongress (s. Anhang), das uns zu einer großen TeilnehmerInnenschaft verhalf.
Vielfalt und Vernetzung, die sich mittlerweile in den Präventions- und Interventionsmaßnahmen durchzusetzen beginnt, sollte sich nicht nur in den Inhalten und bei den ReferentInnen widerspiegeln, sondern auch in der TeilnehmerInnenzusammensetzung. So richtete sich der Kongress sowohl an die männlichen und weiblichen Fachkräfte aus Wissenschaft, Politik, Justiz, Polizei, Schule, den Frauenhäusern und -beratungsstellen, der Jugendhilfe und an KollegInnen aus den helfenden und sozialen Berufen, wie auch an von Gewalt betroffene Frauen selbst.
Um breite Bündnisse gegen Gewalt gegen Frauen und im sozialen Nahraum schließen zu können, bedarf es, wie neuere Arbeitsansätze zeigen, nicht nur der Zusammenarbeit mit Frauen, sondern auch der Kooperation mit Männern, weshalb diese sich auch durch den Kongresstitel und das Programm angesprochen fühlen sollten (*Bei aller Liebe – Gewalt im Geschlechterverhältnis*). Diese Zielsetzung konnte jedoch trotz intensiver „Männerwerbung" nicht erreicht werden und so fanden sich unter den KongressbesucherInnen nur einzelne interessierte Teilnehmer. Ob dies ein Indiz dafür ist, dass Männer das Thema Gewalt im Geschlechterverhältnis noch immer als reines Frauenthema ansehen und dies auch weiterhin gerne an sie delegieren, ob das Thema zu lange fast ausschließlich durch Frauen in der Öffentlichkeit präsentiert wurde und noch immer wird, ob viele in der Vergangenheit zwischen den Geschlechtern geführte Debatten zur Thematik Gewalt gegen Frauen durch die eigenen Betroffenheiten als häufig unfruchtbar und verletzend erlebt wurden, oder ob das Autonome Frauenhaus als Veranstalter auf Männer abschreckende oder zumindest hemmende Wirkung zeigte, darüber lässt sich nur spekulieren.

Zielsetzungen und Inhalte des Kongresses

Einerseits sollte mit der Veranstaltung der Versuch unternommen werden, den langjährigen Professionalisierungprozess in der Frauenhaus- und der Sozialen Arbeit anhand der Problematik Gewalt gegen Frauen aufzuzeigen. Andererseits verfolgte der Kongress das Ziel, durch den Austausch unterschiedlicher Professionen, die in ihrem Berufsalltag mit der Problematik

Gewalt im Geschlechterverhältnis konfrontiert sind, Anregungen für das jeweilige Arbeitsfeld zu geben, um durch Kooperationen und neue Bündnisse einen veränderten und erfolgreicheren Weg in der Bekämpfung von häuslicher Gewalt einschlagen zu können. Veränderte Denkmuster in der Gewalt- und Geschlechterdebatte, neuere theoretische Diskurse, aber auch die sich daraus entwickelnden praktischen Ansätze in der Politik und im beruflichen Handeln, sollten vorgestellt und kritisch diskutiert werden. Die Beschäftigung mit den Gewalt verursachenden gesellschaftlichen und sozialen Strukturen, in die asymmetrische Geschlechterverhältnisse eingebunden sind und Fragen nach den persönlichen Verstrickungen innerhalb von Gewaltbeziehungen sollten im Plenum und im Rahmen von Kleingruppen in Workshops erörtert werden.

Der voranschreitende gesellschaftliche Pluralisierungs- und Individualisierungsprozess erfordert, dass auch in der Arbeit mit den von häuslicher Gewalt Betroffenen differenzierte Hilfsangebote, Therapie- und Beratungsansätze entwickelt werden, um den Frauen in ihren spezifischen Lebens- und Problemlagen angemessene Unterstützung zuteil werden zu lassen. Unterschiedliche Konzepte, Methoden und Arbeitsansätze wurden deshalb im **Forum A** vorgestellt und diskutiert (*vgl. Programm im Anhang*).

Im Kontext der Gewaltdebatten haben die Mitarbeiterinnen in Frauenhäusern bereits früh auf die Bedeutung der pädagogischen Arbeit mit Mädchen und Jungen im Sinne der Prävention und Intervention verwiesen. Denn die Sozialisation von Mädchen und Jungen kann unterschiedliche Zugänge zur Gewalt und spezifische Erfahrungen mit dieser beinhalten. Geschlechtsbewusste und rollenkritische Angebote für Mädchen und Jungen wurden und werden deshalb entwickelt. Einige dieser Ansätze wurden im Rahmen von Arbeitsgruppen während des Kongresses vorgestellt **(Forum B).**

Im Vordergrund der Frauenhausarbeit stehen der Schutz und die Unterstützung der von Gewalt betroffenen Frauen und ihrer Kinder. Dadurch wurde auch in der Sozialen Arbeit lange versäumt, sich mit den männlichen Gewalttätern auseinander zu setzen. Erst in den letzten Jahren sind hier neue Arbeitsansätze entstanden, mit denen versucht wird, der Männergewalt aktiv zu begegnen. Im **Forum C** wurden deshalb nationale und internationale Bündnisse, Modelle, Aktionen und Kampagnen vorgestellt, die das Ziel verfolgen, auf Männergewalt aufmerksam zu machen, sie zu verringern sowie Frauen in ihren Rechten zu stärken und ihnen Schutz vor Gewalt zu ermöglichen.

Welcher beruflicher und persönlicher Kompetenzen bedürfen MitarbeiterInnen, die in ihren Arbeitsfeldern und Professionen mit der Gewalt im Geschlechterverhältnis konfrontiert werden. Inwieweit hat diese Thematik bereits Eingang in die Ausbildung gefunden, inwieweit ist sie im Fort- und Weiterbildungsbereich verortet. Welche Qualitätsmerkmale müssen hierfür entwickelt werden, um Professionalität im Umgang mit häuslicher Gewalt sicherzustellen. Diese und andere Fragen wurden unter Anleitung von ReferentInnen in Arbeitsgruppen im **Forum D** diskutiert.
Als Expertinnen für das Thema Gewalt im Geschlechterverhältnis können von Gewalt betroffene Frauen angesehen werden. Ehemalige Bewohnerinnen des Autonomen Frauenhauses nahmen deshalb die Gelegenheit wahr im **Forum E** über ihre persönlichen Erfahrungen mit Männergewalt, über ihren Aufenthalt im Frauenhaus und ihre Perspektiven außerhalb des Frauenhauses zu berichten. Ihre Erwartungen an Unterstützungsangebote und Maßnahmen gegen Männergewalt wurden von ihnen vorgestellt und mit den Teilnehmerinnen diskutiert. Darüber hinaus bildeten die ehemaligen Frauenhausbewohnerinnen die Jury des **Kurzfilmwettbewerbs „Knicks in der Linse“.** Sie wollten mit dem Wettbewerb herausfinden, inwieweit und auf welche Weise das Problem Gewalt gegen Frauen durch das Medium Film aufgegriffen und bearbeitet wird. Die Prämierung des besten Films (Femtex 2, Regie: Mette Høxbro 1997) wurde unter Beteiligung der Medien während des Kongresses durchgeführt.
Bereits von Beginn an verstand sich die Frauenhausbewegung auch als politische Kraft. Ihre in der Öffentlichkeit vorgetragenen Forderungen zur Verbesserung der Lebenssituation von misshandelten Frauen und ihren Kindern haben nicht zuletzt deshalb Eingang in politische Theorie und Praxis gefunden. So wurde sich auch in der Abschlussveranstaltung des Kongresses mit den Möglichkeiten und Grenzen politischer Maßnahmen im Kampf gegen Männergewalt, mittels Vortrag und Prodiumsdiskussion mit VertreterInnen aus Politik und Kultur, beschäftigt.
Der Blick über den Tellerrand ermöglicht auch, die eigenen Arbeitsansätze neu und kritisch zu durchleuchten. Um die Außenperspektive schon während des Kongresses gespiegelt zu bekommen, wurden **KommentatorInnen** gebeten in Kurzstatements ihre Wahrnehmungen, Sichtweisen und Bewertungen der Themenbearbeitung im Plenum und in den Workshops vorzustellen, was von den Veranstalterinnen und TeilnehmerInnen als hilfreich und bereichernd erlebt wurde. Auch das **Begleitprogramm zum Kongress**, das aus Ausstellungen (*Beratung sichtbar machen, Fotoaus-*

stellung des Autonomen Frauenhauses Lübeck, Bei aller Liebe – Gedanken und Bilder zum Thema Gewalt in der Partnerschaft, Kunstschule Wandsbek), Theater-, Filmabenden und einer *Ton-Dia-Show* von ehemaligen *jugendlichen FrauenhausbewohnerInnen* bestand, wurde mit regem Interesse aufgenommen und trug in der Folge zu Kooperationsveranstaltungen mit anderen (Frauen)Projekten bei.

Durch die finanzielle Unterstützung des Bundesministeriums für Familie, Senioren, Frauen und Jugend und das Ministerium für Frauen, Jugend-Wohnungs- und Städtebau des Landes Schleswig-Holstein wurde es möglich, das Thema Gewalt gegen Frauen, Gewalt im sozialen Nahraum aus der „Schmuddelecke" herauszuholen und den TeilnehmerInnen einen angemessenen und angenehmen äußeren Rahmen zu schaffen, der sich produktiv auf das Arbeitsklima und die Arbeitsergebnisse auswirkte.

Dem Kongressvorbereitungsteam Marietta Bäumer, Margot Flaig und Anke Kock, unter wissenschaftlicher Beratung und Unterstützung von Prof. Dr. Angelika Henschel gelang es, innerhalb von einem Jahr den Kongress zu konzipieren, zu finanzieren, zu organisieren, durchzuführen und auszuwerten. Der Verein Frauen helfen Frauen Lübeck sowie die Kolleginnen und Bewohnerinnen des Autonomen Frauenhauses haben diesen Vorbereitungsprozess unterstützt und somit auch zum großen Erfolg des Kongresses beigetragen. TeilnehmerInnen und ReferentInnen erhielten die Möglichkeit zu interessanten Begegnungen und Auseinandersetzungen, Anstöße für Maßnahmen zur Verringerung von Männergewalt sowie zur Entwicklung bzw. Durchsetzung effektiverer Angebote zum Schutz der von Gewalt betroffenen Frauen konnten so entwickelt und gegeben werden.

Margrit Brückner

Von der Frauenhausbewegung zur Frauenhausarbeit: Konsolidierung oder neuer Aufbruch?

1 Einleitende Gedanken

Die aus der Frauenbewegung hervorgegangenen Initiativen gegen Gewalt an Frauen und Mädchen sind im Laufe von wenigen Jahrzehnten zu einer der erfolgreichsten sozialen Bewegung im internationalen Maßstab geworden (Brückner 1998). Zunächst in den USA, Australien und Westeuropa, heute zunehmend auch in Lateinamerika und anderen Teilen der Welt ist Gewalt gegen Frauen und Mädchen zu einem öffentlichen Thema geworden, dem sich mittlerweile internationale Organisationen wie UNO und EU angenommen haben. In Deutschland ist es der Frauenhausbewegung zunächst in der alten BRD, seit der „Wende" auch in den NBL, nicht nur gelungen, eine gesellschaftliche Auseinandersetzung mit dem Problem massenhafter männlicher Gewalt gegen Frauen und Mädchen in Gang zu setzen, sondern:

- Selbsthilfegruppen, Beratungsstellen und Frauenhäuser aufzubauen und deren Finanzierung durchzusetzen,
- die soziale und rechtliche Unterstützung weiblicher Opfer zu verbessern,
- die besondere Not von Migrantinnen bewusst zu machen,
- die Aufmerksamkeit auf die Verursacher dieser Gewalt zu lenken und der Forderung Nachdruck zu verleihen, dass Täter zur Rechenschaft gezogen werden

und zudem in den letzen Jahren

- kommunale Interventionsprogramme zusammen mit anderen beteiligten Institutionen aufzubauen.

Daher gilt es zunächst einmal festzuhalten, dass wir es mit einer unerhörten Erfolgsgeschichte im Verlauf von nur 25 Jahren zu tun haben. Allerdings scheint es nicht gelungen, das gesellschaftliche Ausmaß der Gewalt gegen Frauen und Mädchen durch all diese Aktivitäten zu reduzieren, das ist die traurige Seite der Geschichte der Anti-Gewalt-Arbeit.

In diesem Beitrag will ich mich, angesichts all dessen, was erreicht worden ist, mit offenen Fragen der Frauenhaus- und Frauenprojektarbeit im Anti-

Gewalt-Bereich beschäftigen, die sich auf Grund der Entwicklung der Projekte, der Verschiebungen in der Nutzung der Projekte durch die Adressatinnen und der gesellschaftlichen Veränderungen stellen:

- Die Aufbruchphase der Frauenhausbewegung ist seit geraumer Zeit vorbei. Frauenhäuser und Beratungsstellen haben sich trotz finanzieller Probleme (die sich möglicherweise noch verschärfen werden) als Institutionen etabliert und müssen sich damit auseinander setzen, welchen Platz im System sozialer Sicherung sie einnehmen wollen, respektive zugewiesen bekommen. Wichtig scheint mir, den darin enthaltenen Entscheidungsspielraum wahrzunehmen und entsprechend zu nutzen.
- Immer deutlicher wird auch, dass Frauenhäuser und Beratungsstellen lediglich einen Teil der notwendigen Arbeit im Anti-Gewalt-Bereich darstellen, je mehr sich beispielsweise kommunale Interventionsprogramme, Täterarbeitsansätze und neue Gesetze (Bleiberecht für Frauen und Kinder in der Wohnung) entwickeln. Diese Entwicklung ist auf die wachsende gesellschaftliche Sensibilisierung zurückzuführen, die die Frauenbewegung ausgelöst hat. Politisch umstritten ist zumindest in der BRD, ob darin ein Erfolg oder eine Gefahr zu sehen ist. Ich selbst schließe mich eher der Österreichischen Frauenhausbewegung an, die darin einen Erfolg sieht, allerdings auch die politische Chance hatte – und nutzte – an dieser Entwicklung maßgeblich mitzuwirken. Auch an diesem Punkt wird deutlich, dass neue Entscheidungsmöglichkeiten anstehen, die es vorher so nicht gab: In welcher Form, mit welcher Zielsetzung wollen sich die Frauenprojekte im Anti-Gewalt Bereich an diesen Kooperationsmöglichkeiten beteiligen? Wie auch immer die Entscheidung gefällt wird, im Vordergrund sollte die Frage nach dem größtmöglichen Schutz der betroffenen Frauen und Mädchen stehen.
- Die Art der Nutzung insbesondere von Frauenhäusern wandelt sich zunehmend: Frauen bleiben kürzer, Frauen mit schweren Problemen nehmen zu, mehr Frauen, die früher in Frauenhäuser gegangen wären, suchen heute eher Beratungsstellen auf oder verfügen über andere Hilfsmöglichkeiten, manche Häuser sind nicht ausgelastet, der Anteil der Migrantinnen wächst, da sie am wenigsten über andere Möglichkeiten verfügen. Dadurch ändern sich die Aufgaben und Arbeitsbedingungen in der Frauenhausarbeit recht grundlegend.

2 Bedeutung der Gründungsideale und Prinzipien heute

Viele der basisdemokratischen Gründungsideale und der Prinzipien solidarischer Selbsthilfe, Gleichheit und Betroffenheit aller Frauen sind längst über Bord geworfen worden, teils, weil sie aus professionellen Gründen nicht länger gewollt sind, teils, weil sie sich als nicht praktikabel erwiesen haben. Aber haben sie dadurch ihre Gültigkeit verloren? Ich glaube eher nein, da sie bisher kaum durch neue Ideale und Prinzipien ersetzt wurden, die statt ihrer politisch offensiv vertreten werden. Barbara Holland-Cunz (1995) spricht von einer „ethischen Leere" die sich in der Frauenbewegung ergeben hat. Auch ich gehe davon aus, dass es wichtig ist, diese alten Prinzipien auf der Basis der gemachten Erfahrungen auf ihre heutige Relevanz durchzugehen, sich von einem Teil zu verabschieden, einen Teil umzuschreiben und sicher auch neue Teile zu formulieren. Darin sehe ich die Chance, eine wichtige politische und professionspolitische Debatte zu eröffnen, die den zukünftigen Standort oder auch die Standorte der Frauenhausbewegung bestimmen könnte und eine sichere Argumentationsbasis schaffen würde. Denn derzeit scheint die Frauenhausbewegung aus sehr verständlichen Gründen häufig in der Projektsicherung befangen. Darin liegt ein durch die Verberuflichung bedingtes, konservatives Element, das aber möglicherweise ins gesellschaftliche Abseits führt, ähnlich wie bei der Gewerkschaftsbewegung, die sich auf die Sicherung derzeitiger Arbeitsplätze in heutigen Betrieben mit vorhandener Betriebsstruktur festgelegt hat und Strukturfragen ebenso wie neue Lösungen kaum angeht. Doch noch einmal zu den Idealen und Prinzipien selbst.

Beratungsstellen und Frauenhäuser wurden in Selbsthilfe gegründet und die notwendige finanzielle Unterstützung erkämpft (Brückner 1998). Die neu gegründeten Projekte hatten mit ihren Hilfsangeboten keineswegs eine Ergänzung zum sozialen System im Sinn, sondern verstanden sich als eine praktisch gewordene, prinzipielle Kritik an den gesellschaftlichen Institutionen, die das Ausmaß strukturell verankerter Gewalt gegen Frauen und Mädchen weitestgehend ignorierten oder verleugneten. Die Projekte wollten mit ihrer Arbeit das Ausmaß von Gewalt gegen Frauen in Partnerschaften – und später auch des sexuellen Missbrauchs von Mädchen, von Vergewaltigung und Frauenhandel – öffentlich machen. Ziel der Frauenhausbewegung war und ist nicht, die Gesellschaft mit einem Netz von Frauenhäusern zu überziehen, sondern die Beendigung von Gewalt gegen Frauen, indem physische, psychische und sexuelle Ver-

fügungsmacht über Frauen und Mädchen nicht länger Teil unserer Geschlechterkultur ist (Brückner/Holler 1990).
Heute werden die professionalisierten Frauenhäuser als Teil des sozialen Netzwerkes gesehen und zwar sowohl von den Frauen als auch von den zuständigen Behörden. Darin liegt einerseits besonders in Zeiten des Abbaus unterstützender Maßnahmen eine Überlebenschance, andererseits die Gefahr einer inhaltlichen Vereinnahmung. Denn das Problem – Gewalt gegen Frauen – wird durch die Existenz der Projekte und Einrichtungen auch „normalisiert", da Frauen und ihren Kindern jetzt Hilfsmöglichkeiten offen stehen, die sie in Anspruch nehmen können. Dadurch entsteht auch eine neue Situation für die betroffenen Frauen, denen wieder verstärkt mit öffentlichem Unverständnis begegnet werden kann, wenn sie sich immer noch nicht von ihren gewalttätigen Männern getrennt haben, obwohl es diese Hilfsmöglichkeiten gibt. Durch die Frauenhausarbeit tritt weniger die massenhafte Gewalttätigkeit von Männern in den Vordergrund als die individuelle Not der Frauen und Kinder, die mit all ihren Stärken und Schwächen sichtbar werden. Die Männer, die diese Not verursacht haben, bleiben weitgehend im Dunkeln, ebenso die kulturellen Werte und geschlechtsspezifischen Ordnungen, die zur jeweiligen Misshandlungssituation beigetragen haben. Der Hinweis auf dieses Dilemma ist nicht als Kritik an der Frauenhausarbeit gemeint, sondern verweist auf den weiterhin hohen sozialen, juristischen und politischen Handlungsbedarf und darauf, dass Frauenhäuser unverzichtbar, aber allein keineswegs ausreichend sind im Kampf gegen Gewalt an Frauen und Mädchen. Das macht die kommunalen Interventionsprogramme unter Beteiligung von Frauenhäusern, Beratungsstellen, Männergruppen gegen Männergewalt, Gleichstellungsstellen, Polizei, Justiz, Sozialbehörden u.Ä., wie sie zunächst in Berlin (BIG) und Kiel (KIK) entstanden sind und in vielen Kommunen in Form von Runden Tischen aufgegriffen werden, so wichtig. Die Aufgabe von Feministinnen in diesen Programmen sehe ich darin, sich auf der Basis von Kenntnissen über die örtliche Situation dafür einzusetzen, dass der Schutz der Frauen und ihrer Kinder an vorderster Stelle steht. Das halte ich für wichtiger, wenn wir den Kampf gegen Gewalt an Frauen und Mädchen ernst nehmen, als jedes – salopp gesagt – politische Reinheitsgebot. Ein isoliertes Frauenhaus oder Beratungsprojekt ist zwangsläufig in seiner Schutzfunktion weniger effektiv als lokal vernetzte Projekte.

3 Sichtbar gewordene Grenzen

Die großen Erfolge der Frauenhausbewegung, die in bedeutendem Umfang Frauenhausarbeit ermöglichten, haben gleichzeitig praktische Grenzen dieser Arbeit auf verschiedenen Ebenen deutlicher werden lassen (Brückner 1996):

- Die erste Ebene betrifft eine gewisse Schieflage bezogen auf die vergleichsweise geringe Durchsetzung gewaltreduzierender **frauenpolitischer Forderungen** einerseits und die eindrucksvolle Schaffung von **praktischen Hilfseinrichtungen im Sozialbereich** andererseits. Schon früh hat die Frauenhausbewegung das Missverhältnis zwischen dem Ziel der Abschaffung von Männergewalt – zumindest deren struktureller und kultureller Verankerung – und dem Aufbau von Schutzmöglichkeiten für misshandelte Frauen reflektiert. Die „von Frauen für Frauen" erkämpften Einrichtungen haben überwiegend unterstützenden, betreuenden und beratenden Charakter und nicht primär politisch verändernden. Dennoch darf nicht verkannt werden, dass diese Einrichtungen selbst einen politischen Erfolg der Frauenbewegung darstellen und die soziale Landschaft maßgeblich beeinflusst und auch verändert haben. Die Frage ist meines Erachtens daher nicht, ob Frauenhäuser Gewalt gegen Frauen abschaffen können, sondern: Was bewegt und verändert sich durch die Existenz von Frauenhäusern und Beratungsstellen? Eröffnen sie Möglichkeiten der Ausweitung weiblicher Lebenszusammenhänge und Lebensentwürfe? Ich selbst sehe in den Frauenprojekten sowohl die Hoffnung auf mehr gesellschaftliche Gerechtigkeit für Frauen, indem ihre Belange ernst genommen werden, als auch die Chance für individuelle Entwicklungsprozesse und zwar jenseits der Tatsache, dass Frauenhäuser auch der kollektiven und individuellen Entlastung dienen und damit den Missstand, den sie abschaffen wollen, vielleicht auch mit erhalten.
- Die zweite Ebene umfasst die **unerwarteten Schwierigkeiten in der Zusammenarbeit unter Frauen** sowohl in homogenen Gruppen, d.h. unter Frauen in relativ gleichen Lebenslagen mit ähnlichen Anschauungen, als auch in heterogen zusammengesetzten, d.h. Gruppen, in denen Frauen aus verschiedenen Schichten, Ethnien oder mit unterschiedlichen sexuellen Orientierungen zusammenkommen. In die ursprünglichen Leitvorstellungen der Frauenhäuser waren alle Wünsche der Frauenbewegung nach einem besseren Leben eingeflos-

sen: Selbstorganisation ohne Leitung und Hierarchie, Hilfe auf der Basis von Freiwilligkeit und gemeinsamer Betroffenheit, Plena aller Frauen als zentrale Entscheidungsinstanz. Eine solidarische und egalitäre Haltung, selbsttätiges Engagement und eigenverantwortliche Übernahme anstehender Aufgaben wurden bei allen Frauen als vorhanden vorausgesetzt, und verhaltensregulierende, verbindliche Organisationsstrukturen schienen entsprechend überflüssig. Erst das Bewusstwerden der darin enthaltenen Überschätzung weiblicher Fähigkeiten und Verhaltensformen macht eine Auseinandersetzung mit Organisationsstrukturen, Organisationsentwicklung und Fragen der Qualitätssicherung nötig, enthält damit aber auch immer schon etwas Kränkendes, das zunächst überwunden werden muss. Trotz dieser Fehleinschätzungen waren die hochfliegenden Hoffnungen auf Solidarität unter Frauen und Gemeinschaftlichkeit aller Frauen für den Aufbau der Projekte gegen enormen Widerstand von zentraler politischer Bedeutung, ohne die möglicherweise die Projekte nicht gegründet worden wären.

Zusammenfassend lässt sich sagen, dass diese Ideale die Gründerinnen und Projektfrauen überforderten und zudem den Bewohnerinnen eher fremd waren und daher kaum aufrechterhalten werden konnten. Nicht nur durch die steigende Verberuflichung, sondern auch durch wachsende Bewusstheit der Differenzen unter Frauen wurde recht schnell deutlich, dass sich in den Frauenhäusern – mehr oder weniger sichtbar – Anbieterinnen und Abnehmerinnen von Frauenarbeit gegenüberstehen, während die Idee fraglos gegebener, gemeinsamer Interessen und einer Arbeit unter Gleichen noch lange aufrechterhalten wurde. Möglicherweise sollte das Verhältnis von Mitarbeiterinnen und Adressatinnen auch nicht vorschnell abschließend geklärt werden, denn Frauen brauchen sicher sowohl ‚Expertinnen' als auch ‚Schwestern' und die Aufgabe besteht eher darin, nach gangbaren Mischungen zu suchen, um dem aus der Bewegung stammenden Credo der Schwesterlichkeit ebenso gerecht zu werden wie einer beruflich angemessenen Beziehungsform und professionell notwendiger Abstinenz.

Frauenzusammenhänge wecken in hohem Maße Ansprüche und Sehnsüchte, die eine explosive Mischung bilden können, da sie höchstens in Ansätzen erfüllbar sind. Ihnen wohnt ein Versprechen inne, das gegenüber Bewohnerinnen ebenso gilt wie gegenüber Mitarbeiterinnen: Sich verstanden zu fühlen, an- und aufgenommen zu werden, sich weiterentwickeln zu können, in einer solidarischen Gemeinschaft aufgehoben zu sein. Andererseits haben Frauen inzwischen Erfahrungen mit der zerstörerischen Qualität vieler Konflikte in Frauenzusammenhängen gemacht, denen nicht selten etwas archaisch, grenzenloses anhaftet (Flaake 1993). Dieses Gefährliche unter Frauen findet Ausdruck in dem Slogan „sisterhood is powerful, it can kill you". Er erfordert eine Neuinterpretation des alten Slogans „Frauen gemeinsam sind stark" und zeigt, dass Stärke immer zwei Seiten hat: Sie kann nutzbringend oder schadend verwandt werden.

4 Eckpfeiler einer neuen Standortsuche

An die Stelle mitreißenden Aufbruchs und euphorischen Verschmelzens ist mittlerweile nicht selten etwas Schweres getreten, das zwar der Ernsthaftigkeit des Themas entspricht, aber ein darüber hinausgehendes generalisiertes, puritanisches Element enthält, eine Art „Lachverbot in Frauenprojekten" (Burgsmüller 1991). Eine Ursache dieses Verbots ist meines Erachtens das Tabu, sich mit negativen Erfahrungen durch Frauen und mit kritischen Aspekten der Frauenhausarbeit auseinander zu setzen und sich dennoch als frauenbewegte Frau sehen zu dürfen. Es ist zu befürchten, dass dieses Tabu durch finanzielle Gefährdungen noch verstärkt wird, aber ich halte es dennoch für den richtigen Weg, sich zu Problemen offensiv zu verhalten und sich nicht zu scheuen, sie öffentlich zu diskutieren. Heilige Kühe sind dazu da, dass sie geschlachtet werden, sogar oder besser vor allem dann, wenn es die eigenen sind. Das Bild ist so aggressiv wie der notwendige Akt, aber nur so gibt es einen Ausweg aus der Lähmung (wie ein Projektebuch-Titel lautet „Der Widerspenstigen Lähmung?"). Der Unterschied zwischen mehr oder weniger leisem Gemecker (z.B. an Kolleginnen oder den Frauen) und einer streitbaren Herangehensweise an Probleme ist die offene Auseinandersetzung, was nicht dasselbe ist wie gegenseitiges Zerfleischen und endlose Grabenkriege, aber vielen Frauen (und Männern) nicht leicht fällt und der Übung bedarf.

4.1 Blickpunkt Frauenhausarbeit und Frauenhausstrukturen

Frauenhausarbeit:

Thema: Frauenbild

Für die Gründerinnengeneration war klar, dass misshandelte Frauen ganz normale Frauen sind und misshandelnde Männer diejenigen, die ein gravierendes Verhaltensproblem haben. Daher gingen sie davon aus, dass misshandelte Frauen in der Bewegung mitarbeiten können und sollen. Es gab laut Initiatorinnen des DAIP-Projektes, der „Mutter" aller Interventionsprogrammes, sogar Frauen, die sich als Aktivistinnen einschalteten und gleichzeitig weiterhin mit einem gewalttätigen Mann lebten. Heute gibt es eine starke Beschäftigung mit der Traumatisierung misshandelter Frauen und deren Beratungsbedürftigkeit. Was ist passiert? Das feministische Bild von Gewalt betroffener Frauen hat sich grundlegend geändert, die Frage ist nur, was die Basis dieses Perspektivenwechsels ist. Ich vermute, dass ein nicht unbeträchtlicher Grund dieses Wechsels im Wandel der Frauenhausbewegung von einer politischen zu einer professionellen liegt; d.h. dass das jeweils eigene Interesse beachtet werden muss: politische Mitstreiterinnen zu finden oder therapienahe und damit hoch qualifizierte, zeitintensive Hilfsformen zu begründen. Damit ist noch nichts über die Richtigkeit der einen oder der anderen Sichtweise gesagt, lediglich über die Notwendigkeit, sich der eigenen Motive bewusst zu sein, um Fehlschlüsse zu vermeiden.

Thema: Expertinnentätigkeit

Im Gegensatz zur Anfangszeit der Frauenhausarbeit gilt Expertinnentum keineswegs mehr als verdächtig oder gar frauenfeindlich. Verschiedene Felder der Expertise haben sich herausgebildet und werden als Arbeitserleichterung empfunden, ob sie Organisation und Verwaltung, Öffentlichkeitsarbeit oder spezielle Kenntnisse in der Beratung betreffen. Doch was ist aus der alten Überzeugung geworden, dass die eigentlichen Expertinnen die Frauen selbst sind? Ich glaube nicht, dass diese Position, die eine Kritik an der Entmündigung der Betroffenen durch Professionelle enthielt, in Bausch und Bogen ad acta gelegt, aber hinreichend spezifiziert werden sollte. Der Slogan war als Provokation gemeint und muss als solche ernst genommen werden. Nicht Fachleute (ob Frauen oder Männer) haben die „wahren" Erklärungen über die Hintergründe, den Verlauf und das Ausmaß des Problems, sondern die Interpretationen und Lösungen der Frauen selbst sollen für die Fachfrauen handlungsleitend sein. An ihnen hat sich die Arbeit zu orientieren, ihr Eingreifen oder Nichteingreifen, ihre Maßnahmen und Ratschläge. Das Schmerzliche daran ist, zunächst einmal auch Deutungsmuster anzunehmen, die einem selbst unakzeptabel erscheinen und gemeinsam nach anderen Denkmustern und Wegen zu suchen. Das gilt nicht für aktiv oder passiv betroffene Kinder und nicht in Grenzsituationen. Da sind die Fachfrauen allein verantwortlich, aber auch nur dann. Die Initiatorinnen dieses Prinzips, dass Frauen ihre eigenen Expertinnen sind, konnten nicht ahnen, dass damit Frauen nicht nur ein Recht auf Selbstbestimmung gegenüber patriarchalen Mächten und gewalttätigen Männern zugesprochen wird, sondern, dass diese Selbstbestimmung auch gegenüber der Sichtweise und dem Rat von Mitarbeiterinnen in Frauenprojekten gilt und in Anspruch genommen wird.

Ein häufig vertretener Aspekt professioneller Frauenhausarbeit ist, dass die Frauen selbst entscheiden sollen, ob sie zu ihrem gewalttätigen Partner zurückkehren oder nicht und dieses im Frauenhaus auch können, und die Mitarbeiterinnen darauf keinen Einfluss nehmen. Und die meisten Mitarbeiterinnen sind wohl auch davon überzeugt, sich dieser Maxime entsprechend zu verhalten. Das scheint mir jedoch das Problem eher zu verschleiern als zu lösen. Erstens weiß heute jeder und jede wofür Feministinnen und ihre Projekte im Anti-Gewalt-Bereich stehen, denn sie haben sich zu Recht laut über Gewalttäter empört und sie verurteilt. Daraus kann jede den Schluss ziehen, dass sie es für falsch halten, wenn Frauen sich mit solchen, negativ bewerteten Männern abgeben oder sie gar lieben. Zweitens widerspricht eine sich „neutral" gebende Haltung zutiefst dem feministischen Ideal einer autonomen, selbstbestimmt lebenden Frau und dem Ideal eines Frauen achtenden Mannes. Dieses Dilemma ist nur schwer zu lösen, aber es sollte zumindest gesehen und angegangen werden, sonst leidet entweder die eigene Glaubhaftigkeit oder das Ideal müsste aufgegeben werden.

Noch zwei Gedanken quasi in Klammern:

- erstens: Frauen entscheiden immer selbst, es sei denn wir sperren sie ins Frauenhaus ein, ganz egal wie sehr ich vorher versucht habe, sie von ihrer Haltung abzubringen;
- zweitens: Wenn es stimmt, dass Frauenhäuser allgemein als feministische Projekte bekannt sind, kommen dann nur die Frauen, die das nicht wissen (z.B. Migrantinnen) und die Frauen, die das zumindest nicht stört – und was ist dann mit den anderen, wie könnten die erreicht werden?

Frauenhausstrukturen:

Thema: Generationenwechsel

Das subjektive Empfinden gegenüber selbsthergestellten Ordnungen ist ein gänzlich anderes als gegenüber vorgefundenen. Daraus ergibt sich leider nicht, dass jede Frauenhausgeneration den Entwicklungsprozess zu differenzierten beruflichen Strukturen immer wieder selbst neu zu durchleben vermag. Das bedeutet aber, dass nur die erste und eventuell noch ansatzweise die zweite Generation der Mitarbeiterinnen Pionierinnencharakter hat. Nur sie haben die Chance, das Frauenhaus im umfassenden Sinne zu verkörpern, späteren Generationen tritt es auch gegenüber und das hat Folgen für Gefühle der Selbstverwirklichung, der Identifikation, der Arbeitshaltung.

Jede Generation muss auch die Chance haben, ihren eigenen Weg zu gehen, auch wenn das für die ältere Generation schmerzhaft ist, weil sie leicht ihr Erbe veruntreut oder ausgeschlagen sieht. Dennoch ist es erforderlich, Lernprozesse an die nächste Generation weiterzugeben, was meines Erachten viel zu wenig in übergreifender Weise geschieht.

Thema: Arbeitsstrukturen

Regelungen bzw. Bereitschaft der Übernahme von Vorstandsfunktionen, Leiterinnenstellen oder Geschäftsführungsposten sind zunehmend keineswegs nur formal, sondern spielen zumindest in Konflikten eine wichtige Rolle. Arbeitsaufgaben werden klarer als bisher festgelegt, Durchschaubarkeit der Zuständigkeiten und Leitlinien von Mitarbeiterinnen als angenehm empfunden, während deren Mangel zumeist mit großem Unbehagen einhergeht. Dennoch sind auch Mitarbeiterinnen, die klare Strukturen bis hin zu Formen von Leitung wünschen, nicht selten ambivalent bis ablehnend gegenüber diesen eigenen Befürwortungen, weil sie alten feministischen Idealen widersprechen und Wünschen nach eigener Einflussnahme. Zusammenfassend lässt sich sagen, dass sowohl ein Bedürfnis nach Flexibilität als auch nach Struktur vorhanden ist, wobei die Gewichtungen höchst unterschiedlich sind.

Weiterhin ein Problem für viele Projekte ist die neue Anforderung an Organisationsentwicklung, Qualitätsstandards, Leistungsprofile etc., die häufig ausschließlich als bedrohlich erlebt werden. Sie sind es auch insofern, als sie im Zuge notwendiger Sparmaßnahmen entwickelt wurden. Dennoch liegt darin durchaus eine Chance, nämlich die eigenen Arbeitsformen und Arbeitsleistungen nach außen zu tragen und somit für sich zu werben. Während Öffentlichkeitsarbeit, verstanden als Thematisierung von Gewalt gegen Frauen und Mädchen traditionell wichtiger Bestandteil der Projektarbeit ist, wird die eigene Arbeit nicht selten als Geheimnis behandelt: Niemand darf das Haus betreten, auch nicht professionell mit dem Haus verbundene Frauen, niemand soll etwas über die Arbeitsweisen wissen. Beides wird automatisch mit Kontrolle gleichgesetzt, selten mit der Möglichkeit, Öffentlichkeitsarbeit über die eigene Tätigkeit zu betreiben.

Thema: Teamarbeit

Auch wenn die Erfahrungen mit Teamarbeit viel Enttäuschendes zu Tage gebracht haben, ist das Team dennoch unhinterfragter Ort der Arbeitsorganisation und Ort vieler Wünsche. Ganz oben auf der Plusseite der Teamwünsche stehen: kollegiale Unterstützungs- und Absprachemöglichkeiten, Rückhalt bei schwierigen Entscheidungen, inhaltliche und emotionale Verankerung und die Chance gegenseitiger Anerkennung. Gerade letzteres finde in ihren Teams nicht statt, klagen so manche Mitarbeiterinnen. Zu Recht wird von einigen ein Zusammenhang zwischen Unfähigkeit zum Lob und Unfähigkeit zur Kritik hergestellt, der auch meines Erachtens des Pudels Kern ist, denn beides setzt voraus, sich etwas herauszunehmen: Zu gucken, was macht die andere und sich zu erlauben, das positiv oder negativ zu beurteilen, d.h. sich diese Kompetenz zuzumessen. Ist das gegenseitige Misstrauen sehr groß, kann das (miss)verstanden werden als Kontroll – und Konkurrenzverhalten. Auch Lob enthält eine Machtgeste, denn gelobt wird in unserer Gesellschaft von oben nach unten, was nebenbei nicht wenig zur Einsamkeit von Leiterinnen beiträgt.

Auf der Negativseite der Teamarbeit wird veranschlagt, dass sie zeitintensiv ist und daher ein Konsens hergestellt werden sollte, welche Entscheidungen individuell getroffen werden dürfen, welche Ereignisse wichtig sind und ins Team gehören und welche nicht wichtig sind, aber dennoch von irgendjemandem zu treffen sind. Aus der Absprache-Notwendigkeit bei Teamarbeit folgen lange Wege für Entscheidungsprozesse, und aus der verbreiteten Konsenssuche kann eine Beschneidung selbstverantwortlichen Handelns resultieren und zu einer Ängstlichkeit gegenüber Entscheidungen führen.

4.2 Frauenhäuser zwischen Frauenbewegung und sozialen Institutionen

Die Zukunft der Frauenhäuser ist inzwischen kaum noch von der Stärke der Neuen Frauenbewegung abhängig, sondern von der politischen (und damit finanziellen) Akzeptanz gesellschaftlicher Entscheidungsträger. Allgegenwärtige Kürzungen könnten dazu führen, alte Konkurrenzen zwischen Frauenhäusern wieder wachzurufen. Nun belebt Konkurrenz ja bekanntlich das Geschäft, aber die Gefahr eines Verdrängungskampfes um die besten Marktchancen scheint mir gegeben, wenn es nicht gelingt, Kooperationen auszubauen und sowohl gemeinsame Strategien (z.B. zur Finanzsicherung), als auch gegebenenfalls unterschiedliche Profile (z.B. hinsichtlich der Konzipierung von und Einbindung in Interventionsprogramme) zu entwickeln. Notwendig ist ein respektierender Umgang miteinander, der Raum für unterschiedliche Positionen lässt. Der Wunsch nach einem alleinigen Recht auf Definitionsmacht über die Arbeit im Bereich von Gewalt gegen Frauen ist historisch verständlich, entspricht aber nicht der realen Vielfalt der Einrichtungen und konzeptionellen Zugänge. Daher scheint es vorteilhaft für alle und insbesondere für die betroffenen Frauen und Kinder, Möglichkeiten und Grenzen der Zusammenarbeit genau auszutarieren.

Das anfänglich recht feindliche Verhältnis zwischen autonomen, aus der Frauenbewegung hervorgegangenen und von traditionellen Trägern der Wohlfahrt gegründeten Häusern, ist in der Alltagsarbeit längst einer weit gehenden Annäherung gewichen. Diese Differenzierung gilt ohnehin so nur für die Alten Bundesländer, die Gründungszusammenhänge vieler Frauenhäuser in den NBL müssen noch einmal anderes beschrieben werden (Hömberg 1995). Eine allgemein in der Frauen- und Mädchenarbeit zu beobachtende Angleichung zwischen den Konzeptionen und Arbeitsweisen beruht nicht zuletzt darauf, dass traditionelle Träger ehemals alternative und frauenbewegte Ansätze integriert haben, respektive dortige Arbeitsplätze von frauenbewegten Frauen besetzt worden sind. Auch andere, einst starre Grenzen zwischen autonomen und institutionalisierten Politikformen, lösen sich innerhalb und außerhalb der Frauenbewegung zunehmend auf. Dennoch hat sich die Frauenbewegung keineswegs verflüchtigt, sondern „vervielfältigt" (Gerhard 1995). Konsequenz dieser Vielfalt ist, dass es derzeit keine exklusiven Orte feministischer Politik und feministischen Denkens mehr gibt. Daher scheint eine politische Doppelstrategie angemessen: Beharren auf eigenen Räumen aus begründbaren

Fraueninteressen oder geschlechtsspezifischen Benachteiligungen und gleichzeitig das Bestreben nach gesellschaftlicher Teilhabe in allen Bereichen.

5 Offene Fragen der Zukunftsorientierung:

– Auseinandersetzung mit Frauen auch als Täterinnen

In Frauenhäusern wird sichtbar, dass Frauen nicht frei davon sind, andere Menschen – in dem Fall ihre Kinder – wie ihren Privatbesitz zu behandeln, sie gegebenenfalls zu vernachlässigen oder zu schlagen. Diese Erfahrung ist für diejenigen, die Frauen unterstützen wollen, weil sie Opfer von Gewalt wurden, schwer aushaltbar. Eine Reflexion der Widersprüche in den Frauen selbst könnte bewirken, ein vollständiges Bild der Frauen erträglich und zur Basis der Arbeit zu machen, so daß die innere Repräsentanz der Frauen nicht ständig kippt zwischen gut und schlecht, unschuldig und schuldig, der Hilfe wert und verlorene Mühe. Dass Frauen sowohl Opfer männlicher Gewalt sein können als auch selbst ein ungeklärtes oder auch unakzeptables Verhältnis zur Gewalt haben, sollte nicht dazu dienen, beides gegeneinander aufzurechnen, aber auch nicht dazu, die Einstellung von Frauen zu Gewalttätigkeit zu tabuisieren (Kavemann 1995). Letzteres weniger aus moralischen Gründen als deshalb, weil das Bearbeiten der Verstrickung in Gewaltverhältnisse dazu beitragen kann, dass Frauen männliche Gewalt nicht länger erdulden und selbst nicht länger gewalttätig gegenüber ihren Kindern sind.

Ich vermute, dass Frauen von sich glauben, sie müssten männliche Gewalt hinnehmen, da sie selbst nicht frei von aggressiven Regungen und Handlungen sind und daher letztlich davon ausgehen, dass Gewalt in engen Beziehungen nicht immer zu vermeiden ist oder einfach vorkomme. Eine Auseinandersetzung mit diesen Fragen könnte dazu dienen, neue Aufgabenbereiche und Hilfsmöglichkeiten von Frauen für Frauen zu erschließen. Voraussetzung ist ein feministischer Blick auf Gewaltstrukturen zwischen Müttern und Kindern.

Frauen nicht nur als Opfer und Bedürftige, sondern als Akteurinnen und „Herrinnen" ihrer selbst zu sehen, bedeutet, Frauen nicht länger zu verharmlosen, sondern jenseits ihrer gesellschaftlich untergeordneten Position als mit Macht und aggressiver Potenz ausgestattete Personen zu erleben. Ein solcher Zugang lässt die in Gut und Böse aufgeteilten Geschlechterbilder problematisch erscheinen. Die bislang einseitige Thematisierung männlicher Unterdrückung und weiblicher Unterdrücktheit hat Frauen geeint und konkrete Erfolge im Kampf gegen Gewalt an Frauen gezeitigt. Doch es gilt, die Entidealisierung des Weiblichen auszuhalten, ohne zur Idealisierung des Männlichen zurückzukehren, d.h. etwas Neues jenseits der herrschenden Geschlechterpolarität zu versuchen (Koppert 1996).

– Notwendige Differenzierungen des Parteilichkeitskonzeptes

Die Ethik der Parteilichkeit sollte aus mehreren Gründen überdacht und präzisiert werden. Parteilichkeit ist ein eindeutiges und angemessenes Konzept, wenn es um die Konfrontation mit patriarchaler Macht geht: Ohne Einschränkung auf Seiten der Frau zu stehen und deren Belange an die erste Stelle zu setzen. Schwieriger ist Parteilichkeit im Arbeitszusammenhang selbst zu definieren:

- Institutionalisierte Frauenarbeit macht Mitarbeiterinnen in gewissem Sinne selbst zur Partei, denn Verberuflichung führt zu partikularen Interessen zu Gunsten des eigenen Arbeitsplatzes und bringt eine gewisse Definitionsmacht als Stelleninhaberin mit sich (Hagemann-White 1997). Die daraus erwachsenden Interessen sind nicht immer notwendigerweise auch die Interessen der Adressatinnen.
- In der Beratungs- und Betreuungsarbeit besteht die Gefahr, dass Parteilichkeit – sozusagen qua Konzept – unterstellt und nicht länger kontinuierlich am konkreten Fall geprüft wird. Dadurch verschwimmt die Basis der Parteilichkeit und es wird nicht mehr gefragt, wie sich die eigene Vorstellung parteilich zu arbeiten, mit den Wünschen der jeweiligen Frauen deckt oder auch nicht und was dann die jeweilige Begründung für diese Deckungslücke ist (z.B. wenn eine Frau möchte, dass die Mitarbeiterin sie zu einem Gespräch mit ihrem Mann begleitet).
- Nicht alle Frauen interpretieren ihre Lebenssituation in der gleichen Weise und ihre Lebensentwürfe weisen große Unterschiede innerhalb und zwischen den Kulturen auf, die es wahrzunehmen gilt, sonst besteht die Gefahr, sie mit vermuteter Parteilichkeit zuzudecken.
- Schwierig ist Parteilichkeit auch im Spannungsverhältnis zwischen Müttern und Kindern, da es Mütter gibt, deren Erziehungsstil ihren Kindern nicht gut tut und Frauenhäuser noch einmal in ganz anderer Weise für das Wohl der Kinder verantwortlich sind als für das Wohl der erwachsenen Frauen.

– Möglichkeiten der Selbstbestimmung von Adressatinnen in Projekten sollten neu ausgelotet werden

Der Anspruch auf Selbstbestimmung erweist sich im Frauenhaus selbst als durchaus prekär, denn offen ist, wie dieser Anspruch nicht nur für Mitarbeiterinnen, sondern ebenso für Bewohnerinnen umgesetzt werden kann und soll, solange die Mitarbeiterinnen und gegebenenfalls der Träger die Regeln und die Machtaufteilung bestimmen. Der einzige Ort kollektiver Einflussnahme für Bewohnerinnen ist die Hausversammlung, ein fester Strukturbestandteil der Frauenhausarbeit, der jedoch viel von seiner Beteiligungsfunktion verloren hat und nicht selten zu einer ungeliebten Pflichtveranstaltung degeneriert ist. Wenn die Frauenhausbewegung weiterhin davon ausgeht, dass Frauen nicht nur deshalb vorübergehend in einem Haus zusammenleben, weil sie Betreuung brauchen und es praktikabler ist als ein Hotelzimmer o.Ä., sondern weil die gemeinsame Lebenssituation neue Erfahrungen ermöglicht, dann ist das Frauenhaus ein Ort, andere Formen des Zusammenlebens als hierarchische Familienverhältnisse kennen zu lernen.

Die Hausversammlung sollte daher selbstverständlicher Teil der demokratischen Kultur eines Hauses sein und als Chance ernst genommen werden, soziale Fähigkeiten zu erweitern: zu lernen, sich abzustimmen, eigene Interessen zu vertreten und die Wünsche anderer wahrzunehmen und dabei zwischen akzeptierbaren und nicht akzeptierbaren Forderungen zu unterscheiden.

– Überdenken der Bedeutung von Kinderarbeit im Frauenhaus

Kinderarbeit hat in Frauenhäusern nicht selten Stiefkindcharakter, obwohl allen Beteiligten die Bedeutung dieser Arbeit klar ist. Ein Grund dürfte im Ursprung der Frauenhäuser liegen. Frauenhäuser wollten Frauen eine Zufluchtsstätte vor ihren gewalttätigen Männern bieten, die Kinder hingegen werden nicht um ihrer selbst willen aufgenommen. Sie sind da, weil sie zu den Frauen gehören. Die Ausweitung der Kinderarbeit lässt sich als Präventionsarbeit verstehen, was ihr ein neues Gewicht verleihen könnte.

6 Schlussgedanken

Ich möchte abschließend auf die anfangs mit einem Fragezeichen versehene Gegenüberstellung, Konsolidierung oder neuer Aufbruch eingehen. Letzlich scheint mir eher, dass beides Not tut und keinen Widerspruch darstellt: Konsolidierung und neuer Aufbruch. In Umbruchzeiten wie diesen glaube ich, dass Konsolidierung Aufbruch zu neuen Kooperationsformen erfordert und dass neuer Aufbruch angesichts des hohen Professionalisierungsgrades nur auf einer soliden Basis gesicherter Projektverhältnisse möglich ist.

Frauenhäuser sind inzwischen relativ normale soziale Institutionen mit relativ normalen Arbeitskontexten geworden, worin ich einen großen Erfolg hinsichtlich der Gewährleistung eines bundesweiten, verlässlichen Angebotes an Schutz- und Beratungseinrichtungen sehe.

Angesichts veränderter Bewohnerinnenstrukturen und einer Ausdifferenzierung des Hilfenetzes scheint es jedoch geboten, den Arbeitsansatz Frauenhaus neu zu fassen. Zudem ist davon auszugehen, dass sich auf Grund sozialpolitischer und rechtlicher Veränderungen (z.B. bezogen auf Wohnraum und verstärkte Bleiberechte) und kommunaler Interventionsprogramme das Verhältnis von Wohnbedarf und dem Bedarf ambulanter Hilfen verschieben wird. Frauenhäuser werden weiter notwendig sein, aber über im neuen Jahrtausend angemessene Formen ist zu diskutieren und dazu ist dieser Kongress ja angetreten. Ich hoffe, dass meine Überlegungen zu einem Einstieg in die Diskussion beitragen und danke Ihnen für das Zuhören.

Literatur

Brückner, Margrit (1998): Wege aus der Gewalt gegen Frauen und Mädchen. Frankfurt

Brückner, Margrit (1996): Frauen- und Mädchenprojekte. Opladen

Brückner, Margrit/Holler, Simone (1990): Frauenprojekte und soziale Arbeit, Frankfurt

Burgsmüller, Claudia (1991): Frauenprojekte zwischen Lachverbot, Egozentrismus und Affidamento. In: Silvia Henke/Sabine Mohler (Hg): Wie es ihr gefälllt IV. Freiburg

Flaake, Karin (1993): Lieber schwach, aber gemeinsam als stark, aber einsam? In: Claudia Koppert (Hg): Glück, Alltag und Desaster. Berlin

Gerhard, Ute (1995): Die „langen Wellen" der Frauenbewegung. In: Regina Becker-Schmidt/Gudrun-Axeli Knapp (Hg): Das Geschlechterverhältnis als Gegenstand der Sozialwissenschaften. Frankfurt/New York

Hagemann-White, Carol (1997): Die feministische Gewaltdiskusssion: Paradoxe, Blockaden und neue Ansätze. In: Carol Hagemann-Whie, Barbara Kavemann, Dagmar Ohl: Parteilichkeit und Solidarität. Bielefeld

Holland-Cunz, Barbara (1995): Frauenbewegung und die mediale Konstruktion der Wirklichkeit, in: Mechtild Jansen/Sigrid Baringhorst/Martina Ritter (Hg): Frauen in der Defensive? Münster

Hömberg, Barbara (1995): Geteilte Schwestern? Die Zusammenarbeit in der Ost- und Westfrauenbewegung. In: Rundbrief „Politik und Geschlecht" in der Dt. Vereinigung für Polit. Wiss. 4. Jg. Nr. 8

Kavemann, Barbara (1995): „Das bringt mein Weltbild durcheinander", in: Michele Elliott (Hg): Frauen als Täterinnen. Ruhnmark

Koppert, Claudia (1996): Identität und Befreiung. Eine politische Zwischenbilanz. In: Beiträge zur feministischen Theorie und Praxis 42: 113–125

1 Asymmetrische Geschlechterverhältnisse und Gewalt

Gerd Stecklina

Familiale Gewalt und Geschlechtsspezifik

1 Zur Entwicklung des Gewaltbegriffes

Die fachliche Diskussion zu Gewalt in Familien bzw. häuslicher Gewalt wird im deutschsprachigen Raum seit den 70er Jahren explizit von soziologischen und (sozial-)psychologischen Paradigmen und Erklärungsmustern getragen. Hierbei ist nicht unerheblich zu erwähnen, das der Begriff Gewalt sich nicht durch einen einheitlichen Sprachgebrauch auszeichnet und die Definition von familialer Gewalt[1] nicht immer eindeutig bestimmbar bleibt. Mitunter konzentriert sich der familienzentrierte Gewaltbegriff ausschließlich auf körperliche Gewaltanwendung und wird synonym mit dem Terminus Kindesmisshandlung/-missbrauch verwandt. In anderen Darstellungen beinhaltet ein erweiterter Gewaltbegriff auch emotionale und psychische Strafen[2], Gewalt von Männern gegen Ehefrauen/Lebensgefährtinnen und Kinder, psychische und physische Vernachlässigung von Kindern, den sexuellen Missbrauch von Mädchen und Jungen bzw. die Selbstständigkeit der Kinder hemmende elterliche Unterstützung. Mit dem Verhältnis von erwachsenen Kindern und ihren Eltern, den Ursachen von „aufopfernder Liebe von Eltern" sowie den Folgen für die Beziehungen und sozialen Kontakte der Kinder haben sich Ashner/Meyerson in ihrem Buch ‚Wenn Eltern zu sehr lieben' auseinander gesetzt.[3]

Die verschiedenen Intentionen, die mit dem Begriff familiale Gewalt verbunden sind, erhalten dabei ihre Fundierung auch durch die jeweiligen Trä-

1 In diesem Text soll nicht auf politisch motivierte Gewalt und Fremdenfeindlichkeit eingegangen werden.

2 Unter emotionalen und psychischen Strafen werden gefasst: fehlende emotionale Zuwendung, Präferenz von rationalem und kommunikativ-verbalem Verhalten, fehlende Kommunikation zwischen Familienmitgliedern, verbale Drohungen von Familienmitgliedern zur Durchsetzung ihrer Interessen.

3 Ashner/Meyerson sehen in einer allzu großen Liebe von Eltern zu ihren Kindern eine Form von Gewaltanwendung gegen Kinder, die das eigene Lebenskonzept der Kinder auch nach Gründung einer eigenen Familie behindern. Als Erklärungsmuster für „aufopfernde Liebe" werden von Ashner/Meyerson die von den Eltern gemachten Erfahrungen der eigenen Kindheit benannt (fehlende Akzeptanz und Liebe; Alkoholismus, chaotische Lebensverhältnisse, Gewalt). (Ashner/Meyerson 1991)

ger der wissenschaftlichen, praxisrelevanten und medialen Diskussionen, dem unmittelbaren Forschungsinteresse sowie dem aktuellen Forschungsstand. Young (1989) deduziert für den modernen Feminismus „Humanismus und Gynozentrismus" als die zwei grundsätzlichen Denk- und Handlungsstrategien und weist nach, dass jedes dieser beiden Paradigmen einen anders gearteten Einfluss auf die Positionen von Feministinnen und der von ihnen sensibilisierten Öffentlichkeit in Bezug auf den Begriff familiale Gewalt, dessen inhaltliche Füllung sowie der mit ihm verfolgten Absichten hat.

Für die 70er, 80er und 90er Jahre des ausgehenden 20. Jahrhunderts, die eng mit der Geschichte der ‚Neuen Frauenbewegung' in Westeuropa und den USA verbunden sind, kann aus diesem Verständnis heraus eine verschiedenartige Problemstellung zu Gewalthandlungen von Eltern gegen Mädchen und Jungen sowie von Männern gegen Frauen durch soziale Bewegungen, Institutionen und Medien diagnostiziert werden. In den 70er Jahren war es vor allem die Frage der Sensibilisierung der breiten Öffentlichkeit und von Institutionen für die Problematik Gewalt in Familien. In den späten 60er und frühen 70er Jahren wurde häuslicher Gewalt insbesondere mittels marxistischer, psychoanalytischer und individualpsychologischer Kategorien begründet. Der explizite Rückgriff auf marxistische Kategorien der Gesellschaftsanalyse (ökonomischer Ursachenkanon von familialer Gewalt) machte jedoch zugleich die Grenzen dieses Modells deutlich. Die historisch bedingte Spaltung der Gesellschaft in einen öffentlichen (männlichen) Produktionssektor und privaten (weiblichen) Reproduktionsbereich konnte mittels marxistischer Kritik an den Entwicklungs- und Bewegungsgesetzen der öffentlichen Produktionsbeziehungen nicht erfasst werden (vgl. Hausen 1978). Marxistisch-psychologische Denkansätze finden vor allem aus dieser Erkenntnis heraus heute kaum noch Aufnahme in den theoretischen und praxisrelevanten Diskussionen und Abhandlungen sowie historischen Rückblicken zur familialen Gewalt, insbesondere gegen Frauen und Kinder. (vgl. Habermehl 1991) Dokumentarisch verwiesen sei an dieser Stelle auf Horn (1996), die, was nicht unüblich bei aktuellen historischen Vergewisserungen ist, in das Zentrum ihrer Reminiszenz der 70er Jahre individualistische und pathologisierende Deutungsmuster rückt.[4] Sie

4 Individualisierende und pathologisierte Erklärungsansätze gehen von der Annahme aus, dass ein Zusammenhang von familialer Gewalt gegen Kinder und den Persönlichkeitsmerkmalen der Eltern (Depressionen, geringes Selbstwertgefühl) besteht. Diese Ansätze werden jedoch von Horn als unzureichend und empirisch nicht bestätigt angesehen.

vernachlässigt von vornherein bei ihrer Analyse die antiautoritäre Bewegung und deren Gewaltparadigma.[5] Dabei reicht nur ein kleiner Blick in die Geschichte der ‚Neuen Frauenbewegung' in der Bundesrepublik Deutschland (vor 1990), um die Bedeutung der ‚Außerparlamentarischen Opposition' und der antiautoritären Studentenbewegung für die Sensibilisierung von Frauen für Gewaltverhältnisse in Partnerschaften zu destillieren. Eine produktive Auseinandersetzung bzw. Integration marxistisch-psychoanalytischer Denkkonstruktionen in aktuelle Deutungsmuster scheint vor dem Hintergrund der Negierung durch die Sozialwissenschaft von vornherein suspekt zu sein. Dabei hat die antiautoritäre Bewegung in den späten 60er Jahren nicht nur, wie es mitunter erscheinen mag, die Gesellschaft in Frage gestellt, sondern ebenso, wenn auch ohne eine tief greifendere Geschlechtsspezifik, sich familialen Sozialisations- und Erziehungskonzepten sowie der Ebene von Gewalt in Familien zugewandt. Der soziale Status und die Zugehörigkeit zu einer bestimmten gesellschaftlichen Klasse wurde von der antiautoritären Bewegung als entscheidende Instanz für Gewalt von proletarischen Eltern gegenüber ihren Kindern angesehen. „Sie greifen häufiger zum Mittel der körperlichen Züchtigung, behandeln Jungen und Mädchen stärker unterschiedlich und bestrafen in den Kindern weniger ihre Absichten als vielmehr nur die beobachteten Handlungen" (Rotes Kollektiv Proletarische Erziehung 1970: 175). Gewalt wurde von der antiautoritären Bewegung und den sich ihr zugehörig fühlenden Frauen explizit als gesellschaftlich determiniert zugespitzt.[6] Mit der Verwirklichung einer neuen Gesellschaftsordnung verschwinde – so das Verständnis der Vertreter der antiautoritären Bewegung –, auch die Basis von gesellschaftlicher und familialer Gewalt. Dabei wurde in diesem Kontext der individuellen Entscheidungsfreiheit sowie der Erziehung zu Selbstbestimmung und individueller Handlungsoffenheit ein nicht zu unterschätzender Stellenwert beigemessen. Der Rückgriff auf rätekommunistische Erziehungskonzepte und individualpsychologische Kategorien durch die antiautoritäre Bewegung ist offenkundig.[7]

5 Die geschichtliche Entwicklung der antiautoritären Bewegung in Westdeutschland in der zzeiten Hälfte der 60er Jahre wurde von Bock (1976) ausführlich dargestellt.

6 Moderne soziologische Erklärungsmodelle sehen als ein Ursachenbündel von familialer Gewalt die Zugehörigkeit zur unteren sozialen Schicht, Arbeitslosigkeit und niedriges Einkommen an (vgl. Garbarino 1980).

7 Als historische Vorläufer der individualpsychologischenund marxistisch-individualpsychologischen Richtung werden insbesondere Alfred Adler, Alice Rühle-Gerstel und Otto Rühle angesehen.

Im Gegensatz zu diesem Ansatz wollte die radikal-demokratische Richtung der ‚Neuen Frauenbewegung' das Unterdrückungsverhältnis von Mann und Frau durch eine wie auch immer geartete weibliche Gegenkultur verändern. Die Kritik von de Beauvoir an diesem Konstrukt, dass es der Frau nicht darum gehe, „sich als Frau zu bestätigen, sondern als ganzes vollständiges menschliches Wesen anerkannt zu werden"(1974: 464), ließ das Paradox der radikal-feministischen Patriarchatskritik zu Tage treten. Gewalt in der Familie entfaltet sich nach diesem Konstrukt entlang der Täter-Opfer-Kontrastierung: Männer und Väter sind potenzielle Gewalttäter, Kinder und Frauen immer und ausschließlich Opfer. Engelfried hat auf die Bedeutung des Feindbildes Mann für das Selbstverständnis der frauenbewegten Frauen in den 70er Jahren hingewiesen, aber ebenso die Grenzen des Modells analysiert und sich für die Dekonstruktion von Frau- und Mannsein ausgesprochen (1997: 21). Der radikal-demokratische Ansatz der ‚Neuen Frauenbewegung', der ausgeht von der Herrschaft von Männern über Frauen verliert am Ende des 20. Jahrhunderts zunehmend seine Wirkungsmacht im feministischen Diskurs. Die geringe quantitative Bedeutung der radikalen patriarchatskritischen Richtung der Neuen Frauenbewegung seit den 70er Jahren (Nave-Herz 1988: 75) wird hierdurch am Ende des Jahrhunderts durch eine marginalisierte Definitionsmacht innerhalb der von einem allgemeinen Bedeutungs- und Durchsetzungsverlust betroffenen ‚Neuen Frauenbewegung' verstärkt. Weitere zentrale Ansätze für die Erklärung von familialer Gewalt in den 70er Jahren umfassten individualisierende, pathologisierende und von einer gestörten Eltern-Kind-Beziehung ausgehende Erklärungsmodelle von Gewalt. Familiale Gewalt wurde bei den ersten beiden Richtungen insbesondere aus Charaktereigenschaften und psychischen Zuständen der Eltern erklärt.[8] Mit der Diagnose einer gestörten Eltern-Kind-Beziehung als Ursache für Gewalthandlungen von Eltern gegen ihre Kinder wurden therapeutische Unterstützungsleistungen und institutionelle Beratungsangebote für Eltern und Kinder begründbar (Honig 1988).

In den 80er Jahren kann eine verstärkte Hinwendung zu den Thematiken der Vergewaltigung von Frauen durch ihre Lebenspartner bzw. durch nahe Verwandte sowie sexuellem Missbrauch von Mädchen als zentrale Gewaltformen in Familien konstatiert werden. Zeitgleich wurde die Verinstitutionalisierung von Hilfeangeboten für Opfer von familialer Gewalt, insbeson-

---

8 Depressionen und ein geringes Selbstwertgefühl sind psychische Zustände, die die Handlungsmuster von Eltern strukturieren können (vgl. Kempe/Helfer 1974).

dere für Frauen (Frauenhausbewegung) weiter intensiviert und brachte eine in den westdeutschen Bundesländern noch heute bestehende Vielfalt an kommunalen bzw. sich in freier Trägerschaft befindlichen Unterstützungsangeboten für Frauen und Kinder hervor. Damit kam es zu einer Einengung des familialen Gewaltbegriffs auf sexuelle Gewalt von Männern gegen Frauen und Kinder. Zugleich wurde es durch die enge Fassung des Begriffes familiale Gewalt möglich, den Auf- und Ausbaus von Einrichtungen zum Schutz von Frauen und Kindern weiter zu intensivieren sowie kulturell vorangetriebene familiale Wandlungsprozesse sozialpolitisch abzusichern. Frauen und Müttern wurde ein unabhängigeres und selbstbestimmteres Leben jenseits familialer Zwänge und finanzieller Abhängigkeit von ihren Männern zugestanden und zugleich der Zugang zu Bildung und beruflicher Entwicklung erleichtert. Das Becksche Individualisierungsparadigma der Freisetzung aus traditionellen sozialen Kontexten und der Suche nach neuen Bindungen beschreibt diesen gesellschaftlichen Wandlungsprozess positiv und bestimmt seit Mitte der 80er Jahre die Diskussion in Theorie und Praxis (Beck 1986). Der Wandel der Familie brachte und bringt es aber auch mit sich, dass die räumliche und zwischenmenschliche Distanz zwischen den Ehepartnern/Lebensgefährten stärker differieren kann. Arbeits- und Wohnort sind nicht mehr identisch, die Erziehung der Kinder sowie die die Beziehung zwischen den Partner betreffenden Fragen basieren nunmehr in einem hohen Maße auf einem Aushandlungs- und Absprachecharakter; der einende, selbstverständliche und unhinterfragbare familiale Rückzugs- und Schonraum existiert nicht mehr. Die Kinder sind – wie die Ehepartner – zu mehr Selbstständigkeit angehalten, Erziehungskonzepte werden durch ein partnerschaftliches Miteinander strukturiert. Partnerschaften und Familien sind somit von Auflösungs- und Wandlungsprozessen der traditionellen Kernfamilie durchdrungen. Singledasein, die räumliche Trennung von Lebensgefährten und eine geringe Geburtenrate sind Seismographen für familiale und partnerschaftliche Veränderungen. Gewalt in Familien ist in diesem Kontext ebenfalls Wandlungsprozessen unterworfen.

Und noch ein anderer Trend wird in den 80er Jahren sichtbar. Patriarchatskritik wird zum bestimmten Ausgangstheorem für die Auseinandersetzung von Frauen mit dem männlichen Geschlecht und von Gewalt in Familien (vgl. Millet 1985; Mitchell 1976). Gewalt von Männern in der Familie, die zugleich eine Opfer-Täter-Trennlinie zwischen Frau/Kind einerseits und Mann andererseits schafft, durchdringt Theorie und Konzeptionen in den praxisrelevanten Projekten. Die sich langsam etablierenden Beratungsangebote für Männern, die auch einen theoretischen Zugang zum Jungen- und Mannsein einschließen, grenzen sich mittels radikaler Kritik am eigenen Geschlecht, der Übernahme wesentlicher Grundannahmen des Feminismus sowie der Betonung eines Profeminismus, von der traditionellen Männlichkeit ab (vgl. Pilgrim 1977, Hoffmann 1994). Gewalt in Familien wird in beiden Richtungen, sowohl dem feministischen Feindbild Mann als auch der ‚feministischen Männerbewegung' (Beck-Gernsheim 1990: 199f.) eindimensional verwandt: der Mann als Täter, die Frau und die Kinder als Opfer, wobei zu Opfern zuerst Mädchen werden. Die Täter-Opfer-Struktur bestimmt auch die Methodik in den Projekten: eine advokatorische Position in Projekten, die sich mit dem sexuellen Missbrauch von Kindern beschäftigen (Strafverfolgung des Täters, Fremdunterbringung des Kindes, Positionsbezug für das missbrauchte Kind) sowie dem pädagogisch-hilfeorientierten Ansatz im Bereich des Kinderschutzes. Zugleich haben die Kinderschutz- und Frauenbewegung mit der Offenlegung gewalttätiger Familienstrukturen auch ein gesellschaftliches Tabu gebrochen, mit der Vorstellung und Idealisierung einer heilen Familie und angeblichen Gleichberechtigung von Frau, Mann und Kindern in der Familie. Die Parteinahme für misshandelte und missbrauchte Mädchen deckte zudem psychische Folgen für die Betroffenen auf: Ausweglosigkeit, Scham, Angst, zerstörtes Vertrauen, Unwert-Gefühl und Isolation (vgl. Hartwig/Kuhlmann 1986; Kavemann/Lohstöter 1984). Die Grenzen dieses Ansatzes wurden aber relativ schnell in der Forschung sichtbar. Untersuchungen zu den realen Lebensweisen und Lebensentwürfen von Frauen machten auf Widersprüche in den Lebenszusammenhängen und den Handlungsstrategien von Frauen und Männern aufmerksam. Der von Thürmer-Rohr geprägte Begriff der Mittäterschaft von Frauen an der Produktion und Reproduktion von patriarchalen Strukturen stieß in diesem Zusammenhang innerhalb und außerhalb der Frauenbewegung auf ein geteiltes Echo (1989: 12f.). Zugleich konnte und kann die aktuelle Forschung zu Gewaltverhältnissen in Familien durch die Aufhebung des Täter-Opfer-Schemas nicht nur patriarchale Strukturen in der Gesellschaft, unabhängig von der Geschlechtszugehörigkeit, stärker in das Zentrum der Forschungsarbeit rücken, sondern auch praxisrelevante Unterstützungsangebote initiieren, die unterschiedliche Lebensentwürfe von Mädchen/ Frauen sowie Jungen/Männern zum Gegenstand haben. Durch die Dekonstruktion der traditionellen Geschlechterrollenmuster, die Berücksichtigung situativer und biografischer Einflüsse auf die Geschlechtsidentität können Frauen und Männer ihre eigene Identität aus einem positiven Arrangement mit ihrer Geschlechtsidentität gewinnen und zugleich sich mit Anteilen auseinander setzen, die zu Dominanzstreben, Aggressivität und Gewalthandlungen gegenüber anderen Personen führen können.

In den 90er Jahren sind die Dekonstruktionsansätze zu dem bestimmenden Modell für die Analyse der Geschlechterverhältnisse sowie der Gewaltpotenziale und -formen von Frauen und Männern geworden. Dieses Jahrzehnt ist durch einen gesellschaftlichen Wandel, der sich in den Begriffen Globalisierung und Europäisierung festmacht, gekennzeichnet. Die Termini markieren zugleich einen Wandel im Verständnis von Gewalt, was auch die Fragen familialer Gewalt einschließt. Während die theoretische Diskussion und die empirische Forschung zu familialer Gewalt gegen Kinder nun verstärkt psychische Gewalt und Vernachlässigung einschließt, Gewalthandlungen von Frauen und Männern in den Mittelpunkt rückt sowie geschlechtsspezifische Folgen von familialer Gewalt zum Gegenstand von Untersuchungen werden lässt, wird andererseits Gewalt in zwischenmenschlichen Beziehungen durch Printmedien und kriegerischen Auseinandersetzungen zwischen Staaten, Völkern und Individuen wieder salonfähig. Gewalt wird hier als konfliktlösendes und legitimes Mittel dargestellt. „Gewalt beherrscht auch am Ende des Jahrhunderts, das durch beispiellose Gewalttaten geprägt ist, die Welt. ... Besonders spektakulär die Bluttat von Lens, wo deutsche Hooligans den Polizisten David Nivel fast zu Tode traten. ... Unsägliches Leid richtet die tausendfache tägliche Gewalt in Form des Missbrauchs von Frauen und Kindern an; jede Sekunde gibt es Übergriffe aus nichtigem Anlass. Die Polizei-Statistik vermutet 300 bis 600 Gewaltopfer pro Tag in Deutschland“ (Berger 1999). Gewaltverherrlichende Filme und Lösungsansätze prägen unser alltägliches Leben, ebenso wie (gewaltsame) Auseinandersetzungen mit kulturellen Codierungen von Menschen aus anderen europäischen und außereuropäischen Staaten. Die Beziehungen zwischen den Geschlechtern, aber auch die zwischenmenschlichen Familienstrukturen sind hiervon nicht ausgenommen. Gewalt gegen Frauen in den Zweierbeziehungen, mitunter auch gegen Kinder, einschließlich des sexuellen Missbrauchs von Mädchen und Jungen kann heute wieder – zum Teil ungehindert – mittels Werbung, Medien und Konsum veröffentlicht werden.

Zudem zeichnen sich die 90er Jahre durch den Umstand aus, der die lebensweltliche Begrenztheit von theoretischen Konstrukten und praktischen Handlungsansätzen offen legt. Der Aufbau von institutionellen Strukturen in den neuen Bundesländern, die sich den Fragen von Gewalt in Familien stellen (Beratungsstellen, Frauenhäusern, Schutzhäusern, Kinder- und Jugendnotdienst, Anti-Gewaltprogramme etc.), muss die Sozialisationsbedingungen und -erfahrungen der in der DDR aufgewachsenen Menschen einbeziehen, diese zu Bestandteilen ihrer konzeptionellen Grundlagen machen und kann nicht von einer unhinterfragten Übernahme der Konzepte und Strukturen der alten Bundesländer ausgehen. Die Erfahrungen von Frauen und Männern in der DDR mit familialer Gewalt sind anscheinend anders gelagert und werden auch von anderen biografischen Lebenserfahrungen und familialen Konstellationen getragen.

2 Wandel familialer Strukturen am Ende des 20. Jahrhunderts

Die unterschiedlichen sozialwissenschaftlichen Disziplinen, die sich mit dem Erwachsenenalter befassen, haben sich relativ spät mit der Frage beschäftigt, ob die Erwachsenenphase als eine Sozialisationsphase zu betrachten sei. Erst in den letzten 10 Jahren wird der Lebensphase des Erwachsenendaseins explizit Entwicklungstypik und -dynamik zugesprochen sowie das Erwachsenenalters nicht mehr als „Phase des Rollen- und Krisenmanagement“ und der Erwerbstätigkeit definiert (Böhnisch 1999: 195). Die Wandlungsprozesse in Gesellschaft und der individuellen Lebensentwürfe haben hierauf einen nicht unerheblichen Einfluss (s.o.). Der Begriff des ‚lebenslangen Lernens‘ kann in diesem Kontext stellvertretend für alle anderen Beschreibungen stehen. Er eröffnet zugleich die Perspektive, das Erwachsenenalter als eine Zeit der Umorientierung, unkalkulierbarer biografischer Risiken und Zwänge zu sehen. Ein risikovoller und mitunter nicht kalkulierbarer Neubeginn im Arbeitsleben sowie der Verlust der integrierenden Kraft der Erwerbsarbeit auf die Identitätsfindung hat auch seine Rückwirkungen auf familiale Konstellationen und Gewalt in Familien. Partnerschafts- und Sozialbeziehungen müssen immer wieder neu ausgehandelt werden, das Arbeitsleben selbst ist von Ortswechseln, flexiblen Anforderungen und einer sich fortsetzenden Ausdifferenzierung der Berufs- und Familienstrukturen gekennzeichnet. Biografische Brüche und Krisenerlebnisse haben die Bewältigungsanforderungen an die Erwachsenen selbst, aber insbesondere an die individuelle Definition ihres Frau- und Mannseins, erhöht (Böhnisch 1999: 203ff.). Die Bewältigung von Lebenskrisen und Stresssituationen im Erwachsenenalter erfolgt in erster Konsequenz allein bzw. im engeren Verwandten- und Freundeskreis, da Erwachsene sowohl den klassischen Erziehungsinstitutionen entwachsen sind als ihnen auch der Schon- und Schutzraum, wie er Kindern und Jugendlichen selbstverständlich geboten wird, nicht zur Verfügung steht. Deshalb wird in der fachlichen Diskussion beim Abwägen von gesellschaftlicher und biografischer Dimension des Erwachsenenalters stärker die „Biografisierung des Erwachsenenalters“ in den Mittelpunkt sozialarbeiterischer und therapeutischer Bewältigungskonzeptionen gerückt (Böhnisch 1999: 197). Das Selbst als die entscheidende Kategorie zur Bewältigung des Frau- und Mannseins und die sich daraus ableitenden individuellen Handlungsstrategien prägen nicht unwesentlich die Wahl der Bewältigungsmuster. Möglichkeiten zur Bewältigung seien an dieser Stelle genannt: Stillhalten, Flexibelsein, Schuldzuweisung an andere, insbesondere den konkurrierenden anderen und an sich selbst sowie die Übertragung der eigenen Probleme auf die Kinder.

Die anscheinend nach der Jugendphase abgeschlossene Findung der eigenen Geschlechtsidentität wird bei kritischen Lebensereignissen und krisenhaften Brüchen wieder aufgebrochen und verlangt von der Frau bzw. dem Mann, sich mit ihrem sozialisatorisch erworbenen Frau- und Mannsein neu auseinander zu setzen. Männer und Frauen reagieren noch heute auf Krisensituationen zumeist unterschiedlich: Männer externalisieren (nach außen orientierte Wahrnehmung und Handeln, Mangel an Bindungen und Verbindungen zu sich selbst und zu anderen). Bei Böhnisch verwendet hierfür der Begriff „Prinzip des Außen“ (Böhnisch 1998: 205). Verbunden sei dieses Prinzip mit der fehlenden Möglichkeit von Männern, die abgebrochene Beziehung zur Partnerin individuell bzw. mittels anderer Sozialkontakte zu verarbeiten. Sie versuchen die Beziehungsstrukturen zur Partnerin mitunter durch körperliche und verbal-kommunikative Gewaltanwendung wiederherzustellen (Gewalt aus Liebe). Die Frau wird vom Mann nicht in ihrer Individualität gesehen, sondern ausschließlich als Konkurrentin um das biografische Glück und um die Kinder. Dem Prinzip der Externalisierung bei Männern entspricht im Bewältigungsverhalten kritischer Lebensereignisse sowie der Infragestellung der eigenen Lebensentwürfe bei Frauen das Prinzip des Innen. Frauen denken in Beziehungsgeflechten und fühlen sich bei der Konfliktaustragung vor allem für das Wohl der anderen zuständig. Die stärkere Beziehungsbezogenheit von Frauen schreibt den Frauen nicht nur das Bewältigungsprinzip des Care zu.[9] Die „Symptomatik der Verschwiegenheit“ als weitere Form des Bewältigungsverhaltens von Frauen wirkt sich nachteilig auch auf die eigene Fähigkeit aus, sich nach außen zu artikulieren (Funk 1997). Von Funk u.a. wird dieses Modell des Bewältigungsverhaltens dahingehend kritisiert, dass die negativen Seiten des Bewältigungsprinzips nur bedingt beschrieben werden (1997). Da sich die fürsorglichen Tugenden der Frauen hauptsächlich auf den familialen Kreis beschränken und ihre Widerspiegelung nicht in Öffentlichkeit finden, sollten auch andere Seiten des Prinzips des Innen aufgedeckt werden. Wenn Lebenskrisen und prekäre Situationen für die Frauen zu nicht bewältigbaren Problemen werden und die Anforderungen des Partners und der Kinder nicht erfüllbar sind, richtet sich Gewalt von Frauen u.a. gegen die eigenen Kinder. Von der Mutter wird, und dies sollte in einer solchen Situation nicht außer ausser Acht gelassen werden, alles verlangt: Sie soll die emotionale Beziehungsarbeit in der Familie leisten und die Familie zusammenhalten, jedoch fragt sie keiner nach ihren eigenen Belastungen und Ängsten. Wenn sie dem nicht gewachsen ist, richtet sich ihre Überforderung gegen die engsten Familienmitglieder oder kann in Selbstzerstörung enden. Sie macht sich selbst verantwortlich für das Problemverhalten der Kinder und des Ehemannes und ist von Schuldgefühlen und innerer Wut gekennzeichnet (Funk 1997; Zeltner 1996).

Gewaltverhalten von Eltern gegen ihre Kinder kann hierdurch auch als Ergebnis der eigenen geschlechtsspezifischen Erziehung zu Frau oder Mann begriffen werden. Sie kann begründet sein in den sozialen Lebensbedingungen und -konstellationen und muss insbesondere erfasst werden aus den veränderten gesellschaftlichen Bedingungen am Ende dieses Jahrhunderts. Individuelle Lebensbewältigung und soziale Integration hängen eng miteinander zusammen und sind auch bei familialen Konstellationen als Bausteine für körperliche, psychische und sexuelle Gewalt gegen Mädchen und Jungen anzusehen. Die theoretische und praktische Auseinandersetzung mit Gewalt in Familien, insbesondere von Männern gegen ihre Lebenspartnerinnen, der sexuelle Missbrauch von Mädchen und Jungen sowie unterschiedliche Gewaltstrategien und -handlungen von Frauen und Männern bedarf deshalb zweier grundsätzlicher Voraussetzungen: einer Behandlung der Problematik Gewalt in Familien, die auch den Tätern und den Mittätern die Chance eröffnet, ihr eigenes Tun aufzuarbeiten sowie der Offenlegung

9 Care bedeutet im Zusammenhang mit der Geschlechtsspezifik: Fürsorglichkeit, Geben und Helfen, dem anderen keine Verletzung zufügen (vgl. Gilligan 1984).

patriarchaler Strukturen in Zweierbeziehungen und Familien, um ein gleichberechtigtes partnerschaftliches Miteinander aufbauen zu können. Wie stark geschlechtsspezifische Rollenstereotype das Miteinander in Familien bestimmen und Auswirkungen auf die Handlungsmuster und -intentionen haben, lässt sich anhand einer Studie deutlich machen, die von Möller/ Radloff zu Straßenkids in Dresden veröffentlicht wurde (1998).

3 Geschlechtsspezifische Reaktionen von Mädchen und Jungen auf familiale Gewalt

Ein Schwerpunkt der Studie war aufzuzeigen, dass Jungen und Mädchen immer noch sozial konstruierten Geschlechterrollen unterworfen sind und trotz gegenteiliger Bekundungen durch Mütter und Väter häufig noch geschlechtsspezifisch erzogen werden. Die eigene Sozialisation der Eltern hat in diesem Kontext einen ebenso großen Stellenwert, wie die Frage des gegenseitigen Miteinanders in der Familie bei kritischen Lebensereignissen einzelner Familienmitglieder. Neben einer Erziehung zu bestimmten geschlechtsspezifischen Verhaltensweisen, der Förderung von weiblichen und männlichen Kleiderordnungen durch die Eltern, sind Mädchen bewusst oder unbewusst anderen Erziehungszielen unterworfen als Jungen. Während Jungen die sozialräumliche Aneignung ihrer engeren und weiteren sozialen Umwelt zumeist ohne Probleme zugestanden wird, unterliegen Mädchen mehr der Orientierung am häuslichen Prinzip. Das weiter oben für Frauen aufgezeigte Bewältigungsprinzip des Innen wird auch durch die Mutter auf die Tochter übertragen, die ihre eigene Lebensorientierung und ihr Bewältigungsmuster für kritische Lebenssituationen an diesem ausrichtet. Jungen wird im Gegensatz dazu viel eher das Recht zuerkannt, in der Schule schlechtere Leistungen zu erbringen, sich aktiv in gruppendynamischen Prozessen zu üben sowie spielerisch im Sport und in der Öffentlichkeit sich mit Gleichaltrigen zu messen. Das Prinzip der Externalisierung wirkt hier ebenso, wie die Prozesse der Trennung von der Mutter und der Abwesenheit des Vaters. In den letzten Jahren vorgenommene Untersuchungen zu Erziehungsmodellen in Familien zeitigen auch gegenteilige Untersuchungsergebnisse, die eine geschlechtsneutralere bzw. positiv besetzten Erziehung zu Mädchen und Jungen konstatieren. Ergebnisse dieser Entwicklung sind in einer Vielzahl von Studien enthalten, Nuber geht sogar von einer radikalen Veränderung der Handlungsweisen und des Verhaltenskodex von Männern, einschließlich ihres Verhältnisses zu ihren Lebensgefährtinnen und Kindern, aus (Nuber 1999). Jedoch können diese Studien gegenläufige Tendenzen nicht leugnen, auf die in letzter Zeit in wissenschaftlichen Diskussionen immer wieder verwiesen wird[10] (vgl. Connell 1999; Döge 1999).

Das die ‚modernisierte' traditionelle Erziehung zu Mädchen und Jungen ihren Platz behauptet hat, widerspiegelt sich auch in einer Studie zu Mädchen und Jungen, deren Lebensmittelpunkt in Dresden die Straße ist. Teil der Studie sind Auszüge aus Interviews und Aussagen von Mädchen und Jungen in Gesprächsrunden, die die Motive von Jungen und Mädchen für ihre Abkehr von originären Sozialisationsinstanzen, insbesondere der Familie schildern (Selbstdeutungen). Im Kontext der von mir weiter oben beschriebenen prekären Lebenssituationen von Frauen und Männern und deren Bewältigung mittels des eigenen Frau- und Mannseins ist die Studie sehr hilfreich, das Argument der Verfügbarkeit des Prinzips der Externalisierung bei Männern und des Innen bei Frauen zu stützen.

Ausgangspunkt ist der Umstand, dass die Mädchen und Jungen latente und akute Beziehungsprobleme zwischen Mutter/Vater und sich selbst, verbunden mit dem Gefühl, nicht als gleichberechtigter Partner akzeptiert zu werden, als Ursache und Anlass für das Verlassen der eigenen Familie ansahen. Einher gingen die sich über einen längeren Zeitraum entwickelnden Problemstellungen für die Mädchen mit der subjektiven Erfahrung, dass familiale Grundbedürfnisse wie emotionale Nähe, Zuwendung und Geborgenheit sowie Anerkennung für erbrachte Leistungen durch die Eltern nicht realisiert wurden bzw. für die Mädchen und Jungen nicht erkennbar waren. Zudem scheint einer der wichtigsten Gründe von Mädchen und Jungen für den Bruch mit den eigenen familialen Strukturen die alltägliche Erfahrung von körperlicher und sexueller Gewalt und deren Duldung durch den anderen Partner zu sein.

„Vor diesem Hintergrund wurden in der Studie geschlechtsspezifische Muster der Entäußerung familialer Mängel und Konfliktlinien, deren re-

10 Connell (1999) und Döge (1999) beschreiben sehr ausführlich die Entstehung „eines neuen Typs hegemonialer Männlichkeit für das 21. Jahrhundert", der eng mit Spekulationsgeschäften korrespondiert und keine Rücksicht nimmt hinsichtlich der sozialen und ökologischen Folgen des eigenen Tuns. Auch Frauen können diesen hegemonialen Typus ausfüllen. Bedingungen dazu sind, dass sie sich männlich verhalten und von den Männern, die diesen Typus vertreten, akzeptiert werden.

flektierende Interpretationen durch die Betroffenen und den konkreten Diskrepanz- und Gewalterfahrungen sichtbar. Die befragten Mädchen schildern zumeist ein längerwährendes Leiden an den jeweiligen Familienkonflikten und ein Handeln aus diesen Konflikten heraus. Es werden dabei sexuelle Grunderfahrungen, das Entbehren emotionaler Geborgenheit, permanente verbale Grenzverletzungen wie Überforderungen der Mädchen im reproduktiven häuslichen Bereich bei fehlender Anerkennung ihrer entsprechenden Leistungen thematisiert. . . .

MARLIS: . . . das Einzige was meine Mutter gemacht hat war, dass sie mich früh geweckt hat. Also ich durfte nicht mit am Tisch mit essen und so. Ich sollte, also meine Mutter hat mit meinem Bruder so Essen gemacht und was gegessen und dann hab ich gesagt, naja ich möchte auch was zum Abendbrot essen und da hat sie gesagt, naja, mach' dir was alleene und so. Und da hab ich immer in meinem Zimmer gegessen und naja sie sich halt überhaupt nicht um mich gekümmert so. Also als wäre ich gar nicht da so. Nur früh immer geweckt, wenn ich zur Schule musste. Mehr hat sie eben nicht gemacht. . . .

Nicht nur vereinzelt werden dabei die erfahrenen Grenzverletzungen und Abwertungen im Kontext einer teilweisen Verantwortungsübernahme für die Handlungen der Eltern durch die Mädchen interpretiert. . . .
Ohnedies suchten die Interviewpartnerinnen andere von Gewalt betroffene Familienangehörige – zumeist die Mutter – über einen längeren Zeitraum hinweg durch eigene Bemühungen zu schützen. Ein parteiliches Agieren, das jedoch kaum anerkannt wurde und zudem häufig scheiterte.

MARLIS: Mein Vater, den, naja, also, den hab ich rausgehauen, weil der hat mir, also erstens hat er mir sexuell hinterherspioniert, also das . . . ich weiß nicht wie man das nennt. Und dann hat er immer meine Mutter verprügelt und mich . . . und dann . . . ich war ja nun nicht seine leibliche Tochter und deswegen wurde ich also von ihm total abweisend behandelt. Mein Bruder wurde eben bevorzugt bis zum ‚geht nicht mehr' und naja, dann hab ich ihn eben mal rausgehauen. Und dann kam die Scheidung und da dachte ich eigentlich: Na jetzt wird's mit deiner Mutter bestimmt gut und so, toll und so. Aber das war's auch nicht, weil meine Mutter hat sich dadurch wahrscheinlich auch ganz schön verändert und dann lief das mit meiner Mutter auch alles schief.

Verbale Grenzverletzungen erfuhren die Mädchen häufig aus dem Widerspruch von öffentlich wirksamen Mädchenbildern (häuslich, ordentlich, fügsam etc.) und ihren, diese Erwartungen negierenden Seiten heraus. . . .

Die befragten Jungen thematisierten mit ihren Begründungen für das Verlassen der Familie eher indirekte Mängel in den Familien. Sie wurden vielmals geradezu aus den Familien heraus gedrängt, d.h. der „Schritt auf die Straße" kann nur z.T. als eigenes aktives Handeln aus den Konflikten heraus interpretiert werden. Die konkreten familialen Konfliktlinien entäußern sich dabei vor allem im Zusammenhang mit Bedürftigkeiten der Jungen, ihrem Wunsch nach Umsorgtseinwollen und einer entsprechenden Verweigerungshaltung seitens der Eltern.

STEFAN: Ich bin ein Mensch, der ausgefällt (-auffällig-) rumrennt, das war stressig, so mit gefärbten Haaren etc., das konnten sie nicht so richtig verstehen. Da haben sie gesagt: Wenn du 18 bist, dann musst du gehen, egal wie es ist. Und dann haben sie mich rausgehauen . . . .
DANIEL: Ich bin vor die Tür gesetzt wurden, das ist eine endlose Geschichte. Ganz kurz: Ich habe die Schule abgebrochen, keine Lust mehr. Zu Hause lief es auch nicht so, meine Eltern sind nicht mit mir und sich klargekommen, es war ihnen zu viel, dass ich immer zu Hause war und die Nacht zum Tag gemacht habe. Dann haben sie ‚Schluss' gesagt. Dann gab es die Frist und da bin ich gegangen.

Die thematisierten Verletzungen korrespondieren schließlich mit verinnerlichten Denkangeboten über das Jungen-Sein. Körperliche Gewalterfahrungen werden im Kontext der eigentlichen Stärke beschrieben, das Bedürfnis nach respekt- und vertrauensvollen Beziehungen zu den Erwachsenen indirekt angesprochen.

SVEN: Weil, schon als Kind habe ich ja . . . da habe ich aber zu viel Angst gehabt vor Schlägen. Dann hat sich das aber durch immer mehr Schläge . . . hat sich das dann so ausgeweitet. Da macht einem das nicht mehr so viel aus. Mir macht das auch nichts aus, dass mein Stiefvater mir eine reingeklinkt hat, dass ich drei Meter geflogen bin. Das war gar nicht das. Sondern das, dass es den nicht gestört hat, dass ich dem eine reingehauen habe. Das war das. Dass ich immer eine auf die Fresse gekriegt hab, das hat mich nur als Kind gestört, aber dann . . . juckt mich gar nicht mehr. Ich habe auch echt kein Schiss . . . .

Indem die befragten Jungen zumeist aus den Familien heraus gedrängt wurden, wird ein doppelter Wirkungszusammenhang in den Problemlagen sichtbar: Einerseits wurde ihnen in den Familien ihre bedürftigen Seiten nicht zugestanden, Konflikte resultierten aus verwehrten Wünschen nach einem Umsorgtsein, andererseits interpretierten die Betroffenen die damalige Mängelsituation im Kontext der eigenen Stärke bzw. scheinbar berechtigter Erwartungen in Hinsicht auf Kompetenzen. Sowohl die konkrete familiale Konfliktkonstellation als auch deren Reflexion durch die Jungen selbst sind unmittelbar und verdeckt zugleich mit verinnerlichten öffentlich wirksamen ‚Jungenbildern' auf Eltern- und Jungenseite verwoben.

SVEN: So, da bin ich dann ... den angesprungen und so, und der mir gleich eine reingepflanzt, da bin ich erst einmal drei Meter geflogen. Trotzdem aufgestanden, wieder auf den drauf, dm eine reingedrückt. Hat der gar nicht gemerkt. Kriege ich wieder eine rein, liege ich wieder in der Ecke. Und dann das Gefühl, dass man nichts machen kann. Dass man wehrlos ist, dass man ... naja, bin ich dann in mein Kinderzimmer, habe alles so gepackt, mich ins Bett gelegt und gewartet, bis sie früh zur Schule wecken. Dann haben sie mich dann früh in die Schule gefahren. Das haben sie immer gemacht, bis zur Schule gefahren und geguckt wie ich rein gehe. So und dann bin ich durch den Hinterausgang wieder raus und bin los. Weil, Schule war eh' kein Problem für mich. Die Lehrer habe ich alle um den Finger gewickelt, da konnte keiner was sagen.

Letztlich deuten die befragten Mädchen und Jungen ihre Abkehr von der Familie im Kontext einer zentralen Erfahrungslinie: Die Familie als gesuchter Beziehungsrahmen für Zuwendung und Anerkennung und als erfahrener Ort für Grenzverletzungen, enttäuschte Bedürftigkeiten, Mangelsituationen und Ohnmachtsgefühle. Damit zeichnet sich ein längerfristiges Erleben und Bewegen in einer Ambivalenzen erzeugenden Lebenswelt ab, dass zu einer zentralen Lebenserfahrung geronnen ist."
In den Interviews wurden im Zusammenhang mit der hier dargelegten Thematik folgende Sachverhalte aufgedeckt: Für die Jungen und Mädchen besteht der Wunsch, in einer harmonischen Familie aufzuwachsen. Kulturell und individuell ist diese Denkfolie noch fest verankert und erfordert ein Umdenken in Bezug auf die sich aus den Individualisierungsprozessen ergebenden neuen Anforderungen an familiale Strukturen. Die einzelnen Familienmitglieder, insbesondere die Eltern, können durch die Wandlungen der Lebensphase Erwachsenenalter bzw. durch emotionale Überforderungen mitunter nicht mehr in der Lage sein, die familialen Aufgaben im erforderlichen Umfang zu erfüllen. In solchen Situationen werden die Erwachsenen mit ihrem eigenen Frau- und Mannsein konfrontiert, welches auch traditionelle rigide Handlungsmuster und -entwürfe ausweist bzw. verschiedene Gewaltanwendungen gegenüber Partnern und Kindern einschließt. Die einzelnen biografisch orientierten Rückblicke der Betroffenen beschrieben Konstellationen, in deren Folge sowohl Eltern als auch

Kinder Bewältigungsstrategien entwickeln, die sich häufig in offenen oder/und verdeckten bzw. bewussten/ unbewussten Gewalthandlungen entäußern (verbale Bestrafung, Liebesentzug, Prügel).
Andererseits kann auch eine geschlechtsspezifische Perspektive auf die Problematik der Straßenkids den Blick öffnen für in der Gesellschaft noch latent vorhandene Ungleichbehandlung von Mädchen und Jungen in der Sozialisationsinstanz Familie sowie traditionell geschlechtstypische Verhaltensmuster von Eltern. Mädchen erfahren, dies geht aus der Studie hervor, immer noch eine z.T. verdeckte Orientierung auf den Reproduktionsbereich. Zugleich werden Mädchen bei Verlassen der Familie mit einem Negativbild der Öffentlichkeit konfrontiert, welches dieses mit dem Straßendasein von Mädchen und Frauen verbindet. Die Studie subsumiert dieses Negativimage unter dem Begriff „Verwahrlosung". Jungen erleben im Gegensatz dazu ihr eigenes Straßendasein als Ergebnis triader familialer Konfliktsituationen mit der Empfindung, aus der Familie bewusst herausgedrängt worden zu sein. Die Sozialisation der Jungen orientiert sich, dies weist die Studie nach, immer noch an traditionellen Vorstellungen vom Jungen- und Mannsein.
Mit Auszügen aus der Studie sollte im Rahmen dieses Beitrages auf die Problematik von körperlicher und psychischer Gewalt in Familien aufmerksam gemacht werden. Gewalt in Familien gegen Kinder, aber auch den Partner können ihren Ausgangspunkt in unterschiedlichen Lebensentwürfen und biografischen Brüchen haben. Diese zum Gegenstand der eigenen Arbeit werden zu lassen sollte Anliegen aller an einer Veränderung des Frau- und Mannseins Interessierten sein. Die Arbeit der bestehenden Frauenhäuser bedarf in diesem Kontext der weiteren Unterstützung seitens der öffentlichen Träger bzw. der Anmahnung der fachlichen, ideellen und finanziellen Hilfeleistung seitens Kommune, Land und Bund durch die Mitarbeiterinnen selbst; Einrichtungen im Bereich der freien und öffentlichen Jugendhilfe sollten weiterhin alle Möglichkeiten ausschöpfen, um eine geschlechtsreflektierende Arbeit mit Mädchen und Jungen zu initiieren. Mitarbeiterinnen und Mitarbeiter haben hierbei ihr eigenes Frau- und Mannsein sowie die an die Mädchen und Jungen gestellten eigenen Intentionen zu hinterfragen und zum Gegenstand einer reflektierenden Arbeit zu machen. Eine Vergewisserung historischer Zugänge zur Gesamtthematik würde den Mitarbeiterinnen und Mitarbeitern sicherlich helfen, Anregungen und Ideen zu gewinnen und Wege außerhalb institutioneller Rahmenbedingungen zu beschreiten.

Bestandssicherung von freien und kommunalen Einrichtungen im Bereich der Frauenarbeit sowie der geschlechtsreflektierenden Arbeit mit Mädchen und Jungen hat einherzugehen mit perspektivischen Initiativen im Bereich der Arbeit mit Frauen und Männern, Mädchen und Jungen, muss aber auch den Mut zu Visionen für ein gleichberechtigtes Miteinander von Frauen und Männern umfassen. Wege zu einer positiveren Sicht auf das Mannsein sollten hierzu ebenso gehören wie Projekte, die neben einer geschlechtsspezifischen Arbeit auch die gemeinsame Arbeit mit Mädchen und Jungen in den Mittelpunkt stellen. Frauenbewegte und Frauenhausbewegung sollten ebenso wie Männer im Beratungsnetz für Jungen/Männer Möglichkeiten nutzen, um institutionelle Zwänge zu überwinden sowie sich der Stärken der ‚Neuen Frauenbewegung' der 70er und 80er Jahre bemächtigen und autonome Projekte initiieren. Ein Blick zurück zu den eigenen Wurzeln und der Streitkultur dieser Zeit solche hierzu nicht fehlen.

Literatur

Ashner, Laurie/Meyerson, Mitch 1991: Wenn Eltern zu sehr lieben. Reinbek bei Hamburg

Beauvoir,de Simone, 1974: Alles in allem. Hamburg

Beck-Gernsheim, Elisabeth, 1990: Von der Liebe zur Beziehung? Veränderungen im Verhältnis von Mann und Frau in der individualisierten Gesellschaft. In: Beck, Ulrich; Beck-Gernsheim, Elisabeth: Das ganz normale Chaos der Liebe. Frankfurt/Main

Beck, Ulrich, 1986: Risikogesellschaft. Frankfurt/Main

Berger, Michael, 1999: Die Lust an der Gewalt. In: Die Woche. 6.1999, 36.

Bock, Hans Manfred, 1976: Geschichte des ‚linken Radikalismus' in Deutschland. Ein Versuch. Frankfurt/Main

Böhnisch, Lothar, 1999: Sozialpädagogik der Lebensalter. Weinheim und München 2., überarb. Auflage

Connell, Robert W., 1999: Der gemachte Mann. Opladen

Döge, Peter, 1999: Die Erforschung der Männlichkeit. In: Frankfurter Rundschau. 1999; 175.

Engelfried, Constance, 1997: Männlichkeiten. Weinheim und München

Funk, Heide, 1997: Familie und Gewalt – Gewalt in Familien. In: Böhnisch, Lothar/Lenz, Karl (Hrsg.): Familien. Weinheim und München, S. 265–281

Garbarino, James, 1980: Protecting children from abuse and neglect. Developing and maintaining effective support suytems for families. San Francisco

Gilligan, Carol, 1984: Die andere Stimme. München

Habermehl, Anke, 1991: Gewalt in der Familie. Hamburg

Hausen, Karin, 1978: Die Polarisierung der „Geschlechtercharaktere" – Eine Spiegelung der Dissoziation von Erwerbs- und Familienleben. In: Rosenbaum, Heidi (Hrsg): Seminar: Familie und Gesellschaftsstruktur. Frankfurt/Main, S. 161–191

Hartwig, Luise/Kuhlmann, Carola, 1986: Sexueller Missbrauch an Töchtern – Der verschwiegene Aspekt der Gewalt in der Familie. In: Neue Praxis 5: 436–446

Hoffmann, Berno, 1994: Geschlechterpädagogik. Münster

Honig, Michael-Sebastian, 1988: Vom alltäglichen Übel zum Unrecht – Über den Bedeutungswandel familialer Gewalt. In: Deutsches Forschungsinstitut (Hrsg.): Wie geht's der Familie. München, S. 190–202

Horn, Wiebke, 1996: Umgang mit familialer Gewalt. Reaktionen zwischen Kontrolle und Unterstützung. In: Mansel, Jürgen (Hrsg.): Glückliche Kindheit – Schwierige Zeit? Opladen, S. 113–127.

Kavemann, Barbara; Lohstöter, Ingrid, 1984: Väter als Täter. Sexuelle Gewalt gegen Mädchen. Erinnerungen sind wie eine Zeitbombe. Reinbek bei Hamburg

Kempe, Ruth S./Helfer, Mary Edna, 1974: The battered child. Chicago/London

Mitchell, Juliet, 1976: Psychoanalyse und Feminismus. Frankfurt/Main

Millet, Kate, 1985: Sexus und Herrschaft. Reinbek bei Hamburg

Möller, Berith/ Radloff, Bernd, 1998: Mädchen und Jungen mit dem Lebensmittelpunkt Straße in Dresden. 1998

Nave-Herz, Rosemarie, 1988: Die Geschichte der Frauenbewegung in Deutschland. Bonn, 3., völlig überarbeitete und ergänzte Auflage

Nuber, Ursula, 1999: Aufbruchstimmung: Vom traditionellen zum neuen Mann. In: Psychologie heute 11, S. 22–27

Pilgrim, Volker Elis, 1977: Manifest für den freien Mann. München

Rotes Kollektiv Proletarische Erziehung (Hrsg.), 1970: Soll Erziehung politisch sein? Westberlin

Thürmer-Rohr, Christina, 1989: Frauen in Gewaltverhältnissen. In: Studienschwerpunkt ‚Frauenforschung' am Institut für Sozialpädagogik der TU Berlin (Hrsg): Mittäterschaft und Entdeckungslust. Berlin

Young, Iris Marion, 1989: Humanismus, Gynozentrismus und feministische Politik. In: List, Elisabeth (Hrsg). Denkverhältnisse Feminismus und Kritik. Frankfurt/Main, S. 37–65

Zeltner, Eva, 1996: Kinder schlagen zurück. Jugendgewalt und ihre Ursachen. München

Charlotte Aykler

Formen und Nutzen von Gewalt gegen Frauen: Ansätze und Perspektiven in der Arbeit mit von Gewalt betroffenen Frauen – eine feministische Perspektive

Präludium

Der Gewalttäter ist ein ganz normaler Mann, kein Monster, nicht von einem fremden Planeten, er fällt nicht aus dem Rahmen, sondern kommt aus unserer Mitte und ist ein Spiegel unserer Kultur. Vielleicht sind wir mit einem befreundet.

Im Lauf meiner jahrelangen Tätigkeit habe ich leider nahezu alle Formen von Gewalt kennen lernen müssen. Bis heute höre ich allerdings – immer wieder fassungslos und erschüttert – Lebensgeschichte von Personen, bei denen ich denke, das darf es doch nicht auch noch geben. Das Ausmaß des sogenanten *man-made-desasters* ist tatsächlich unvorstellbar und kennt, wie Gewalt, keine Grenzen. Jedoch sind die je einzelnen Schicksale der von Gewalt Betroffenen, zum überwiegenden Anteil Mädchen und Frauen, *nur* die Spitze eines Eisberges: bekannterweise ist diese sichtbare Spitze lediglich 1/7, der Rest liegt unter der Wasseroberfläche. Dieser Vergleich hinkt keinesfalls, denn der massive Anteil an Gewalt, der die sichtbaren Formen in diesem Ausmaß erst ermöglicht, ist für die meisten von uns weder erkennbar noch bewusst.
Gewalt hat System – ein sehr ausgeklügeltes, und Gewalt verursacht häufig Traumata, die laut J. Hermann ansteckend sind, sich ausbreiten wie eine „Seuche“.[1]

1 Hermann, Judith l.: *Die Narben der Gewalt. Traumatische Erfahrungen verstehen und überwinden.* München 1993.

1 Formen und Nutzen von Gewalt: der Unterschied der Geschlechter

Formen und Nutzen von Gewalt sind eng miteinander verbunden, was allein schon die Begriffsdefinition von Gewalt verdeutlicht. Denn Gewalt ist das Mittel um Macht, Herrschaft und Kontrolle zu erlangen, beizubehalten und auszuüben. Das ist zweifelsohne für viele erstrebenswert, nicht zuletzt, weil es häufig mit Geld, oftmals mit sehr viel Geld verbunden ist. Gewalt gegen Frauen ist keinesfalls ein neues Phänomen, im Gegenteil, bis zu Beginn dieses Jahrhunderts war das Züchtigungsrecht des Mannes ausdrücklich verbrieftes Recht. Frauen und Kinder wurden und werden als Eigentum betrachtet und behandelt. Eine breite öffentliche Thematisierung von Gewalt hat jedoch erst vor ca. 30 Jahren mit der Entstehung der Neuen Frauenbewegung begonnen. Die Zusammenhänge zwischen gesellschaftlicher Benachteiligung und Minderbewertung von Frauen und der personellen Männergewalt im Bereich privater Beziehungen wurde von Frauen erkannt und öffentlich thematisiert. Auch in politischen Gremien wie der UNO wird Gewalt gegen Frauen als Manifestation der historisch gewachsenen Machtungleichheit zwischen Männern und Frauen bezeichnet. Dieses Ungleichgewicht hat zu unterschiedlichen Diskriminierungen von Frauen auf allen gesellschaftlichen Ebenen geführt, wovon jede Frau – unabhängig von Alter, Nationalität, Religion, Bildung und Einkommen – betroffen sein kann. Gewalt ist ein entscheidend sozialer Mechanismus auf Grund dessen Frauen in untergeordneten Positionen gehalten wurden und immer noch werden. Dabei wurde die Familie als vermeintlicher Hort des Glücks und der Liebe als der gefährlichste Ort für Frauen entlarvt. Die Dunkelziffer in Bezug auf familiäre Gewalt ist enorm hoch: weltweit bestätigen Statistiken, dass die häufigsten Opfer von Gewalt Frauen und Kinder sind und dass etwa jede fünfte Frau, die in einer ehe(ähnlichen) Beziehung lebt, betroffen ist. 2/3 aller Morde werden an Frauen in deren Familien- oder nahem Lebensbereich verübt. Die Statistik verdeutlicht weiter, dass die Täter zumeist männlich sind, ähnlich wie in Bezug auf die sexuelle Gewalt, der 25 % der Mädchen und 8 % der Buben unter 16 Jahren ausgesetzt sind. 90 % der TäterInnen sind männlich.[2]

2 Siehe dazu: Egger/Fröschel/Lercher/Logar/Sieder: *Gewalt gegen Frauen in der Familie.* Wien 1995.

Zahlen sind für uns Hilfsmittel, sie sind keinesfalls immer zuverlässig. Dennoch sind diese Zahlen, ungeachtet wie viele Jahre wir im Bereich Gewalt arbeiten und wie vieles wir über Gewalt wissen, nach wie vor erschreckend und Grauen erweckend. Viel schlimmer als jenes Wissen ist die tägliche Konfrontation mit den Betroffenen, den Frauen und Kindern. Das ungleiche Machtverhältnis zwischen Männern und Frauen in der patriarchalischen – eigentlich männerbündischen – Gesellschaft ermöglicht nach wie vor Gewalt, die in vielfältiger Weise Benachteiligungen und Diskriminierungen von Frauen zum Ausdruck bringen: häufig gerade nach erlebten Gewalthandlungen.

Gewalt ist – wie erwähnt – das Mittel um Macht, Herrschaft und Kontrolle zu erlangen, beizubehalten und auszuüben, sie ist Missbrauch von Macht. Dabei dient das Ausnützen der Abhängigkeit von Schwächeren nicht zuletzt dazu, Macht und Energie einer Person einzuschränken und eine Atmosphäre von Angst und Schrecken zu schaffen. So ist Gewalt bzw. Machtmissbrauch – was jeden Angriff auf die körperliche oder seelische Unversehrtheit einer Person darstellt, sowohl gegen den Willen der Betroffenen als auch mit deren Einverständnis – stets eingebunden in ungleiche Machtverhältnisse. Diese finden sich nicht nur im Privatbereich oder in der Sphäre der Intimität, sondern ebenso in anderen Bereichen, wie etwa in Schulen, Ausbildungs- und Arbeitsstätten u.v.m., an denen Gewalt möglich und in unterschiedlichsten Formen ausgeübt wird: sowohl von Männern als auch von Frauen.[3]

Lesen bzw. hören wir von Gewalttaten und -handlungen in den Medien, so werden wir zumeist durch gräuelerweckende Berichte erschüttert: Vergewaltigungen, Folter und vieles mehr. Weit weniger werden so genannte „geringfügigere" Gewalttaten berichtet. Doch gerade auf diese, von vielen immer noch verharmloste Gewaltformen möchte ich aufmerksam machen, die ebenso als psychische, physische und sexuelle Gewalt bezeichnet werden müssen.

3 Wenn von Machtmissbrauch als Gewalt die Rede ist, muss der Begriff Macht, der nicht mit Herrschaft verwechselt werden darf, herangezogen werden. Dieser kommt ursprünglich von Kraft, Vermögen und bedeutet, die eigene Handlungsfähigkeit und Integrität zu wahren, d.h. befähigt zu sein, über das eigene Leben und Schicksal zu entscheiden. Macht ist demnach ein positiv besetzter Begriff, der mit Gewalt gegen eine andere Person nichts zu tun hat.

Dabei beinhaltet die *psychische Gewalt* emotionale und verbale Misshandlungen und wird von den Betroffenen als Zerstörung ihres Selbstwertgefühls und ihrer psychischen Gesundheit erlebt. Zu dieser Form von Gewalt gehören bereits das Lächerlichmachen in der Öffentlichkeit, Demütigungen, beleidigende Äußerungen über das Aussehen oder den Charakter. Weiter Isolation, Drohungen und das tief greifende Absprechen der eigenen Wahrnehmung sowie des Urteilsvermögens, was häufig mit den Worten „das bildest du dir nur ein" ausgedrückt wird. Wichtig erscheint mir hier auch zu erwähnen, dass in jeder Beziehung stillschweigend und/oder ausdrückliche Übereinkünfte getroffen werden, die Verletzbarkeiten und Unsicherheiten der anderen zu respektieren. Die Verletzung dieses Vertrauens stellt psychische Gewalt dar, sie bedeutet die Ausnutzung von Schwächen, Ängsten oder Unsicherheiten sowie von Charaktereigenschaften der PartnerIn.

Angst zu produzieren ist ein zusätzliches Mittel und ein Teil der Dynamik von Gewalt, wobei Angst vor weiterer Gewalt häufig das mächtigste Mittel der Unterdrückung wird. Belästigung und Terror gehören ebenfalls zur psychischen Gewalt und diese beginnt bereits da, wo jemand mit ständigen Anrufe (mitten in der Nacht), mit Drohbriefen und Bespitzelung konfrontiert wird, aber selbstverständlich auch mit verbalen Drohungen und Verfolgung.

Ohrfeigen, Schläge, Stoßen, Treten, alle Formen von Misshandlungen, Verbrennen, Folter bis Mord sind dem Bereich der *physische Gewalt* zuzuordnen. Bereits mit der ersten Ohrfeige wird eine Grenze überschritten und Erfahrungen zufolge eskaliert Gewalt im Lauf der Zeit und nimmt an Häufigkeit und Brutalität zu. Oftmals geht mit körperlicher Gewalt die Zerstörung von Eigentum einher, jener Dinge, die einen besonderen Wert für die Person haben, sowie das Verletzen von Dritten, wie etwa von Kindern der PartnerIn.

Wie erwähnt greift die psychische und physische Gewalt ineinander, wenn es um *sexuelle Gewalt* geht. Sie umfasst alle sexuellen Handlungen, die der PartnerIn, dem Kind aufgedrängt oder aufgezwungen werden. Sexuelle Gewalt ist ein Akt der Aggression und des Machtmissbrauchs, keinesfalls das Resultat unkontrollierbarer sexueller Triebe, wie es häufig als Verharmlosung postuliert wird. Ebenso handelt es sich um sexuelle Gewalt – auch wenn der Akt in Zärtlichkeit eingebettet sein mag –, insofern die sexuelle Handlung funktionalisiert wird, um über die PartnerIn, das Kind oder Kollegin, so sie eine untergeordnete Position einnimmt,

Macht und Kontrolle zu erlangen oder beizubehalten. Zur Strategie der Ausübung von Kontrolle gehören aber auch Mittel, die auf den ersten Blick nicht als Teil der Gewalt zu erkennen sind: Liebesbeteuerungen nach Misshandlungen, „Versöhnung“ mittels Sexualität u.v.m. Und nicht immer ist es für Betroffene möglich, diese Verhaltensweisen derart kritisch zu sehen und zu begreifen, wie es eine Betroffene formulierte: „Immer nachdem Gewalttätigkeiten vorgefallen waren, war er ganz klein und es hat ihm furchtbar Leid getan. Er wurde dann fürchterlich anhänglich, wollte mich pflegen und den Schaden wieder gut machen; dabei hat er nicht gemerkt, dass er im Grunde wieder Grenzen überschritt ... es waren die selben Hände, die mich schlugen und am nächsten Morgen zärtlich berührten ...“[4] Die Mittel, eine Spirale der Gewalt aufrechtzuerhalten, sind vielfältig. Appelle an das moralische Gewissen, Selbstmorddrohungen, Rechtfertigungen, wie „ich war nicht ich selbst, der Alkohol war Schuld“ usw., sind dabei keine Seltenheit. Diese Strategien verhindern unter anderem, dass die Ernsthaftigkeit der Gewalt und der Schaden, der angerichtet wurde, erkannt und Konsequenzen gezogen werden können. Sie verschleiern, nebenbei bemerkt, auch den Sachverhalt für Helfende.

Zu den erwähnten Verharmlosungen kommt es zusätzlich durch die Verwechslung von Gewalt und Streit. Anders aber als bei der Gewalt handelt es sich bei einem Streit um eine Auseinandersetzung zwischen zwei ungefähr gleich starken Personen in gleichwertigen Positionen. Es werden keine gewalttätigen Mittel eingesetzt, um das eigene Interesse durchzusetzen, und es wird niemandem ernsthafter Schaden zugefügt. Im Gegensatz dazu ist Gewalt – z.B. in Form von Misshandlung – gesellschaftlich und kulturell mitbestimmt durch den „erlaubten Gebrauch von Gewalt“, der jeweils unterschiedlich definiert und gehandhabt werden kann. Misshandlungen sind eine Serie von körperlich schädigenden Angriffen auf eine nahe stehende Person. Die Angriffe sind dabei Teil eines wiederholten und gewohnten Verhaltensmusters, die alle Formen von Gewalt beinhalten können.

Gesellschaftliche Wirklichkeiten, Machtverhältnisse in Bezug auf Geschlechterdifferenzen und -ungleichheiten ermöglichen, und begünstigen die aufgezählten Gewaltformen und festigen im weiteren gesellschaftliche Strukturen, aus denen eindeutig NutznießerInnen und VerliererInnen her-

4 So die Aussage einer Klientin nach mehreren Monaten Therapie.

vorgehen. Die Rede ist von der so genannten *strukturellen Gewalt*,[5] die sich in ganz verschiedenen gesellschaftlichen Bereichen unterschiedlich findet. Der Begriff *Struktur* verführt oftmals dazu, jene nicht mehr zu (be)nennen, die selbst Gewalttäter sind sowie jene, die diese Struktur vorgeben, in ihnen wirken und arbeiten.

Ilse König veranschaulichte bei ihrem Vortrag *Diagramme der Macht* mit Dia die gegenwärtig immer noch geschlechterdifferenten Verhältnisse. Auf diesen Bildern, den so genannten „Familienbildern", waren die Mächtigen dieser Welt zu sehen, die Mächtigen Europas, des Wirtschafts- und Sozialgipfels und der Weltbank u.a. Es waren fast ausschließlich Männer, womit deutlich und sichtbar wurde, dass die Politik, die Regierung, also die Herrschaft dieser Welt in Männerhänden liegt.

Im oberen Management, in Bereichen der Wirtschaft und Politik und damit in finanzkräftigen Bereichen, sind Frauen etwa zu 1 % vertreten. Dagegen finden wir sie zu üppigen 90 % in den Sekretariaten und im Reinigungsbereichen, das allerdings nicht nur im oberen Management. Zwar wird ungefähr 80 % der Arbeit von Frauen verrichtet, dennoch besitzen wir nur 1 % des Weltvermögens: nicht zuletzt deshalb, weil Frauenarbeit weltweit nicht oder wenn 25–50 % schlechter bezahlt wird wie gleichwertige Arbeit von Männern. In Zeiten wirtschaftlicher Engpässe und steigender Arbeitslosigkeit verschärft sich die Situation. Dazu kommt, dass es natürlich gerade in diesen Zeiten, wo so genannte Sparpaketen florieren, geradezu „lächerlich" wäre über bessere Arbeitsbedingungen für Frauen, über mehr Geld oder gar bezahlte Hausarbeit zu reden. Die Nachfrage nach ehrenamtlicher Arbeit, vor allem in sozialen Bereichen, ist sprunghaft steigend: im Wert von mehreren Milliarden Schilling pro Jahr wird allein in Österreich unbezahlte Arbeit von Frauen geleistet. Daher behaupten WirtschaftsexpertInnen zu Recht, dass die Frauenfrage keine soziale, sondern eine wirtschaftliche ist, und wie ich meine, eine politische. Der Nutzen – vielmehr die Nutznießer – denke ich sind eindeutig.

Das Gesicht der Armut ist daher weltweit überwiegend weiblich. Die dritthäufigste Ursache für Armut ist Alleinerziehung. Frauen, die von familiärer Gewalt betroffen sind, sind auch von Armut und Obdachlosigkeit

5 In diesem Beitrag ist in erster Linie die Rede von Männern und Frauen, aber natürlich findet sich ebenso ein enormes Ungleichgewicht zwischen der so genannt westlichen Welt und anderen Ländern, um nur ein weiters Beispiel zu nennen.

betroffen. Eine amerikanische Studie zeigte, dass 50 % der obdachlosen Frauen aus familiärer Gewalt geflüchtet sind.
Wenn wir uns fragen, warum gerade Frauen in erster Linie von Gewalt betroffen sind, so wird klar, dass ungleiche Machtverhältnisse nicht erst im Erwachsenenalter beginnen. So leistet bekannterweise eine geschlechtsspezifische Erziehung innerhalb unserer Gesellschaft Vorschub für die Gewalt gegen Frauen. Diese schreibt Mädchen und Buben unterschiedliche Eigenschaften zu und konditioniert sie darauf. Verstärkt von Märchen und Kinderfilmen – wie z.B., Aschenputtel, König Drosselbart, Dornrößchen – um nur wenige zu nennen, setzt sich die geschlechterdifferente Erziehung – trotz propagierter Chancengleichheit – in Bildung und Karriere fort: gut sichtbar in den vorhin beschriebenen Bildern, von den Mächtigen dieser Welt oder an Universitäten und anderen Bildungsstätten. Häufig überwiegen weibliche Schülerinnen und Studentinnen, niemals ProfessorInnen, Vortragende oder gar LeiterInnen. Diese sind nach wie vor dominant männlich, eingebunden in eine immer noch männliche Sprache, die Frauen ausgrenzt.
Macht, Armut, Erziehung, Bildung, sie alle sind neben anderen der gesellschaftliche Ausdruck der vielfältigen Ausprägungen von Gewalt, die Machtmissbrauch und Chancenungleichheit zwischen Männern und Frauen manifestieren. Der norwegische Friedensforscher und Soziologe Galtung bezeichnet eben diese als *strukturelle Gewalt,* die sowohl im öffentlichen als auch im privaten Bereich wirkt und uns alle betrifft.
Strukturelle Gewalt ist ein fruchtbarer Boden auf dem familiäre Gewalt, Gewalt gegen Frauen und Kinder, gedeiht – die weiteren 6/7 des Eisberges. Familiäre Gewalt ist die häufigste Form der Gewalt gegen Frauen, über die üblicher Weise gesprochen wird. Es ist die Gewalt, die für uns alle gut sichtbar ist und durch Medien sichtbar gemacht wird – das obere Siebtel des Eisberges, verpackt in individuelle Leidensgeschichten, Leidensgeschichten von *irgendwelchen* Frauen, *irgendwelchen* Kindern, *irgendwelchen* Familien, die es auf Grund ihrer Anonymität leicht machen, dass wir uns distanzieren und ihnen überdies Schuld zuweisen. Bezeichnenderweise haben in diesen Geschichten weder die unmittelbar beteiligten, gewalttätigen Männer noch die „Gesellschaft“ ein Unrechtsbewusstsein. Im Gegenteil, so häufig wie bei sonst keinem Verbrechen werden die Opfer zur Verantwortung gezogen und darüber hinaus wird ihnen selbst oftmals die Schuld zugewiesen, als wäre dies ein Mittel gegen Gewalt.

2 Ansätze und Perspektiven in der Arbeit mit von Gewalt betroffenen Frauen

Jede Unterstützung für von Gewalt Betroffene kann erst dann wirkungsvoll sein, wenn ein Basiswissen zum Thema Gewalt vorhanden ist. Dazu gehört – wie oben ausgeführt – das Wissen um Formen und Hintergründe von Gewalt, um die mögliche Täterschaft, die in erster Linie Männer betrifft, aber auch Frauen, wobei dies in Österreich und Deutschland ein relativ neues Thema ist: insbesonders wenn es um Gewalt von Frauen gegen Frauen geht.[6] Zu den Ansätzen einer adäquaten und daher auch perspektivvollen Arbeit mit Betroffenen gehört aber ferner ein Wissen um psychische Vorgänge sowohl bei den Betroffenen als auch bei den Helfenden als Auswirkung eben dieser Arbeit. Dieses Wissen ist nicht eines, dass sich speziell TherapeutInnen aneignen müssen, sondern alle, die helfend mit dieser Thematik arbeiten. Einige Aspekte der komplexen psychischen Vorgänge werde ich im Folgenden aufzeigen.
Zentral ist ein Wissen darüber, dass wir als Helfende zu MitwisserInnen, zu ZeugInnen der von Menschen verursachten Gräueltaten werden. Denn diese ZeugInnenenschaft wirkt sich emotional auf Helfende aus, nicht zuletzt, weil die Betroffenen Empathie, Mitgefühl und unter Umständen Taten von uns erhoffen oder verlangen, wohingegen Täter von uns verlangen, dass wir wegsehen. Doch wirkt es bei uns ebenso, weil das Gehörte – d.h. das traumatisierende Ereignis selbst – Grauen, Ohnmacht, Wut und Trauer in uns auslösen kann. Im schlimmsten Fall führt die Konfrontation mit von Gewalt Betroffenen und (chronisch) Traumatisierten sowie mit dem ursprünglich traumatisierenden Ereignis zu psychischen und physischen Reaktionen/Symptomen, die jenen der Betroffenen gleichen. Diese mögliche Transmission (Übermittlung) von Traumata auf ExpertInnen bzw. Helfende kann Depressionen, Hörstürze, Ängste, PTSD und vieles mehr hervorrufen und kann bis zur völligen Arbeitsunfähigkeit führen.[7]

---

6 Bei diesem Thema verweise ich auf Aykler: „Frauen als Täterinnen. Über Enttabuisierungen, Neubewertungen und Rückschläge“, Unveröffentlichter Vortrag, Wien 1999 sowie u.a. auf Elliott (Hg): *Frauen als Täterinnen. Sexueller Missbrauch an Mädchen und Jungen*, Ruhnmark 1995.

7 Hier möchte ich erwähnen, dass ich gemeinsam mit Gudrun Perko eine Forschungsarbeit zur Auswirkungen der Arbeit mit von Gewalt Betroffenen und (chronisch) Traumatisierten auf professionelle Berufsgruppen zum Thema *Transmission von Traumata und transformative Viktimisierung mache.*

Neben diesen möglichen psychischen und physischen Auswirkungen, sind Helfende aber auch einer besonderen Gefahr ausgesetzt. Denn die Unterstützung stellt nicht selten ein brisantes Auftreten gegen eine wirtschaftliche Macht. So werden, um nur ein Beispiel zu nennen, jährlich Milliarden allein mit Pornografie und Frauenhandel umgesetzt, keinesfalls von Frauen. Für Betroffene des Frauenhandels und der Pornografie zu kämpfen gefährdet dabei ein enorm gutes Einkommen anderer, zumeist Männer. In diesem Fall bedeutet sowohl die Unterstützung als auch die ZeugInnenschaft der ProfessionistInnen, sich in eine de facto gefährliche, von Gewalt bedrohten Situation zu begeben: so wurden Frauenhausmitarbeiterinnen wie auch PolizistInnen bei ihrer Arbeit verletzt und sogar getötet.

Mit diesem keineswegs wirklichkeitsfremden Beispiel möchte ich verdeutlichen, dass die Arbeit für von Gewalt Betroffenen in allen Bereichen eine politische Arbeit ist, ungeachtet, ob sie als solche bewusst ausgeübt wird oder nicht. Denn sie bedeutet herrschende Machtstrukturen und Systeme in Frage zustellen und auf Grund dessen mit Abwertung, Bedrohung, Verweigerung und Hilflosigkeit u.a. konfrontiert zu sein.

Nicht nur die Folgen für Helfende, die oft unterschätzt werden, gehören zum Wissen, das für eine Arbeit mit Betroffenen unumgänglich ist. Ebenso sind es die Auswirkungen für von Gewalt Betroffene selbst, die meist unterschätzt werden. Hier sind nicht nur die unterschiedlichen körperlichen Verletzungen zu bedenken, die beträchtliche Ausmaße annehmen können, sondern ferner die Folgen von ständiger Angst, Todesangst, Isolation, permanenter Abwertung usw. Viele von Gewalt Betroffene entwickeln Krankheitssymptome und Störungen verschiedenster Art (z.B. Schlaflosigkeit, Herz- und Kreislaufbeschwerden, Angstzustände, PTSD), deren Ursprung in der Behandlung oft nicht erkannt wird, weil die Ursachen verschwiegen oder tabuisiert werden und aus diesem Grund nicht erkennbar sind.[8]

Die Situation der Opfer ist komplexer als meist angenommen wird. Die häufig vorkommende systematische Bedrohung, Einschüchterung und Isolation lässt keinen Ausweg sehen, nicht zuletzt, weil die Ausübung von Gewalt oftmals mit der Verminderung des Selbstwertgefühls einher geht,

8 Studien in Deutschland und Holland weisen darauf hin, dass von Gewalt betroffene Frauen und Kinder weit häufiger in Krankenstand gehen und daher etwa vier Mal so hoch wie andere ÄrztInnen und Krankenhauskosten beanspruchen müssen.

was in Bezug auf Frauen bekannt ist mit der Bezeichnung „Battered Women's Syndrom". Betroffene von Gewaltbeziehungen entwickeln ähnliche Reaktionen wie Geiselopfer, die Anpassung an den Mächtigeren, um zu überleben. Diese psychische Reaktion ist als das *Stockholm – Syndrom* bekannt geworden und erklärt oft unverständliche Ambivalenzen von akut Bedrohten. Die Außenwelt wird dabei tendenziell als gefährlich wahrgenommen, weil die unmittelbar Betroffenen nicht wissen, wie die BedroherIn auf Reaktionen von außen reagieren und auch nicht, wie Helfende reagieren. Insbesondere Menschengruppen, die eine durch die Gesellschaft produzierte AußenseiterInnenposition haben, können derartige Reaktionen in vehementerer Weise ausbilden. Erfahrungen, dass es tatsächlich immer wieder zu weiteren Übergriffen kommen kann, verschärfen jene Reaktionen. Gewalttätige Übergriffe verschiedenster Weise können aber zudem auch von Helfern praktiziert werden, wodurch gerade bei chronisch Traumatisierten eine sekundäre Traumatisierung hervorgerufen werden kann.

Abgesehen von dem Gefühl des Ausgeliefertseins, das jede Hilfesuche erschwert, ist ein Öffentlichmachen der Gewalt zusätzlich fast immer mit Scham- und Schuldgefühlen verbunden. Misshandelte Frauen müssen oft demütigende Prozeduren bei Polizei und Gericht über sich ergehen lassen, unzählige Beweise ihrer Unschuld sowie Beweise der *wirklichen* Schuld des Misshandlers erbringen, damit ihnen geglaubt wird. Das führt dann zu den bemerkenswerten Resultat, dass 25 % der zur Anzeige gebrachten Fällen mit einem Schuldspruch enden. Diese 25 % sind, so wir die hohe Dunkelziffer bedenken, 1 %–2 % aller Gewaltvorfälle.

Bei der Arbeit mit von Gewalt Betroffenen spielt die Schuldfrage ohne Zweifel eine wesentliche Rolle. Die Schuld, das Beschuldigen (*victim blaming*) resultieren aus weit verbreiteten Vorurteilen, im Rahmen derer die Auffassung existiert, dass einzelne Opfer privater Gewalt diese irgendwie selbst provoziert hätten und nur bekommen, was sie verdienen würden. Scham und Schuld ist ein Gefühl, das sehr einsam macht, weil es Menschen verstummen lässt, und im Schweigen isoliert. Isolation und Schweigen ist durchaus im Sinne derer, die Gewalt ausüben. Es ist im Sinne der Kontrolle ein sehr wirksames Mittel. Dabei funktioniert die Schuldzuschreibung auch mit Aussagen wie: „Es glaubt dir eh keiner!" „Du wirst schon sehen, wie du ohne mich weiter kommst!". Das beinhaltet durchaus Monate Frauenhaus und darin beengtes Wohnen, unter schwierigen Bedingungen, Verlust des sozialen Umfeldes und eventuell Verlust der

Arbeit sowie damit verbundene finanzielle Einbusen, um nur Weniges nennen. Häufig werden Androhungen ausgesprochen, wie „du zerstörst die Familie", und es stellt eine Realität dar, dass die Familie zerstört ist. Keinesfalls aber von der Person, welche die Gewalt erleiden musste. „Du bist Schuld!" – ist eine sehr weit verbreitete Aussage und viele Frauen nehmen tatsächlich die Schuld auf sich, die ihnen vom Misshandler, aber auch immer wieder von der Gesellschaft zugeschrieben wird. Denn sie fühlen sich schuldig und glauben, versagt zu haben: gegenüber ihren Kindern, ihrer Familie, der Gesellschaft, ihren eigenen Idealen. Dieses perfekt funktionierende System intendiert eine eindeutige Aufteilung von Macht und Geld auf der einen Seite, Schuld auf der anderen.

In dem Glauben Schuld zu sein, werden Frauen unter anderem auch von den Medien (Werbung, Familienserien usw.) tatkräftig unterstützt. Vermittelt wird ihnen, dass es um ihr persönliches Schicksal geht, und dafür seien sie als mündige Erwachsene selbst verantwortlich.

Die Schuldzuweisung hat ferner zwei weitere Aspekte: so kommen einerseits die Täter durch die Verlagerung der Schuld auf die Opfer gut davon; anderseits ermöglicht die Übernahme der Schuld auf Seiten der Opfer auch deren Entkommen von der unerträglichen Ohnmacht, d.h. sie können eine tröstliche Illusion aufrecht erhalten, dass es an ihnen selbst liegt, Opfer zu sein, womit sie für sich nicht nur passiv sind. Sie hätte sich also keinen gewalttätigen Mann aussuchen müssen, so eine diesbezügliche Vorstellung.

Mit Schuldzuweisungen wird insgesamt die Verantwortung für Gewalthandlungen den Betroffenen selbst zugeschoben, womit sie einer weiteren Art von Gewalt ausgesetzt sind. Helfende, FreundInnen neigen ebenso zu derartigen verdeckten Vorwürfen und Verlagerungen, vor allem dann, wenn Opfer ihre angebotene Hilfe nicht annehmen oder sich nicht in einer Weise helfen lassen wollen, wie sie es sich vorstellen. Häufig ziehen sich Helfende in solchen Fällen auf Grund ihrer Enttäuschung zurück, was bedauerlicherweise die allgemeine Bereitschaft, von Gewalt Betroffene zu unterstützen sehr oft schwinden lässt. Und hier beginnt ein, meiner Meinung nach, gewollter *circulus vitiosus*.

Die Verlagerung der Schuld auf die Opfer selbst ist gegenwärtig kein neues Phänomen. So zeigt etwa die Hysterieforschung im 19. Jahrhundert, wo Freud seine Erkenntnis, dass viele seiner PatientInnen offenbar traumatische (sexuelle) Erfahrungen in ihrer Kindheit erlitten haben, bereits die Schuldzuweisung auf jene, die der Gewalt ausgesetzt waren. Denn jene

Auffassung widerrief Freud nicht zuletzt auf Grund von gesellschaftlichem Druck und formulierte in Abgrenzung an sexuellem Missbrauch von Seiten der Eltern die These, dass es lediglich die Phantasie und kindliche Wünsche seien, die Ursache der Hysterie sind. An dieser bekannten Verführungstheorie orientieren sich heute noch gern viele, auch wenn sie nichts von Freud wissen: die Opfer sind Schuld. Und was nicht wahr sein kann und darf, das ist auch nicht.

Ähnliches finden wir bei der Erforschung von Kriegsneurosen bzw. -hysterien im Ersten und Zweiten Weltkrieg oder im Vietnamkrieg. Auch in Bezug auf diese werden die Verantwortlichen, jeweils auch Mächtige, ihrer Verantwortung enthoben, und auch das herrschende System bleibt unbehelligt. So wollte man weder im 19. Jahrhundert noch heute wahrhaben, dass Eltern bzw. Erwachsene Vergewaltiger und Misshandler ihrer Kinder sind, ferner wollte man tapfere Krieger keineswegs als Neurotiker bzw. Hysteriker bezeichnen: ausgelöst jeweils durch ein *man-made-disaster.*

3 Gelebte Perspektiven und konkrete Utopien

Art und Ausmaß der nötigen Hilfestellung sind situations- und personenabhängig. Gerade deshalb ist es sowohl für professionelle HelferInnen als auch für FreundInnen (und nicht nur für diese) wichtig, genaue und umfassende Kenntnisse über die Gewaltproblematik sowie die komplexen Auswirkungen zu haben. Nur dann kann die der Situation entsprechende Vorgangsweise *gemeinsam* mit den von Gewalt Betroffenen entwickelt werden, ohne sie erneut zu gefährden, zu bevormunden, zu beschämen oder ihnen die Schuld zuzuweisen. Doch muss die gesellschaftliche Struktur, die immer noch auch eine geschlechterdifferente ist, stets einbezogen werden. Ist dies nicht der Fall, so bleibt jede, auch noch so gut gemeinte Hilfe und Therapie äußerst kritisch zu betrachten. Denn diese würden ein gewalttätiges System erhalten und in letzter Konsequenz für die Betroffenen lebensbedrohlich sein.

Wenn von Perspektiven und konkreten, also verwirklichbare Utopien die Rede ist, so ist es unumgänglich an jene Institutionen zu erinnern, die seit Jahren professionell und durchaus unter Einbezug des nötigen Wissens mit von Gewalt Betroffenen arbeiten: die Frauenhäuser sowie Beratungsstellen, die in ihrer notwendigen Existenz jedoch auch ambivalente Gefühle auslösen, verdeutlicht doch ihr Vorhandensein das Ausmaß der

Gewalt und ist doch letztlich die Schließung der Frauenhäuser zu wünschen, da diese nicht mehr vonnöten sind.
Ich spreche hier von Kolleginnen, die eine unermüdliche Präsenz in der Öffentlichkeit haben, wie eben auch auf diesem Kongress, und die bereits seit über zwanzig Jahren gemeinsam mit den Frauen und deren Kindern, Strategien suchen und diese gelegentlich auch gefunden haben. Strategien für und mit jenen Frauen, die den Versuch gewagt haben, aus einer gewalttätigen Lebenssituation auszubrechen; Strategien damit dieser lebensverändernde Schritt auch ein Fortschritt wird; so wichtig derartige Einrichtungen sind und noch mehr dergleichen notwendig wären – denn die Frauenhäuser sind ebenso wie die Beratungsstellen häufig überfüllt. Kaum existieren klinischen Einrichtungen, AnwältInnen sind für viele unbezahlbar, Alternativen sehr mühevoll und manchmal nicht einmal als solche zu bezeichnen.
Wird all das aufgezählt, was es nicht gibt und was bedauerlicherweise vonnöten wäre, so füllte das eine lange Liste. Doch sind adäquate Hilfestellungen und Einrichtungen immer wieder instituiert worden. Auch Kongresse wie diese, weltweite Tagungen und Konferenzen im Rahmen deren die Gewaltthematik diskutiert und öffentlich gemacht wird, verweisen wie die genannten Frauenhäuser und Beratungsstellen u.a. auf vorhandene Ansätze und Perspektiven.
Im besonderen möchte ich auf spezielle entwickelte Therapieformen hinweisen, die nicht zuletzt Zeugnis darüber geben, wie ernst die Auswirkungen von Gewalt aufgefasst werden. Spezifische Therapieformen insbesonders für die Problematik der posttraumatischen Belastungsstörungen (PTSD), Traumata und selbstverletzendes Verhalten u.a. wurden geschaffen: die Traumatherapie, die EMDR-Therapie (*Eye movement Desensitation and Reprocessing*) sowie die feministische Therapie, um einige wichtige zu nennen. Diese Therapieformen je einzeln und ausführlich zu beschreiben, würde hier zu weit führen.[9] Weiter existieren Beratungsstellen mit dem eindeutigen Schwerpunkt des sexuellen Missbrauchs, Frauenberatungsstellen mit dem Schwerpunkt Gewalt. In eigenen Beratungs- und Therapiestellen für Shoah-Überlebende, deren Kinder und Enkelkinder, wird einerseits mit den ursprünglich Traumatisierten gearbeitet und andererseits mit jenen, die einer transgenerationellen Traumatisierung ausgesetzt

9 Einiges davon wird erfreulicher Weise in Arbeitsgruppen während dieser Tagung, soweit ich es dem Programm entnehmen konnte, behandelt.

sind und ähnliche Symptome zeigen wie ihre Eltern bzw. Großeltern. Stationen für chronisch Traumatisierte wie jene in Göttingen, Beratungsstellen, die mit Tätern arbeiten, sind einige weitere Beispiele für den adäquaten Umgang mit von Gewalt Betroffenen und (chronisch) Traumatisierten. Insgesamt gibt es bereits Tendenzen, Therapien für Opfer finanziell zu übernehmen und diesbezüglich existieren – wenngleich in einem zu geringen Ausmaß – konkrete Umsetzungen, was eine begrüßenswerte Entwicklung ist, eine erfreuliche Perspektive.

Jede Arbeit auf dem Gebiet Gewalt muss vor allem auch eine gesellschaftsverändernde sein, so meine Erfahrung und daher meine Überzeugung. Dass wir diese Veränderung nicht immer in großen Schritten bewirken können, ist gewiss. So sind es durchaus kleine, machbare Schritte, wie z.B. die Veränderung der Sprache, wo wir alle gefragt sind, Frauen präsent sein zu lassen, indem wir die weibliche Form benutzen. Weiters betrifft dies Gestzesänderungen, die vielleicht nicht immer „weltbewegend" sind, die aber doch einen gewissen Schutz für Betroffene bieten: wie das in Österreich jüngst verabschiedete Gewaltschutzgesetz, welches das Wegweiserecht beinhaltet, an dem wir vom Frauenhaus maßgeblich mitgearbeitet haben.

Diese und viele weitere sozialpolitischen Maßnahmen sind wesentlich in der Arbeit gegen Gewalt, um Perspektiven zu eröffnen und schließlich zu Gunsten der von Gewalt Betroffenen konkrete Maßnahmen zu verwirklichen. Genau in diese Maßnahmen ist eine sinnvolle therapeutische Arbeit einzubetten. Sinnvoll ist eine Therapie gerade dann, wenn sie die Lebensbedingungen von Menschen, insbesonders von Frauen einbezieht und bedenkt. Denn Hilfe und therapeutische Begleitung bedeuten in erster Linie eine Ermächtigung von Frauen, die sich – wie alle von Gewalt Betroffenen – ihrer eigenen Macht und ihrer Wirkungskraft wieder bewusst werden müssen. Dazu ist es notwendig, dass Frauen den Ort der Gefahr verlassen, dass der Misshandler abwesend ist und dass ihre Sicherheit gewährleistet ist. Jene Frauen müssen – oftmals mühsam – erst eine Sprache für das Erlebte finden, und sie bedürfen emphatischer ZuhörerInnen, die dem Unglaublichen und oftmals unvorstellbar Schrecklichen Glauben schenken.

Die für Betroffene oft erst zu suchenden Ausdrucksmöglichkeiten ihrer Erfahrungen erschweren sich gerade bei Frauen, denn sie sind mit Wut, Aggression und Macht verbunden: ein für Frauen immer noch sehr tabuisiertes Thema, das in jede Therapie einbezogen werden muss. Aggression und Wut sind in der weiblichen Sozialisation meist unterdrückt, sie sind in der Regel als Ausdruck unerwünscht und werden negativ bewertet. In meiner Arbeit mit von Gewalt betroffenen Frauen habe ich realisiert, dass Aggressions- und Wutpotenzial, die mit Taten einhergehen und die daher oft als Täterinnen-Anteil gesehen und empfunden werden, lebensnotwendige Anteile von uns selbst sind, die insbesondere im Heilungsprozess eine wesentliche Rolle spielten. Bei Aggression und Wut von Frauen, die nicht mit Gewalttätigkeit zu verwechseln sind, handelt es sich um ein Energiepotenzial, das nötig ist, um gegen Widerstand bestimmte Ziele zu erreichen und um sich gegen Angriffe verteidigen zu können: also eine lebensnotwendige Antriebskraft, die Frauen in Gewaltsituationen und deren Folgen vonnöten haben. Die Problematik der Opfer-Täterin-Perspektive ist vielschichtig: doch ist deutlich, dass die jeweilige Konzentration auf die eine oder die andere Seite das Ausblenden der jeweils anderen Seite nach sich zieht.[10] Der Einbezug beider Seiten, d.h. der Opfer- und TäterInnenseite, in uns selbst ist wichtig, weil gerade dies ermöglicht, unsere Wut und Aggression zu akzeptieren und im positiven Sinne, Taten zu setzen. Der Blick vom Detail zum Gesamten könnte und sollte zur Erweiterung unserer Grenzen führen, was erfahrungsgemäß innere Widersprüche und Ängste schüren und gedachte Sicherheiten ins Wanken bringen kann, anstatt zur gewünschten, erhofften Horizonterweiterung.

In der Arbeit mit betroffenen Frauen und Kinder habe ich gelernt und erfolgreich praktiziert (bzw. lerne und praktiziere ich nach wie vor), dass es von größter Bedeutung – wenn auch schmerzlich – ist, mich berühren zu lassen. Ebenso wichtig ist es, wahrzunehmen, dass ich nur jenes zu hören bekommen, was ich bereit bin zu hören, nur das sehe, was ich zu sehen im Stande bin. In der Arbeit mit von Gewalt Betroffenen ist es in einem bestimmten Ausmaß unumgänglich das, was ich fühle und denke und vor allem mein Wissen mit der jeweiligen Klientin zu teilen, das heißt mitzuteilen. Gerade dies unterscheidet die Traumatherapie von anderen Therapieformen. Die Klientin muss z.B. Bescheid wissen über die Bedeutung bestimmter Symptome, denn dieses Wissen wirkt häufig entängstigend sowie beruhigend und es trägt dazu bei, dass die von Gewalt betroffene Frau gerade dadurch ihre eigene Macht wiedergewinnt – zunächst Macht über ihren eigenen Körper und in der Folge über ihr Leben. Das

10 Das erinnert an Kippbilder, wo erst bei genauem Hinsehen beide, im Bild verborgene, Bilder sichtbar werden.

bedeutet, dass innerhalb von Traumatherapien ein sehr hohes Maß an Transparenz in der Arbeit wichtig ist. Doch letztlich bleibt es immer die Klientin, die für sich Entscheidungen trifft, die wir als Therapeutinnen unterstützen, aber in erster Linie respektieren müssen.

4 Schlussbemerkungen

Das relativ große Angebot an bestehenden Einrichtungen und Maßnahmen ist jedoch niemals ohne ihr unwahrscheinlich doppelbödiges Vorhandensein zu sehen. Denn die durch Öffentlichkeitsarbeit informierte, gelegentlich davon überflutete Gesellschaft, wiegt sich einerseits in der Illusion, dass ohnehin schon mehr als genug getan wird und vertritt die Meinung, dass ganz kräftig übertrieben wird, wenn von Gewalt die Rede ist. Anderseits müssen die von Gewalt betroffenen Frauen – wachgerüttelt durch die Öffentlichkeit – erleben, dass nicht sofort und bei weitem nicht ausreichend geholfen werden kann. Viele vertreten die Meinung, dass Frauen heutzutage doch wirklich genügende Wahlmöglichkeiten haben.
Welche aber haben jene Frauen de facto, die sich in einer gewalttätigen Lebenssituation befinden? Während einige von ihnen die Flucht wählen, entscheiden sich andere dazu, in ihrer Situation zu verharren – ähnlich wie viele Frauen in Kriegs- und Katastrophengebieten. Frauen wählen sehr häufig zwischen Armut, Hunger, sozialen Abstieg, möglicher Obdachlosigkeit und Vereinsamung und der Hoffnung, dass die Gewalt ein Ende findet. Eine Zeit der Krise. Und immer noch eine Zeit der sichtbaren und vor allem fühlbaren Chancenungleicheit. Denn Tausende Frauen und Kinder sind jährlich, auch in Ländern wie Deutschland und Österreich, auf der Flucht, obwohl angeblich kein Krieg herrscht.[11]
Sie sind Flüchtlinge im eigenen Land, auf der Flucht von dem vermeintlich sichersten Ort: ihrem Zuhause. Sie flüchten vor geliebten Menschen, ihren Lebensgefährten, ihren Ehemännern und Vätern. Zu alledem kommt, dass Frauen oft bereits als Kinder und Jugendliche seelische, körperliche und sexuelle Gewalt erleben, eingebunden in der bereits benannten strukturellen Gewalt, der jede Frau und jedes Mädchen ausgesetzt ist. Nach fast dreißig Jahren Frauenbewegung ist heute jede 5. bis 10. Frau in ehe(ähnlichen) Beziehungen nachwievor von Gewalt betroffen, und so

11 Natürlich verschärft sich für Frauen aus Kriegsgebieten die Situation noch um vieles.

könnte ich nochmals die am Beginn angeführte Liste über die mannigfaltigen Diskriminierungs- und Gewaltformen aufzählen. Die Gesichter der Gewalt sind nachwievor weitgehend unverändert. Darüber empfinde ich Trauer und Wut. Doch vergessen wir nicht, dass es sowohl Ansätze und Maßnahmen als auch Perspektiven gibt im Kampf gegen Gewalt, von der letztlich nur zu hoffen bleibt, dass sie ein Ende finden muss.

Marion Traub

„Wie werden Frauen zum Opfer“
Gedanken zu Geschichte und Sozialisation

Das Referat wird sich in zwei Bereiche teilen. Im Ersten werde ich anhand einer Fallvignette einer Patientin aufzeigen, wie Frauen zum Opfer werden und im zweiten Teil möchte ich einige Aspekte aus der Geschichte darstellen.

Zur Fallvignette: Eine 45-jährige Patientin kam in die stationäre Therapie, weil sie nach einem Mordversuch durch einen ihrer Partner in ihrem Leben nicht mehr zurechtkam. Sie litt unter Albträumen, wiederkehrenden Erinnerungen an das Trauma, und dem Verlust der Lebensfreude.

Sie schilderte ihre Lebensgeschichte so: Sie wuchs auf als älteste von drei Geschwistern, nach ihr folgten zwei Brüdern in kurzen Abständen. Ihre Mutter beschrieb sie als ungeduldig und abwertend, sie habe viel gearbeitet und wenig Zeit für ihre Kinder gehabt. Die Patientin hatte früh das Gefühl, die Mutter möge sie nicht, auch weil sie sehr früh und als Einzige im Hause mithelfen musste. Der Vater war Arbeiter und Alkoholiker. Ihn beschrieb die Patientin als aggressiv und jähzornig. Wenn er alkoholisiert war, schlug er die Mutter, die Brüder und sie. Sie wurde von der Mutter zum Vater geschickt, um ihn zu beruhigen, was ihr zunehmend besser gelang. Sie merkte, dass sie die Einzige in der Familie war, mit der der Vater „anständig“ umging, wenn man von vielen Schlägen, der Abwertung durch beide Elternteile und von sexuellen Übergriffen absieht. Die Patientin machte eine Lehre, ging dann in den Beruf, blieb aber weiterhin zu Hause und pflegte den Vater bis zu seinem Tod. Danach heiratete sie 18-jährig einen seelisch kranken Mann, ebenfalls Alkoholiker und bekam einen Sohn. Nach ca. 10 Jahren gelang es der Patientin sich zu trennen, hauptsächlich, weil der Mann den Sohn schlug. Sie lernte einen Schwarz-Afrikaner kennen und heiratete ihn, wodurch er als Asylant in Deutschland bleiben durfte. Er erwies sich als extrem kränkbar, eifersüchtig und jähzornig. Aus der Beziehung stammt eine Tochter. Die Patientin versuchte lange Zeit, die Beziehung zu stabilisieren, nahm immer mehr ihre eigenen Interessen zurück, dennoch gab es viel Gewalt. Als die Gewalt eskalierte, versuchte sich die Patientin zu trennen. Daraufhin kam es zu oben erwähntem Mordversuch, der die Patientin für längere Zeit ins Krankenhaus brachte. Sie zeigte den Mann an, er kam in Sicherheitsverwahrung, aus der ihm die Flucht gelang. Sie lebt seitdem zusammen mit ihrer Tochter in großer Angst. Sie ist mehrfach umgezogen, versucht jetzt ihren Arbeitsplatz als Sekretärin zu wechseln, um von ihm nicht mehr gefunden werden zu können. Seit einigen Jahren hat sie einen neuen Partner, einen etwas älteren psychosekranken Mann. Beim Aufnahmegespräch beschrieb sie diese Beziehung als gut. Er helfe zwar nicht im Haushalt, versetze eher die Wohnung in einen chaotischen Zustand, aber er höre gern Musik und sie könne ab und zu mit ihm reden.

Erst viel später konnte die Patientin zugeben, dass er die Tochter hinter ihrem Rücken für sich arbeiten lässt, dass er eifersüchtig über die Patientin wacht und sie kaum mehr Freiräume hat. Es kommt innerhalb der Beziehung zu körperlicher Gewalt, hauptsächlich dann, wenn die Frau versucht sich Freiräume zu nehmen

Die Patientin ist auch für diesen Partner wieder in der Rolle der versorgenden und ausgleichenden „Mutter".

Diese Fallgeschichte mit den beschriebenen Verhaltensmustern ist symptomatisch für Frauen, die Opfer werden und bleiben.

Betrachten wir diese Geschichte unter psychodynamischem Aspekt.

Worum geht es? Die Patientin wuchs in einer familiären Atmosphäre mit frühen Traumatisierungen durch schwere Demütigungen und Misshandlungen auf. Sie erlebte psychische und sexuelle Grenzüberschreitungen, weder ihre Körpergrenzen noch ihre Persönlichkeit wurden respektiert. Die Grenze zwischen dem Ich der Patientin und Anderen konnte sich daher nur wenig ausdifferenzieren. Sie diente den Eltern zur bewussten und unbewussten Bedürfnisbefriedigung und war damit überfordert. Für ihre eigenen kindlichen Bedürfnisse gab es wenig Raum. Um wenigstens ein Minimum an Anerkennung zu bekommen, reagierte sie mit Anpassung bis zur Unterordnung und vermehrter Leistung, speziell unter dem Aspekt, sich Anderen zur Verfügung zu stellen. Eigene Wünsche, Bedürfnisse und Gefühle lernte sie kaum wahrzunehmen, sie hielt es für selbstverständlich, dass sie mit anderen übereinstimmten. Das Selbstwertgefühl blieb unsicher und defizitär. Das wurde kompensiert durch noch mehr Anpassung, so konnte sie unbewusst auch Ängste z.B. die Angst vor Bedrohung verdrängen. Das Gefühl der Ohnmacht lernte die Patientin früh abzuwehren, nicht zuletzt durch die Sonderposition, die sie innerhalb der Familie dem Vater gegenüber hatte. Sie gewann so eine unglückselige Macht, die sie in ihren nachfolgenden Beziehungen wiederholt. Sie wiederholt also unbewusst immer wieder die Beziehung zum Vater. Auf Unberechenbarkeit und Macht des Mannes ihr gegenüber reagiert sie vordergründig mit Unterwerfung, gleichzeitig ist sie die „Gesunde“, die Macht hat über diese seelisch kranken Männer. Sie entwickelte so ein narzisstisches Größenselbst, um eine scheinbare Kontrolle über die „Mächtigen“ zu bekommen.

Sie wiederholt also alte Beziehungsmuster, die ihr vertraut sind und hat bisher keinen Zugang zu anderen Beziehungsmustern gefunden. Allzu deutlich wurde im Verlauf der Therapie, wie wenig die Patientin weiß von dem Recht auf eigene Wünsche, besonders von ihrem Recht auf körperliche Unversehrtheit. Sie ist nie auf den Gedanken gekommen, ein Frauenhaus aufzusuchen. In Beziehungen zu sagen, was sie möchte, ist ihr ebenfalls fremd. Zu Durchsetzungsversuchen kam es höchstens dann, wenn ihr Partner sich an ihren Kindern vergriff. Sie versuchte, eine bessere Mutter zu sein, als ihre eigene es für sie war.

Die Patientin ist ein klassisches Beispiel einer Frau, die auf Grund des Fehlens anderer Möglichkeiten zu einem so genannten „Professional victim“ geworden ist. Ihre Opferidentität hat sie sich als Ersatzstruktur angeeignet. Das Verharren in der Opferrolle bietet unbewusst auch die Möglichkeit, eigene Aggressionen zu externalisieren, sie ggf. auch gegen sich zu richten, aber vor allem all „das Böse“ außen zu suchen. Eigene Aggressionen musste die Patientin abspalten, um überleben zu können, in einer Position der realen Schwäche bei gleichzeitig an sie delegierter Stärke. Die Mutter hatte unbewusst die eigene Aufgabe und Position an die Tochter abgetreten. Den Müttern solcher „Professional victims“ kommt eine besondere Position zu.

Sie sind häufig selbst Opfer und geben ihre Selbstabwertung unbewusst an ihre Töchter weiter, ebenso wie abgewehrte Aggressionen und die Unzufriedenheit mit dem eigenen Leben. Das Unvermögen, das eigene Verhalten zu reflektieren, kann so Frauen auch zu Tätern machen. Wahrscheinlich kann die Täter – Opfer Spirale nur durch eine Bewusstwerdung der eigenen Lebenslage und des eigenen Verhaltens unterbrochen werden. Eine Chance für die Therapie.

Frauen, die bereits früh Opfer wurden, haben es meist nicht gelernt, sich zu wehren. Hinzu kommt auch häufig die Vorstellung, die Wahrnehmung der eigenen Wut oder gar die Möglichkeit der eigenen Wehrhaftigkeit mache sie dem Täter ähnlich. Unbewusst besteht die Phantasie, so Distanz zum Täter zu bekommen, aber auch die Vorstellung, ein „besserer Mensch“ zu sein.

Zusammenfassend könnte man sagen, dass Frauen bereits in ihrer Kindheit zu potenziellen Opfern gemacht werden. Die mangelnde Aggressions- und Abgrenzungsfähigkeit, der defizitäre Selbstwert und grenzverletzende Beziehungsmuster in der Kindheit prädestinieren dazu, wenn nicht früh korrigierende Erfahrungen gemacht werden.

Repräsentiert ein Schicksal wie das dieser Patientin ein individuelles Missgeschick, ein familiäres Verhängnis oder gesellschaftliche Fehlhaltungen? Wahrscheinlich treffen alle drei Möglichkeiten in individuell unterschiedlicher Mischung zu.

Könnte es sein, dass diese Mischung dazu führt, dass Frauen Opfer werden, weil sie nicht genügend Bewusstsein des eigenen Subjektseins entwickeln können. Sie haben gelernt Verantwortung für andere zu übernehmen nicht aber für sich selbst. Spielt man mit dem Wort „Verantwortung", könnte man sagen, Frauen haben zu wenig gelernt, Antwort auf sich selbst zu geben. Frauen versuchen, dieses Defizit durch Leistung zu kompensieren; und anscheinend können wir uns keine größere Leistung vorstellen, als einen Menschen zu retten. Ich darf an die Fallvignette erinnern.

Der Opferaspekt ist allerdings auch an einer anderen Stelle zu entdecken, wo wir ihn uns auch bewusst machen sollten. Wir lassen selbst unsere Schönheit in ihren individuellen und alterstypischen Formen an fremdbestimmten Idealen messen und tun einiges dafür diesen Idealen zu entsprechen.

So wie die individuelle Kindheitsgeschichte Spuren in einem Frauenleben hinterlässt, so kann man davon ausgehen, dass die allgemeine Geschichte ihre Spuren hinterlässt.

Ich möchte im zweiten Teil meines Referats Streiflichter auf die Geschichte von uns Frauen werfen.

Vor 50 Jahren schrieb Virgina Wolf, „Die öffentliche und private Sphäre sind untrennbar miteinander verknüpft ... Tyrannei und Unterwürfigkeit in der einen Sphäre entsprechen Tyrannei und Unterwürfigkeit in der anderen".

Die Geschichte der Frauen ist auch die Geschichte derer, die immer wieder zu Opfern gemacht wurden. Am 05. Juli 1997 trat die Novellierung des Paragrafen 177 STGB, die die Strafbarkeit der Vergewaltigung in der Ehe vorsieht, in Kraft. Das frühere Recht (ebenfalls § 177 STGB) erfasste nur die außereheliche Vergewaltigung als ein Verbrechen, das mit einer Freiheitsstrafe von meist nicht unter zwei Jahren bedroht ist. Die eheliche Vergewaltigung galt nur als Nötigung oder Körperverletzung, also als Vergehen mit einem niedrigeren Strafrahmen.

1907 nahm Otto Weininger ein Wiener Philosoph, in „Geschlecht und Charakter" Stellung dazu, wie der Mann das Weib behandeln soll.

„Wie es (das Weib) selbst behandelt werden will, oder wie es die sittliche Idee verlangt? Wenn er es zu behandeln hat, wie es behandelt werden will, dann muss er es koitieren, denn es will koitiert werden, schlagen, denn es will geschlagen werden, ... ihm durch die Galanterie zeigen, wie gering er seinen Wert an sich veranschlagt, denn es will Komplimente, es will nicht an sich geachtet werden. Will er dagegen dem Weibe so entgegentreten, wie es die sittliche Idee verlangt, so muss er in ihm den Menschen sehen und zu achten suchen. Zwar ist W (Weiblichkeit) eine Funktion von M (Männlichkeit), eine Funktion, die **er** setzen, die **er** aufheben kann, und die Frauen wollen nicht mehr sein, als eben dies, nichts anderes als nur dies ..."

Noch am Anfang dieses Jahrhunderts zeigt sich ein an philosophisches Denken gewöhnter Mann als unfähig, die abendländische Tradition zu durchschauen, die die Frau in Bezug auf den Mann definiert und ihr so die Eigenwertigkeit abspricht. „Zwar ist W eine Funktion von M", aber immerhin postuliert er eine sittliche Pflicht – natürlich die des Mannes –, diese definitorische Abhängigkeit aufzuheben; die Möglichkeit nämlich, eine Frau als Menschen zu sehen und zu achten. Was fehlt – auch heute noch oft im allgemeinen Bewusstsein fehlt –, ist die naturwissenschaftliche Erkenntnis des sexuellen Dimorphismus, d.h. seit der „Erfindung" der Sexualität in der Evolution des Lebens erscheinen Lebewesen in zwei sexuell polarisierten Formen (Mann und Frau). So wird erkennbar, dass W nicht eine Ableitung (Funktion) von M. ist, sondern, dass beide als eigenständige Wesen auf einander bezogen sind.
Versuchen wir diese abendländische Tradition der Abwertung von Frauen zurückzuverfolgen. Wahrscheinlich hat die Entdeckung des Zusammenhangs von Befruchtung und Fruchtbarkeit einen allmählichen Wandel in der Einstellung zur Frau (Eva, hebräisch Chava bedeutet Mutter allen Lebens) gebracht, verbunden mit der – wie wir heute wissen – falschen Analogie zum Ackerbau. Es gab ja lange Zeit die Vorstellung, die Frau sei der Acker und der Mann könne ihn bearbeiten (besamen) und fruchtbar machen. Getreidesamen aber ist eine befruchtete Keimzelle im Ruhezustand, keine Entsprechung zum männlichen Samen. Leben entsteht nur in Verbindung einer Samen- mit einer Eizelle. Aber, und das war ein Problem dieser Zeit, nur der Same des Mannes ist sichtbar, die Eizelle wurde erst 1843 unter dem Mikroskop entdeckt.
Aristoteles, Lehrer Alexander des Großen, systematisierte das Wissen – und die Vorurteile seiner Zeit, dem 4. Jh. vor unserer Zeitrechnung. Er de-

finierte die Frau als „ mangelhaften Mann“ Ein Blick auf die sichtbare Körperlichkeit macht's verständlich.
In der Folge waren die hellenistischen Griechen überzeugt, dass Männer Ehefrauen zum Gehorsam und zur Treue zwingen müssten. Der große Kirchenlehrer Thomas von Aquin übernahm die Gedanken von Aristoteles und brachte sie in Verbindung mit dem Christentum. So ging es in der Folge darum, die Frau für die Versündigung der Menschen, da sie ja den Apfel nahm usw., verantwortlich zu machen und sie deshalb weiter zu reduzieren und dem Mann zu unterstellen. Grundlage dieser abwertenden Theorie war auch die Lehre des heiligen Paulus, nach der Christus das Haupt des Mannes und der Mann das Haupt der Frau sei (1. Korinther 11, Vers 3). In der Praxis hieß das, dass ein Mann seine Frau unter dem Vorwand der Durchsetzung der Disziplin bestrafen durfte, ohne dass sie auf rechtlichen oder kirchlichen Beistand hoffen konnte.
So wurde im 13. Jahrhundert in einem milden Protest gegen die herrschenden Sitten und Gesetze von einem Herrn Beauvoir bemerkt, dass eine übermäßige Anzahl von Frauen durch eheliche Züchtigung starb, woraufhin er den Ehemännern den Rat gab, ihre Frauen nur „in den Gesetzen der Vernunft“ zu schlagen. Zu dieser Zeit herrschte die theologische Auffassung, dass die Frau mehr als der Mann gesündigt habe und deshalb unglücklicher sein solle. Ihr Leid müsse auf Erden verdoppelt werden. Für die Zeit im Mutterleib galt, dass weibliche Embryonen ihre Seelen nicht so früh von Gott erhielten wie männliche. Erheblicher sozialer Druck brachte Frauen auch damals in die Ehe. Als Alternative für unverheiratete Frauen blieb das Kloster. Im Spätmittelalter entwickelten Frauen eine bemerkenswerte Alternative, die Beginenhöfe, in denen Witwen und Jungfern weitgehend selbstverwaltet lebten.
Die Abwertung von Frauen steigert sich im Spätmittelalter und der frühen Neuzeit bis zur physischen Auslöschung von Frauen. 1485, sieben Jahre vor der Entdeckung Amerikas, veröffentlichten zwei Dominikanermönche „den Hexenhammer“, ein Werk, dass bis ins 18. Jahrhundert den Tod mehrerer Tausend Frauen mit verursacht. Um 1730 wurde die letzte Hexe verbrannt. Im 17. Jahrhundert wurden mancherorts allein lebende Frauen in so genannte Jungfernhäuser gesperrt, um so ihren Anstand zu gewährleisten. Das mangelnde Ansehen von Frauen, die alleine leben möchten, hat sich bis heute z.T. gehalten. Es gibt noch Sprüche wie „die hat keinen abgekriegt“. Das Schlagen von Frauen war im christlichen Europa so normal, dass in elsässischen Neujahrsdekorationen das Standardsymbol für

die Ehe ein Miniaturmann war, der seine Miniaturfrau schlug. Geistliche in Europa und in Amerika hielten es noch im 19. Jahrhundert für das Recht der Ehemänner, ihre Frauen zu schlagen und ihnen „in jedem Fall von Fehlverhalten geeignete Beschränkungen" aufzuerlegen, ohne eine Beeinträchtigung durch, wie ein Gerichtsreporter von 1824 es nannte, ärgerliche Anklagen von Frauen. Es wurde also als ein Ärgernis betrachtet, wenn eine geschlagene Frau dagegen klagte, aber nicht, dass ihr Mann sie überhaupt schlug. Erst Ende des vorherigen Jahrhunderts wurde das Züchtigungsrecht des Mannes in Deutschland durch das BGB abgeschafft.

Auch heute gibt es noch die Einstellung, dass ein Mann eine Frau nur richtig „dranzunehmen" brauche, dann werde sie wieder funktionieren, und noch immer hat es eine Frau schwer, nach erlebter Gewalt Hilfe zu bekommen.

Für hilfreich halte ich den Ansatz, dass ein gewalttätiger Mann die gemeinsame Wohnung verlassen muss, damit nicht die Frau zusätzlich noch ihr Heim verliert. Wir wissen, wie viel ein Heim zur Identität des Menschen beiträgt. Die Frau kann so leichter ihr Selbstbewusstsein halten und für ihre Rechte eintreten. In Österreich gibt es ein solches Recht bereits, und die Zahl der obdachlosen Männer ist nicht gestiegen.

Ein neuzeitlicher Aspekt, der nicht nur in ausgeprägten Gewaltbeziehungen zu finden ist, lässt sich davon ableiten, dass die technische Revolution den Haushalt verändert und damit die traditionelle Rolle der Frau. Der Arbeitsaufwand ist durch technischen Fortschritt gesunken (Waschmaschine kontra Waschtag). Frauen werden unabhängiger und selbstbewusster. Die drei K, Küche, Kirche, Kinder, auf die man die Frauen einst beschränkt hat, sind kein Lebensinhalt mehr. Die Emanzipationsbewegung bedroht den Mann, er fürchtet auf der Strecke zu bleiben. Für ihn hat sich scheinbar nichts verändert. Eigentlich möchte er die Frau gern in ihrer alten Zuständigkeit belassen, als Mutter seiner Kinder, als Mutter seiner selbst und zeitweise als seine Geliebte. Er möchte weiter ihre Funktionen definieren. Mit dem wachsenden Selbstbewusstsein der Frau verliert er seine Definitionsmacht. Er glaubt, die Frau wird „anspruchsvoll", wenn sie von Selbstverwirklichung und von dem Recht auf ein eigenständiges Leben spricht. Die Möglichkeit eigener Selbstverwirklichung übersieht er häufig. Schwangerschaft und Geburt verändern sein Leben kaum. Er kann nach wie vor arbeiten gehen, Karriere machen und hat zudem noch das Alibi, für die Familie zu arbeiten. Der Emanzipation der Frau zur ebenbürtigen und gleichwertigen Partnerin steht das Verharren des Mannes gegen-

über, der weiterhin seinen drei K nachjagt; Karriere, Konkurrenz und am Ende vielleicht der Kollaps. Die Kluft zwischen Mann und Frau wird größer, mittlerweile wird jede dritte Ehe geschieden. In 60 % der Fälle ist es die Frau, die die Scheidung einreicht. Weitaus weniger Frauen suchen danach noch einmal eine Dauerpartnerschaft, während Männer im Durchschnitt innerhalb von 10 Monaten in einer neuen Beziehung leben. Die Dynamik der Leistung und Selbstbestätigung findet sich auch im Sexualleben, das oft genug die gekränkte Männlichkeit kompensieren soll. Oft verläuft es für die Frau unbefriedigend, da ihre Bedürfnisse nicht wahrgenommen werden. Es kommt dadurch häufig zu Vergewaltigung und Nötigung der Frau, ein Verhalten, das eine Beziehung als gegenseitiges Geben und Nehmen auslöscht.
Schließen möchte ich mit einem letzten Zitat von Otto Weininger:

> „Kann das Weib zu Problemen seines Daseins, zum Begriffe der Schuld redlich gelangen? Wird es die Freiheit wenigstens wollen? Kann im Weibe der kategorische Imperativ lebendig werden? Wird sich das Weib unter die sittliche Idee, unter die Idee der Menschheit stellen? Das einzig, das wäre Frauenemanzipation."

Wäre das nicht eine Möglichkeit der Emanzipation für beide Geschlechter, Mann- und Frausein zu transzendieren, um männliche und weibliche Menschen zu werden?

Literatur

Bundesministerium f. Familie/Senioren/Frauen und Jugend, 1998: Frauen in der Bundesrepublik Deutschland, Kurzfassung

Däubler-Gmelin, Herta.; Speck, Dieter., 1997: Sexueller Missbrauch, die Einsamkeit der Opfer, die Hilflosigkeit der Justiz, Knaur

Heine, Claudia, 1993: Täterin, offene und versteckte Aggressionen von Frauen, Kreuz-Verlag, Zürich

Hermann, Judith Louis, 1993: Die Narben der Gewalt, Kindler

Walker, Barbara.G., 1995: Das geheime Wissen der Frauen, DTV

Weininger, Otto., 1907: Geschlecht und Charakter – eine spezielle Untersuchung, Leipzig, Wilhelm Braunemüller

Magdalene Ossege, Bettina Durt

„(Un)gleiche Schwestern?!“ – Spezifische Gewalterfahrungen von Frauen mit Behinderungen und Möglichkeiten der Unterstützung im Rahmen der Projektarbeit von mixed pickles e.V.

„Strukturelle Benachteiligungen von Mädchen und Frauen auf Grund der geschlechtsspezifischen Arbeitsteilung, der Geschlechterhierarchie und der körperlichen und sexuellen Gewaltandrohung werden ergänzt und verstärkt durch Benachteiligungen auf Grund einer Behinderung (. . .)“[1]

Eine Behinderung hat für Frauen vielschichtige soziale und gesellschaftliche Diskriminierungen zur Folge. Dies hängt in erster Linie nicht mit der jeweils individuellen Beeinträchtigung selbst, sondern vor allem mit den behindernden Sozialisations- und Lebensbedingungen von Mädchen und Frauen mit Behinderungen zusammen. In einer Gesellschaft, in der Frauen allgemein durch körperliche Attraktivität und Schönheitsnormen beurteilt werden, können behinderte Mädchen und Frauen, auf Grund der defizitorientierten Sichtweise auf Behinderung, nicht den herrschenden Weiblichkeitsbildern entsprechen, so sehr sie sich auch bemühen. Ihr Körper wird als „mangelhaft“ bewertet, mit dem Ergebnis, dass viele Mädchen und Frauen mit Behinderungen diese Sicht auf Behinderung in ihr Selbstbild übernehmen – nicht selten entwickeln sie ein negatives Körpergefühl und ein geringes Selbstbewusstsein. Zudem machen sie die Erfahrungen, dass ihr Frausein hinter dem dominierenden Merkmal Behinderung zurücktritt und sie als geschlechtslose Wesen behandelt werden. Dies zeigt sich unter anderem darin, dass in der Regel von „dem Behinderten“ ge-

1 Ministerium für Frauen, Jugend, Wohnungs- und Städtebau (Hrsg): „Barrieren überwinden“ – Situation von Mädchen und Frauen mit Behinderungen. Kurzbericht, S. 11, Kiel 2000.

sprochen wird, „... gemeint ist der männliche Behinderte und seine Lebenslagen. Weibliche Behinderte werden subsumiert“.[2]
Gleichzeitig wird ihr Leben aber vielfach von ihrer Geschlechtszugehörigkeit bestimmt, was gerade auch an dem Thema Gewalt deutlich wird. Es wird deshalb von der so genannten „doppelten Diskriminierung“ von Frauen mit Behinderungen gesprochen. Zum einen sind sie als Menschen mit Behinderungen gegenüber Menschen ohne Behinderungen diskriminiert und ausgegrenzt, und zum anderen erfahren sie als Frauen Benachteiligung gegenüber Männern. Dabei lassen sich die Diskriminierungserfahrungen, die aus dem Frausein und dem Behindertsein resultieren, „...nicht einfach addieren ...“, sie sind vielmehr so miteinander verwoben, dass dies für „... die Identitätsfindung [behinderter Frauen; Anm. der Verfasserinnen] die Unvereinbarkeit von Widersprüchen bedeutet“.[3]

Gewalt gegen Frauen mit Behinderungen hat viele Gesichter

Die Lebensbedingungen von Frauen mit Behinderungen können Gewalt begünstigen. So sind Frauen mit Behinderungen gerade im Alltag vielfachen strukturellen Einschränkungen auf unterschiedlichen Ebenen ausgesetzt, die zu Gewalt führen können. Angewiesen auf Pflege und Assistenz leben viele Frauen mit Behinderungen in Abhängigkeit von Angehörigen oder Pflegediensten isoliert Zuhause oder in Institutionen der Behindertenhilfe, konfrontiert mit inflexiblen Heimstrukturen. Dabei wird ihr Leben häufig von äußeren Barrieren und Zwängen bestimmt, die ein selbstbestimmtes Leben erschweren. So bestehen noch immer zu wenig Angebote zur beruflichen und gesellschaftlichen Integration von Menschen mit Behinderungen. Frauen mit Behinderungen sind häufiger erwerbslos und schlechter qualifiziert als nichtbehinderte Frauen und (nicht)behinderte Männer und verfügen daher über wesentlich weniger Geld als der Durchschnitt der Bevölkerung. Damit sind sie auf öffentliche Zuwendungen angewiesen, was wiederum ein „ständiges“ Offenlegen

2 vgl. Kathrin Ziese/ Maren Rebetje: Mädchen mit Behinderungen zwischen Entsexualisierung und sexualisierter Gewalt, S. 18. In: Ministerium für Frauen, Jugend, Wohnungs- und Städtebau (Hrsg.): Sexuelle Misshandlung. Dokumentation der Fachkonferenzen am 30. Juni und am 1. Dezember 1999, Kiel 1999.

3 ebd.

ihrer persönlichen Lebensumstände bedingt. Diese Form des „Verwaltetwerdens“ und die Abhängigkeit von Behördenentscheidungen erleben Frauen mit Behinderungen oft als entmündigend und kräftezehrend. So kommen zu ihrem Kampf um ihnen zustehende Leistungen in den Bereichen Assistenz, medizinische Versorgung und finanzielle Absicherung noch bauliche Barrieren, erschwerte Kommunikationsmöglichkeiten und Mobilitätseinschränkungen hinzu. Darüber hinaus haben Frauen mit Behinderungen meist nur begrenzt Zugang zu Informationen und Beratung.

Zusammenfassend lässt sich sagen, dass Frauen mit Behinderungen immer wieder die Erfahrung machen müssen, dass sie trotz ihrer körperlichen und gesundheitlichen Einschränkungen ein hohes Maß an Energie, Durchhaltevermögen und Mut aufbringen müssen, um ihr Leben den eigenen Bedürfnissen entsprechend organisieren zu können. Viele Frauen, ob behindert oder nicht, erleben aber bereits als Mädchen, dass sie sich anpassen müssen und nicht auffallen dürfen. So erschweren früh erlernte Mechanismen das Engagement für eigene Rechte und Bedürfnisse mit der Folge, dass sich viele Frauen mit Behinderungen mit unzulänglichen Lebensbedingungen abfinden – oder aber sie wachsen daran und äußern ihre Wünsche und Forderungen immer lauter.

Neben unterschiedlichen Formen struktureller Gewalt erfahren sie, ähnlich wie nichtbehinderte Frauen, verbale, körperliche, psychische und sexualisierte Gewalt, die nicht zuletzt aus dem ungleichen Geschlechterverhältnis resultiert. Im Unterschied zu nichtbehinderten Frauen spielt dabei jedoch die individuelle Beeinträchtigung der einzelnen Frau zumeist eine zentrale Rolle und die daraus resultierenden Situationen der Abhängigkeit, des Ausgeliefertseins und der Entmündigung.

Wegbereiter für sexualisierte Gewalt sind häufig eine fehlende Sexualaufklärung, mangelhafte Informationen über Wege aus der Gewalt und die häufig größere Abhängigkeit von Frauen mit Behinderungen, z.B. bedingt durch „das Angewiesensein auf körperliche Hilfestellungen in alltäglichen oft intimen Belangen (z.B. beim Baden, An- und Auskleiden, Toilettengänge) ...“[4]. Besonders Frauen mit geistigen Behinderungen sind von sexualisierter Gewalt in unterschiedlichsten Formen betroffen. Täter nut-

4 Ahia Zemp/Erika Pircher: Weil das alles so wehtut mit Gewalt – Sexuelle Ausbeutung von Mädchen und Frauen mit Behinderung, S. 59; Schriftenreihe der Frauenministerin, Band 10, Wien, Österreich 1996.

zen hierbei die ungleichen Machtverhältnisse aus, die aus Abhängigkeitsverhältnissen resultieren, um sie zur Kooperation zu überreden bzw. zu zwingen. Zentral ist dabei die Verpflichtung zur Geheimhaltung, die die abhängige Person zu Sprachlosigkeit, Wehrlosigkeit und Hilflosigkeit verurteilt.[5] Bezogen auf das Leben in einer Behinderteneinrichtung würde das Reden über die Gewalterfahrungen möglicherweise existenzbedrohende Konsequenzen nach sich ziehen. Daneben haben Frauen mit geistigen Behinderungen, wie viele (nicht)behinderte Mädchen und Frauen auch, oft nicht gelernt, eigene Grenzen zu setzen bzw. werden diese von den TäterInnen übergangen. Zudem werden von ihrer Umwelt Signale immer wieder übersehen, auf Grund des gesellschaftlich geprägten Bildes, das Frauen mit geistigen Behinderungen als sexuell unattraktiv ansieht – den Frauen wird nicht geglaubt. So beschreibt auch Andrea Friske, dass viele Frauen jahrelang sexuelle Gewalt erdulden und „... Missbrauch und Ausbeutung in den vielfältigsten Formen ... ausgesetzt [sind], ohne dass ihre Hilferuf-Signale gehört oder ihnen geglaubt wird".[6]

Obwohl schon Anfang der 80er Jahre von behinderten Frauen versucht wurde, das „Tabu im Tabu" zu brechen, indem sie auf dieses Thema aufmerksam gemacht haben, konnte kein großes Interesse verzeichnet werden. Erst 1992 brachte ein in Wien stattfindendes Symposium unglaubliche Schicksale sexueller Ausbeutung und Gewalt an Frauen mit Behinderungen ans Tageslicht.[7] Nach der Wiener Studie von Aiha Zemp und Erika Pircher sind ca. 63 % der überwiegend geistig behinderten Frauen, die befragt wurden, schon einmal sexuellen Übergriffen ausgesetzt gewesen, angefangen bei allgemeinen Verletzungen der Interessen, heimlichen Berührungen über Zur-Schau-Stellen und Masturbation vor und mit dem Opfer bis hin zum Geschlechtsverkehr.[8] In Bezug auf den TäterInnenkreis sind es häufig Verwandte, Bekannte oder aber TäterInnen in den von den Betroffenen bewohnten Einrichtungen. Bei den TäterInnen ist häufig eine geringe Hemmschwelle festzustellen. Sie verstecken sich hinter einem Mythos, der besagt, dass geistig Behinderte von sexuellen Über-

5 vgl. ebd., S. 20.

6 Andrea Friske: Unbeschreiblich? Als Frau mit geistiger Behinderung, S. 51. In: Angelika Henschel (Hrsg): Weiblich – | un | beschreiblich. Zur Lebenssituation von Frauen mit Behinderung; Dokumentation der Ev. Akademie Nordelbien, Band 26, Bad Segeberg 1997.

7 vgl. ebd., S. 11–12.

8 vgl. ebd., S. 74ff.

griffen nichts mitbekommen würden. Gerade auf diesem Hintergrund ist eine fortschreitende Enttabuisierung des Themas (sexualisierte) Gewalt gegen Frauen mit Behinderungen von großer Wichtigkeit.

Mixed Pickles, Anlauf- und Kontaktstelle für Mädchen und Frauen mit und ohne Behinderungen in Schleswig-Holstein

Wie bisher aufgezeigt, führt eine Behinderung in unserer Gesellschaft häufig zu Ausgrenzung und Diskriminierung. Die daraus resultierenden Lebenslagen von Frauen mit Behinderungen, die ebenfalls durch ihre Geschlechtszugehörigkeit geprägt sind, stehen einem selbstbestimmten Leben dabei meist entgegen. Um dies zu verändern und bestehende Tabus aufzubrechen, hat sich mixed pickles e.V. aus einer Initiative von Frauen mit und ohne Behinderungen gegründet.
Zusammengesetzt aus den Bausteinen

- Vernetzung und Kooperation
- Öffentlichkeitsarbeit
- Fort- und Weiterbildung von Frauen mit und ohne Behinderungen und Multiplikatorinnen
- Mädchenarbeit
- Beratung
- Freizeitangebote

will das Projekt für die Lebenssituation von Mädchen und Frauen mit Behinderungen sensibilisieren und diese langfristig verbessern. Zum einem soll dies durch die Vernetzung der Frauen-, Jugend- und Behindertenarbeit passieren. Zum anderen gilt es, orientiert am Selbstbestimmt-Leben-Gedanken und basierend auf einem feministischen und parteilichen Ansatz, die Mädchen und Frauen im Sinne des Empowerments selbst zu befähigen, sich für eigene Wünsche und Träume, aber auch für ihre Rechte und Forderungen einzusetzen. Das setzt voraus, dass sie als Expertinnen ihres eigenen Lebens betrachtet werden und damit selbst bestimmen können, was sie brauchen und wollen – natürlich auch, was sie nicht brauchen und nicht wollen.
Bei mixed pickles e.V. erfahren von (sexualisierter) Gewalt betroffene Frauen Unterstützung im Rahmen der Beratung. Die Basis der Beratungsarbeit bei mixed pickles e.V. bildet dabei das Konzept des Peer-Support. Dieser Ansatz beinhaltet die Grundidee, dass die Beraterin auf Grund ihrer

Behinderung ähnliche Lebenserfahrungen aufweist, wie die behinderte Ratsuchende. Dabei werden Vorteile der Selbsthilfe sowie die gegenseitige emotionale und psychosoziale Unterstützung von Personen mit gleichen bzw. ähnlichen Problemen mit professionellen Methoden der Sozialarbeit wie soziale Einzelhilfe oder Gruppenarbeit verbunden. Grundregeln und Techniken der klientenzentrierten Gesprächsführung nach C. Rogers wie das aktive Zuhören oder die teilnehmende Unterstützung finden Anwendung. Auf diesem Hintergrund werden gemeinsam mit der Ratsuchenden behinderten Frau Problemlösungsstrategien entwickelt, die sich an der Lebenssituation und den Bedürfnissen der Betroffenen orientieren. Voraussetzung dabei ist die kritische Auseinandersetzung der Beraterin mit der eigenen Behinderung.[9]

Stärkung und Unterstützung erfahren Frauen mit Behinderung ebenfalls in Selbstbehauptungskursen, die das Ziel haben, die eigenen Ressourcen der Frauen zu aktivieren. Die Kurse sind niedrigschwellig angelegt und wenden sich auch an Frauen mit so genannten geistigen Behinderungen. Schwerpunktmäßig geht es in den Kursen um die Auseinandersetzung mit dem eigenen und dem gesellschaftlichen Verhältnis zu Normalität, Weiblichkeit und Behinderung. In verschiedenen Selbstbehauptungseinheiten geht es um das Wahrnehmen von Grenzen und das Kennenlernen der eigenen Stärken und um das Entwickeln neuer Handlungsmöglichkeiten. So ist es immer wieder ein zentrales Anliegen der Frauen, Strategien für ihren Alltag zu entwickeln. Nebenbei spielt das Treffen neuer Frauen und der Austausch mit diesen eine wichtige Rolle.

Exkurs: (Un)gleiche Schwestern?!

Mixed Pickles e.V. ist ein Mädchen- und Frauenprojekt, welches sich an Mädchen und Frauen mit und ohne Behinderungen wendet. Auch das Mitarbeiterinnen-Team setzt sich aus Frauen mit und ohne Behinderungen zusammen. Damit werden Gemeinsamkeiten und Unterschiede immer auch zum Thema. Zum einen wird Frauen mit Behinderungen ein eigener Raum geboten, um ihre gemeinsamen Erfahrungen auszutauschen. Dabei werden auch Differenzen auf Grund unterschiedlicher Behinderungen und

9 Siehe: Autonomes Behindertenreferat AstA Uni Mainz/ IsL in Deutschland e.V.: Peer Counseling- Reader & Peer Counseling Training Programm; 2. Auflage 1994.

Lebenszusammenhänge erfahrbar. Zum anderen sollen in Kurs- und Gruppenangeboten für Frauen mit und ohne Behinderungen Begegnungsmöglichkeiten geschaffen werden, um Vorurteile und Berührungsängste abzubauen. Neben den Differenzen zwischen Frauen mit und ohne Behinderungen werden durch den Kontakt ebenfalls Gemeinsamkeiten erlebbar, die sich nicht zuletzt aus der Geschlechtszugehörigkeit ergeben.[10]
In der Frage nach Gleichheit oder Verschiedenheit von Frauen mit und ohne Behinderungen möchten wir uns Annedore Prengel anschließen, die vertritt, dass Gleichheit versus Differenz die falsche Alternative im feministischen Diskurs bedeutet.[11] Für Frauen mit Behinderungen würde eine Postulierung der Gleichheit ohne die Akzeptanz der Differenzen zwischen Frauen mit und ohne Behinderungen nur Assimilation an die herrschende Dominanzkultur bedeuten.[12] Laut Prengel hat Assimilation in diesem Zusammenhang Vor- wie auch Nachteile: „ihre demokratische Errungenschaft ist, dass sie die Teilhabe der zuvor Entrechteten erlaubt, ihre Beschränktheit ist, dass sie das Abstreifen alles dessen, was >anders< ist, erfordert.[13] Dagegen würde eine alleinige Anerkennung der Verschiedenheit ohne die Anerkennung von Gleichheit „... gesellschaftlich Hierarchie, kulturell Entwertung, ökonomisch Ausbeutung ...“[14] bedeuten. Es geht damit um das sowohl-als-auch, um die Anerkennung von Gleichheit und Differenz von Frauen mit und ohne Behinderungen. Wichtig ist hierbei auch die Anerkennung der Differenzen innerhalb der Gruppe „Frauen mit Behinderungen“. Wo diese Gemeinsamkeiten und Unterschiede jeweils liegen, lässt sich am besten im gemeinsamen Austausch herausfinden und „... die Auseinandersetzung mit den Erfahrungen behinderter Frauen kann diese Diskussion nur bereichern“[15].

10 vgl. Bärbel Mickler: Ungleiche Schwestern. Grenzen und Möglichkeiten der Zusammenarbeit von Frauen mit und ohne Behinderung, S. 82. In: Angelika Henschel (Hrsg); Bad Segeberg 1997.

11 vgl. Annedore Prengel: Gleichheit versus Differenz- eine falsche Alternative im feministischen Diskurs, S. 120–127. In: Ute Gerhardt u.a. (Hrsg): Differenz und Gleichheit. Menschenrechte haben (k)ein Geschlecht; Frankfurt a. M. 1990,

12 vgl. Angelika Henschel: Mixed Pickles. Ein Beispiel Demokratie zu gestalten, S. 92ff. In: Angelika Henschel (Hrsg); Bad Segeberg 1997.

13 Annedore Prengel, S. 121–122, Frankfurt a. M. 1990.

14 vgl. ebd..

15 Nicole Eiermann u.a.: Forschung mit und über Frauen mit Behinderungen – ein ziemlich weißer Fleck in der Wissenschaft, S. 28. In: die randschau, Heft 4/1997.

Fazit

Auf das Thema Gewalt bezogen zeigt sich, dass Frauen mit Behinderungen auf Grund ihrer Lebensbedingungen in einer spezifischen Weise diskriminiert werden und von Gewalt betroffen sind. Dennoch ähneln sich die Gewalt- und Diskriminierungserfahrungen und deren Folgen bei behinderten und nichtbehinderten Frauen in vielen Bereichen. Obwohl aber Frauen mit Behinderungen im großen Maße von Gewalt betroffen sind[16], werden diese dennoch als Zielgruppe von Frauenberatungsstellen und -häusern häufig vernachlässigt. Neben bestehenden architektonischen Barrieren werden ebenfalls Berührungsängste, Unsicherheiten und Vorurteile eine Rolle spielen sowie die mögliche Überforderung, sich auf eine weitere Zielgruppe einzulassen.

Letztendlich brauchen Frauen mit Behinderungen aber keine „Sonderbehandlung“, sondern eine Berücksichtigung ihrer persönlichen Einschränkungen und Bedürfnisse. Es müssten daher vermehrt Frauenberatungs- und Anlaufstellen und Schutzräume wie Frauenhäuser barrierefrei gestaltet werden, in denen auch Frauen mit Behinderungen als Expertinnen ihres eigenen Lebens arbeiten. Neben der eigenen Auseinandersetzung der Mitarbeiterinnen der Frauenarbeit mit den Lebenslagen und Bedürfnissen behinderter Frauen z.B. im Rahmen von Fortbildungen, wäre ebenso die Kontaktaufnahme, Vernetzung und Kooperation mit betroffenen Frauen bzw. Fachfrauen und mit Mitarbeiterinnen der Behindertenarbeit wichtig. Gemeinsam könnten so die noch vielfach existierenden Tabus zum Thema Gewalt gegen Frauen mit Behinderungen aufgebrochen werden.[17] Gleichzeitig müssten mehr Anlauf- und Beratungsstellen von und für Frauen mit Behinderungen eingerichtet werden, um Selbsthilfepotenziale zu stärken, und Informationsschriften in Brailleschrift oder auf Kassette veröffentlicht werden.

Damit die Notwendigkeit dieser Forderungen unterstrichen und manifestiert wird, müssten qualitative und quantitative Daten erhoben werden, die die Art und Häufigkeit von gewalttätigen und sexuellen Übergriffen auf Mädchen und Frauen mit Behinderungen erfassen.

---

16 vgl. S. 3.

17 So gibt es in Schleswig-Holstein seit 1998 den von mixed pickles e.V. und dem Notruf Kiel gemeinsam initiierten Arbeitskreis zu Lebenswirklichkeiten von Mädchen- und Frauen mit Behinderungen, in dem Mitarbeiterinnen aus Frauenprojekten, der Behindertenhilfe, von Profamilia wie auch aus Kinderschutzzentren vernetzt sind.

Ebenso ist es erforderlich, dass von Bund, Ländern und Kommunen Gelder zur barrierefreien Gestaltung von o.g. Einrichtungen und zur Ausweitung des bestehenden Angebotsspektrums bereitgestellt werden.[18] Notwendig wären hier beispielsweise Möglichkeiten zur Information und Aufklärung von behinderten Mädchen und Frauen über ihre Rechte und über Wege aus der Gewalt, über Schutzräume und Hilfe im Falle von Gewalterfahrung.

Auch wenn in diesem Beitrag das Thema Gewalt gegen Menschen mit Behinderungen nicht vor dem Hintergrund der bestehenden Rechtsprechung beleuchtet worden ist, so ist auch hier, laut Erfahrungen behinderter Frauen[19], zum einen eine Sensibilisierung und zum anderen dringend eine Reform notwendig, um Frauen mit Behinderungen stärker vor TäterInnen zu schützen.

Abschließend halten wir es für wichtig, den direkten Kontakt und die Begegnung der (un)gleichen Schwestern – also Frauen mit und ohne Behinderungen – zu fördern und den Austausch über Gleichheit und Differenz fortzusetzen.

---

18 dazu auch: Swantje Köbsell: Was wir brauchen. Handbuch zur behindertengerechten Gestaltung von Frauenprojekten. In: bifos Schriftenreihe, Band 6, 2. Auflage, Kassel 1996.

19 Vgl. AG Behinderte in den Medien: „Gewalt gegen Frauen mit Behinderungen" Teil 1 u.2 Filme, auszuleihen z.B. beim Notruf Kiel

2 Empowerment

Angelika Henschel

Was will die Frau? – Empowerment in der Bildungs- und Gruppenarbeit mit Frauenhausbewohnerinnen[1]

Einige Vorbemerkungen

Die psychische und physische Misshandlung sowie die sexuelle Ausbeutung von Frauen bilden seit einigen Jahren kein gesellschaftliches Tabuthema mehr. Denn seit der Einrichtung der ersten Frauenhäuser in der Bundesrepublik im Jahre 1976, wurde durch die Frauenhausbewegung systematisch mittels politischer – und Öffentlichkeitsarbeit dafür gesorgt, dass das Thema „Gewalt gegen Frauen“ als gesellschaftliches und nicht länger als individuelles Phänomen zur Kenntnis genommen werden musste. So gibt es heute in der Bundesrepublik annähernd 400 Frauenhäuser in unterschiedlicher Trägerschaft, die den von Misshandlung bedrohten bzw. betroffenen Frauen und deren Kindern im Rahmen ihrer Möglichkeiten und mittels unterschiedlicher Konzepte, Unterkunft, Schutz, Beratung und Hilfsangebote zur Verfügung stellen.
Trotz der zwanzigjährigen Arbeit der Frauenhäuser konnten allerdings bisher zwei wichtige Ziele der Frauenhausbewegung noch nicht verwirklicht werden. Weder ist es gelungen, eine ausreichende und politisch akzeptable Form der Finanzierung der Frauenhäuser durchzusetzen, noch konnte die männliche Gewalt gegenüber Frauen beseitigt werden. Denn männliche Gewalt wird noch immer nur unzureichend juristisch und gesellschaftlich geächtet, und nach wie vor sind es in erster Linie die Frauen, die die Folgelasten der Gewalttätigkeiten, sei es durch lebenslange körperliche oder seelische Schädigungen, sei es durch den Verlust der Wohnung, des Wohnumfeldes, des Arbeitsplatzes, etc. zu tragen haben. Männliche Gewalt gegenüber Frauen wird bisher nur partiell als „Männerproblem“ in der Öffentlichkeit diskutiert, und auf eine gewaltkritische männliche Unterstützung kann nur vereinzelt zurückgegriffen werden.

1 Bei diesem Beitrag handelt es sich um eine überarbeitete Fassung des Artikels „Empowerment contra Männnergewalt“, der in Heft 6 der Zeitschrift Sozial Extra 1999 erschienen ist.

So arbeiten die Mitarbeiterinnen und Bewohnerinnen in den Frauenhäusern u.a. vorrangig noch immer daran, die Geschlechterverhältnisse und das weibliche Rollenverhalten kritisch zu reflektieren sowie die Frauen in ihrem Recht auf Selbstbestimmung zu unterstützen, damit es den von Misshandlung betroffenen Frauen gelingen kann, die Trennung vom gewalttätigen Partner zu vollziehen. Oder wie Carol Hagemann-White es auf dem Fachforum „Vielfalt ist Stärke – Erste Schritte gemeinsamer Frauenhausarbeit" in Bonn formulierte:

> „Gegenwärtig praktiziert unser Gemeinwesen Hilfe für die Opfer statt Strafe für die Täter, und dies unter der Voraussetzung, dass die Opfer ganz selbstverständlich ihren bisherigen Lebenskreis aufgeben und auf die Flucht gehen, während die Täter nirgends mit einer gesellschaftlichen Ablehnung ihrer Tat konfrontiert werden" *(Hagemann-White, 1994, S. 15).*[2]

Trotz dieses Sachverhaltes kann festgestellt werden, dass die Flucht ins Frauenhaus, die ja das Verlassen des Gewohnten bzw. den Aufbruch ins Neue, ins Ungewisse bedeutet, neben der Freisetzung der Gefühle von Angst, Ohnmacht, Trauer, Hilflosigkeit, Schuld und Wut auch die Chance eines Neubeginns für die misshandelten Frauen bedeuten kann, wie vorliegende Berichte und Untersuchungen einzelner Institutionen zeigen (vgl. Frauenhaus Berlin 1978, Frauenhaus Köln 1980, Frauenhaus Frankfurt 1988, Frauenhaus Lübeck 1989 u. 1998, etc.). Neue Erfahrungen können von den Frauenhausbewohnerinnen durch die feministisch und sozialpädagogisch orientierten Konzepte der *Parteilichkeit, Selbstverwaltung* und *Selbstbestimmung* gesammelt werden, wodurch Selbstreflexion, Selbstbewusstsein, Selbstsicherheit und Handlungsfähigkeit durch Beratung und konkrete Hilfestellungen ermöglicht werden.

Dieser Prozess kann zusätzlich durch Bildungsangebote unterstützt werden, die durch eigene, veränderte Rahmenbedingungen gekennzeichnet sind und außerhalb der Institution Frauenhaus durchgeführt werden. Welche Möglichkeiten, aber auch Grenzen diese Form von Bildungsangeboten bieten können, möchte ich mit meinen folgenden Ausführungen verdeutlichen.

---

2 Der von der Bundesregierung verabschiedete Aktionsplan zur Bekämpfung von Gewalt gegen Frauen, bildet deshalb einen wichtigen Schritt. Neben der Prävention, der Fortbildung, der Vernetzung im nationalen und internationalen Zusammenhang, wird hier auch auf die Täterarbeit und die Veränderung und Verbesserung von Straf- und Zivilrecht abgezielt (vgl. Aktionsplan der Bundesregierung Dezember 1999).

Seminare für Frauenhausbewohnerinnen in der Evangelischen Akademie Bad Segeberg

Die äußeren Rahmenbedingungen

Bereits seit 1982 finden in der Evangelischen Akademie Bad Segeberg, im Rahmen der Erwachsenenbildung, einmal im Jahr Tagungen für die spezielle Zielgruppe „Frauenhausbewohnerinnen" statt. Die Tagungen werden von meiner Kollegin Heike Schlottau und mir, in Zusammenarbeit mit einem Team, welches für die Betreuung der Kinder zuständig ist, gemeinsam geplant, organisiert und durchgeführt. In den folgenden Ausführungen werde ich hier nur auf die Arbeit mit den Frauen eingehen, da ich in diesem Arbeitsfeld tätig war und bin, was nicht bedeutet, dass die pädagogischen Angebote, die für die Kinder bereitgestellt wurden und werden, nicht auch der Ausführungen würdig wären.
Bereits von Beginn an bestehen Kontakte zu den Mitarbeiterinnen der autonomen Frauenhäuser Schleswig-Holsteins und Hamburgs, später dann auch zu einzelnen Häusern in anderer Trägerschaft. Die Mitarbeiterinnen erklären sich bereit, die von uns herausgegebenen Programme für unsere viertägigen Veranstaltungen, die i.d.R. von Montag bis Donnerstag durchgeführt werden, an die Bewohnerinnen und deren Kinder weiterzuleiten, damit diese unser Angebot wahrnehmen können. Als günstig erweist sich dabei, dass ich sowohl als Mitarbeiterin in einem schleswig-holsteinischen autonomen Frauenhaus beschäftigt war, als auch auf Grund meiner freiberuflichen Tätigkeit in der Evangelischen Akademie mitarbeite. Dadurch lassen sich die insbesondere zu Beginn auftretenden Berührungsängste der Mitarbeiterinnen der autonomen Frauenhäuser mit der Evangelischen Kirche leichter abbauen und bedingen eine bis heute anhaltende Zusammenarbeit.
Die Evangelische Akademie Bad Segeberg, deren Träger die Nordelbische Kirche ist, bietet im Rahmen der Jugend- und Erwachsenenbildung Seminare zu öffentlichkeitsrelevanten Fragestellungen und Themen an und bemüht sich darum, Diskussionsforum auch für der Kirche fern stehende Menschen, für unterschiedliche gesellschaftliche Gruppierungen und Kräfte zu sein. Sie befindet sich damit in der Tradition der Evangelischen Akademien, wie sie bereits nach Ende des Krieges 1945 in der Bundesrepublik gegründet wurden und ist auf den kritschen Dialog ebenso bedacht, wie auf die Wahrnehmung und das Aufgreifen aktueller gesellschaftlicher Strömungen und Tendenzen.

Die Tagungsstätte, die in reizvoller Lage direkt an einem großen See und in einem Naherholungsgebiet liegt, spricht, gemäß ihres Auftrages, mit ihren Veranstaltungen unterschiedlichste Zielgruppen an und kann ca. 100 Gästen Übernachtung und Verpflegung im Haus bieten. Ständig wechselnde Tagungsinhalte und Methoden, unterschiedliche Wissenschafts- und Interessensgebiete der hauptamtlich beschäftigten StudienleiterInnen sorgen für ein breites Angebotsspektrum, welches rege nachgefragt wird. So gehören auch spezielle Veranstaltungen für Mädchen und Frauen zu einem der Schwerpunkte der Arbeit in der Akademie, in deren Rahmen die Seminare für Frauenhausbewohnerinnen angeboten wurden und werden.
Die Tagungen für die misshandelten Frauen, für die wir in den ersten Jahren ca. 25 bis 30 Plätze im Haus reservierten, wobei das Verhältnis von Frauen zu Kindern annähernd einem Drittel zu zwei Dritteln entsprach, veränderten sich im Verlauf der Jahre bezüglich der Teilnehmerinnenanzahl und bezüglich der Zusammensetzung der Gruppe von Frauen. Dies hing zum einen damit zusammen, dass sich das zu Beginn vorhandene Misstrauen gegenüber uns und unserer Arbeit allmählich auflöste, und die Mitarbeiterinnen in den Frauenhäusern unsere Seminare besser akzeptierten und entsprechend „Werbung" für unsere Veranstaltung betrieben. Zum anderen konnten wir bald mit „Wiederholerinnen" rechnen, also mit Frauen und deren Kindern, denen unser Programm so zusagte, dass sie im darauf folgenden Jahr abermals anreisten, dann häufig schon als „ehemalige Frauenhausbewohnerinnen". Als es uns in den letzten fünf Jahren sogar gelang, die Tagungen in den Schulferien durchzuführen, mussten wir trotz der Aufstockung auf 55 Plätze mitunter Absagen aussprechen, da wir die nachgefragten Kapazitäten nicht zur Verfügung stellen konnten.
Aber auch der Anteil an ausländischen Frauen nahm kontinuierlich zu, und die Frauen, die unsere Seminare in den letzten Jahren besuchten, wirkten auf uns gefestigter und psychisch stabiler. Durch Gespräche mit Frauenhausmitarbeiterinnen wurde dieser Eindruck bestätigt. Der Anteil ausländischer Frauen in Frauenhäusern ist in den letzten Jahren tatsächlich stark angestiegen. Auch beschrieben Mitarbeiterinnen, dass sie den Eindruck hätten, dass die misshandelten Frauen heute nicht mehr so lange in den Misshandlungsbeziehungen verweilen, wie dies zu Beginn der Frauenhausgründungen der Fall gewesen sei. Sicherlich ist dies darauf zurückzuführen, dass der Bekanntheitsgrad von Frauenhäusern gestiegen ist und sich eine breitere gesellschaftliche Akzeptanz bezüglich dieser sozialen Institutionen im Lauf der Jahre herausgebildet hat. Aber auch die

konkrete Sozialarbeit in den Häusern gestaltet sich, nicht zuletzt durch die nun fast zwanzigjährige Praxis und Erfahrung, professioneller. Das mag dazu beitragen, dass die von Misshandlung betroffenen Frauen eine intensivere und fachlich qualifiziertere Beratung und Betreuung erhalten und somit bereits psychisch gefestigter und stabiler sind, wenn sie unsere Seminare aufsuchen.
Um den mehrheitlich auf Sozialhilfe angewiesenen Frauen die Teilnahme an den Seminaren zu ermöglichen, wurden die Teilnahmegebühren sehr gering angesetzt. Dies wurde nur dadurch möglich, dass wir zum einen auf die finanzielle Unterstützung der nordelbischen Kirche zurückgreifen konnten und zum anderen, wenn auch nur bedingt, zusätzliche Zuschüsse über Bundes- bzw. Landesmittel anwerben konnten. Leider wurden auch wir in den letzten Jahren mit starken Kürzungen der öffentlichen Haushalte konfrontiert und mussten ab 1995 auf Landeszuschüsse verzichten.

Inhalte, Methoden und Zielsetzungen

Wenn man sich die von uns ausgeschriebenen Programme ansieht, so kann festgestellt werden, dass die Themen, die in den Seminaren aufgegriffen wurden, durch den Lebenshintergrund, durch die von den Frauen gemachten Erfahrungen und die damit verbundenen Probleme, durch ihren Alltag im und die Perspektiven nach dem Aufenthalt im Frauenhaus geprägt waren und sind. Programmausschreibungen wie: „Raus aus der Gewalt – und dann...?“ (1983), „Leben im Frauenhaus und Perspektiven danach“ (1986), „Dem Dulden ein Ende“ (1992) und „Das kann doch nicht alles gewesen sein – Perspektiven und Zukunftsvorstellungen von Frauenhausbewohnerinnen“ (1994), machen dies bereits im Titel deutlich.

Fragestellungen, die damit verbunden waren, lauteten z.B.:
- Warum habe ich die Gewalt so lange ertragen.
- Welches Frauenbild und Rollenverhalten prägt mich.
- Wie sehe ich mich. Wie sehen und erleben mich die anderen.
- Welche Wünsche, Hoffnungen und Interessen habe ich und möchte ich in der Zukunft wieder verwirklichen.
- Wie kann ich lernen, mich besser zu verstehen, meine Fähigkeiten wertzuschätzen und mich gegebenenfalls gegenüber unliebsamen Ansprüchen und Erwartungen anderer abzugrenzen.

- Was bedeuten Selbstsicherheit und Selbstbewusstsein für mich, wie kann ich sie wieder erlangen.
- Wie kann ich lernen, Konflikte auszuhalten und mit ihnen konstruktiv umzugehen.
- Wie kann ich mit meinen Kindern ohne Partner leben, wie gehe ich mit Problemen bei der Kindererziehung um, und wie kann es mir gelingen, mich bei meinen Kindern durchzusetzen.
- Wie kann ich mit Problemen bei Behörden umgehen, wie setze ich meine berechtigten Interessen und Forderungen durch.
- Wie sieht es mit meinem Umgang mit Süchten und Drogen aus, was kann ich daran verändern.
- Wie können wir mit den verschiedenen Nationalitäten und kulturellen Unterschieden der Frauen im Frauenhaus leben und gemeinsam auskommen.
- Welche Perspektiven beruflicher Art gibt es für mich nach dem Frauenhausaufenthalt. Wie verhalte ich mich in Bewerbungsgesprächen.

Durch die Angebote wurde von uns intendiert, den Frauen die Möglichkeit zur Selbstreflexion zu bieten sowie neue Handlungsmöglichkeiten aufzuzeigen, diese zu erkennen, zu lernen und durchzusetzen.

Wege aus der Misshandlung – ein konkretes Konzept für die Gruppenarbeit mit Frauenhausbewohnerinnen

Das von meiner Kollegin Heike Schlottau und mir entwickelte Konzept mit seinen entsprechenden Methoden bietet den Tagungsteilnehmerinnen die Möglichkeit, anhand von fünf verschiedenen Stationen ihr „Expertinnenwissen" innerhalb von Kleingruppen zu er- und bearbeiten, zu strukturieren, zu diskutieren, sich mit kreativen Ideen und Materialien zu beschäftigen und ihre erarbeiteten Kleingruppenergebnisse vor der gesamten Gruppe im Plenum zu präsentieren. Dies erfordert von den Frauen einerseits viel Mut und Überwindung, bietet andererseits durch die in der Regel sehr wohlwollenden, positiv eingestellten und unterstützenden anderen Frauen sowie durch die Ermutigung durch die Tagungsleitung die Chance, sich einmal in einer völlig neuen Situation selbstbewusst zu erproben und zu bewähren. Die fünf „Stationen", die von den Kleingruppen bearbeitet werden, orientieren sich an den konkreten Alltags- und Lebenserfahrungen der von Misshandlung betroffenen oder durch Misshandlung bedrohten Frauen, weshalb es ihnen leicht fällt, sich für die gestellten Aufgaben als Expertinnen zu verstehen.

Die „Stationen“ sind:

1. Die Misshandlungssituation
2. Ankommen im Frauenhaus
3. Der „Ämterwahnsinn“
4. Das Zusammenleben der Frauen und Kinder im Haus
5. Die Zeit nach dem Frauenhaus.

Verbunden mit diesen „Stationen“ sind spezifische Fragestellungen, die in der Kleingruppe innerhalb eines vorgegebenen Zeitrahmens bearbeitet und diskutiert werden, wobei die Teilnehmerinnen bereits bei der Bearbeitung Vorstellungen entwickeln sollen, wie sie ihre Erkenntnisse und Ergebnisse den anderen Frauen strukturiert und verständlich, nachvollziehbar sowie anschaulich im Plenum vermitteln können. Hierbei können sie sowohl auf verschiedene Mal- und Schreibutensilien (unterschiedl. Stifte, Tusch- u. sonstige Farben, Papier, Pappen, Plakate), auf Zeitschriften (für event. Collagen) sowie auf Verkleidungs- und Schminkutensilien (für kleinere Rollenspiele oder Sketche) etc. zurückgreifen. Bei einzelnen „Stationen“ wird eine Präsentationsform als Unterstützung bereits vorgegeben, an der sich die Frauen orientieren können, die sie aber nicht übernehmen müssen. Um den Arbeitsprozess in den einzelnen Gruppen unterstützend zu begleiten, geben wir den Frauen Fragen an die Hand. So lauten die Fragen für die einzelnen „Stationen“ wie folgt:

Zu 1: Wo und wie hast Du gelebt?
Wer war der Misshandler?
Wie erklärst Du Dir, dass es zu der Misshandlungsbeziehung gekommen ist?
Gab es Personen, mit denen Du über Deine Erfahrungen gesprochen hast (z.B. FreundInnen, Familie, Nachbarn)?
Wie bist Du ins Frauenhaus gekommen?

Zu 2: Wer hat Dich empfangen? Gab es ein Gesprächsangebot?
Wie wurdest Du untergebracht?
Wie waren Deine Gefühle?
Wie haben die Kinder den Gang ins Frauenhaus und die Ankunft erlebt?
Gab es besondere Reaktionen von einzelnen Frauen?
Was hat Dir gefehlt, was hast Du vermisst?
Was hat Dir in dieser Situation besonders geholfen oder gut getan?

Zu 3: Welche Ämter, Behörden oder Institutionen musstest Du aufsuchen?
Denke dabei auch an die Kinder.
Zum Beispiel: Einwohnermeldeamt, Sozialamt, Arbeitsamt, Schule, Botschaft, Ausländerbehörde, Jugendamt, Jugendgericht, Anwältin.
Wie ist es Euch in den verschiedenen Ämtern ergangen?
Was hätte Dir geholfen, bei den Ämtern besser klar zu kommen?

Zu 4: Welche Konflikte gibt es bei euch im Haus?
Haben die Konflikte etwas damit zu tun, dass Ihr aus verschiedenen Ländern oder Kulturen kommt?
Welche Regeln gibt es bei Euch im Haus?
Findet Ihr die Regeln gut? Welche ja, welche nein?

Zu 5: Wie und wo möchtest Du leben?
Welche Hindernisse bewältigst Du bis dahin?
Welche rechtlichen Probleme musst Du lösen?
Wer unterstützt Dich?
Zu wem wirst Du Kontakt haben? (Familie, FreundInnen, ArbeitskollegInnen etc.)
Welche Rolle spielt Arbeit oder ein Beruf für Dich?

Nachdem sich die Frauen in den Kleingruppen also mit den Fragestellungen innerhalb ihrer „Station“ beschäftigt haben, wobei wir bei Schwierigkeiten selbstverständlich unsere Unterstützung anbieten (meist ist diese jedoch gar nicht nötig), stellen sie ihre Arbeitsgruppenergebnisse den anderen Teilnehmerinnen im Plenum vor. Diese haben die Möglichkeit, nach der Präsentation Verständnisfragen zu stellen, bevor wir gemeinsam in eine von der Tagungsleitung moderierte Diskussion einsteigen. Die bei diesen intensiven Diskussionen entstandenen Anregungen, Vorschläge, und zentralen inhaltlichen Aussagen, die durch zusätzliche Anmerkungen aus dem reichen Erfahrungsschatz einzelner Frauen Ergänzungen erfahren, werden während der moderierten Diskussion von einer Tagungsleiterin schriftlich auf einer Plakatwand stichwortartig fixiert. Die Frauen haben somit die Möglichkeit, das Gesagte auch später noch einmal durchzulesen, um konkrete Anregungen für das eigene Leben im oder außerhalb des Frauenhauses mitnehmen zu können. Darüber hinaus wird für sie sichtbar, dass ihre Gedanken, ihre Äußerungen und Diskussionsbeiträge ernst genommen und sogar schriftlich fixiert werden, also zur Ansicht für alle Teilnehmerinnen zur Verfügung stehen. Ihre vermeintlich ganz privaten Erfahrungen, ihre Ideen, Vorschläge, Anregungen, ihr Wissen um die bearbeiteten Sachverhalte, das hier nun in klar strukturierter Form auch einen Teil ihrer persönlichen Biografie widerspiegelt, wird somit auch zu einem öffentlichen Politikum. Gleichzeitig können sie sich in dieser Auseinandersetzung als aktiv Gestaltende erleben und nicht nur als Opfer männlicher Gewalt. Diese neue, von Selbstbewusstsein getragene Rolle, in der sie lernen können auch von sich, von ihrer eigenen Person zu abstrahieren, auf die anderen Frauen in der Gruppe einzugehen, Hilfestellungen und Ratschläge zu geben, Ideen für veränderte Verhaltensweisen und Handlungsstrategien zu entwickeln, ermöglicht ihnen die Erfahrung von Stärke, von der Fähigkeit, sich auch gegen scheinbar unveränderbare (Geschlechter)verhältnisse zur Wehr zu setzen. In diesem Sinne können m.E. Bildungsangebote den „empowerment-Gedanken" initiieren bzw. unterstützen.

Der Rahmen, in dem dies nun geschehen konnte, unterschied sich dabei in besonderer Weise vom Alltag im Frauenhaus und erwies sich als fruchtbar für diesen Prozess. Denn der Aufenthalt in der Akademie wurde von den Frauen als „luxuriös", entspannend und erholsam erlebt, bot er doch Rückzugsmöglichkeiten, Rundumversorgung und Verwöhnung – Erfahrungen, die auf Grund von Überfüllung, Enge und Finanznot in den Frauenhäusern kaum gemacht werden können.

Hier in der Akademie wurde ihnen das Essen serviert, die Zimmer konnten von ihnen und ihren Kindern allein bewohnt werden und wurden zudem wie in einem Hotel täglich hergerichtet. Es herrschten weniger Unruhe und Hektik, als sie es aus der Enge des Frauenhauses gewöhnt waren, und die Kinder wurden während der Zeit, in der sich die Frauen mit sich selbst beschäftigten, gesondert betreut. Die ehemaligen Partner kannten diesen vorübergehenden Aufenthaltsort nicht, weshalb sich die Angst vor Verfolgung häufig als geringer erwies. Konflikte und Auseinandersetzungen mit unliebsamen Verwandten oder VertreterInnen von Behörden mussten während des Akademieaufenthaltes nicht durchgemacht werden und boten somit die Chance, fern des anstrengenden sonstigen Alltags, sich mit der eigenen Biografie, mit der Misshandlungsgeschichte und den damit verbundenen persönlichen Verstrickungen in diese Beziehungen zu beschäftigen, um Perspektiven für den Zeitraum nach dem Aufenthalt im Frauenhaus in einem ersten Ansatz zu entwickeln.

Die diesen Prozess unterstützenden und von uns eingesetzten Methoden, die den Frauen i.d.R. unbekannt waren, trugen nach anfänglicher Unsicherheit und Angst vor dem Neuen und Unbekannten dazu bei, dass die Frauen offen, engagiert und motiviert mitarbeiteten. In Einzel-, Klein- und

Großgruppenarbeit wurden Methoden aus der Spiel- und Gruppenpädagogik ebenso angewendet wie Rollenspiele oder Entspannungsverfahren. Kreative und an dem Medium Video orientierte Methoden trugen zur lockeren und entspannten Atmosphäre ebenso bei, wie zur Stärkung und Unterstützung der bei den Frauen vorhandenen Fähigkeiten und persönlichen Ressourcen. Darüber hinaus konnte aber auch durch die Vermittlung von Informationen zu bestimmten Themengebieten und durch Techniken zur Selbstbehauptung und Selbstverteidigung erreicht werden, dass die Frauen begannen, sich und ihre Schwierigkeiten, ihre Grenzen und Fähigkeiten besser wahrzunehmen und anzuerkennen. Die gegenseitige Toleranz, der Respekt und die Wertschätzung, die sowohl wir als Leiterinnen der Tagung gegenüber den Teilnehmerinnen, wie auch die Frauen untereinander aufbrachten, trugen dazu bei, dass der Selbstreflexionsprozess unterstützt sowie als hilfreich und sinnvoll, wenn auch nicht immer schmerzlos, erlebt wurde.

Interaktionen

Dadurch, dass die Frauen aus den verschiedenen Frauenhäusern Hamburgs und Schleswig-Holsteins angereist waren, sich also nur dann kannten, wenn sie mit mehreren Teilnehmerinnen aus einem Haus anreisten, konnten sie sich auch darüber austauschen, wie unterschiedlich der Alltag im jeweiligen Frauenhaus geregelt wurde, welche besonderen Probleme in den Häusern auftraten und wie mit diesen umgegangen wurde. Dies bedingte mitunter einen „hohen Wiedererkennungswert“ und verwies damit auch auf ähnliche strukturelle Bedingungen. Zum anderen konnten so aber auch Anregungen mitgenommen werden, die nach der Heimkehr ins eigene Frauenhaus mitunter als Erneuerungen, sofern sie als Gewinn bringend angesehen und beurteilt wurden, eingeführt wurden. Auch die Teilnahme von einigen ehemaligen Frauenhausbewohnerinnen an unseren Seminaren erwies sich als hilfreich und sinnvoll für viele Frauen. Denn hier erlebten und erfuhren sie, anschaulich und unmittelbar, wie sich das neue, für sie mit Ängsten und Unsicherheiten verbundene Leben nach dem Frauenhaus in der eigenen Wohnung gestalten konnte. „Lebendige Modelle“ von Frauen, die den „Absprung geschafft hatten“, die die Trennung auf Dauer vom Partner vollzogen hatten, zeigten, wie sie ihr Leben nun gestalteten, mit welchen Schwierigkeiten, Ängsten und Unsicherheiten, aber auch mit welchen schönen Erlebnissen und Erfahrungen sie dies verbanden.

Durch die von uns angeleiteten und strukturierten Gespräche, aber auch durch den Austausch in den Pausen, konnten die Frauen sowohl zahlreiche Parallelen in ihren Biografien und Erfahrungen erkennen, als auch Differenzen wahrnehmen, die sich nicht nur zwischen den Frauen mit unterschiedlichen Nationalitäten auftaten. Anders als dies in der Enge und Hektik des Frauenhausalltags möglich gewesen wäre, konnten die Differenzen, die unterschiedlichen Werte, Vorstellungen und Verhaltensweisen, weil sie in der Akademie eben nicht unmittelbare und einschränkende Auswirkungen auf die je eigenen, unterschiedlichen Interessen, Vorlieben und Handlungsspielräume ausübten, eher toleriert und ertragen werden.

Auch wir als Leiterinnen der Tagung wurden von den Frauen anders erlebt, als sie es vom Umgang mit den Frauenhausmitarbeiterinnen kannten. Im Gegensatz zu diesen bestand unsere Aufgabe nicht darin, die Frauen über einen langen Zeitraum zu beraten, zu betreuen und zu unterstützen. Wir hatten ein konkretes und auf vier Tage befristetes Programm mit vorher festgelegten Arbeitseinheiten, Inhalten und Methoden, die zwar flexibel gehandhabt werden konnten, jedoch in einem weitaus strukturierterem Rahmen stattfanden, als dies innerhalb der Arbeit im Frauenhaus möglich sein konnte. Dies bedeutete auch, dass wir die Frauen anders als die Mitarbeiterinnen in den Frauenhäusern erleben konnten, die neben der Betreuung, Beratung, der Arbeit mit den Kindern, den Auseinandersetzungen zwischen Bewohnerinnen, den Umzügen, den Polizeieinsätzen, den Auseinandersetzungen mit ÄmtervertreterInnen und PolitikerInnen um die Finanzierung, etc. belastet waren und sind. Anders als dies im Frauenhausalltag machbar ist, konnten wir durchgeplant und vorbereitet diesen ganz konkreten und deutlich begrenzten, auf bestimmte, vorher festgelegte Inhalte beschränkten und somit gezielten und entsprechend didaktisch aufbereiteten Bildungsprozess der Frauen anleiten und begleiten. Denn innerhalb der Frauenhäuser wird der Alltag durch andere Erwartungen, Notwendigkeiten und Handlungsmöglichkeiten bestimmt.

Daraus ergibt sich auch, dass die an uns gestellten Erwartungen der Frauen andere sein müssen als diejenigen, die an die Mitarbeiterinnen in den Frauenhäusern herangetragen werden. Denn die familienähnliche Situation, in der sich Mitarbeiterinnen und Bewohnerinnen innerhalb des Frauenhauses über zum Teil sehr lange Zeiträume befinden, kann dazu beitragen, dass diese Ähnlichkeit mit tatsächlichen familialen Lebensformen verwechselt wird. In deren Folge kann es deshalb auch zu den unterschiedlichsten, nicht immer nur günstigen „Übertragungsphänomenen“ kommen, können sich Projektionen und Delegationen ergeben, die nicht immer intendiert und bewusst sind.

Mit diesen psychodynamischen Prozessen wurden wir nur am Rande konfrontiert, was auch bedeutete, dass unsere Wahrnehmung von den Frauen sich anders gestaltete. Da wir diese Form des Seminars mit dieser speziellen Zielgruppe lediglich einmal im Jahr durchführen und zudem unter völlig anderen Voraussetzungen und Rahmenbedingungen arbeiten, können wir unter einem anderen Blickwinkel und sicherlich auch mit größerer Distanz unsere Seminare durchführen. So richtet sich unser Augenmerk m. E. weniger stark auf die Erfahrungen der Frauen als Opfer von Misshandlung, wie dies in den Frauenhäusern zwangsläufig der Fall ist und dort auch seine gewisse Berechtigung hat, denn auf die vorhandenen Stärken und Fähigkeiten der Frauen, die wir mit unserer Arbeit wiederbeleben bzw. fördern möchten. Durch unsere ihnen meist unbekannten Angebote und Methoden, die spielerisch und kreativ die Eigenaktivitäten der Frauen herausfordern und aktivieren, können sie sich häufig zum ersten Mal, oder aber nach langer Zeit wieder einmal, als unbeschwerter, positiver, fähiger, aktiver, selbstsicherer und selbstbewusster erleben. Diese positive, sie stärkende Kraft wird, wie ich zeigte, auch insbesondere durch die veränderten Rahmenbedingungen sowie durch das Arbeiten in der Gruppe unterstützt und lässt die Frauen verändert in die Häuser zurückkehren. Denn sie hatten, wenn auch nur für einige Tage, die Möglichkeit zu erfahren, dass es außer dem Leid und der Not, die sie bisher als bestimmend erlebten, auch noch andere, positive und sinnvolle Erfahrungen und Begegnungen geben kann, die sie stärken.

Durch Gespräche mit Frauenhausmitarbeiterinnen wurde mir deutlich, dass diese Erfahrung nicht nur als unproblematisch erlebt wird. Die Mitarbeiterinnen, die die Veränderungen bei den Frauen sehr deutlich spüren und wahrnehmen, auch wenn diese mitunter nur begrenzt im Frauenhausalltag anhalten, erleben sich und ihre Arbeit z.T. dadurch als entwertet und entwickeln Gefühle von Neid, Eifersucht, Ablehnung und Konkurrenz. So beschreiben sie, dass sie Veränderungen an den Frauen wahrnehmen, die sie trotz eigener monatelanger intensiver Betreuung und Beratung selbst nicht erreicht und bewirkt haben, was als kränkend erlebt wird. Auch beginnen einzelne Bewohnerinnen vehementer ihre Bedürfnisse und Interessen in den Frauenhausalltag einzubringen, sich stärker gegen bestimmte Anfechtungen zur Wehr zu setzen und Konflikte offensiver anzugehen. Dies wiederum wird mitunter sowohl von den Mitarbeiterinnen wie von den im Haus verbliebenen Bewohnerinnen als störend und belastend im organisatorischen Ablauf des Hauses wahrgenommen und bewertet. Doch die insbesondere zu Beginn unserer Tagungsreihe aufkommenden Konkurrenzgefühle der Mitarbeiterinnen nahmen im Verlauf der Jahre ab. So wird unsere Arbeit heute eher geschätzt, weil sie auch zu einer vorübergehenden Entlastung der Mitarbeiterinnen führen kann.

Abstand vom Alltag – Chancen zur Selbstreflexion

Ein vorläufiges Fazit

Durch den anderen Zugang zu den Frauenhausbewohnerinnen, die veränderten äußeren Rahmenbedingungen, durch andere Methoden und Inhalte unserer Bildungsarbeit ergeben sich neue Chancen und Möglichkeiten für die Seminarteilnehmerinnen. Zugleich sind damit jedoch auch klare Grenzen vorgegeben. Denn natürlich können wir innerhalb dieser „Kurzzeitpädagogik“ und mit unserem Bildungsverständnis und -auftrag keinen Schutz, keine langfristigen Hilfen gewähren, keine auf Kontinuität angelegte Beratungsarbeit durchführen, keine Sozialarbeit leisten und somit auch bei den Frauen sicherlich keine von uns begleiteten langfristigen Entwicklungsprozesse, Handlungsentwürfe oder -möglichkeiten bewirken oder erreichen.

Dennoch können veränderte Rahmenbedingungen, die sich durch eine differente materielle Umwelt, durch andere, wenn auch nur befristete Lebensumstände, oder durch so genannte Energieressourcen[3] (hier der Vertrauensvorschuss durch die Gruppe, die verbesserte materielle Versorgung etc.) auszeichnen, dazu beitragen, dass sich Wahrnehmungen und Bewertungen auf Seiten der Frauen verändern und zu Bewältigungsoptimismus und verbesserter sozialer Kompetenz beitragen. Im Sinne des Empowerment kann hier eine weitere Chance in der und durch die Gruppe zum selbstbestimmten und selbstbewussten Handeln entstehen.

3 Vgl. Nestmann, F. „Beratung als Ressourcenförderung“ 1997.

Ich hoffe, deutlich gemacht zu haben, dass unsere Seminarangebote sich als eine eigenständige und sinnvolle Ergänzung zur alltäglichen Frauenhausarbeit erweisen können und den Selbstreflexionsprozess von misshandelten und zum Teil dadurch zutiefst verunsicherten und verängstigten Frauen unterstützen können. Solange männliche Gewalt gegen Frauen nicht beseitigt ist, scheint dieser Weg, der die Frauen zu stärken vermag und ihnen die Möglichkeit einräumt, wieder eine Idee und ein Gefühl von eigener Selbstsicherheit, neuem Selbstbewusstsein und größerer Handlungsfähigkeit zu erfahren, noch immer sinnvoll und notwendig.

Literatur

Berliner Frauenhaus für misshandelte Frauen: Frauen gegen Männergewalt – Erster Erfahrungsbericht, Frauenselbstverlag, Berlin-West 1978

Bundesministerium für Familie, Senioren, Frauen und Jugend: Aktionsplan der Bundesregierung zur Bekämpfung von Gewalt gegen Frauen, Bonn 1999

Frauenhaus Köln: Nachrichten aus dem Getto Liebe, Verlag Jugend und Politik, Frankfurt a. Main 1980

Frauen helfen Frauen Frankfurt: Du lernst Deinen Weg kennen, indem du ihn verlässt, Selbstverlag Frauen helfen Frauen e.V., Frankfurt a. Main 1988

Frauen helfen Frauen Lübeck e.V.: Aufbruch, Lübeck 1989

Frauen helfen Frauen Lübeck e.V.: Beratungskonzept, Lübeck 1998

Hagemann-White, Carol: Stand und Perspektiven der Frauenhausbewegung in: Vielfalt ist Stärke – Erste Schritte gemeinsamer Frauenhausarbeit, Dokumentation des Arbeitskreises Verbandliche Frauenhausarbeit, Bonn 1994

Nestmann, F.: Beratung als Ressourcenförderung, S. 15–38 in: Nestmann, F. (Hg.): Beratung – Bausteine für eine interdisziplinäre Wissenschaft 1997

Nassrin Abbassi, Anke Kock, Sara Meitner

Zwischen Kinderspiel und Kunststück
Erinnerungsstücke, Gedankengänge und Fragestellungen von Frauen des Autonomen Frauenhauses Lübeck, die gemeinsam ein Kongressforum vorbereiteten

Das Leben und Arbeiten in einem Frauenhaus sorgt für Überraschungen, Höhepunkte, Erkenntnisse sowie für intensive, nachdenklich stimmende und spannende Augenblicke und Situationen. Die Autorinnen dieses Beitrages, Bewohnerinnen wie Mitarbeiterin, haben anlässlich des Kongresses regelmäßig zusammen mit etwa 6–8 ehemaligen Frauenhausbewohnerinnen ein drei viertel Jahr lang gemeinsame Ideen entwickelt, Überlegungen verworfen, Vorgehensweisen geplant, Themen erarbeitet, Strategien diskutiert und öffentliche Aktionen durchgeführt. Diese Arbeit verschlang viel Zeit und bereicherte die Teilnehmerinnen doch immens.

„Einmal Frauenhausarbeit – immer Frauenhausarbeit" bringt für mich im Moment am besten meine anhaltende Begeisterung über dieses Kongressprojekt zum Ausdruck. Vor etwa 18 Jahren habe ich mit der Arbeit im Frauenhaus begonnen, um eine große Dichte zwischen der Beratungsarbeit und den gesellschaftspolitischen Veränderungen herstellen zu können. Ich war und bin der Überzeugung, dass jede Form der Sozialen Arbeit mit einem hohen Anteil gesellschaftspolitischer Überzeugungsarbeit, d.h. Öffentlichkeitsarbeit, geleistet werden muss. Was sich im Rahmen der Frauenhausarbeit noch als eine besondere Qualität für mich herauskristallisierte, war Folgendes. Ein feministischer Ansatz in der Beratungsarbeit bedeutet für mich auch, die Frauen über meine Arbeitsweisen und Arbeitsbereiche in regelmäßigen Abständen kurz zu informieren. Über die hierbei entstehenden Diskussionen ergreifen manche Frauenhausbewohnerinnen gerne die Gelegenheit, sich selbst einmal für die „Interessen des Frauenhauses" und auch ihre eigenen aktiv einzusetzen und „selbst-bestimmte" Handlungsstrategien auf neuen Ebenen zu erproben. Dieses gilt besonders für die Frauen, die mittel- oder längerfristig im Frauenhaus leben. Eine erfolgreiche Kooperation zwischen Bewohnerinnen und Mitarbeiterinnen, die bewusst und verantwortungsvoll auf individuelle Fähigkeiten, Interessen und Grenzen auf-

gebaut ist, ist für mich ein schöner Moment in der Frauenhausarbeit. So konnte ich es auch wieder bei der Kongressvorbereitung erleben.Wie ein Orientierungs- und Leitfaden zogen sich Eigensinn, Verantwortung und Risikobereitschaft, mutiges Kalkül, gegenseitige Fürsorge und Ideen über Ideen einer jeden Mitgestalterin in beeindruckender Weise durch die gesamte Kongressvorbereitung. Phantasievolle Einfälle, wie die Produktion kleiner Herzchensticker für SpenderInnen (mit ihnen wurde das Kongressmotto „Bei aller Liebe“ in Lübeck noch sichtbarer) oder die Inszenierung eines Fotomotivs für den Filmpreis, schufen eine anregende Arbeitsatmosphäre.
Am Ende des Kongresses waren vielfältige Kompetenzgewinne, individuelle Erfolge und spürbare Persönlichkeitsentfaltung jeder Einzelnen sowie die ansprechenden, anregenden Kongressbeiträge die sichtbaren Ergebnisse.

Was kann ein Frauenhausaufenthalt oder die Arbeit in einem Frauenhaus für einzelnen Frauen bedeuten? Welche Persönlichkeiten begegnen sich?

„Hinter sich lassen, was man gut kennt,
was keine Herausforderung mehr darstellt
Neugierig bleiben auf die anderen Erfahrungen,
letzten Endes auf sich selbst
in den neuen Umständen
Die Bewegung mehr lieben
als das Ziel.“ *(Christa Wolf)*

Ein Kongress – kein Kinderspiel?

So dachten wir alle zu Beginn unserer Arbeit, denn wir waren zunächst etwas unsicher, was unser Kongressforum der Fachwelt bieten könnte. Bereits bei unserem ersten Treffe haben wir Ziele formuliert, die wir mit unseren Beiträgen erreichen wollten.

- ▷ Den Bekanntheitsgrad von Frauenhäusern steigern.
- ▷ Einblicke in den Frauenhausalltag geben
- ▷ Lebenserfahrungen anderen zur Ermutigung mitteilen
- ▷ Kongressvorträge und Workshops mit konkreten Menschen – Bildern verflechten
- ▷ Eine kritische Überprüfung der Medien in Hinblick auf deren Bearbeitung des Themas „Gewalt im Geschlechterverhältnis“.

Auf der Grundlage dieser Zielsetzung entstanden zwei Kongressbeiträge, die **Ausstellung Ansichtssache oder „herstory“** (die weibliche Version von „history“) und zu einem etwas späteren Zeitpunkt der Kongressplanung der **Kurzfilmwettbewerb „Knicks in der Linse“**. Wir, eine Gruppe von 11 Frauen, trafen uns einmal monatlich, um die Kongressbeiträge weiterzuentwickeln, neue Arbeitsaufträge zu verteilen, Ergebnisse zu resümieren und mit Hilfe einer „Schreibwerkstatt“ den Frauenhausalltag noch einmal nach zu erleben. Unsere Treffen war somit zweigeteilt, zum einen in die persönliche Reflexion des individuellen Erlebens der Zeit im Frauenhaus und zum anderen in Organisation und Management der Ausstellung und des Kurzfilmwettbewerbs. Eine Vielfalt von Kompetenzen war nötig, um beide Projekte „auf die Beine zu stellen und zum Laufen zu bringen“, die anschließende Kurzdarstellung wird die Aufgabenfülle und Kompetenzvielfalt verdeutlichen.

„Herstory“ – ein Ausstellungsprojekt zum Alltag im Frauenhaus

Kurze Texte auf Ansichts- und Kunstpostkarten, in Muttersprache der jeweiligen Frau verfasst, skizzieren acht Stationen, beginnend beim Verlassen des Ehemanns/Partners, über die erste Zeit im Frauenhaus bis zum Umzug in die eigene Wohnung. Wie diese Stationen erlebt wurden und welche Gefühle damit einhergingen, waren bereits entscheidende Einflusskriterien bei der Wahl der „richtigen“ Ansichtskarte. In der Muttersprache zu schreiben bewirkte, dass die Erinnerungen besonders deutlich werden konnten. Jede Frau stellte ihre Postkarte in der Gruppe vor, d.h. sie verlas zunächst ihre Aufzeichnungen in Originalsprache und begann dann mit der Übersetzung. Hieran knüpften sich intensive Gespräche, und mit vereinten Kräften wurden die treffendsten Wörter gesucht und schließlich eine gemeinsame Sprache für das Erlebte gefunden.
Darüber hinaus sollte aus der einfachen Postkartensammlung ein Gesamtausstellungsobjekt entstehen. Bilderrahmen mussten dazu mit dem „Bollerwagen“ rangeschafft und in die Wohnungen zur Weitergestaltung verfrachtet werden. Kopien, Pappen und Papiere wurden auf Maß zugeschnitten, Übersetzungen korrigiert, getippt und gespeichert. Eine sinnvolle Aufhängung der Bilder wurde erkundet, begleitende Requisiten herbeigeschafft und der Kongressraum hergerichtet und gestaltet.

Mein erster Tag im Frauenhaus war ein komisches Gefühl.
Freiheit im geschlossenen Haus, trotzdem das Gefühl von schwarzen Wolken
über mir. Die weiße Wolke war das Licht der Hoffnung in der unbekannten Welt.
Schon nach der ersten Nacht wusste ich, hier kann ich ruhig schlafen
und Unterkunft finden. Nie wieder zurückgehen in das Haus, woher ich kam.
Dort war ich 17 Jahre eingeschlossen und isoliert von dem, was ich getan habe
vor 17 Jahren. Jetzt weiß ich, dass ich lebe und atme; ich und meine Kinder,
in frischer Luft. *(aus den Postkartentexten, Station 2, T.W.)*

Der Kurzfilmwettbewerb „Knicks in der Linse"

Während unser Ausstellungsprojekt in einem beschaulichen- eher privaten Rahmen entstand, waren für den Filmwettbewerb andere Schritte notwendig. Zunächst brauchten wir ein Kino für die gesamte Filmsichtung und die geplante Vorführung des Finales am zweiten Kongresstag. Unsere Idee wurde vom Kommunalen Kino in Lübeck begeistert aufgenommen und eine entsprechende Unterstützung zugesichert. Der Filmpreis musste von uns erst noch „eingespielt" werden, Spendenaufrufe an die unterschiedlichsten Zielgruppen sowie eine Polaroid – Fotoaktionen in der Lübecker Fußgängerzone und auf der Walpurgisnachtfete bildeten einen Grundstock für das Preisgeld. Gespräche mit Filmfachleuten verhalfen uns zur Beschaffung eines umfangreichen Adressenverteilers für die Wettbewerbsausschreibung. Ein Wettbewerbslogo sowie ein Fotomotiv zum Motto „Knicks in der Linse" wurden erdacht. Telefonate mit möglichen SponsorInnen geführt. Diesen Kurzfilmwettbewerb richteten wir nach selbst entworfenen Regeln des Kulturmanagements aus, einschließlich der Pressearbeit, der Verhandlungen mit den ProduzentInnen, Filmverleihen sowie der Kontakte zu RegisseurInnen. Die Frauen legten für ihre Aufgabe als Jury das Bewertungssystem für die Filmkritik fest. Im Finale wurde jeder gezeigte Film gegenüber dem Publikum abschließend von der Jury fachlich kritisiert. Die öffentliche Filmpreisverleihung beschloss dann die Veranstaltung. Zwei Organisatorinnen dieses Forum arbeiteten ihre Kommentare für das Podium im Kongressplenum aus.

Ein Kongress – ein Kunststück ?

Mit diesem Kongressbeitrag ist es den ehemaligen Frauenhausbewohnerinnen meines Erachtens gelungen, ein Kunststück zu vollbringen. Die eingangs erwähnten Ziele wurden spielend und nachhaltig erreicht. LübeckerInnen, die bislang keinen Kontakt zum Frauenhaus hatten, spendeten für den Filmpreis, Gespräche mit der Friseurinnung führten zur Kooperation, sie übernahm die Versendung der Spendenaufrufe an die FriseurInnen für den Filmpreis. Während der öffentlichen Aktionen haben viele Gespräche zum Thema „Frauenhaus" stattgefunden, allgemeine Info- und spezielle Kongressflyer wurden zahlreich verteilt.

Das Ausstellungsprojekt „herstory" spiegelt die Lebenserfahrung der Frauen im Frauenhaus wider, es vermittelt Einblicke in den Frauenhausalltag und schließlich setzte es auf dem Kongress einen starken Akzent zur Praxis- und Theoriediskussion von „Gewalt im Geschlechterverhältnis".

Eine kritische Betrachtung der Medien konnte im Rahmen des Kurzfilmwettbewerbes vorgenommen werden ebenso aber im Rahmen der Sichtung der bundesweiten Berichterstattung zum Kongress. Die Leichtigkeit, die diese Kongressvorbereitung begleitete, messbar beispielsweise an dem Elan, mit welchem stetig weiter gearbeitet wurde, war bereits ein Kunststück. Ein weiteres Kunststück aber waren die Beiträge an und für sich, denn ihre Wirkung beschrieben viele KongressteilnehmerInnen als ansprechend, vielschichtig und sehr beeindruckend. Kunstwerke dienen immer auch vorrangig der Person, die sie erschafft, sie fordern Prozesse der innerpsychischen Auseinandersetzung und Konfrontation mit den eigenen Grenzen und Freiheiten. Die nun folgenden zwei Beiträge schildern u.a. diese Prozesse. Dabei ist anzumerken, dass beide Texte in Deutsch als Zweitsprache verfasst wurden.

„Durch Trennung kannst Du auf dem Weg zum besseren Menschen wachsen"

Wissen ist Macht!
Wenn eine Frau ihr Schicksal in die Hände nehmen will,
muss sie sich bilden.

(aus den Postkartentexten, Station 6, N.A.)

Im Januar 1999 erhielt ich eine Einladung, als Mitglied in der Jury für den Kurzfilmwettbewerb „Knicks in der Linse" zu helfen. Dieser Filmwettbewerb war ein Teil des bundesweiten Kongresses „Bei aller Liebe ... – Gewalt im Geschlechterverhältnis", der von den Mitarbeiterinnen des Autonomen Frauenhauses in Lübeck verwaltet wurde. Ich nahm die Einladung gern an. Dieser Kongress und sein Ablauf erinnerte mich außerdem an meine damaligen Aufgaben, die ich als Sachverständige für internationale Beziehungen im Umweltamt in der alten Heimat ausübte. Am wichtigsten aber war der ganze Kongress und dessen Ziel für den Kampf gegen Gewalt gegen Frauen und Kinder, was für mich ein wichtiges Thema für meine aktive Unterstützung war. Warum ist das so?

Geboren im Iran, war ich ständig die Zeugin verschiedener Gewaltarten gegen die Frauen und Kinder und selbst auch betroffen, weil ich da herkomme und da ist Gewalt gegen Frauen Alltagsverhalten! Hier wurde mir später klar, warum Frauenhäuser entstanden sind und was für eine große Rolle sie im Kampf gegen verschiedene Gewaltarten spielen. Ich wusste auch, dass ständiges Quälen der Frauen sowie der ganzen Familien kaputt und lahm macht und, dass dieser Teufelskreis für viele Jahrtausende weitergelaufen- und von Generation zu Generation weitergegangen ist.

Also, zusammen mit sieben anderen Jurymitgliedern, die ehemalige Bewohnerinnen vom Lübecker Frauenhaus waren, die zu verschiedenen Zeiten dort Zuflucht fanden, haben wir während regelmäßiger Treffen am Feierabend oder an den Wochenenden über die wichtigen Kriterien für die Wahl des besten Films nachgedacht und sie festgelegt. Was wir gemeinsam entschieden, war folgendes:

- ▷ Wie wurde das Thema Gewalt gegen Frauen im Film bearbeitet?
- ▷ Welche Arten der Gewalt werden dargestellt?
- ▷ Wie bewältigen die Frauen diese Situation?
- ▷ Wie wurde das Opfer gesehen?
- ▷ Wer ist schuld, die Frau oder der Mann/Täter?
- ▷ Welche Lösung zeigt der Film?
- ▷ Welche künstlerischen Fähigkeiten hat der Film, Drehbuch, Musik, Licht, Regie, Schnitt usw.

Was während dieser Sitzungen interessant war: Wir waren acht Frauen, die aus sechs verschiedenen Ländern stammen und unterschiedlichen Alters waren; wir waren uns fast einig in der Entscheidung, was man als Gewalt bezeichnen muss.

Es war eine neue Zeit, auch neue, nette Frauen kennen zu lernen, über gemeinsame Leiden, Erfahrungen, Gefühle- und unsere Kinder zu reden. Im Laufe der Arbeit kamen neue interessante Aufgaben hinzu, wie die Spendenaktion in der Lübecker Fussgängerzone für den Wettbewerbspreis oder auf schöne Postkarten unsere Erfahrungen nieder zu schreiben. Warum flüchteten wir in ein Frauenhaus, wie sah das Leben dort aus, wie es später gelaufen ist und was ist davon für unser Leben herausgekommen?

Als die Zeit verging, merkte ich, dass ich damals im Frauenhaus immer versuchte, Abstand von den anderen Frauen zu halten und mir war es nicht möglich, trotz gemeinsamer Leiden, diesen Frauen nahe zu sein. Aber hier sah ich so viele verständnisvolle und nette Frauen, ich fühlte mich irgendwie sehr nahe zu ihnen und ich denke, so lange wie ich lebe, werden wir Freunde bleiben. Was noch während dieser Zusammenarbeit wichtig war, ich merkte, wie jede Frau blühte und Schritt für Schritt neue schöne Seiten von ihrer Persönlichkeit erschienen. Was mir auch auffiel, dass man vorher dachte, dass die Frauen nach der Trennung und Scheidung vernichtet werden und so gelähmt sind, dass sie nie wieder aufstehen können. Aber jetzt sah ich Frauen, die seit ihrer Trennung reifer – und selbstbewusster – geworden waren, die ihre Pflichten gegenüber ihren Kindern ernster nahmen und auch in der Gesellschaft verantwortungsbewusster geworden sind.

Jede Frau ist gegen die Gewalt aktiv geworden und setzte sich für eine Veränderung ein. Wir alle müssen etwas tun, um Frauenhäuser bekannter zu machen und die Öffentlichkeit für das Thema Gewalt gegen Frauen zu sensibilisieren. Mehr Frauen sollen erfahren, dass es Frauenhäuser gibt und was Frauenhäuser sind. Es war auch während dieser Arbeit interessant zu merken, dass die Mitarbeiterinnen von Frauenhäusern genau spüren können, wie schmerzhaft die Gewalt gegen uns ist, ohne es selbst erlebt zu haben.

Heute denke ich: durch eine Trennung kannst Du auf dem Weg zum besseren Menschen wachsen, mehr Verantwortung übernehmen und diese Flucht lässt auch die Hoffnung für ein besseres Leben wachsen.

What is a womens'shelter?

A place to learn how to fly –
To cut the strings, ropes, cables – Chains – holding you down.
A place to earn your wings- to learn you *can* and should fly as high as you can.
A place where you can also learn how to land.

(aus den Postkartentexten, Station 1, S.M.)

„Wir haben gemeinsam gelehrt, gelernt, gehofft, geweint und gelacht"

„. . . Die Jahre vergingen, aber ich bin nicht weg gegangen (inzwischen sind wir nach Deutschland gezogen), ich hatte zwei Jungs bekommen. Die Misshandlung geht weiter. Meine Tochter, die in Amerika mit ihrem deutschen Mann wohnt, hatte Angst für mein Leben und meine geistige Gesundheit. – (Und eines Tages, wann es ganz schlimm war – sie hat es über Telefon zufällig gehört)- ruft sie die amerikanische Polizei, FBI, Botschaft. Die gab sie weiter zur amerikanischen Botschaft in Hamburg. Die haben das Autonome Frauenhaus in Lübeck angerufen und eine Mitarbeiterin hat mich angerufen, um mich über das Frauenhaus zu informieren. Ein paar Tage später – ich hatte die Nerven – und mit meinen zwei Söhnen an meiner Seite bin ich gekommen, zutiefst erschüttert. Ich zitterte am ganzen Körper danach – Angst über Entdeckung und meine Entscheidung weg zu gehen – fast zu viel zu verkraften . . ." *(aus den Postkartentexten, Station 3, S.M.)*

Warum habe ich mitgemacht?

Das ist aber eine große Sache. Mein Aufenthalt im Autonomen Frauenhaus hat mein Leben gerettet. Ohne das Frauenhaus hätte ich vielleicht Selbstmord und/oder etwas Ähnliches ausgeübt – oder mein Ex-Mann hätte mich umgebracht. Mit der Unterstützung der Mitarbeiterinnen habe ich den Mut gefunden, ein Leben hier in Deutschland zu führen, dieser Prozess war sehr hart und schmerzhaft. Ich kann es mir überhaupt nicht vorstellen, das allein geschafft zu haben ohne diese täglichen Ermutigungen. Es hat auch lange gedauert und diese Unterstützung während – und nach meinem Aufenthalt im Frauenhaus hat alles ermöglicht: ein neues Leben für mich und meine Kinder hier in Deutschland aufzubauen.
Die Mitarbeiterinnen waren für mich da – und dieses Gefühl, dass ich nicht allein war –, und all die Hilfe und Unterstützung, die ich bekommen hatte, waren für mich so wertvoll und gleichzeitig so unbezahlbar, dass ich beschloss, alles zu tun, was ich tun könnte, um meine Dankbarkeit jedes Mal, wenn ich die Möglichkeit hätte, zu zeigen.
Als ich eines Tages eine Einladung zu diesem Bewohnerinnenforum bekam, habe ich sofort „ja" gesagt. Es gab für mich keinen Zweifel.

Wie hat es mich verändert?

Die Teilnahme an dieser Jury war eine Herausforderung für mich. Während dieser Zeit war ich vollzeitbeschäftigt (ich bin selbstständig und hatte tagsüber und auch abends Termine). So war es nicht leicht, zu jeder Zeit da sein zu können. Mehrmals musste ich absagen oder früher gehen, um zu arbeiten oder um meine Kinder zu betreuen. Ich wohne auf dem Lande und meine Kinder mögen nicht allein sein, wenn es dunkel wird. Wenn ich nicht arbeite, habe ich das Ziel, meine Zeit mit den Kindern zu verbringen. Für uns war es manchmal umständlich, alles zu schaffen. Ich musste meine Zeit immer sehr genau planen.

Die Frauen waren am Anfang Unbekannte für mich, ich war früher als sie im Frauenhaus gewesen. Nur eine Frau hatte ich mal kurz gesehen, als ich mal was im Frauenhaus machte. Weil ich nicht jedes Mal da sein konnte, dauerte es länger, mich als echtes Gruppenmitglied zu fühlen. Ich hatte am Anfang das Gefühl, dass ich am Rand stand und als Mitglied für diese Gruppe keine große Bedeutung hatte. Obwohl ich bei meiner Arbeit immer vor Gruppen spreche und mit vielen Menschen arbeite, bin ich in meinem Privatleben oft sehr scheu und führe ein ruhiges Leben. Es war teilweise eine Herausforderung, meine Privatsphäre wieder zu verlassen und noch mit einer Gruppe Zeit zu verbringen. Nur das Ziel, das Leben für andere Frauen hoffentlich erleichtern zu können durch unsere Zusammenarbeit, hat mich aus meiner „Selbstschutzsphäre" gebracht.

Um ehrlich zu sein, ich fürchtete mich auch, all die Schmerzen und teilweise schlechten Erfahrungen wieder zu beleben. Mein Aufenthalt im Frauenhaus lag sieben Jahre zurück, und es war manchmal schwer, die begrabenen Gefühle wieder ans Licht zu lassen. Zu manchen Sachen habe ich jetzt Abstand, aber einige Sachen waren wieder schmerzhaft und brauchten Zeit zur Verarbeitung. Ich habe aber durch meine Postkarten endlich etwas fest gemacht – Schwarz auf Weiß – ein großer Schritt. Obwohl wir die Geschichten anonym geschrieben haben, kann meine Geschichte klar und schnell mit mir identifiziert werden. Ich hatte mich oft gefürchtet, es schriftlich zu machen. Nicht weil ich mich schäme, aber weil ich weniger Probleme mit meinem Ex-Mann haben möchte. Er hat immer viel Wut, und ich bin oft in seiner Nähe, weil wir Nachbarn sind. Er kann mir ganz schnell das Leben schwer machen. So war in diesem Fall auch der Schritt für mich mit Mut verbunden. Sieben Jahre „auf Eiern gehen zu müssen" sind eine lange Zeit. Ich hatte es mehrmals mündlich veröffentlicht, aber nicht in meiner eigenen Schrift. Ich freue mich selber, diesen Schritt gemacht zu haben.

Ich hatte zuerst das Gefühl, dass ich mit den anderen Frauen wenig gemeinsam hatte. Und ehrlich gesagt, so war es. Außer der Tatsache, dass wir im Frauenhaus waren, hatten wir sehr verschiedene Lebensstile. Zumindest war es zu diesem Zeitpunkt so. Aber als ich überlegte, wie ich war, als ich selber im Frauenhaus war, war ich ihnen damals sehr ähnlich. Das war eine gute „Lektion in Erinnerung“ für mich, weil ich zum größten Teil meine Vergangenheit hinter mir gelassen hatte. Ich bin jetzt wieder ziemlich selbstbewusst – damals war ich gebrochen. Ich hatte mein „Ich“ verloren und es dauerte eine ganz lange Zeit, bevor ich mich wieder aufbauen konnte. Es dauerte eine ganz lange Zeit, ein richtiges und wichtiges Leben hier zu führen (was auch jetzt immer in Bewegung ist) – und ich habe mehr Zeit als die anderen Frauen bis jetzt gehabt. Na ja, ich bin vielleicht auch mehr ausgebildet als andere in der Gruppe, aber für uns alle stand fest: Ausbildung und/oder Sozialposition sind keine Garantie für ein gutes Leben ohne Probleme. Probleme für Frauen haben keine Grenzen. Alle Frauen, egal woher sie kommen, können es schwer haben ...

Hat sich die Arbeit gelohnt?

Bevor ich an dieser Gruppe teilgenommen habe, hatte ich größtenteils mit Frauen mit einer ähnlichen Vergangenheit kaum – bis gar keinen Kontakt. Durch die Jahre habe ich versucht, meinen Kontakt mit dem Frauenhaus immer zu behalten, aber der Kontakt war nur mit den Mitarbeiterinnen. Enge Begegnungen mit den Mitbewohnerinnen kamen „natürlich“ nicht in Frage, nur ab und zu, wenn ich eine Frau rein zufällig traf, die ich noch aus der Frauenhauszeit kannte. Wir haben uns sehr gefreut und ein bisschen geplaudert. Aber eigentlich haben wir oft sehr verschiedene Lebensarten und Wohnumgebungen, und so kommen wir nicht so oft zusammen.

Ich freue mich, dass ich die Gelegenheit hatte, die Frauen der Vorbereitungsgruppe über die Zusammenarbeit enger kennen gelernt – und Zeit mit ihnen verbracht zu haben. Wir haben eine gemeinsame Vergangenheit, und wir haben das Interesse, mit unserer gemeinsamen Arbeit andere Frauen zu erreichen. Es gibt viele Sachen, die durch die Gruppenarbeit in Gang gesetzt wurden. Die Arbeit an sich gab die Gelegenheit, die richtigen Schritte vorwärts zu machen. Wir haben zum Beispiel die persönlichen Geschichten von Mitbewohnerinnen eines Frauenhauses dargestellt, die repräsentativ waren. Klar, dass jede Geschichte einmalig ist, aber man kann Ideen davon bekommen, wie es einmal für Frauen in so einer Situation sein könnte. Für mich war das eine reiche Erfahrung.

Verglichen mit den anderen Frauen in der Gruppe oder im Vergleich zu den Filmen glaube ich, dass ich viel Glück in meiner Trennungssituation gehabt habe, auch wenn es damals für mich schlimm gewesen ist.
Ich hoffe, dass ich den anderen Gruppenmitgliedern etwas gegeben habe. Ihre Persönlichkeiten haben mich viel gelehrt und sie waren so zu bewundern. Wie sie ihr Leben gegen schwere Widerstände neu gestaltet haben; wie sie sich gegenseitig durch ein Wort, einen Blick, eine Umarmung ermutigt haben. Ermutigt auch durch das Erzählen ihrer Geschichten und die geteilte Arbeit. Jede Frau von uns hat so viel gegeben und gemacht, einen Brief geschrieben, etwas bestellt, einen Imbiss gebracht, Freundlichkeit und Gesellschaft geschenkt oder ihre Wohnung zur Verfügung gestellt, diese Liste ist unendlich . . .
Für mich war es wieder ein Zeichen und eine Bestätigung, dass auch „kleine Leute großen Eindruck" machen können. Durch unsere gemeinsame Arbeit konnten wir vielleicht andere Frauen erreichen, die eines Tages möglicherweise in eine ähnliche Situation, wie in den Filmen – und unseren Geschichten gezeigt, geraten können und nun ermutigt sind, einen Weg aus der Krise in ihr neues Leben zu finden.
Für uns war und ist das Leben im Frauenhaus ein bedeutungsvoller Punkt in unserer Biografie. Es war ein neuer Lebensbeginn. Für mich hat sich diese Arbeit gelohnt, denn es bedeutet für mich eine Weitergabe. Ich selbst habe so viel Positives aus dem Frauenhaus bekommen und durch dieses Bewohnerinnenforum möchte ich das „Positive" erweitern, vermehren und weiter geben.

Eine Nachlese – „Die Bewegung mehr lieben als das Ziel"

Der Kongress ist nun lange vorbei, doch die Kontakte blieben bestehen und neue Arbeitsfelder taten sich auf. Mit den Finalfilmen des Kurzfilmwettbewerbs sind die Frauen der Jury bereits bis Berlin gereist, um weiterhin die Öffentlichkeit zum Thema „Gewalt im Geschlechterverhältnis" zu sensibilisieren. Ein Filmtag für Studierende an Fach- und Fachhochschulen für Sozialpädagogik wurde in Lübeck von der Jury veranstaltet sowie, in Kooperation mit dem Frauenministerin und dem Flüchtlingsbeauftragten des Landes Schleswig-Holstein, eine weitere Filmschau am Internationalen Tag gegen Gewalt an Frauen.
Der dänische Film „Femtex 2" von der Kopenhagenerin Mette Høxbro erhielt den ersten Preis. Frau Høxbro hat die Jury und die Mitarbeiterinnen

des Autonomen Frauenhauses in Lübeck autorisiert, den bundesweiten Verleih ihres Films verantwortlich zu übernehmen. Zurzeit laufen mit ihr die Verhandlungen zur Korrektur der deutschen Untertitel, um den Film möglicherweise in größer angelegten Öffentlichkeitskampagnen zu zeigen. Der Film wird bereits regelmäßig im gesamten Bundesgebiet verliehen. Er kann schriftlich über Telefax und Internet zuzüglich eines Hinweises auf die damit geplante Veranstaltung angefordert werden.
Kontakte zum Lübecker Frauenfilmprojekt wurden gerade geknüpft.
Zwei Frauen aus der Jury nehmen als Fachfrauen an der Arbeitsgruppe „Intervention bei häuslicher Gewalt“, eine Unterarbeitsgruppe des Kriminalpräventiven Rates in Lübeck, teil. In diesem Gremium werden Modelle und praktische Ansätze für ein Interventions- und Kooperationskonzept bei häuslicher Gewalt in Lübeck mit vielen Fachleuten aus Beratungsstellen, Behörden, Projekten, Kliniken und von der Polizei diskutiert.
Auf einem „Neujahrsfrühstück“ wurde der Kongress gemeinsam ausgewertet, sowie eine persönliche Bilanz gezogen. Schließlich wurden auch die Gedanken für diesen Beitrag zur Fachdokumentation bei einem der gemeinsamen Treffen gesammelt und verschiedene Ideen diskutiert.
Dank gilt allen Frauen, die zum Gelingen des Forum E beigetragen haben, ihren Söhnen und Töchtern, die während der vielen Termine teilweise oder ganz auf ihre Mütter verzichten mussten, Frauen und Männer, die für die Kinderbetreuung ehrenamtlich eingesprungen sind, dem Verein mixed pickles e.V., der uns den Gruppenraum zur Verfügung stellte, den SpenderInnen, den FilmemacherInnen und in besonderer Weise dem Team des Kommunalen Kino, wo wir mehrere Nachmittage in behaglicher und vertrauensvoller Atmosphäre viele Filme gesichtet – und diskutiert haben. Nur mit ihnen gemeinsam war es möglich, das Kongressforum E zu verwirklichen.

Martina Palm

„Ich sehe was, was du nicht siehst . . .“ Chancen und Grenzen feministischer freiwilliger Initiativen am Beispiel von PATCHWORK

Die Konzeptidee

Eine kennt eine, die kennt eine, die weiß von einer, die wieder kennt eine andere und die weiß eine, die weiterhelfen kann.
Frauen haben eine reiche und gute Tradition der Kommunikation. Zu allen Zeiten hat es enge Beziehungen unter Frauen gegeben. Die beste Freundin, der Schnack mit der Nachbarin, die Arbeitskollegin, der Kontakt zur Mutter oder Schwester, die Bekannte, die Verkäuferin oder die Friseurin. Frauen haben in der Regel ein Netz von Kommunikationspartnerinnen.
Dabei werden Dinge und Gefühle des Alltagslebens benannt und miteinander besprochen. In der Gesellschaft hat diese Kommunikationsform keinen eigenen Stellenwert, außer im negativen Sinne, umschrieben mit dem Begriff der „Klatschweiber“.
Dieses Kommunikationsnetz, in das Frauen ihr Wissen einspeisen und aus dem sie Informationen herausholen können, hat einen unschätzbaren Wert. Wichtiges und scheinbar Banales werden schnell und effektiv miteinander verknüpft, so dass jede Frau etwas in ihrem Interesse aus dem Netz ziehen kann.
Die Idee ein Netz zu knüpfen, das Frauen unterstützt, die Gewalt erfahren und erleiden, geht davon aus, dass Gewalt auf vielfältige Weise in der Lebenswirklichkeit von Frauen erlebt und erlitten wird.
Gleichzeitig steht den Frauen eine Möglichkeit der Kommunikation zur Verfügung, die es ihnen erleichtern kann, der erlebten Gewalt etwas entgegen zu setzen bzw. Unterstützerinnen zu finden, die mit auf dem Weg sind, die Gewaltsituation zu verändern.
PATCHWORK nimmt diese Idee des Netzes auf und verknüpft sowohl vorhandene Informationen wie auch die Kompetenzen von Frauen so miteinander, dass es betroffenen Frauen zugute kommen kann. Dabei lebt das Netz nicht allein von den geknüpften Fäden und den neuen Knoten, die entstehen, sondern auch von den Löchern, die sich dazwischen befinden.

Das Netz aus Informationen, Kompetenzen, Chancen und Ideen lebt immer auch von den bestehenden Löchern. Im Bild gesprochen heißt das, dass nie eine Frau alles wissen oder anbieten kann und soll, manchmal ist eine zur rechten Zeit am richtigen Knotenpunkt, ein anderes Mal steigt sie aus oder gibt an eine andere ab, die etwas anderes zur Verfügung stellen kann. Dies geschieht immer im Rahmen der Kräfte und Möglichkeiten derjenigen, die sich am Aufbau dieses Netzes beteiligen.

Das Projekt

PATCHWORK – Ein ganzes Stück tun.
Von Frauen für Frauen gegen Gewalt, wurde am 11.4.1997 während eines Festes im Evangelischen Frauenwerk Hamburg-Altona gegründet.
Die Initiatorinnen kommen aus den unterschiedlichsten Alters- und Berufsgruppen (Ärztin, Pastorin, Pädagogin, Netzwerkerin, Lehrerin, Hausfrau, Werbefachfrau, Studentin, Erwerbslose, Therapeutin, Erzieherin, Angestellte, . . .).
Gemeinsame Idee war und ist die Vernetzung und Verknüpfung von bestehenden Beratungsangeboten und Therapiemöglichkeiten für betroffene Frauen, sowie konkrete Begleitung und Unterstützung der Frauen durch freiwilliges Engagement der „Patchworkerinnen".
PATCHWORK, das meint bildlich ein weites, gespanntes Tuch, das aus vielen bunten Teilen zusammengesetzt ist, so vielfältig und verschieden wie die Frauen, die durch dieses Netzwerk miteinander verbunden werden.
PATCHWORK steht auch für die Arbeit, die hier geleistet wird: ein solches farbenfrohes Patchworktuch kann die wärmende Decke oder auch die Rettung vor dem Fall bedeuten. Es kann vor ungewollter Einsicht schützen oder sich gerade zum Fallenlassen anbieten.
PATCHWORK, das meint Hilfe durch Kooperation.
Teil für Teil, Stück für Stück ergibt sich ein großes Ganzes – ein ganzes Stück tun!
Auf einer (nicht-öffentlichen) Liste haben sich Frauen eingetragen, die sich freiwillig und ehrenamtlich für von Gewalt betroffene Frauen engagieren, je nach ihren persönlichen Ressourcen und Kompetenzen.
Dabei sind es Begleitungen auf Behörden und Ämter, zur Polizei und in Gerichtsprozesse, die Betreuung von Kindern, der Handy-Notruf an Wochenenden und Feiertagen, Seelsorge, medizinische Betreuung, die Vermitt-

lung von weiteren Hilfsangeboten und der Austausch von Informationen, die hilfreich sein können sowie die Gewährung von Unterschlupf, die den von Gewalt betroffenen Frauen als Möglichkeiten offen stehen. Jede dieser Möglichkeiten wird dabei als Ergänzung, und nicht als Konkurrenz zu den bestehenden Beratungsstellen und Therapieangeboten verstanden. Gleichzeitig besteht durch das Benennen der Gewalt, die Frauen erleben und erleiden müssen, ein wichtiger Beitrag zu Enttabuisierung und Veröffentlichung des Themas „Gewalt gegen Frauen und Mädchen".
PATCHWORK kooperiert in Hamburg mit folgenden Einrichtungen:

▷ Suchtberatungsstelle „Frauenperspektiven"
▷ Hamburger Notruf für vergewaltigte Frauen und Mädchen e.V."
▷ WEN-DO, Selbstverteidigung und Selbstbehauptung für Frauen und Mädchen
▷ autonome Frauenhäuser
▷ Frauenhaus des Diakonischen Werkes
▷ Amt für soziale Dienste, Fachbereich Frauenhäuser
▷ Beratungsstelle für Frauen, Osterstr.
▷ Stiftung „Mutter und Kind", Diakonisches Werk
▷ Dolle Deerns
▷ Beratungsstelle am Pinnasberg, St. Pauli
▷ GWA-Frauengruppe „Tarantula"
▷ S.T.E.G. Hamburg
▷ Opferhilfe
▷ Familienplanungszentrum
▷ Amnesty for women
▷ Freiwilligen-Zentrum-Hamburg der Caritas
▷ Cafe Sperrgebiet
▷ Projektwohnungen für Frauen der Stadtmission in der Hospitalstr.
▷ Männer gegen Männergewalt
▷ Senatsamt für Gleichstellung der Hansestatd Hamburg
▷ Polizei Hamburg, insbesondere mit den Wachen im Stadtteil Altona/St. Pauli und der Gewaltpräventionsbeauftragten der HHer Polizei
▷ ev. Kirchengemeinden
▷ u.v.a.

Seit Juni 1998 ist PATCHWORK Teilnehmerin im Hamburger Arbeitskreis „Gewalt gegen Frauen und Mädchen", in dem sich einige der o.g. Einrichtungen engagieren.

Die PATCHWORKERINNEN

Seit mehr als zwei Jahren sind es zwischen 25 und 30 Frauen, die sich freiwillig und unentgeltlich für betroffene Frauen einsetzen, sich mit ihren Begabungen, Kompetenzen, Möglichkeiten und ihrem Wissen engagieren. Dabei ist die Motivation, das Thema der Gewalt gegen Frauen und Mädchen zu benennen, zu enttabuisieren und ein öffentliches Bewusstsein zu schaffen, ungebrochen.
Die Zahl der aktiven Patchworkerinnen ist kontinuierlich geblieben, auch wenn die Personen z.T. gewechselt haben.
Allen gemeinsam ist es ein Anliegen, dass die monatlichen Treffen ein Forum des Austausches, aber auch ein Schutzort für die Gewaltgeschichten sind, die die Frauen mitbringen.
Gehen wir in der Bundesrepublik von Zahlen aus, die deutlich machen, dass jede dritte Frau Gewalterfahrungen, nicht allein im sexuellen Bereich, erleiden muss bzw. erlitten hat, dann sind es eben auch Patchworkerinnen, die Betroffene sind. Viele Frauen erleben diese Gruppenabende als stärkend und einige formulieren auch die Erleichterung darüber, dass sie aus der sozialen Isolation herausfinden, die eine Gewalterfahrung oft mit sich bringt.
Das Engagement und die Leidenschaft, mit der sich jede einzelne Patchworkerin in dieses Hilfe-Netz einbringt, verdienen Anerkennung und Respekt.
In regelmäßigen Abständen werden diese Treffen für Fortbildungsveranstaltungen genutzt, indem Fachfrauen aus den kooperierenden Einrichtungen der Gruppe mit ihren Kompetenzen und Fach-Erfahrungen als Referentinnen zur Verfügung stehen. Auf diese Art wird Wissen mitgeteilt und multipliziert.

Die hauptamtliche Mitarbeiterin

Seit dem 1. März 1998 finanzieren die Nordelbische Ev.-Luth. Kirche und der Kirchenkreis Hamburg-Altona eine 50 %-Pfarrstelle für eine Pastorin zur Anstellung, für 3,5 Jahre (bis September 2001).
Im ersten Jahr (bis März 1999) wurde diese Maßnahme mit DM 12.000 vom Hamburger Senatsamt für Gleichstellung gefördert.

Die Arbeitsgebiete der hauptamtlichen Mitarbeiterinnen umfassen:

- ▷ Koordination und Vermittlung von Hilfsangeboten und Hilfebedarf
- ▷ Organisation regelmäßiger PATCHWORK-Treffen (i.d.R. monatlich)
- ▷ Fortbildungsangebote- und veranstaltungen für die Mitarbeiterinnen
- ▷ seelsorgerliche Begleitung der Patchworkerinnen
- ▷ kontinuierliche Kontakte zu den Einrichtungen und Institutionen, die zum Thema „Gewalt gegen Frauen und Mädchen“ arbeiten
- ▷ Vernetzung mit kirchlichen Gruppen und Einrichtungen
- ▷ Öffentlichkeitsarbeit
- ▷ Vorbereitung und Begleitung neuer PATCHWORK-Gründungen
- ▷ Sponsoring
- ▷ Entwicklung von Anschlussperspektiven

Die Erfahrung hat gezeigt, dass der Status der Pastorin viele Türen, auch bei Behörden, Ämtern und Institutionen öffnet, die sonst eher verschlossen bleiben. Dies kann für Betroffene oft von Nutzen sein.

Die Schweigepflicht, unter der die Pastorin steht, ist ebenfalls ein Bonus in den Gesprächen mit Hilfe suchenden Frauen.

Die Klientinnen bzw. Hilfe suchenden

In den vergangenen zwei Jahren haben sich die unterschiedlichsten Frauen (und auch einige Männer) an PATCHWORK gewandt.

Dabei waren alle Altersgruppen und soziale Gruppierungen vertreten, die auch das Bild des Stadtteils Altona widerspiegeln.

Auffällig war und ist, dass der große Anteil an Frauen, die dem islamischen Kulturraum angehören und in Altona leben, eher selten die Unterstützung von PATCHWORK in Anspruch genommen hat (wenn das der Fall war, dann vorwiegend jüngere Frauen).

Hingegen gab es mehrere Begleitungen von Hilfe suchenden Frauen aus dem asiatischen und südamerikanischen Raum.

Eine durchschnittliche Zahl von Klientinnen anzugeben, die die Hilfsmöglichkeiten durch PATCHWORK abgenommen haben, ist schwierig. Die Erfahrung hat gezeigt, dass die Annahme der Unterstützung durch die Patchworkerinnen sich wie eine Wellenbewegung gestaltet.

In manchen Wochen sind es täglich mehrere Anfragen und Notsituationen, die zu bewältigen sind, dann gibt es aber auch Phasen, in denen wenige Anrufe eingehen.

In nahezu allen Fällen gab und gibt es eine gute Kooperation mit den bestehenden Beratungsstellen, Behörden, der Polizei und anderen freiwilligen Einrichtungen.

Die Anzahl der Klientinnen, die bereits eine der Beratungsstellen aufgesucht hat, um dann bei PATCHWORK konkrete Unterstützung für Behördengänge, Prozessbegleitung, Gespräche oder weiterführende Information zu bekommen, lag dabei deutlich höher, als die derjenigen, die sich direkt an PATCHWORK gewandt haben.

Dabei entstanden zu den Beratungseinrichtungen kontinuierliche Kontakte, die sich auch darin begründeten, dass sich durch die Vernetzung und Verknüpfung von PATCHWORK im Stadtteil (und darüber hinaus) eine Informationsbörse entwickelt hat, von der alle profitieren können, und das immer im Sinne der von Gewalt betroffenen Frauen.

So gibt es immer wieder auch Anfragen oder Informationsbedarf bei sozialpsychiatrischen Einrichtungen oder den Sozialdiensten in Krankenhäusern.

Mittlerweile ist das Projekt „PATCHWORK" auch in anderen Stadtteilen bekannt.

Die konkrete Vermittlung und die Weitergabe von Informationen geschieht hauptsächlich über das Koordinationsbüro, auf telefonischem Weg.

Gerade durch die unterschiedliche Frequentierung der Möglichkeiten, die PATCHWORK hat, rückt die Öffentlichkeitsarbeit, gerade auch im Bereich der Prävention und Aufklärung, stärker in den Blick. Die Suche nach Gestaltungen und Formen in Kooperation mit Einrichtungen im Stadtteil wird eine wichtige Aufgabe für die nahe Zukunft sein.

Ebenso relevant ist die Intensivierung der Kontakte, die unmittelbare Nähe zu den potenziellen Klientinnen, die den Aufbruch aus der Isolation bisher nicht wagen konnten.

Dabei ist zu bemerken, gerade in den vergangenen Wochen, dass sich die Hilfsmöglichkeiten, die es bei PATCHWORK gibt, im wahrsten Sinne des Wortes herumsprechen. Immer mehr Frauen suchen den direkten Weg zu PATCHWORK und berichten davon, dass sie eine kennen, die eine kennt . . ., die ihr von PATCHWORK erzählt hat.

„Ich sehe was, was du nicht siehst . . . Chancen und Grenzen feministischer freiwilliger Initiativen am Beispiel von PATCHWORK

Das freiwlllige Engagement, die Unterstützung und Begleitung für Frauen, die von Gewalt betroffen sind, bietet viele Möglichkeiten.
Die Frauen, die ihre Kompetenzen und Talente in das Netzwerk einbringen, können ihre Fähigkeiten und Begabungen wertschätzen. Sie sehen auf das, was vorhanden ist und nicht auf das, was nicht da ist.
Dieser Perspektivenwechsel bildet die Grundlage für jede Hilfe und Begleitung Betroffener. Durch die Stärkung und Benennung der vorhandenen Kompetenzen bei jeder Frau, wird das Gegenüber als Individuum mit einem unschätzbaren Wert betrachtet. Die Frauen, die auf Grund ihrer Gewalterfahrung keinen Selbstwert und keine Selbstachtung mehr verspüren, erleben eine Würdigung ihrer Person und können in der Begegnung mit einer Patchworkerin neu eigene Lösungsmöglichkeiten oder Wünsche zur Veränderung entdecken.
Die Parteilichkeit der Unterstützerinnen ist dabei Voraussetzung. Die Frauen, die Hilfe suchen, werden mit ihren Anliegen ernst genommen und das, was sie erzählen, wird ihnen geglaubt.
Die spontanen, unbürokratischen und vertraulichen Chancen, die PATCHWORK hat, basieren auf der Beziehung zwischen Patchworkerinnen und den Hilfe Suchenden.
Anders als in einem Ärztin-Patientin- oder Therapeutin-Klientin-Verhältnis gibt es bei jeder Patchworkerin ein persönliches und im guten Sinne unprofessionelles Interesse, sich auf das Thema „Gewalt gegen Frauen und Mädchen“ und die Betroffenen einzulassen.
Die direkte Begleitung auf Ämter und Behörden, in Gerichtsprozesse, zu Ärztinnen, in die Wohnungen und Familien schafft eine Nähe zwischen Begleiterin und Begleiteter, die sehr intensiv ist. Auch oder gerade weil viele der Kontakte ein- oder zweimalig bleiben, sind die Begegnungen oft sehr persönlich. Diese Chance ist auch gleichzeitig eine Grenze in der Arbeit von und mit Freiwilligen. Einer anderen Hilfestellung zu geben, Situationen zu bewältigen und eigene Kompetenzen zu stärken, braucht die Klarheit und die Abgrenzung der Unterstützerin. Dabei ist es notwendig, die eigenen Grenzen zu kennen und zu wahren, sich nicht zu überfordern und auch mal „Nein“ zu sagen und dabei zu bleiben.

PATCHWORK lebt von der Professionalität der Unprofessionellen. Das freiwillige Engagement und die Identifizierung mit dem Projekt ist auf Korrektur und Außen-Wahrnehmung angewiesen. Die regelmäßigen Fortbildungen tragen ihren Beitrag dazu bei. „Ich sehe was, was du nicht siehst ..." – gemeinsam hinsehen, die Situation betrachten und die Perspektive verändern, PATCHWORK hat viele sehende Augen, hörende Ohren, mitgehende Füße, ausgestreckte Hände und Köpfe voller Ideen, die von Gewalt betroffene Frauen stärken und stützen können.

3 Jungen und Mädchen: Gewaltpräventions- und Interventionsansätze

Ulrike Popp

Schülergewalt – ein Jungenphänomen? Ansätze (rollenkritischer) Prävention in der Schule[1]

Schülergewalt – ein Jungenphänomen?

Über einen Befund scheint es in der bundesweiten Forschung zum Thema „Gewalt an Schulen" einen breiten Konsens zu geben: Aggressive Schüler sind männlichen Geschlechts – und zwar durch alle Schülerjahrgänge hindurch und über alle Schulformen hinweg (vgl. z.B. Todt/Busch 1994: 178; Freitag/Hurrelmann 1993: 24 f.; Würtz et al. 1996: 86 f.; Melzer/Rostampour 1996: 138; Schubarth 1993: 33; Greszik et al. 1995: 270; Holtappels/Meier 1997: 51). Gleichzeitig sind Jungen unter den Gewaltopfern stärker vertreten als Mädchen, wenn sexuelle Übergriffe außer Acht gelassen werden (vgl. Melzer/Rostampour 1996: 140). Diese Geschlechterdiskrepanz beim Thema Gewalt an Schulen scheint für viele der Forschenden nicht weiter interpretationsbedürftig zu sein. Bei der Diskussion um Jungengewalt an Schulen wird oftmals übersehen, dass die prügelnden, erpressenden und randalierenden männlichen Jugendlichen eine Minderheit sind und nicht den Normalfall kennzeichnen.
Dies zeigen auch die Daten unseres Forschungsprojektes Gewalt an Schulen, das zwischen 1995 und 1997 im Rahmen des damaligen Bielefelder Sonderforschungsbereiches Prävention und Intervention im Kindes- und Jugendalter durchgeführt wurde: Schwere physische Gewalthandlungen werden an Schulen selten realisiert, nur ein kleiner Anteil von etwa 4 % aller Schüler(innen) gehört zu den auffällig gewaltbereiten Jugendlichen. Dieses Ergebnis variiert nach Alter und Schulform: So fanden wir die stärksten Gewaltbelastungen bei Schüler(innen) in Hauptschul- und Sonderschulklassen und in den 8. Schülerjahrgängen. Diese Ergebnisse stammen aus einer im Herbst 1995 durchgeführten schriftlichen Befragung mit insgesamt 3540 Schülerinnen und Schülern aus 6., 8., 9. und 10. Klassen an hessischen Sekundarschulen. Zeitlich parallel erfolgte eine Erhebung mit 448 Lehrerinnen und Lehrern an den entsprechenden Schulen. In die-

1 Für diesen Beitrag wurden Texte aus bereits vorliegenden Veröffentlichungen (Popp 1997; Tillmann et al. 1999) zusammengefasst.

sem Forschungsprojekt untersuchten wir neben Ausmaß und Formen von Gewalt auch soziale Bedingungsfaktoren im schulischen und außerschulischen Umfeld. Um geschlechtstypische Ausdrucks- und Beteiligungsformen und die „spezifische" Rolle der Mädchen an Gewalthandlungen zu ermitteln, wurden 1998 im Rahmen eines weiteren Forschungsprojektes qualitative Schulfallstudien durchgeführt: An drei ausgewählten Sekundarschulen Hessens (Gymnasium, Integrierte Gesamtschule, Haupt- und Realschule) erfolgten in jeweils einer 9. Klasse/Schule problemzentrierte Interviews (vgl. Witzel 1985) mit insgesamt 18 Schülerinnen und Schülern und 6 Lehrerinnen und Lehrern.

Wie sieht es aus mit der Verbreitung von Gewalthandlungen bei Jungen und Mädchen in der Schule? Bei allen physischen Gewalthandlungen (Körperverletzungen, Erpressungen, Bedrohungen und Vandalismus) zeigt sich eine deutliche Geschlechterdifferenz. Mädchen verhalten sich weitaus seltener physisch aggressiv als Jungen, ganz besonders krass sind die geschlechtstypischen Unterschiede im Bereich von Körperverletzung: 47 % der Jungen, aber nur 15 % der Mädchen haben sich im vergangenen Schuljahr mindestens alle paar Monate mit jemandem geprügelt, Jungen tun so etwas demnach drei Mal so häufig wie Mädchen. Absichtlich vorgenommene Sachbeschädigungen haben doppelt so viele Jungen wie Mädchen von sich berichtet. Mit diesen Ergebnissen bestätigen auch unsere Daten den Befund, dass physische Gewalt an Schulen vor allem ein Jungenphänomen ist.

Im Unterschied zur körperlichen Gewalt sind Mädchen an psychischen Aggressionen stärker beteiligt. Bei verbalen und sozialen Attacken, bei Provokationen und Beleidigungen sind die Geschlechtsunterschiede deutlich geringer. 51 % aller Mädchen und 63 % aller Jungen gaben beispielsweise an, Mitschüler(innen) im Verlauf des vergangenen Schuljahres gehänselt zu haben. Bei verdeckt ablaufenden schuldevianten Verhaltensweisen, Täuschungsversuchen oder unentschuldigtem Fernbleiben von der Schule gibt es in der Häufigkeit des Auftretens keine Differenzen zwischen Jungen und Mädchen. Dieser Befund steht in Einklang mit den Wahrnehmungen der Schulleitungen und denen der Lehrkräfte.

In der schriftlichen Erhebung wurden nicht nur selbstberichtete Gewalthandlungen erfasst, sondern es wurde auch der Frage nachgegangen, welche Schüler(innen) bei Gewalthandlungen beobachtet wurden. Lehrkräfte wie Schüler(innen) sollten angeben, ob sie bei aggressiven Handlungen wie Sachbeschädigungen, verbalen und psychischen Angriffen, Telefonterror gegen Lehrkräfte, ausländerfeindlichen Sprüchen, Erpressungen und Bedrohungen überwiegend Jungen, Jungen und Mädchen oder überwiegend Mädchen registriert haben. Wir vermuteten, dass sich die stärkere Beteiligung der Jungen an Gewalthandlungen in den Wahrnehmungen von Schüler(innen) und Lehrer(innen) wieder finden lässt. Die meisten Lehrkräfte und Schüler(innen) haben jedoch angegeben, sowohl Jungen als auch Mädchen seien involviert in die beschriebenen Konfliktsituationen. Zwar muss einschränkend bemerkt werden, dass aus der Aussage so etwas habe ich bei Jungen und Mädchen beobachtet keine Angabe über das Ausmaß der quantitativen Beteiligung von Mädchen hervorgeht. Dennoch scheint es zwischen den Gewaltwahrnehmungen der Schülerinnen und Schüler und den Selbsteinschätzungen als Täterinnen und Täter erklärungsbedürftige Diskrepanzen zu geben. Selbst wenn Mädchen faktisch seltener die Fäuste einsetzen als Jungen, dürften derartige Wahrnehmungen ein Ausdruck dafür sein, dass Mädchen an den Gewalthandlungen partizipieren, vielleicht als Drahtzieherinnen oder motivierende Beifallsbekunderinnen im Hintergrund. Die Frage in diesem Zusammenhang lautet: Spielen Mädchen bei der durch Jungen ausgeübten Gewalt an der Schule eine Rolle – und wenn ja, welche?

Die „Rolle" der Mädchen bei Auseinandersetzungen zwischen Jungen

Die folgende Analyse befasst sich mit der Frage, ob Prügeleien zwischen Jungen die Funktion haben können, sich dem anderen Geschlecht gegenüber darzustellen und ob Mädchen Gewalthandlungen zwischen Jungen um ihre Person implizit begrüßen. In der schriftlichen Befragung richteten sich bestimmte Statements ausschließlich an Mädchen und andere ausschließlich an Jungen: Die Mädchen wurden gefragt, ob sie gerne zuschauen, wenn Jungen sich prügeln und ob sie sich geschmeichelt fühlen, wenn Jungen sich ihretwegen schlagen. Die Jungen sollten angeben, ob sie sich gerne schlagen, wenn sie weibliche Beobachter haben und ob sie mit anderen Jungen wegen Mädchen in Streit geraten. Das fünf Stufen umfassende Antwortspektrum reichte von stimmt ganz genau bis stimmt gar nicht. In der folgenden Tabelle sind die prozentualen Anteile derjenigen Mädchen und Jungen entlang der besuchten Schulform abgebildet, die den Statements teilweise, überwiegend oder ganz genau zustimmen konnten.

Tabelle 1:
Zustimmung zu Interaktionen, die auf das andere Geschlecht bezogen sind . . .

Geschlechtsbezogene Interaktionen	Mädchen (n = 1718)				
Schülerinnen an . . .	Sonderschulen (n = 51)	Haupt- und Realschulen (n = 331)	Kooperativen Gesamtschulen (n = 537)	Integrierten Gesamtschulen (n = 351)	Gymnasien (n = 448)
Wenn sich Jungen prügeln, schaue ich gerne zu					
stimmt teilweise	14 %	24 %	29 %	24 %	18 %
stimmt überwiegend	12 %	8 %	7 %	9 %	5 %
stimmt ganz genau	26 %	13 %	12 %	16 %	3 %
Wenn sich zwei Jungen meinetwegen schlagen, fühle ich mich geschmeichelt					
stimmt teilweise	16 %	18 %	21 %	18 %	18 %
stimmt überwiegend	6 %	10 %	10 %	11 %	12 %
stimmt ganz genau	8 %	17 %	15 %	14 %	6 %
Geschlechtsbezogene Interaktionen	**Jungen (n = 1789)**				
Schüler an . . .	Sonderschulen (n = 68)	Haupt- und Realschulen (n = 375)	Kooperativen Gesamtschulen (n = 584)	Integrierten Gesamtschulen (n = 316)	Gymnasien (n = 446)
Ich schlage mich besonders gerne, wenn Mädchen dabei zuschauen					
stimmt teilweise	9 %	15 %	15 %	14 %	10 %
stimmt überwiegend	7 %	8 %	5 %	5 %	5 %
stimmt ganz genau	9 %	8 %	5 %	9 %	2 %
Meistens gerate ich mit einem anderen Jungen wegen Mädchen in Streit					
stimmt teilweise	21 %	14 %	14 %	17 %	9 %
stimmt überwiegend	13 %	6 %	7 %	6 %	4 %
stimmt ganz genau	6 %	7 %	4 %	5 %	2 %

Zwei Ergebnisse fallen auf den ersten Blick ins Auge: Mehr Mädchen als Jungen haben die an sie gerichteten Fragen zur eigenen Haltung gegenüber Jungenprügeleien bzw. -streitereien zustimmend beantwortet, und es gibt Unterschiede zwischen den Schülerinnen und Schüler der verschiedenen Schulformen. So schauen Mädchen an Gesamtschulen (immerhin fast 50 %) eher als Gymnasiastinnen einer Prügelei zwischen Jungen zu, und mehr Haupt- und Realschülerinnen als Gymnasiastinnen bekennen, sich geschmeichelt zu fühlen, wenn Jungen sich ihretwegen schlagen. Aber übersehen werden sollte nicht, dass immerhin 36 % der Schülerinnen an Gymnasien sich *nicht* ablehnend diesem Statement gegenüber verhalten. Jungen scheinen die Bedeutung von Mädchen als Anlass für Prügeleien etwas geringer einzuschätzen. Zwar lassen sich auch hier Unterschiede feststellen, die abhängig von der besuchten Schulform sind, aber insgesamt bewegt sich der Anteil der Jungen, die sich durch Mädchen zum Streiten motiviert fühlen, oder die sich wegen Mädchen schlagen, auf einem niedrigeren Niveau. Dennoch ist nicht zu vernachlässigen, dass sich etwa ein Viertel der Jungen an Haupt- und Realschulen, Kooperativen und Integrierten Gesamtschulen durchaus gerne in körperliche Auseinandersetzungen begeben, wenn sie weibliche Zuschauer haben. Zwischen 15 % und 40 % der Jungen an den unterschiedlichen Schulformen haben angegeben, wegen Mädchen mit anderen Jungen in Streit geraten zu sein. Klärungsbedürftig wäre die Frage, inwieweit es Mädchen gibt, die von Jungen Schlägereien als Ausdruck des Mannseins in bestimmten Interaktionen fordern und mit dieser Erwartung Gewalt initiieren und realisieren können. Diese Überlegung lässt sich jedoch mit schriftlich erhobenen Daten nicht weiterführen.
Die Frage nach der spezifischen „Rolle“ der Mädchen bei Auseinandersetzungen zwischen Jungen wurde daher in den qualitativen Interviews aufgegriffen. Bei Fragen, die auf eine mögliche Beteiligung von Mädchen am Interaktionsgeschehen gerichtet sind, ergibt sich in der empirischen Realität ein Problem: Wir gehen davon aus, dass ein nicht unerheblicher Anteil solcher Handlungen sich dem bewussten Zugriff und der Reflexionsfähigkeit der befragten Schüler(innen) entziehen. „Doing gender“ (vgl. West/ Zimmermann 1991) im Kontext schulischer Gewalthandlungen dürfte ebenso unbewusst verlaufen, wie „doing gender“ in anderen Interaktionssituationen, weil diese Praktiken selbstverständlich sind und nicht hinterfragt werden. Ein Bewusstsein über Interaktionsprozesse zur Herstellung und Demonstration der Geschlechterkonzepte setzt eine kritische Auseinandersetzung mit eigenen Sozialisationsprozessen voraus. Dies ist von

14- bis 16-jährigen Schüler(innen) nur bedingt zu erwarten. Um eine korrigierende Einschätzung „von außen" zu erhalten, sind die Lehrkräfte im Interview ebenfalls darum gebeten worden, ihre Sicht von problematischen Kommunikationssituationen, die durch das Verhalten von Mädchen hervorgerufen sein könnten, mitzuteilen. Für die folgende Darstellung wurden „typische" Argumentationsmuster aus der Sicht betroffener Akteure anhand ausgewählter Zitate herausgearbeitet.

Interessant ist, dass alle Befragten sich über den immensen Einfluss, den Mädchen auf das Gewaltverhalten der Jungen ausüben, einig sind. Obgleich Thomas, ein 15-jähriger Schüler eines Gymnasiums relativierend meint, es gäbe auch Mädchen, die Konflikte zwischen Jungen schlichten und sich von physisch gewaltsam Handelnden abgrenzten, ist er von einem Gewalt verstärkenden Einfluss der Mädchen überzeugt.

I. „Sag mal, meinst du denn, dass die Mädchen irgendwie einen Einfluss auf das, (. . .) Gewaltverhalten der Jungen haben"
„Ja, auf jeden Fall (. . .) Ja klar (. . .) ich würde sagen, wenn man auf einem Jungeninternat ist, da hat man irgendwie (. . .) keinen Grund sich zu schlagen (. . .). Wenn wenn man nur mit Jungen zusammen ist, dann hat man kein richtiges Sozialverhalten, (. . .) da fehlt irgendwas im Sozialleben, ne. Und dann kalbern sich (die Jungen) höchstens, wenn man Fußball spielt und einer foult einen, aber wenn (. . .) Mädchen dabei sind, ist ja klar, dann wird es komplexer. Ist ja genauso wie am Arbeitsplatz. Wenn nur Männer aufeinander sind, geht es meistens auch, also läuft es auch anders als wenn sie mit Frauen zusammenarbeiten. Das ist einfach so, denke ich, dass (. . .) der sexuelle Hintergrund immer irgendwie dahinter steht, dass (. . .) dann Aggressionen mehr hochkommen und dass man irgendwie, um der Frau zu imponieren, dass man (. . .) sich immer irgendwie in den Vordergrund stellen muss und dadurch auch die ganze (Gewalt). Gehen Sie einfach mal übern Schulhof in der Pause. Dann müssen Sie mal gucken, wie die Jungen rumlaufen (. . .). Und (. . .) dann müssen Sie mal sehen, wie die (Jungen) rauchen. Ich meine, ich rauche auch. Aber mir schmeckt es. Und das ist (bei denen) alles total cool. Alle sind sie megacool, also sagen wir fünfzig Prozent, und das, das kommt nur wegen den Mädchen (. . .). Dass die auch für irgendwie Aggression auch zuständig sind, aber die (. . .) beeinflussen es halt dann passiv (. . .) wieder. *(Thomas 1998: 25 f.)*

Die Lehrkräfte haben sich zu diesem Punkt auch sehr ausführlich geäußert und bestätigen die von Thomas vorgebrachten Argumente.

„Die Jungens, die streiten sich, aber die streiten sich anders, wenn Mädchen dabei sind und beobachten, (. . .). Die Mädchen spielen 'ne bestimmte Rolle (. . ..) und sie können den Konflikt durch ihre Anwesenheit gewaltig verstärken, falls es wirklich darum geht, 's Gesicht zu verlieren. Da ist jemand dabei, und da zeigt man Schwäche. Wenn man vorher vielleicht bereit gewesen wär´, den Konflikt noch in irgend 'ner Form verbal auszutragen, jetzt verliert man das Gesicht, und jetzt muss man sich behaupten, um zu beweisen, dass man der Stärkere ist" *(Herr K. 1998: 24).*

Diese Ergebnisse verweisen auf die Notwendigkeit, Mädchen bei Ansätzen einer gewaltmindernden Pädagogik mit einzubeziehen, denn sie gestalten die kommunikativen Prozesse und Konflikthandlungen an koedukativen Schulen mit. Die Resultate deuten darauf hin, dass es auch bei Mädchen problematische Formen der Geschlechtersozialisation gibt: die unkritische Übernahme eines weiblichen Geschlechterkonzeptes, in dem männliche Stärke bewundert und entsprechende (auch gewaltförmige) Konkurrenz zwischen Jungen als Bestätigung der eigenen weiblichen Attraktivität verbucht wird. Deutlich wird, dass in der Phase von Pubertät und Adoleszenz nicht nur Jungen, sondern auch Mädchen Hilfestellungen für die Aneignung und Gestaltung ihrer Geschlechterkonzepte benötigen. Entsprechende Ansätze sind seit längerem im Rahmen der kritischen Koedukationsdebatte entwickelt worden (vgl. z.B. Faulstich-Wieland 1995). Sie zielen zum einen auf eine Stärkung des Selbstbewusstseins von Mädchen, zum anderen auf eine Reflexion und Kultivierung des Umgangs zwischen den Geschlechtern.

Gezielte Jungen- und Mädchenarbeit: Hilfe bei der Suche nach flexiblen Geschlechterkonzepten

Die Jungen, mit denen wir uns in dieser Untersuchung befasst haben, sind zwischen 11 und 16 Jahre alt. Nachdem die Grundlagen ihrer männlichen Sozialisation in der Kindheit gelegt wurden, befinden sie sich nun in der turbulenten Phase von Pubertät und Adoleszenz. So gesehen sind die Jungen, um die es hier geht, „auf der Suche nach der Männlichkeit" (Böhnisch/Winter 1993: 77). Zugleich besteht aber eine erhebliche Gefährdung darin, dass gerade in dieser Phase pubertärer Verunsicherungen „Mannsein" lediglich als Synonym für Stärke, Durchsetzung und Gewalt verstanden und angeeignet wird. Dabei bewegen sich männliche Jugendliche oft in sozialen Umwelten, die alternative Orientierungen nicht bieten. In der Lebenswelt vieler Jungen und insbesondere in pädagogischen Einrichtungen mangelt es an realen männlichen Vorbildern; gleichzeitig werden in den Medien ununterbrochen Macho-Bilder zur Identifikation angeboten. Diese sind vor allem für solche Heranwachsenden attraktiv, die jenseits ihrer eigenen Körperkraft wenige oder gar keine Felder besitzen, aus denen sie Selbstbewusstsein schöpfen können. Unsere empirischen Ergebnisse zeigen, dass gerade solche Jungen körperlich gewalttätig agieren, die die stereotypen Bilder von Männlichkeit in den Medien besonders attraktiv finden.

Hiller (1993: 213) kommt zu pädagogischen Vorschlägen, die zunächst vielleicht befremdlich klingen mögen: „Schaffen wir Formen und Felder, in und auf denen Jungen und junge Männer Formen konstruktiver Aggressivität erlernen und kultivieren können und in denen eine Ritualisierung der destruktiven Anteile gelingt." Hiller konkretisiert diesen Vorschlag wie folgt: Je weniger Möglichkeiten an Austoben und Riskieren, an Abenteuern und Grenzerfahrungen in einer kinder- und jugendfeindlichen Umwelt vorhanden sind, umso mehr Äquivalente sollten dafür geschaffen werden. Solche Formen – Surfkurse, Felsklettern, Wildwasserfahrten oder Tieftauchen – in denen Vitalität erprobt, erfahren und geschult werden kann, müssten noch kostengünstiger und für viel mehr Jugendliche als bisher angeboten werden (vgl. Hiller 1993: 212). Es geht darum, auch diese Jungen zunächst einmal so zu akzeptieren, wie sie sind, und ihre Bedürfnisse ernst zu nehmen. „Darüber reden" oder gar moralische Appelle sind nicht die adäquaten pädagogischen Mittel. Vielmehr sollte der Drang der Jungen auf Aktivitäten, auf körperliche Bestätigung und Risikoerfahrung aufgenommen werden, um dann im Prozess des Erlebens und Auslebens Reflexionen anzustoßen und Aggressivitäten zu „kultivieren". Dies ist auch gerade für Jungen sinnvoll, die sich schlecht über kognitiv orientierte und sprachlich elaborierte Konfliktlösungsansätze erreichen lassen.

Ein solches Konzept verweist auf die Jugendarbeit als Kooperationspartner der Schule (vgl. Möller 1997, Stickelmann 1996). Doch auch in der Schulpädagogik selbst sind in den letzten Jahren interessante Konzepte erprobt worden: Da es insbesondere im koedukativen Sportunterricht immer wieder zu Beschwerden von Mädchen über rücksichtsloses Jungenverhalten gekommen ist, wurden vor allem dort Ansätze eines geschlechterbewussten Unterrichts entwickelt (vgl. Schmerbitz/Seidensticker 1998). Jungenarbeit im Sportunterricht setzt bei den vorhandenen körperlichen Stärken der Jungen an, versucht aber zugleich, soziale Kompetenzen zu vermitteln, Sensibilität, Kommunikations- und Konfliktfähigkeit zu stärken. Gleichzeitig geht mit diesen Konzepten einher, in einem phasenweise geschlechtergetrennten Sportunterricht auch männlich orientierte Sportinhalte zuzulassen und dem Bedürfnis der Jungen nach „Austoben" bei massivem Körpereinsatz zu entsprechen. Zu einem solchen Konzept passen die in der Bielefelder Laborschule erprobten Vorschläge, mit Kampfsportarten und „Klettern im Steinbruch" für Jungen Erlebnisse zwischen Neugierde,

Angst, Mut und Vertrauen zu schaffen – und durch eine Reflexion der damit verbundenen Selbsterfahrungen auch zu einem Aggressionsabbau beizutragen (vgl. Biermann 1997: 144). Andere Aktivitäten sprechen dann stärker Sensibilitätstraining an, z.B. Massagekurse, Saunabesuche, Yoga – auch dies wird Jungen in geschlechtsgetrennten Gruppen angeboten.

Weitere Berichte über Unterrichtskonzepte, die auf eine Förderung der sozialen Kompetenz bei Jungen zielen, befinden sich in der Studie „Soziale Jungenförderung", die von Kaiser (1997) herausgegeben wurde. Anknüpfend an den problematischen Aspekt innerhalb der männlichen Sozialisation, dass reale Männer und Vorbilder im Alltag der Jungen kaum vorhanden sind, wird eine Aufgabe der Jungenarbeit darin gesehen, Jungen Begegnungen und Gespräche mit Männern zu organisieren, in denen sie etwas über deren Leben erfahren können. Im Rahmen einer Tagung über soziale Jungenförderung an Schulen wurde von erfolgreich durchgeführten „Jungen- und Männerabenden" berichtet, zu denen männliche Lehrkräfte Jungen mit ihren Vätern abends in die Schule zum Kochen, Toben, Spielen und Diskutieren eingeladen haben.

Wichtige Aspekte in der schulischen Mädchenarbeit sollten sich auf den Umgang mit dem eigenen Körper beziehen: Mädchen brauchen autonome Räume, in denen sie eine von Jungen unabhängige Körperkultur entdecken und entwickeln können. Sie sollen lernen, eigene Ansprüche und Bedürfnisse ungestört wahrzunehmen und zu äußern und sich nicht immer nur mit der „männlichen Brille" zu sehen und zu beurteilen. Denn während Jungen ihren Körper eher nach funktionalen Gesichtspunkten bewerten, ist der weibliche Körper Medium sozialer und sexueller Attraktivität. Schon in der Grundschule betreiben Mädchen, angeregt durch die Medien, oft auch verstärkt durch ihre unmittelbare Umwelt, mit Eifer ihre eigene ästhetische Stilisierung nach den aktuellen Weiblichkeitsidealen (Middenhof-Greife/Linzen 1997: 135). In der Laborschule Bielefeld wurden vielfältige Übungen konzipiert, die dazu dienen, Mädchen zu stärken (vgl. Biermann 1997). Dazu gehören Spiele, die darauf ausgerichtet sind, dass Mädchen lernen, sich selbstbewusst und mit gerader Körperhaltung zu bewegen. Andere Übungen und Rollenspiele zielen auf eine Verbesserung der Durchsetzungsfähigkeit. So wird beispielsweise trainiert, überzeugend und ohne Rechtfertigungen berechtigte Ansprüche einzufordern. Mädchen sollten lernen, auf unangemessene Frage- und Bittstellungen zu verzichten, mit klarer, eindeutiger Stimme bei gutem Stand, gerader Haltung und Blickkontakt zu kommunizieren und doppelte Botschaften zu unterlassen.

All diese Konzepte sind nicht primär unter einer gewaltpräventiven Perspektive entwickelt worden, lassen sich aber durchaus in diesem Kontext einsetzen. Auch die vorliegenden Ratgeber und Programme zum sozialen Lernen in der Schule sind für die Arbeit mit Jungen und Mädchen interessant (vgl. z.B. Lerchenmüller 1986). Die vielfältigen Aktivitäten, die in der Bielefelder Laborschule im Rahmen einer geschlechterbewussten Pädagogik realisiert wurden, zielen auf eine Stärkung der Persönlichkeit, des Selbstvertrauens, auf Verbesserungen des Kommunikationsverhaltens und der Sozialkompetenz und auf Erweiterung der körperlichen Wahrnehmungs- und Ausdrucksmöglichkeiten – und zwar bei Jungen *und* Mädchen. Diese erfolgen auch zeitweise im geschlechtergetrennten Unterricht. So wird mit Mädchen- bzw. Jungenkonferenzen ein Forum geschaffen, Probleme mit dem jeweils anderen Geschlecht zu thematisieren und über das eigene Verhalten, aber auch über individuelle Wünsche und Bedürfnisse nachzudenken (vgl. Biermann 1997: 175ff.). Auf der anderen Seite erhalten Jungen und Mädchen in koedukativ organisierten, fächerübergreifenden Unterrichtsprojekten, etwa zum Thema „Liebe, Freundschaft, Sexualität" die Möglichkeit, gemeinsam über die Problematik bestehender Geschlechterkonzepte und der damit verbundenen soziale Erwartungen nachzudenken (vgl. Biermann/Schütte 1996). Mit solchen Ansätzen der Sensibilisierung und Stärkung von Jungen *und* Mädchen ist die Hoffnung verbunden, Jugendliche dazu zu bewegen, weder an traditionellen Geschlechtsrollen festzuhalten, noch Gewalt gegen andere ausüben zu müssen.

Literatur

Biermann, Christine; Schütte, Marlene (1996): Verknallt und so weiter. Wuppertal

Biermann, Christine (1997): Kritische Koedukation: Mädchen und Jungen in der Laborschule (Werkstatthefte Nr. 10). Bielefeld

Böhnisch, Lothar; Winter, Reinhard (1993): Männliche Sozialisation. Weinheim/München

Faulstich-Wieland, Hannelore (1995): Geschlecht und Erziehung – Grundlagen des pädagogischen Umgangs mit Jungen und Mädchen. Darmstadt

Freitag, Markus; Hurrelmann, Klaus (1993): Gewalt an Schulen. In erster Linie ein Jungen-Phänomen, in: Neue deutsche Schule, 8: 24–25.

Greszik, Bethina; Hering, Frank; Euler, Harald A. (1995): Gewalt in den Schulen. Ergebnisse einer Befragung in Kassel, in: Zeitschrift für Pädagogik, 41 Jg., 2: 265–284

Hiller, Gotthilf Gerhard (1993): Nichts gegen rechte Kerle. Zehn Ratschläge an Erwachsene zur Kultivierung der Aggressivität von Kindern und Jugendlichen. In: Neue Sammlung, 33. Jg., 2: 207–213

Holtappels, Heinz Günter; Meier, Ulrich (1997): Gewalt an Schulen. Erscheinungsformen von Schülergewalt und Einflüsse des Schulklimas, in: Die Deutsche Schule, 89. Jg., 1: 50–62

Kaiser, Astrid (Hrsg.) (1997): Koedukation und Jungen. Soziale Jungenförderung in der Schule. Weinheim

Lerchenmüller, Hedwig (1987): Soziales Lernen in der Schule. Zur Prävention sozialauffälligen Verhaltens. Ein Unterrichtsprogramm für die Sekundarstufe I. Bochum

Melzer, Wolfgang; Rostampour, Parviz (1996): Schulische Gewaltformen und Opfer-Täter-Problematik, in: Schubarth, Wilfried et al.: (Hrsg.): Gewalt an Schulen. Ausmaß, Bedingungen und Prävention. Opladen: 131–148

Middenhof-Greife, Hedwig/Lintzen, Brigitte (1997): Die Frau im Körper. Körperorientierte Mädchenarbeit während der Pubertät, in: Biermann, Christine (Hrsg.): Kritische Koedukation: Mädchen und Jungen in der Laborschule (Werkstatthefte Nr. 10). Bielefeld: 135–142

Popp, Ulrike (1997): Geschlechtersozialisation und Gewalt an Schulen, in: Holtappels, Heinz Günter et al. (Hrsg): Forschung über Gewalt an Schulen. Erscheinungsformen und Ursachen, Konzepte und Prävention. Weinheim und München

Möller, Kurt (Hrsg.) (1997): Nur Macher und Macho? Geschlechterreflektierende Jungen- und Männerarbeit. Weinheim und München

Schmerbitz, Helmut; Seidensticker, Wolfgang (1998): Jungenparteilicher Sport in der Schule? In: Mädchen und Jungen im Schulsport. Dokumentation einer Fachtagung, hrsg. vom Landesinstitut für Schule und Weiterbildung. Bönen: 163–173

Schubarth, Wilfried (1993): Schule und Gewalt: ein wieder aktuelles Thema, in: Schubarth, Wilfried/Melzer, Wolfgang (Hrsg.): Schule, Gewalt und Rechtsextremismus. Opladen: 16–43

Stickelmann, Bernd (Hrsg.): Zuschlagen oder Zuhören. Jugendarbeit mit gewaltorientierten Jugendlichen. Weinheim und München

Tillmann, Klaus-Jürgen; Holler-Nowitzki, Birgit; Holtappels, Heinz Günter; Meier, Ulrich; Popp, Ulrike (1999): Schülergewalt als Schulproblem. Verursachende Bedingungen, Erscheinungsformen und pädagogische Handlungsperspektiven. Weinheim und München

Todt, Eberhard/Busch, Ludger (1994): Aggression und Gewalt in Schulen, in: Recht der Jugend und des Bildungswesens, 42. Jg., 2: 174–186

West, Candance; Zimmermann, Don H. (1991): Doing gender, in: Lorber, Judith/Farrell, Susan A. (Ed.): The social construction of gender. London: 13–37

Witzel, Andreas (1985): Das problemzentrierte Interview, in: Jüttemann, Gerd (Hrsg.): Qualitative Forschung in der Psychologie, Weinheim und Basel: 227–256

Würtz, Stefanie/Hamm, Sabine/Willems, Helmut/Eckert, Roland
(1996): Gewalt und Fremdenfeindlichkeit in der Erfahrung von Schülern und Lehrern, in: Schubarth, W./Kolbe, F.-U./Willems, H. (Hrsg.): Gewalt an Schulen. Ausmaß, Bedingungen und Prävention. Opladen: 85–130

Christiane Wortberg

„Macht uns nicht an!" Mädchen schreiben ein Buch für Mädchen

Im April 1998 erschien das Buch „Macht uns nicht an! Tipps und Tricks der Selbstbehauptung von Mädchen für Mädchen" (Wortberg Hg., 1998). Schon der Titel macht das ungewöhnliche deutlich: Mädchen selbst waren die Autorinnen und wendeten sich in aller Öffentlichkeit an Gleichaltrige. Ist es schon ungewöhnlich, dass Mädchen dieses Medium nutzen, um sich mitzuteilen, so erfahren die LeserInnen im letzten Kapitel, dass die acht Autorinnen Schülerinnen einer Sonderschule für (sog.) Lernbehinderte sind. Dies Tatsache löst Fragen aus:
„Wie ist es möglich ein solches Buchprojekt mit Sonderschülerinnen durchzuführen?"
„Lässt sich eine solche Arbeit in andere Praxisfelder übertragen?"
Diesen Fragen nachzugehen und das Buchprojekt in seiner Gesamtheit vorzustellen, ist Inhalt des Workshops gewesen und soll an dieser Stelle wieder gegeben werden.

1 Die Entstehungsgeschichte

Im Schuljahr 1996/97 wurde in Kooperation mit der kommunalen Frauenbeauftragten der Stadt Greven, der Regionalstelle Frau und Beruf, Kreis Steinfurt, und der Johannesschule Greven für Mädchen der Jahrgangsstufen acht und neun das Projekt „Erschließung neuer Berufsfelder für Mädchen in Handwerk und Technik" durchgeführt. Hierin eingebunden waren mehrere von mir geleitete Projekttage zum Thema „Selbstbehauptung und Selbstverteidigung". In dieser Zeit sind mir verschiedene Eigenschaften und Kompetenzen der Mädchen als herausragend aufgefallen:

- Jede benannte und respektierte die Fähigkeiten einer jeden anderen.
- Vorhandenes Wissen und Können wurden nicht in Konkurrenz zu dem einer Mitschülerin gesetzt.
- Die Mädchen hörten einander zu und nahmen sich grundsätzlich ernst.
- Wenn nötig war jede bereit, eine andere zu unterstützen.

- Alle waren neugierig und offen, Dinge zu lernen und auszuprobieren, die einen unmittelbaren Bezug zu ihrem Alltag hatten.

Die hiervon geprägte Atmosphäre und Gruppendynamik sind wichtige Gründe gewesen, warum ich mit dieser Gruppe weiterarbeiten wollte. Zudem wurde in anderen Gruppen von vielen Mädchen ein Buch angefragt, in welchem sie ihr in Selbstbehauptungs- und Selbstverteidigungskursen erworbenes Wissen nachlesen könnten. In der bereits vorhandenen Kooperationsstruktur diskutierten wir die Idee, ein solches Buch im Rahmen eines Projektes mit den Schülerinnen zu schreiben. Als weitere wichtige Kooperationspartnerin konnte das Referat für Frauensozialarbeit des Diakonischen Werkes Westfalen gewonnen werden. In der Schule erklärte man sich umgehend bereit, das Fach „Arbeitslehre" im kommenden Schuljahr geschlechts getrennt durchzuführen, so dass das Projekt mit einer Doppelstunde pro Woche in den Unterricht eingebunden war. Dies ist eine wesentliche Voraussetzung der kontinuierlichen Arbeit gewesen. Lebensalltag und weite Wege im ländlichen Raum hätten eine kontinuierliche Teilnahme der Schülerinnen an diesem Projekt außerhalb des Unterrichtes verhindert. Damit die unterschiedlichsten Aspekte dieser besonderen Form der Mädchenpädagogik und Gewaltprävention in der (Sonder-)schule und der weit reichenden KooperationspartnerInnenschaft auch für andere in Pädagogik und Schule Tätige nutzbar ist, wurde die wissenschaftliche Begleitung und eine abschließende Veröffentlichung der Projekterfahrungen vereinbart (Diakonisches Werk der Ev. Kirche von Westfalen et al., 1999).

Alle Überlegungen hätten jedoch nicht umgesetzt werden können, wenn nicht die Mädchen selbst ihre Zustimmung zum Projekt gegeben hätten. Denn schließlich sollten sie zu „Akteurinnen ihrer Lebenswelt" werden (Klees-Möller, 1999). Das bedeutete vor allem:

- *mit* den Mädchen *gemeinsam* planen,
- *mit* ihnen *gemeinsam* diskutieren und entscheiden,
- ihnen *zuhören* und aus ihren Meinungen und Bedürfnissen gegebenenfalls die nächsten Schritte ableiten (Wortberg,1999).

So galt es nicht nur in der Mädchengruppe eine Entscheidung zu fällen, sondern die Schülerinnen zunächst zum Schreiben eines Buches zu motivieren.

2 Die Motivation

„Machen wir wieder Selbstverteidigung?" lautete die begeisterte Frage, als ich die Mädchen kurz vor den Sommerferien 1997 in der Schule aufsuchte. Konfrontiert mit der Idee, im kommenden Schuljahr gemeinsam ein Buch zu diesem Thema zu schreiben, wich die Begeisterung der Skepsis bis hin zur offenen Ablehnung: „Das traust du uns doch nicht wirklich zu!!!", „Warum gehst du nicht zum Gymnasium? Die können so etwas bestimmt – aber wir doch nicht!" Es bedurfte einer grundlegenden Auseinandersetzung um die Gründe, warum ich mich mit diesem Anliegen sehr bewusst an sie wandte. Es galt sowohl ihre Kenntnisse der Selbstbehauptung und Selbstverteidigung wie auch ihre sozialen Kompetenzen zum Mittelpunkt der Auseinandersetzung zu machen. Ihre Unsicherheit, nur unzureichend über sprachlichen Ausdruck und Rechtschreibkenntnisse zu verfügen (und sich damit zu blamieren), war ein weiteres wichtiges Gesprächsthema. Die Zusicherung, dass die diesbezügliche Verantwortung bei mir lag und vor allem, dass es keine Zensuren geben würde, ließ die Neugierde auf einen so ungewöhnlichen Unterricht in der eigenen Mädchengruppe dann doch wachsen. Die letzte Sicherheit fanden die Mädchen in ihrer Entscheidung, dass keine Lehrerin während der Projektstunden anwesend sein sollte. Grundsätzlich waren sie jedoch damit einverstanden, dass ich mit einer Lehrerin kooperieren konnte, wenn schulische und organisatorische Fragen dies erforderten.

Die aber wohl bedeutsamste Tatsache, sich einstimmig für das Projekt zu entscheiden, war letztendlich die Aussicht *„Wir werden berühmt"*. Wenn die Mädchen auch einen Rest Skepsis gegenüber meinem Optimismus beibehielten, dass zu Ostern unser Buch öffentlich in den Regalen ausliegen würde, so reizte sie die Aussicht etwas zu tun, was keine von ihnen bis dahin für möglich gehalten hätte.

3 Grundlagen der gemeinsamen Arbeit

Ermöglichte die Integration des Projektes in den Unterrichtsalltag die kontinuierliche Teilnahme der Mädchen, galt es dennoch, die ihnen gewohnte Unterrichtsstruktur aufzubrechen. Die verbale Zusicherung, dass keine schulische Bewertung ihrer Leistungen erfolgen würde, reichte nicht aus, um den Schritt von einer Schülerin zur Autorin wirklich gehen zu können. So bildeten wir bei unserem ersten Arbeitstreffen zunächst eine Redaktion: Alle Schulbücher verschwanden, die Tische wurden zu einem Konferenztisch zusammengestellt, Essen und Trinken waren erlaubt. Die Mädchen konnten mich als Redakteurin (nicht als Lehrerin!), wenn sie wollten, mit Vornamen und „Du" ansprechen.

Gemeinsam wurde als Nächstes entwickelt, wie die Arbeit organisiert werden sollte:

- Treffen in der gesamten Redaktionsrunde zu Beginn einer jeden Stunde,
- Aufteilung anstehender Arbeiten nach vorhandenen persönlichen Interessen und Stärken,
- Beendigung eines jeden Treffens mit einer gemeinsamen Diskussion und gegebenenfalls Ergänzung der bewältigten Aufgaben sowie der Vorschau auf die nächste Stunde.

Schrittweise ergänzt wurde diese Struktur durch weitere Entscheidungen. So verblieben die Arbeitsunterlagen in einem eigens dafür besorgten Ordner im Büro des Schulleiters. Die Mädchen selbst hatten so jederzeit Zugang zu ihnen und sie waren dort sicher vor dem unerwünschten Zugriff anderer: „Da klaut uns die keiner!". Kopien habe ich jedes Mal zur Überarbeitung mit nach Hause genommen.

Auf meine Nachfrage zu Beginn der zweiten Stunde, wer die bereits fertigen Texte vorlesen möchte, stellt sich keine zur Verfügung. Offensichtlich sind die Mädchen sich dessen zu unsicher. Als ich diese Aufgabe dann übernehme, zeigt es sich, dass es alle genießen, auf diese Art und Weise ihre Arbeit erfolgreich präsentiert zu bekommen. In Folge dessen wurde auch diese Präsentationsform zu einem festen Bestandteil einer jeden Stunde.
Nicht nur Grundlage sondern auch wesentliche Voraussetzung für eine vertrauensvolle Zusammenarbeit ist die Akzeptanz der folgenden Entscheidung und ihre Vermittlung in den Projektbeirat gewesen: Unmissverständlich haben die Mädchen (zunächst) festgelegt, dass sie sich nur dann mit einer Veröffentlichung des Buches einverstanden erklären, wenn sie Pseudonyme verwenden können und darüber hinaus nirgendwo bekannt gegeben wird, dass sie Sonderschülerinnen sind.

4 Das Erarbeiten der Texte

Für die Erarbeitung der Texte (ohne Vor- und Nachwort) benötigten wir insgesamt sieben Doppelstunden. Begonnen haben wir damit, dass ich großformatiges Papier ausgelegt habe, auf denen die Mädchen je ein Stichwort zur Selbstbehauptung und Selbstverteidigung festhielten. Diese bildeten die Grundlage der einzelnen Kapitel. Anschließend wurde in selbst gewählten Kleingruppen – Fachredaktionen – darüber beraten, welche Informationen für sie selbst im Kurs und ihrer Meinung nach für andere Mädchen wichtig gewesen sind. So weit es ihnen möglich war, haben sie diese aus formuliert. Immer wieder entstanden Schwierigkeiten, die eigenen Ideen und Gedanken wirklich zu Papier zu bringen. Insbesondere zwei Methoden waren dann hilfreich: Das oder die Mädchen erzählen einmal ohne Unterbrechung. Im zweiten Schritt wiederholen sie das Gesagte Schritt für Schritt als Diktat. Oder aber, wenn ihnen Details in der Darstellung insbesondere von Gefühlen fehlten, haben wir Übungen aus dem Kurs wiederholt, und die Beteiligten erzählten unmittelbar, was sie erlebten. Unterstützung durch andere war dabei nicht nur erwünscht sondern wurde auch gerne angeboten. Mit der Zeit griffen die Mädchen auch von sich selbst aus auf das Prinzip „eine beschreibt, die andere schreibt“ zurück. Nach einem Treffen, in dem es kaum möglich war konzentriert zu arbeiten, gab ich den Mädchen Hausaufgaben zum Thema „Tricks, die Mäd-

chen anwenden können" auf. Wie sich herausstellte, wurde diese Aufgabe nur von den wenigsten tatsächlich in Angriff genommen. Es wurde deutlich, dass diese Form für unser Projekt abgelehnt wurde, oder positiv ausgedrückt: Das Selbstverständnis der eigenen Redaktion war so verinnerlicht, dass die schulische Form der schriftlichen Hausaufgaben nicht in unser Projekt passte. Zwei Mädchen hatten jedoch gemeinsam ein Rollenspiel entwickelt, das alle begeisterte. In der Wiederholung wurde es Wort für Wort diktiert und erhielt im Buch den Titel „Neulich in der Disco".
Zwei Mädchen merkten an, dass ihnen manchmal ganz spontan während der Woche gute Ideen kämen, sie diese aber bis zum nächsten Treffen vergessen hätten. Weitere erzählten sofort von ähnlichen Erlebnissen. Gemeinsam wurde nach einem Umgang mit dieser Situation gesucht. Das Ergebnis lautete: „Wann immer einem Mädchen etwas einfällt, schreibt sie dies so schnell wie möglich auf und bringt es zur nächsten Stunde mit". Gemeinsam wurde dann überlegt, in welche Kapitel die Beiträge gehörten. Auf diese Art und Weise wurde insbesondere der Inhalt des Vorwortes zusammengetragen. Und so entwickelte sich auch die Diskussion um die Vor- und Nachteile von Tränengas. Ein Wort ergab das andere und am Ende war ein neues Kapitel entstanden: „Hilfreiche und weniger gute Mittel".
Eine Diskussion, die während unserer Arbeit in den ersten drei Monaten immer wieder auftauchte, war die Frage „Wenn das Buch später einfach so öffentlich zu haben ist, dann geht doch bestimmt so ein Typ extra los, liest das durch und überlegt sich dann, wie er mich am besten überfallen kann!" In der lebhaften und manchmal auch hitzig geführten Diskussion stellten die Mädchen fest, dass Belästigung und Gewalt in ihrem Alltag tatsächlich real abgenommen habe, seitdem sie den Kurs gemacht hatten und ihr Wissen über die Bucharbeit festigten. Sie entschieden sich, dass ein offensiver Umgang mit dem Problem den größten Schutz vor einem missbräuchlichen Umgang mit dem Buch sein werde. Dies machten sie im Vorwort deutlich und fassten dort zusammen: „Dieses Buch ist nicht dazu geeignet, Angriffe zu lernen!!!".
Bei aller konstruktiven Arbeit und ihren sichtbaren Ergebnissen, galt es dennoch zwischendurch, die Motivation zu bestätigen. So legten wir in dieser Phase auch ein ‚Kaffekränzchen der Erholung' ein. Alle waren sich einig, dass so viel Arbeit auch einmal belohnt werden musste.
Fast schon ‚nebenbei' aber dennoch sehr selbstbewusst griffen die Mädchen nach Fertigstellung der ersten Texte erneut die Diskussion auf, unter

welchem Namen, das Buch veröffentlicht werden sollte. Jetzt, wo das Manuskript sichtbar vor ihnen liegt, möchten sie auch offiziell genannt und vor allem dafür in und von der Öffentlichkeit anerkannt werden. Sie entschieden sich neu für die Nennung ihrer wirklichen Namen.
Die endgültige Fassung des Vorwortes, aber vor allem das letzte Kapitel entstehen zu einem späteren Zeitpunkt. Dies vor allem auch deshalb, weil viele sich erst nach der fotografischen Arbeit dazu äußern können, was sie anderen Mädchen mit diesem Buch auf den Weg geben möchten und was es ihnen selbst bedeutet. Und erst jetzt wird es eine ganz wichtige Auseinandersetzung, sich als beSONDERe Schülerinnen zu ‚outen'. Das entsprechende letzte Kapitel ist am meisten und heftigsten Wort für Wort diskutiert worden. Sein Titel lautet „Ein Happy End der Selbstbehauptung". Bevor es dazu kommen konnte, lagen noch einige Wochen mit weiteren Arbeitsaufgaben vor ihnen.

5 Arbeiten vor und hinter der Kamera

Ende November war es endlich so weit: Aufnahmen mussten geplant und gemacht werden. Auch galt es eine Entscheidung zu treffen, welche Jungen in diese Arbeit einbezogen wurden. Zwar hatte ich eine längere Diskussion erwartet, doch fiel die Entscheidung einmütig innerhalb von drei Minuten. Alle Mädchen waren sich einig, dass nur zwei Jungen ihren zuvor diskutierten und festgelegten Kriterien entsprachen:

- Fähigkeit zur Kooperation,
- solidarisches Verhalten und keine blöden Sprüche,
- Anerkennung der Fähigkeiten Einzelner und Respekt vor der Leistung der Gruppe,
- akzeptables, fotogenes Aussehen.

Eine eventuelle Ablehnung der Jungen wurde gar nicht erst in Betracht gezogen, denn „die können doch stolz darauf sein, dass sie mitmachen dürfen!".
Auch an dieser Stelle ist die hohe Kooperationsbereitschaft der Schule anzuerkennen. Die Jungen wurden vom ‚üblichen' Unterricht frei gestellt, wann immer es nötig war.
Bevor es an die eigentliche fotografische Arbeit ging bereiteten wir in der Redaktion die Illustration inhaltlich vor. Zudem überlegten die Mädchen gemeinsam, welche Selbstverteidigungstechniken abgebildet werden soll-

ten. Auf der Grundlage ihrer persönlichen Vorlieben und Stärken entschieden sie wer welche Technik darstellen sollte. Hierzu gehörte auch die Wahl ihres Partners. Nach mehreren Probedurchgängen und einer gemeinsamen Besichtigung des Schulhofes bzw. der allernächsten Umgebung konnte der große Fototermin stattfinden. Eine freie Journalistin der Lokalzeitung wurde zur Mitarbeit gewonnen. Sie erläuterte den Mädchen auch den Aufbau einer Kamera und die wesentlichen Techniken des Fotografierens. Alle haben sich mit viel Spaß und Engagement an diesen Stunden beteiligt. Einige Mädchen haben es darüber hinaus genossen, ihre schauspielerischen Fähigkeiten heraus zu stellen. Die Bilder wurden entlang dieser Fragen ausgewählt:

- Welches Bild verfügt grundsätzlich über eine hohe Aussagekraft?
- Stimmen Mimik und Gestik mit der gewünschten Aussage überein?
- Ist die Bildschärfe gut?

Noch fehlende Bilder wurden in einer weiteren Stunde von uns gemeinsam aufgenommen.

6 Betriebsbesichtigungen

Was passiert mit unserem Manuskript? Wie sieht der weitere Weg zur Fertigstellung des Buches aus? Auch diesen Fragen wurde nachgegangen. Zunächst besuchten wir den Unrast-Verlag, in dem *unser* Buch erschienen ist. Am Beispiel des eigenen Manuskriptes bzw. Buches erfuhren die Mädchen alles Wissenswerte über die unterschiedlichen Aufgaben eines Verlages. Ihr besonderes Interesse galt der Arbeit des Satzes am PC – konnten sie doch selbst ausprobieren, auf welche Art und Weise *ihr* Manuskript bearbeitet werden konnte. Abgerundet wurde der Besuch durch ein gemeinsames Gespräch zur Titelgestaltung.
Eine zweite Betriebsbesichtigung führte in eine Druckerei vor Ort. Jeder Arbeitsplatz, vom Büro über die Druckvorstufe bis zur Druckerei, wurde den Schülerinnen vorgestellt. Vieles konnten sie auch selbst ausprobieren. Ein reges Gespräch über die Schlüsselqualifikationen und schulischen Voraussetzungen für die verschiedenen Berufe entwickelte sich. Mit großem Engagement führten die Mädchen eine Diskussion um die Gleichberechtigung von (jungen) Frauen in diesem Handwerk. Kritik übten sie an der Tatsache, nie darüber informiert worden zu sein, dass auch für sie, die Sonderschülerinnen, zumindest ein Praktikum im Druckhandwerk möglich gewesen wäre.

7 Öffentlichkeitsarbeit

Es galt nicht nur das Buch als fertiges Ergebnis der Öffentlichkeit vorzustellen, sondern auch das Projekt mit all seinen besonderen Aspekten: die weit reichende Kooperation der verschiedenen Träger, die mädchenpädagogischen und berufsorientierenden Aspekte, die außergewöhnliche Form der mädchenparteilichen Gewaltprävention und die Rolle der Mädchen als Mittlerin ihrer eigenen Lebenswelt sowie die besondere Form des Unterrichtes. Erste Berichte in den lokalen Medien zum Projektbeginn und über die Betriebsbesichtigung der Druckerei wurden von der Gleichstellungsbeauftragten organisiert. Weitere, für die Autorinnen mit viel Aufregung aber auch Aufwand verbundene Aufgaben der Öffentlichkeitsarbeit bedurften sehr genauer Absprachen zwischen den TrägerInnen, Projektleitung und Redaktionsgruppe.
Auf den Wunsch des Jugendhilfeausschusses, dass die Mädchen ihr Projekt während einer Sitzung vorstellen sollten, reagierten diese zunächst mit

unverhohlener Ablehnung. Nach einer grundlegenden Information über und Diskussion um den politischen und gesellschaftlichen Stellenwert, den eine solche Präsentation (und vor allem auch ihr Buch) hatte, stimmten die Mädchen der Vorstellung in dem Gremium zu. Dort *selbst* für ihre Sache einzutreten, bedeutete eine große Überwindung. Letztendlich waren sie jedoch stolz auf sich, diesen Schritt gegangen zu sein, und glücklich über den Artikel und das Bild in der Zeitung.
Ganz anders fiel die Reaktion auf die Anfrage des lokalen Radiosenders nach einem Interview aus. Alle waren begeistert von der Vorstellung, im Radio sprechen zu können. Gleichzeitig äußerten sie eine allgemeine Ratlosigkeit darüber, was an ihnen und ihrer Redaktion denn so spannend sein könnte, dass sie es erzählen sollten. Die Vorbereitung des Interviews war schließlich gleich bedeutend mit einer ersten gemeinsamen Reflexion der vergangenen Monate. Befragt wurden die Mädchen zunächst in der Schule. Einen Tag später fuhren wir gemeinsam zum Sender, wo sie während einer Jugendsendung live befragt wurden. Wie stark das Selbstbewusstsein der Mädchen durch ihre Arbeit in der Gruppe und am Buch gewachsen war, wurde hier in aller Öffentlichkeit deutlich. Korrigierten sie den Redakteur schon dahingehend, dass sie keine Autoren sondern Autor*innen* seien, so antwortete ein Mädchen während der Live-Aufnahme auf die Frage „Wie verhält es sich denn mit den Jungen an eurer Schule?“: „Also wir wollen hier gar nicht über die Jungen sprechen, sondern über uns, und was für andere Mädchen wichtig ist!“.
Den Höhepunkt der Öffentlichkeitsarbeit stellte im Mai 1999 die öffentliche Präsentation des Buches dar. Sowohl die Einladung als auch die Art der Präsentation bereiteten wir in mehreren Stunden vor. Die Mädchen hatten sich für eine Form entschieden, die ihnen entsprach und zudem für viel Spaß sorgte: Im Rollenspiel stellten wir gemeinsam verschiedene Phasen unserer Redaktionsgruppe und Arbeit dar. Dieses führten wir zunächst während der schulinternen Feier anlässlich der Bucherscheinung auf.
Zur Veranstaltung in der Stadtbücherei Greven kamen Fachleute aus den Bereichen Schule, Jugendhilfe und Politik, Familienangehörige, LehrerInnen, interessierte BürgerInnen und selbstverständlich auch die Presse. Die Ansprachen der Frauenbeauftragten, des Bürgermeisters, des ehemaligen Schulleiters und der große Beifall, den die Mädchen für ihr Buch und ihre Präsentation ernteten, war für alle ein ganz besonderes Erfolgserlebnis. Die Autogrammstunde rundete das Erlebnis ab, dass ein ganz besonderer Traum wahr geworden ist: der Wunsch berühmt zu sein.

8 Die Übertragbarkeit

Hinsichtlich der Übertragbarkeit dieses Projektes kann die Frage sicher nicht lauten, wo und mit wem gemeinsam kann ein Buch geschrieben und veröffentlicht werden. Vielmehr sind es unterschiedliche Aspekte, die in verschiedenen Praxisfeldern von Bedeutung sind bzw. sein können. Zentral sind dabei die Mädchen in ihrer Lebenswelt und ihre geäußerten Interessen und Bedürfnisse. Sie bilden gleichermaßen den Ausgangspunkt und das Ziel. Mit ihnen gemeinsam ein Projekt umzusetzen, wie hier das Buch zu schreiben, erfordert das unerschütterliche Vertrauen in ihr Wissen und ihre Fähigkeiten (auch wenn sonst kaum jemand daran glaubt). Diese Haltung ermöglicht es, auch in schwierigen Momenten die Motivation aufrecht zu erhalten. Wichtig ist ebenfalls die Wahl der Methoden. Sie sollten den Mädchen bereits weit gehend bekannt sein. Das Vertraute ermutigt sie, auch ungewöhnliche Herausforderungen anzunehmen.

Das Aufgreifen der authentischen Interessen (wir möchten uns behaupten und wehren können), das zur Verfügung Stellen eines eigenen, besonderen Raumes (Redaktionsgruppe), das Ungewöhnliche (obwohl kein Unterricht wurde „von allem was dazu gelernt“) und die Absehbarkeit des Projektes (es gibt ein Ziel) – dies alles ist in verschiedenen Bereichen der Mädchenarbeit und zu anderen Themen denkbar.

Der Umfang eines Projektes ist sicherlich nicht zuletzt auch von möglichen Kooperationspartnerschaften abhängig. Die Vielfalt der durchgeführten unterschiedlichen Arbeiten und Aktionen ist vor allem auch deshalb möglich gewesen, weil vor Ort Pädagoginnen aus unterschiedlichen Institutionen, die Frauenbeauftragte, Schulleiter und LehrerInnen ihr Wissen, Können und auch finanzielle Ressourcen gebündelt und nicht in Konkurrenz gesetzt haben. Dies erfordert ein hohes Engagement. M. E. liegt darin aber nicht nur eine lohnenswerte Aufgabe, sondern auch eine zukünftig steigende Anforderung an Schule, Jugendhilfe und Politik.

Die Stärkung des Selbstbewusstseins der Mädchen durch Erstellen eines Produktes, das unmittelbar ihre Interessen aufgreift und darüber hinaus die Möglichkeit bietet, neue Erfahrungen zu machen, ist grundsätzlich dort machbar, wo Mädchen über einen längeren Zeitraum aufeinander treffen. Produkte in diesem Sinn können sein: Zeitungsartikel, Ausstellungen von Bildern/Fotos, Videofilme oder Webseiten. Vorausgesetzt, dass die Pädagogin bereits selbst über Kenntnisse in diesen Bereichen und ein Netz von Verbindungen verfügt, können solche Projekte auch in einem Bereich mit relativ hoher Fluktuation wie beispielsweise einem Frauenhaus oder in der mobilen Betreuung durchgeführt werden.

Abschließend soll an dieser Stelle festgehalten werden, dass die produktionsorientierte Projektarbeit mit Mädchen diesen die Möglichkeit bietet über einen engen, abgegrenzten Raum hinausgehend, öffentlich für ihre Belange ein zu treten. Dies bedeutet eine Stärkung und Erfahrung der Mädchen, die nicht nur in der Gewaltprävention von erheblicher Bedeutung ist.

Literatur

Diakonisches Werk der Ev. Kirche von Westfalen; Gleichstellungsstelle der Stadt Greven, Regionalstelle für den Kreis Steinfurt (Hrsg.), 1999: „Ich hab' von allem was dazugelernt ..." Neue Ansätze in der Mädchenarbeit. Münster

Klees-Möller, Renate, 1999: Ich hab' von allem was dazugelernt, Ergebnisse und Erfahrungen aus dem Projekt „Macht uns nicht an!". In: Betrifft Mädchen, Heft 2/99. Münster, S. 21–22

Wortberg, Christiane, 1999: Von Mädchen ausgehen – mit Mädchen ein Buch über Selbstbehauptung und Selbstverteidigung schreiben. In:

Diakonisches Werk der Ev. Kirche von Westfalen et. al. (Hrsg.): „Ich hab' von allem was dazugelernt ..." Neue Ansätze in der Mädchenarbeit. Münster

Wortberg, Christiane (Hrsg.), 1998: „Macht uns nicht an!" Tipps und Tricks zur Selbstbehauptung von und für Mädchen. Münster

Brigitta Tschermak

Ambulantes Anti-Gewalt-Training im Rahmen der Sozialen Gruppenarbeit
– Ein Konzept –

1 Einleitung

Seit Anfang der 90er Jahre ist das Schlagwort „Jugend und Gewalt“ in den Blickpunkt des öffentlichen Interesses gerückt.
Auch im Kreis Pinneberg sind Gruppierungen von Jugendlichen/Heranwachsenden zu beobachten, die durch Straftaten in Verbindung mit Gewaltanwendung auf sich aufmerksam machen.
Zu beobachten ist in diesem Zusammenhang, dass viele Jugendliche/Heranwachsende mit Messern, Baseballschlägern, Gaspistolen etc. bewaffnet sind.
Auffällig ist die hohe Gewaltbereitschaft in der Auseinandersetzung einzelner Gruppierungen untereinander.
Die Bewaffnung erfüllt nicht nur die Funktion des „Selbstschutzes“, sondern wird auch als Druckmittel für Straftaten gegen andere Jugendliche benutzt, wie z.B. das „Abziehen“ von Schuhen, Jacken, Handys oder Geldbörsen.
Es stellt sich die Frage, was man gegen die Gewaltbereitschaft bei Jugendlichen und Heranwachsenden tun kann.
Bisher gibt es in der Bundesrepublik Deutschland relativ wenig Projekte, in denen mit gewaltbereiten oder gewalttätigen Jugendlichen gearbeitet wird.
Anregung für die Durchführung eines Anti-Gewalt-Trainings war der Erfahrungsbericht von Prof. Weidner von der Fachhochschule Hamburg, der das Modell des Anti-Gewalt-Trainings in der Justizvollzugsanstalt Hameln entwickelt und durchgeführt hat.

2 Kurzbeschreibung

Das Anti-Gewalt-Training ist eine Spezialform des sozialen Trainings mit Gewalttätern, bei der die Auseinandersetzung mit der Gewalttat im Vordergrund steht.

Grundlage des Trainings ist ein positives Menschenbild, das von Respekt vor der Persönlichkeit des Einzelnen geprägt ist, bei gleichzeitiger Ablehnung der Gewalttaten.

3 Ziele

Den Jugendlichen wird die Möglichkeit gegeben, in einer Gruppe von Gleichaltrigen ihr Verhältnis zur Gewalt zu reflektieren, Ursachen für die eigene Gewaltbereitschaft kennen zu lernen und gewaltfreie Konfliktlösungen zu erproben.
Hierzu werden die Gewalttaten bis ins kleinste Detail geschildert und durch das Aufbrechen der Rechtfertigungsmechanismen für die Tat, dem Teilnehmer die Verantwortung für sein Handeln bewusst gemacht.
Durch das Arbeiten an der Opferperspektive soll der Jugendliche erkennen, was die Gewalt an physischen und psychischen Auswirkungen auf das Opfer haben kann.
Mit gezielten Provokationstests erfährt der Jugendliche seinen persönlichen Aggressionsauslöser und lernt gewaltfreie Konfliktlösungen zu erproben.

4 Zielgruppe

Das Anti-Gewalt-Training ist eine geeignete Maßnahme für männliche und weibliche Jugendliche, Heranwachsende und junge Erwachsende, die wegen einer oder mehrerer Straftaten in Verbindung mit Gewalttätigkeit auffällig geworden sind.
Das Trainingsprogramm ist nicht geeignet für Suizidgefährdete, Grenzfälle zur Kinder- und Jugendpsychiatrie, für Alkohol- und Drogenabhängige, für Sexualstraftäter und für Mitglieder der organisierten Kriminalität.

5 Methoden

Das Anti-Gewalt-Training basiert auf einem lerntheoretischen Ansatz. Die Auseinandersetzung mit aggrssivem Verhalten findet auf provokativer und konfrontativer Ebene statt.

Im Rahmen des Trainings werden folgende Faktoren bearbeitet:
- Aggressionsauslöser
- Selbstbild zwischen Ideal- und Realselbst
- Neutralisierungstechniken
- Opferkommunikation

Ein Bestandteil des Trainings sind die Sitzungen auf dem „Heißen Stuhl“, bei dem gezielt mit jedem Einzelnen an seinem Gewaltpotenzial gearbeitet wird.

6 Rahmenbedingungen

6.1 Mitarbeiter

Für die Durchführung eines Kurses sind, je nach Gruppenstärke, drei bis vier Trainer nötig.

6.2 Teilnehmer

Die Teilnehmer des Trainings werden von den Mitarbeitern der JGH nach vorheriger Absprache mit den Mitarbeitern des Vereins für Jugendhilfe zum Anti-Gewalt-Training eingeladen.
Das Training ist für 7–9 Teilnehmer ausgerichtet.

6.3 Kurs- und Sitzungsdauer

Eine Kurseinheit beläuft sich auf insgesamt 24 Sitzungen, wobei zwei Sitzungen der Vorbereitung des jeweiligen Kurses dienen und zwei Sitzungen als Nachholsitzungen eingeplant sind.
Die Sitzungen finden einmals wöchentlich statt und dauern fünf Stunden incl. Vor- und Nachbereitungszeit.
Die Sitzungsdauer für die Teilnehmer beträgt in der Regel drei Stunden.
Alle Sitzungen werden gemeinsam von den Trainern vorbereitet, ausgewertet und protokolliert.

6.4 Ablauf des Trainings

Die ersten vier Sitzungen dienen dem Kennenlernen und der Vertrauensbildung innerhalb der Gruppe, als auch zu den Trainern.

In diesen Sitzungen stellen sich Teilnehmer und Trainer vor.

Es wird mit jedem Teilnehmer ein schriftlicher Vertrag abgeschlossen, in dem die verbindlichen Regeln des Trainings festgelegt sind.

Die Jugendlichen werden über Inhalte und Ziele des Trainings informiert.

Durch Interviews und Fragebögen werden aggressions- und provokationsauslösende Situationen herausgefunden.

Nach der Phase der Vertrauensbildung beginnt die eigentliche Arbeit an der Gewalttätigkeit.

Jeder Teilnehmer muss zweimal auf den so genannten „Heißen Stuhl" und sich dort den Fragen der Trainer und Jugendlichen zu seiner Gewaltpraxis stellen.

Dabei werden die Gewaltrechtfertigungen des Teilnehmers solange hinterfragt, bis die Bereitschaft besteht, sich mit dem realen Tatverlauf auseinander zu setzen.

Die Einbeziehung der Opferperspektive soll bei den Teilnehmern den Aufbau von Empathie für das Opfer verstärken.

Die Jugendlichen müssen einen fiktiven Opferbrief schreiben, der dann innerhalb einer Sitzung vorgelesen und besprochen wird.

Gezielte Provokationstests zeigen dem Teilnehmer seinen persönlichen Aggressionsauslöser auf.

Im Rahmen des Trainingsprogramms findet eine Sitzung mit einem Mitarbeiter der Polizei statt, der an Hand von Obduktionsfotos die Folgen von Körperverletzungen aufzeigt.

In einer weiteren Sitzung erzählt ein ehemaliger Gewalttäter über seine Gewaltkarriere und seine Erfahrungen im Gefängnis.

Nach Abschluss der ersten „Heißen Stuhl"-Sequenz findet eine gemeinsame sportliche Freizeitaktivität mit der Zielsetzung statt, das Gemeinschaftsgefühl innerhalb der Gruppe noch weiter zu steigern.

Den Abschluss des Trainingskurses bildet ein gemeinsames Essen und die Vergabe der Teilnehmerzertifikate.

7 Wissenschaftliche Begleitung

Die testpsychologische Auswertung des von den Trainern durchgeführten Pre/Post-Test wird am Frankfurter Institut für Sozialarbeit und Sozialpädagogik (ISS) durchgeführt.

Stand März 2000

Maureen Raburu

Autonomes Mädchenhaus Kiel
Mädchenspezifische Krisenintervention im Spannungsfeld des Geschlechterverhältnisses

Einleitung

Jugendhilfearbeit und Krisenintervention mit Jugendlichen auf institutioneller Ebene ist nach wie vor häufig gekennzeichnet durch an Jungen und ihrer Lebenswelt orientierten Arbeitskonzepten und Ansätzen. Die spezifische Situation von Mädchen und jungen Frauen, obwohl ausdrücklich in der Jugendgesetzgebung einschließlich Ausführungsgesetzen[1] verankert, scheitert jedoch oft in der direkten Umsetzung im Alltag. Aus der konkreten Praxis der Mädchenhaus: Anlauf-, Beratungs-, Zufluchts- und pädagogischen Begleitungsarbeit sind an dieser Stelle die wesentlichen kritischen Punkte zusammengefasst dargestellt, die wiederholt vorkommen.

- *Eine fehlende Berücksichtigung von geschlechtspezifischen Verarbeitungs- und Überlebensmechanismen*: Vor dem Hintergrund der unterschiedlichen gesellschaftlichen Lebensrealitäten von Mädchen und Jungen äußern sich Krisen bei weiblichen Jugendlichen auf andere Weise als bei männlichen Jugendlichen. Generell trifft zu, dass Mädchen und junge Frauen vorwiegend auf autoaggressive, unauffälligere[2], weitgehend an sich selber gerichtete Formen der Verarbeitung von Gewalterfahrungen zurückgreifen. Bei Jungen und jungen Männern überwiegen im Vergleich weitaus auffälligere Ausdrucke von nach außen gerichteten gewalttätigen Verarbeitungsformen. Die Praxis der institutionellen Interventionsarbeit ergibt ein deutliches Bild. Diese konzentriert sich überwiegend auf auffällige Jugendliche. Jugendliche, die nach Außen hin ruhig oder unauffällig erscheinen, werden häufig als unproblematisch eingestuft

1 § 9 Abs. 3 KJHG „die unterschiedlichen Lebenslagen von Mädchen und Jungen zu berücksichtigen, Benachteiligungen abzubauen und die Gleichberechtigung von Mädchen und Jungen zu fördern", § 27 JuFöG (besonderer Schutz für Mädchen und deren Unterbringung in einer Zufluchtsstätte)

2 So berichten zunehmend Praktikerinnen aus der Mädchenarbeit von einer deutlichen Zunahme in offener Gewalttätigkeit von an Gegenständen und Personen gerichtete Gewalt bei Mädchen und jungen Frauen.

und „übersehen“, oder eine Hilfeleistung wird bei ihnen sogar abgelehnt. Nach unseren konkreten Erfahrungen werden somit Hilfe suchende Mädchen und junge Frauen in vielen Fällen nach Hause geschickt – zurück in Gewaltsituationen, weil sie von dem üblichen Bild nach außen hin nicht abweichen. Damit wird komplett übersehen, dass bei Mädchen und Frauen Verarbeitungsformen überwiegen, beispielsweise süchtiges Essen in Form von Bulimie oder Magersucht, die nicht zwangsläufig sichtbar sind, oder, dass sie unter Co-Abhängigkeit und anderen Formen von Prozesssüchten leiden, die ebenfalls nicht sofort erkennbar sind.

- *Eine mangelnde Berücksichtigung mädchenspezifischer Gründe zur Hilfeleistung*: Auch hier überwiegt die institutionelle Konzentration auf deutlich offenere Formen von Gewalt, von denen wiederum in Relation männliche Jugendlichen vorwiegend betroffen sind, beispielsweise körperliche Gewalt. Subtilere Formen von Gewalt, etwa mit einem hohen Geheimhaltungsdruck wie bei sexualisierter Gewalt, fallen häufig aus dem Blickfeld. Betroffene Hilfe Suchende wenden sich in vielen Fällen an Einrichtungen mit einer anderen Symptomatik. In der Regel trauen sie sich erst nach einer Zeit des sich Vertrautmachens, sich nach und nach zu öffnen, um die intimen Einzelheiten darzulegen, mit denen familiäre und/oder sexualisierte Gewalt verbunden ist. Vielfach vorkommende mädchenspezifische Gewalterfahrungen wie andauernde umfassende unverhältnismässige Ausbeutung der Arbeitskraft von Mädchen und jungen Frauen im Haushalt sowie zur Aufsicht, Erziehung und Betreuung von jüngeren Geschwister werden im Grunde gar nicht ernst genommen. Auch der häufig vorkommende Missbrauch von Mädchen und jungen Frauen durch ihre Funktionalisierung zu Ersatzeltern oder als Versorgerin durch alkoholkranke oder süchtige Eltern, der weitaus häufiger ist als bei männlichen Jugendlichen, fällt oftmals aus dem Blick oder wird verharmlost. In diesem Zusammenhang erleben Hilfe Suchende Mädchen und junge Frauen, dass ihre umfassende Überforderung, Verstrickung und die daraus entstehenden Erscheinungen frauenspezifischer Co-Abhängigkeit übergangen werden und, dass sie in ihrer Notsituation allein gelassen werden.
- *Eine mangelnde Berücksichtigung der Bedeutung von familienorientierten Hilfen für weibliche Jugendliche*: In der institutionellen Praxis werden bei Mädchen und jungen Frauen familienorientierte Lösungen bevorzugt, während bei männlichen Jugendlichen Leistungen in Form von am

Individuum orientierten Lösungen praktiziert werden. Somit findet eine starke Einbeziehung der Familie bei an weiblichen Jugendlichen gewährten Hilfeleistungen statt. Während diese Tatsache im Sinne von systemischen Ansätzen durchaus begrüßenswert wäre, zeigt die alltägliche Praxis jedoch, dass die Mädchen und jungen Frauen nur im Zusammenhang mit der Familie betrachtet werden. Ihnen wird die Verantwortung für den Zusammenhalt der Familie übertragen. Sie werden als gleichwertige und somit gleichmächtige Symptomträgerin einer dysfunktionalen (Familien-)Struktur betrachtet. Damit bleibt die Verantwortung der gewalttätigen Erwachsene und deren Machtposition unhinterfragt und unverändert. Das Mädchen wird erneut den Strukturen ausgeliefert, die überhaupt erst zu der Gewalterfahrung geführt haben. Es ist darüber hinaus ein Vorwiegen von überbrückenden Leistungen bei Mädchen und jungen Frauen zu beobachten, d.h. sie werden angehalten, nach einer gewissen Zeit wieder in die Familie zurückzukehren, im krassen Gegensatz zu männlichen Jugendlichen, für die in der Regel ein Auszug auf Dauer konzipiert ist.

- *Eine fehlende Berücksichtigung der Bedeutung von familienähnlichen Unterbringungskonzepten und Wohnformen für weibliche Jugendliche*: Mädchen und junge Frauen werden häufig, insbesondere in den Landkreisen und bei den um die Großstädte Schleswig Holsteins anliegenden Gemeinden, familiennah oder familienähnlich, in Pflegefamilien oder Kleinstheimen mit Familienstrukturen untergebracht. Gerade für die Mehrheit der Mädchen und jungen Frauen, die Gewalterfahrungen im Rahmen der Familie gemacht haben, durch die Familienstrukturen begünstigt oder forciert, bewirken solche Lösungen oft, dass deren Entwicklungsprozess bezogen auf Selbstständigkeit und auf Heilung verzögert oder ungünstig beeinflusst wird. Im Gegensatz dazu werden männliche Jugendliche selten in Pflegefamilien oder Kleinstheimen untergebracht sondern in Wohngruppen und anderen Formen selbstständiger betreuten Wohnformen.

Zusammenfassend ergibt sich insgesamt unserer Erfahrungen nach ein Bild, von einer Benachteiligung von Mädchen und jungen Frauen und ihrer spezifischen Situation in der alltäglichen Praxis der institutionellen Jugendhilfe. Wir halten es für erforderlich, auf institutioneller Ebene mit allen beteiligten Ämtern an einer gemeinsamen Weiterentwicklung von mädchenspezifischer Jugendhilfe Planung und ihrer konkreten Umsetzung im direkten Umgang mit Hilfe Suchenden zu arbeiten.

Mädchenspezifische Jugendhilfe

Mädchenspezifische Jugendhilfe bedeutet, die Zusammenhänge zwischen geschlechtsspezifischen, individuellen Überlebensmechanismen (z.B. süchtiges Essen, Autoaggression u.a.) und den Lebensbedingungen von Mädchen und jungen Frauen im Allgemeinen sichtbar zu machen, d.h. also in den gesamtgesellschaftlichen Kontext weiblicher Existenz zu setzen. Mädchenspezifische Jugendhilfe bedeutet darüber hinaus, Mädchen und junge Frauen zu unterstützen bei der Entwicklung von tragfähigen Perspektiven sowie bei konkreten Schritten aus Not- und Krisensituationen. Dieses leistet das Autonome Mädchenhaus Kiel durch rechtzeitige niedrigschwellige umfassende Hilfsangebote. Bei der Klärung von Problemsituationen, der Anbahnung von Veränderungsprozessen und dem Erwerb von größeren Handlungskompetenzen bieten wir Hilfe Suchenden pädagogische Unterstützung. Neben der Auseinandersetzung mit den spürbaren Folgen der Gewalterfahrungen im Alltag, (beispielsweise, Isolation, Ängste, selbstverletzendes Verhalten, depressive Verstimmungen, Schlaf- und Konzentrationsstörungen sowie andere pyschosomatische Symptome), liegt ein wesentlicher Schwerpunkt unseres pädagogischen Handelns in der Erarbeitung von Möglichkeiten zur positiven Selbstbestimmung und Lebensgestaltung. Wir knüpfen dabei an den Ressourcen von Mädchen und jungen Frauen an und fördern ihre Stärken und vorhandene Fähigkeiten.

21 Jahre feministische Mädchenarbeit

„Im Jahre 1999 feiern wir bundesweit 21 Jahre feministische Mädchensozialarbeit. 21 Jahre Planung, Umsetzung und Durchführung von feministischer Mädchentreffarbeit, Mädchenwohnprojektarbeit, mädchenspezifischer Jugendhilfe, mädchenspezifischer Krisenintervention, mädchenspezifischer Berufsvorbereitung u.a. Wir ziehen Bilanz und arbeiten zugleich neue Impulse für das beginnende Jahrtausend heraus.“[3] Die feministische Mädchenarbeit hat zu einer beachtlichen Verbesserung der Lebenssitua-

3 Raburu, Maureen, 1999: Antirassistische Mädchenarbeit – Sensibilisierungsarbeit bezogen auf Rassismus mit Mädchen und jungen Frauen – Ein Praktisch orientiertes Handbuch für den Alltag. Autonomes Mädchenhaus Kiel

tion von Mädchen und jungen Frauen allgemein, sowie deren Situation konkret in der Jugendhilfe beigetragen. Es sind jedoch in Hinblick auf die Weiterentwicklung der feministischen Mädchenarbeit spezifische Arbeitskonzepte notwendig für die Arbeit mit schwarzen und migrierten Mädchen und jungen Frauen[4], für die Arbeit mit (schwarzen und weißen) anders befähigten Mädchen und jungen Frauen, mit jungen schwangeren Frauen und jungen Müttern und mit Mädchen und jungen Frauen die „auf Trebe" sind.

Das Autonome Mädchenhaus richtet sich an Mädchen und junge Frauen im Alter von 14–21 Jahren, die von sexualisierter, physischer, rassistischer, psychischer und/oder anderen Arten von Gewalt bedroht oder betroffen sind oder sich in anderen Notlagen befinden. Das Gesamtprojekt Autonomes Mädchenhaus Kiel umfasst zugleich Angebote der ambulanten Jugendhilfe und Krisenintervention in Form von einer Anlauf- und Beratungsstelle sowie das Angebot der geschlechtsspezifischen stationären Jugendhilfe und Krisenintervention in Form einer Zufluchtsstätte für Mädchen und junge Frauen. In der Konzeption enthalten ist das Vorhaben mädchenspezifischer Anschlusswohnmöglichkeiten, also Mädchenwohngruppen und betreutes Wohnen umzusetzen mit dem Ziel, den spezifischen Problemlagen von Mädchen gerecht zu werden. Wir arbeiten beständig daran, zunächst die bisherigen Bedingungen der rechtzeitigen, niedrigschwelligen Intervention zu sichern, um uns dann dem letztgenannten Vorhaben zu widmen.

Als praktischen Beitrag zum feministischen Diskurs um Jugendhilfe und Krisenintervention in der konkreten Arbeit mit Mädchen und jungen Frauen haben wir diese Gelegenheit genutzt, um unsere Gesamtkonzeption, entstanden in kollektiver Arbeit, zu veröffentlichen.

---

4 Selbst in der feministischen Mädchenarbeit durch Defizitansatz gekennzeichnet. Umgang der Ämtern mit ihnen ein Pendeln zwischen *Tabuhaltung:* Bloß nicht rein in die Familie, bloß nichts machen, sonst bringt man die Familienstrukturen durcheinander und *Keine Grenzen,* Mädchen grundsätzlich rausnehmen, stereotype Behandlung, ihre Väter und Brüdern als besonders gewalttätig betrachten

Konzeption
Autonomes Mädchenhaus Kiel

Anlauf- und Beratungsstelle
Holtenauer Str. 127
24118 Kiel
Tel.: 04 31-8 05 88 81

Zufluchtsstätte
Postfach 65 67
24126 Kiel
Tel.: 04 31-64 20 69

Die Konzeption des Autonomen Mädchenhauses Kiel

Viele Mädchen und junge Frauen erleben sexualisierte, rassistische, physische, und/oder psychische sowie andere Arten von Gewalt oder befinden sich in anderen Notlagen. An diese Mädchen und jungen Frauen richten sich die Angebote des Autonomen Mädchenhauses: Seit 1989 gibt es die Anlauf- und Beratungsstelle.1992 wurde die Zufluchtsstätte als vorübergehende Wohnmöglichkeit eröffnet.

Das Mädchenhaus – eine Einrichtung der Jugendhilfe

Gesetzliche Grundlage unserer Arbeit ist das Kinder- und Jugend Hilfegesetz (KJHG) von 1990. § 1 Recht auf Erziehung. . ., § 5 Wunsch und Wahlrecht, § 8 Beteiligung von Kindern und Jugendlichen; § 9 Abs.3 KJHG fordert, *„die unterschiedlichen Lebenslagen von Mädchen und Jungen zu berücksichtigen, Benachteiligungen abzubauen und die Gleichberechtigung von Mädchen und Jungen zu fördern"*. Das bedeutet, dass Mädchen ein Recht auf parteiliche und feministische Unterstützung – auf parteiliche Angebote in der Jugendhilfe – haben.
Die Anlauf- und Beratungsstelle erfüllt Aufgaben der Jugendhilfe nach § 14 KJHG (Erzieherischer Kinder- und Jugendschutz) und § 28 KJHG (Beratung). In der Zufluchtsstätte arbeiten wir im Rahmen der „Hilfen zur Erziehung" § 27ff KJHG, insbesondere gemäß § 42 (Inobhutnahme), § 41 (Hilfe für junge Volljährige), § 34 (Heimerziehung und sonstige betreute Wohnformen), sowie § 27 JuFöG (besonderer Schutz für Mädchen und deren Unterbringung in einer Zuflucht) sowie den entsprechenden Heimrichtlinien. Die **Anlauf- und Beratungsstelle** ist einerseits Beratungsstelle für Mädchen und junge Frauen in Not, die Unterstützung in Einzelgesprächen oder Gruppen suchen und andererseits Anlaufstelle für Mädchen und junge Frauen, die nicht mehr dort leben können oder wollen, wo sie sind und einen Schutz und Schonraum suchen.
Die **Zufluchtsstätte** bietet Mädchen und jungen Frauen im Alter von 14–21 Jahren eine vorübergehende Wohnmöglichkeit – einen Schutz- und Schonraum. Es stehen 10 Plätze zur Verfügung. Der Aufenthalt ist grundsätzlich freiwillig.
Im Rahmen des **Zeuginnenbegleitprogrammes,** das vom Justizministerium Schleswig-Holstein finanziert wird, leisten wir Prozessbegleitung und Betreuung für Mädchen und junge Frauen, die auf Grund von Gewalterfahrungen Strafanzeige gestellt haben und als Zeugin oder Nebenklägerin im Gerichtsprozess aussagen.

Das Projekt **Autonomes Mädchenhaus** wendet sich an alle Mädchen und junge Frauen, die sich in Notlagen befinden. Das kann z.B. sein:

- weil sie nicht mehr weiter wissen
- weil sie sich unwohl fühlen und nicht wissen warum
- weil sie zu Hause oder dort, wo sie wohnen, eingesperrt oder eingeengt werden oder keine sozialen Kontakte, z.B. FreundInnen haben dürfen
- weil sie andere Schul- oder Ausbildungswünsche haben als ihre Eltern
- weil sie misshandelt werden
- weil sie rassistische und psychische Gewalt erleben
- weil sie z.B. von ihrem Vater, ihrer Mutter, ihrer Schwester, ihrem Bruder, von Freunden oder Freundinnen oder anderen Menschen sexualisierte Gewalt erfahren haben oder noch erfahren und weil sie diesen Menschen nicht mehr begegnen möchten
- weil sie oder ihre Familie aus einem anderen Land kommen und durch eine misslungene Verarbeitung der Migrationserfahrung sich Widersprüche entwickeln, die sie nicht mehr aushalten können oder sie wissen nicht wie sie damit umgehen sollen
- weil sie in das Herkunftsland ihrer Eltern gegen ihren Willen geschickt werden sollen
- weil sie Angst haben
- weil sie nicht mehr leben wollen
- weil sie ausgegrenzt oder gemobbt oder nicht akzeptiert werden
- weil sie Schwierigkeiten haben, weil sie sich zu Mädchen hingezogen fühlen oder Mädchen lieben
- weil sie heiraten sollen und nicht wollen
- weil sie zu Prostitution oder Pornoaufnahmen gezwungen werden
- weil sie Streit mit den Eltern haben oder zu Hause Aufgaben übernehmen müssen, die ihnen zu viel werden (Kochen, Putzen, auf Geschwister aufpassen usw.)
- weil ihre Eltern sie ablehnen und nicht mehr haben wollen oder sie nicht mehr dort bleiben können oder wollen, wo sie leben

Unsere Erfahrungen zeigen, dass Mädchen und Frauen häufig mit ihren Problemen und Nöten nicht ernst genommen oder gehört werden – oft wird ihnen nicht geglaubt.

Der Weg in die Anlauf- und Beratungsstelle oder in die Zufluchtsstätte bedeutet für die Mädchen und jungen Frauen eine Entlastung und eine Befreiung aus ihrer Krisensituation.

Andererseits ist er aber auch mit immensen Anstrengungen verbunden: Die Mädchen und jungen Frauen beginnen aus der Distanz heraus zu erfassen, welches Ausmaß die erfahrenen Verletzungen haben. Häufig durchleben sie ihre durch Gewalt- geprägte Lebensgeschichte emotional noch einmal. Dieser Auseinandersetzungsprozess ist äußerst intensiv und kann sehr schmerzhaft sein. Die Strategien der Verarbeitung und des Überlebens ihrer traumatischen Erlebnisse finden oft sehr massive Ausdrucksformen: Manche Mädchen haben Angstzustände, Albträume oder Schlafstörungen, manche äußern ihre Not in psychosomatischen und Ess-Störungen, manche in psychischen „Störungen". Manche Mädchen verletzen sich selbst oder versuchen, ihr Leben zu beenden. Manche Mädchen sind sehr aggressiv oder gewalttätig, andere entwickeln zu ihrem Schutz eine Verweigerungshaltung. Manche nehmen Drogen oder andere Suchtmittel, um ihre Lebensrealität ertragen zu können oder aus dieser zu fliehen. Manche Mädchen reißen (immer wieder) aus. Entscheidend für uns ist, in diesen oft selbstzerstörerischen Handlungen den Wunsch zu überleben zu sehen und diesen zu stärken.

Ziele der Arbeit

Ziel unserer Arbeit ist die Verbesserung der allgemeinen Lebensbedingungen von Mädchen und jungen Frauen; das heißt Frei- und Schutzräume für Mädchen zu schaffen und sich auf allen gesellschaftlichen Ebenen politisch für Mädchen und junge Frauen einzusetzen. Ein weiteres Ziel ist es, den Zusammenhang zwischen der gesellschaftlichen Situation und der individuellen Lebenssituation zu verdeutlichen und eine kritische Auseinandersetzung mit den bestehenden Verhältnissen zu initiieren. Ziel ist es darüber hinaus, die Gewaltsituation bzw. die Notlagen des Hilfe suchenden Mädchens/der Hilfe suchenden jungen Frau zu beenden, individuelle Hilfe und Unterstützung zur Krisenbewältigung anzubieten und eine Verarbeitung der (traumatischen) Gewalterlebnisse zu ermöglichen, sie in ihrem Selbstwertgefühl und Selbstbewusstsein zu stärken und das Mädchen/die junge Frau zu stabilisieren. Im Weiteren gemeinsam mit ihr ihre Fähigkeiten, Kräfte und Handlungskompetenzen zu mobilisieren, stärken und zu entwickeln und realistische, tragfähige Perspektiven zu erarbeiten und umzusetzen. Hierfür braucht jedes Mädchen/jede junge Frau unterschiedlich lange Zeit. Für die Aufenthaltsdauer in der Zufluchtsstätte gilt:

„So lange wie nötig, so kurz wie möglich.“ Ziel ist es, die Mädchen und jungen Frauen gestärkt in die neue Lebensphase zu begleiten.

Die Arbeitsprinzipien

Unsere Arbeit basiert auf den Prinzipien feministischer Mädchenarbeit: Parteilichkeit, Freiwilligkeit und Selbstbestimmung.

- **Parteilichkeit** bedeutet auf der Seite des Mädchens zu stehen, sie ernst zu nehmen und ihr zu glauben. Es bedeutet auch, ihre individuellen Stärken zu sehen, zu benennen und an diesen anzuknüpfen. Schließlich bedeutet Parteilichkeit die Gewalt, die das Mädchen erfahren hat, in einen gesellschaftlichen Kontext zu stellen und als Teil der strukturellen Gewalt gegen Mädchen und Frauen zu verdeutlichen.
- **Freiwilligkeit** heißt, dass jedes Mädchen und jede junge Frau die Möglichkeit haben muss, sich selbst für die Angebote des Autonomen Mädchenhauses zu entscheiden. Wir lehnen es prinzipiell ab, mit oder unter Zwang zu arbeiten (§ 5 KJHG).
- **Selbstbestimmung** bedeutet, dass das Mädchen selbst den Weg bestimmt, den sie gehen möchte. Wir können ihr Möglichkeiten und Perspektiven aufzeigen. Aber letztendlich entscheidet sie – mit pädagogischer Unterstützung – über ihre Zukunft. Ziel ist es, **transparent und nachvollziehbar** für die Mädchen und jungen Frauen zu sein. Wir versuchen, nichts gegen ihren Willen oder ohne ihr Wissen zu tun, sondern sprechen jeden Schritt gemeinsam mit ihr ab (§ 8 KJHG). Die Prinzipien der *Anti-Gewaltarbeit* bezüglich jeder Form und Ausprägung von Gewalt, die Prinzipien der *Sensibilisierungsarbeit bezogen auf Rassismus* und des *Antirassismus* sowie die Prinzipien der *Selbsthilfearbeit* stellen weitere Grundlagen unserer Arbeit dar.

Die Arbeitsmethoden

Methodische Grundlagen der Arbeit sind die Einzelfallhilfe sowie die Gruppenarbeit. Wir bieten eine intensive, kontinuierliche und individuelle Betreuung und Beratung jedes einzelnen Mädchens/jeder einzelnen jungen Frau an. Die Arbeit orientiert sich an der persönlichen Lebenssituation, den Themen, Bedürfnissen und Möglichkeiten der Mädchen und

jungen Frauen. Dabei berücksichtigen wir, dass diese nicht statisch sondern gesellschaftlichen und anderen Entwicklungen unterworfen sind. Pädagogische Methoden der Einzelbetreuung sind Themen-, Verhaltens- und Problemorientierte Gespräche, Rollenspiele, Körperarbeit und andere kreative Medien sowie Begleitung und Vertretung. In der Zufluchtsstätte stellt das Leben in einer Mädchengruppe von bis zu zehn Mädchen und jungen Frauen mit unterschiedlichen Lebenshintergründen und Problemlagen ein breites Lernfeld dar, zu dem die Mitarbeiterinnen unter gruppendynamischen Gesichtspunkten beitragen. Es finden geplante gruppenprozessorientierte Gespräche während der einmal wöchentlichen Hausversammlung statt, diese sind thematisch offen oder themenzentriert. Die Mitarbeiterinnen haben dabei eine vermittelnde und anleitende Funktion. Weitere pädagogische Methoden sind Spiele, gemeinsame Unternehmungen und Freizeitgestaltung. In der Anlauf- und Beratungsstelle werden themenzentrierte Gruppen- und Selbsthilfearbeit angeboten.
Zur individuellen Hilfeplanung kooperieren wir mit den zuständigen Jugendämtern und anderen Hilfeeinrichtungen, Institutionen und Projekten. Die regionale und überregionale Kooperation und Vernetzung sowie die Beteiligung an der Erarbeitung von Richtlinien, Verordnungen und Gesetzen etc. unter mädchenspezifischen Gesichtspunkten sind ebenfalls Methoden zur Verbesserung der allgemeinen Lebensbedingungen von Mädchen und jungen Frauen.

Die Mitarbeiterinnen

Die Mitarbeiterinnen des Autonomen Mädchenhauses sind fachlich ausgebildet und qualifiziert für das komplexe Arbeitsfeld von Krisenintervention und Anti- Gewaltarbeit. Zur Kompetenz des Teams gehört Diversität bezüglich der unterschiedlichen Hintergründen und Lebensentwürfen der Mitarbeiterinnen. Fundiertes Fachwissen, vielfältigen Fähigkeiten sowie Zusatzausbildungen und Weiterbildungen der Mitarbeiterinnen ermöglichen eine umfassende Beratung und Betreuung der Mädchen und jungen Frauen. In beiden Projektbereichen arbeiten Fachfrauen, die als zusätzliche Kompetenz eine eigene, biografische Auseinandersetzung mit (sexualisierter) Gewalt gemacht haben, ihren Weg zur Heilung gefunden haben und auf Grund dessen in der Arbeit mit Mädchen und jungen Frauen mit Gewalterfahrung wesentliche Akzente setzen können. Darüber hinaus ver-

fügen die Mitarbeiterinnen über breit gefächerte Kompetenzen, Engagement und Flexibilität, die sie befähigen, die Gesamtheit des Projektes Autonomes Mädchenhaus zu gewährleisten. Regelmäßig finden Teamsitzungen, Fall- und Teamsupervision, interne und externe Fortbildungen zu aktuellen Themen, Austausch und Reflexion mit anderen Einrichtungen der Jugendhilfe sowie anderen Mädchenhäusern statt.
Mit unseren spezifischen Angeboten sprechen wir migrierte, schwarze und weiße deutsche Mädchen und junge Frauen an, die von psychischer, physischer, rassistischer und/oder sexualisierter Gewalt bedroht oder betroffen sind oder sich in anderen Notlagen befinden und freiwillig um Hilfe und Unterstützung bitten.

Die Anlauf- und Beratungsstelle

Die Anlauf- und Beratungsstelle ist, auf Grund der anonymen Adresse der Zufluchtsstätte, der sichtbare, öffentlich zugängliche Teil des Gesamtprojektes **Autonomes Mädchenhaus.** Konzeptionell sind Anlauf- und Beratungsstelle und Zufluchtsstätte untrennbar miteinander verbunden. Die Anlauf- und Beratungsstelle bietet eine umfassende Unterstützung für Mädchen und junge Frauen in Not- und Krisensituationen. Unser Schwerpunkt besteht aus dem Aufzeigen von und der Auseinandersetzung mit (struktureller) Gewalt und deren Auswirkungen. In Abgrenzung zu allgemeinen Beratungsstellen besteht in unserer Einrichtung einerseits wie für Jugendhilfeeinrichtungen üblich die gesellschaftliche Verpflichtung, (weibliche) Jugendliche vor Gefahren zu schützen im Sinne des Jugendschutzes und andererseits die an Mädchen- und Frauenrealitäten orientierte Verpflichtung, Schutzräume zu schaffen, in denen Mädchen und junge Frauen Erfahrungen und Erlebnisse ausdrücken können, die mit großem Schmerz verbunden sind. Die Anlauf- und Beratungsstelle bietet Mädchen und jungen Frauen Möglichkeiten, ihre Gewalterfahrungen auf sehr persönliche Weise nach und nach mitzuteilen um nach Wegen zu suchen, diese in dem jeweiligen individuellen Tempo zu verarbeiten. Die Mädchen und jungen Frauen, die sich an uns wenden, können sich darauf verlassen, dass ihnen geglaubt wird und dass sie eine fachliche, parteiliche Unterstützung erfahren.
Ursprünglich in Kiel-Gaarden 1989 eröffnet, befindet sich die Anlauf- und Beratungsstelle seit November 1997 zentral gelegen in der Holtenauer Str. 127.

Dort stehen größere Räumlichkeiten zur Verfügung, die parallel stattfindende Beratungs- und Gruppenangebote sowie Aufnahmegespräche möglich machen. Die Räume sind über zwei Türen zugänglich, einerseits direkt von der Straße aus über den Ladeneingang, sowie über eine zweite Eingangstür im Hausflur. Dementsprechend bieten sie zugleich eine höhere Rollstuhlgerechtigkeit sowie eine Erhöhung der Anonymität. Die Anlauf- und Beratungsstelle bietet ein niedrigschwelliges Angebot der ambulanten Jugendhilfe. Mädchen und junge Frauen, die sich in Not- und Krisensituationen befinden, finden hier eine Anlaufstelle. Sie erhalten sofort unbürokratische, parteiliche Hilfe. Mit unserer Begleitung und Unterstützung können Mädchen und junge Frauen in Beratungsgesprächen überlegen, welcher der beste Weg aus ihren Schwierigkeiten heraus ist. Sie haben die Möglichkeit sich zunächst auch anonym an uns zu wenden. Wir bieten (Krisen-) Beratungen in kurz-, mittel- und langfristiger Form an. Mädchen und junge Frauen können während der Telefonzeiten und der Öffnungszeiten anrufen oder vorbeikommen – auch gern in Begleitung einer Freundin oder Vertrauensfrau. Wir bieten darüber hinaus die Möglichkeit, auch abends nach dem Arbeitsalltag Beratungstermine mit berufstätigen Hilfe Suchenden zu vereinbaren. Die Freiwilligkeit und garantierte Anonymität sowie die vertrauliche Behandlung aller Gespräche trägt wesentlich dazu bei, dass dieses Angebot stark in Anspruch genommen wird, insbesondere in Form der telefonischen Beratung.

Erste Schritte aus einer Gewaltsituation haben oft nicht sofort überschaubare Konsequenzen. Unser Ansatz besteht in der Betonung einer rechtzeitigen Krisenintervention. Unser Ziel ist es zunächst, die Hilfe Suchende zu stabilisieren und zu stärken. Davon ausgehend wird es möglich, Klärungsprozesse anzubahnen. Wir unterstützen die Mädchen und jungen Frauen bei ihren Bemühungen, selbstverantwortlich zu handeln und darin, für sich tragbare Lösungen zu finden. Für einige Mädchen und junge Frauen sind Angebote der Fremdunterbringung beispielsweise in der Zufluchtstätte oder in anderen Schutzstellen über diesen Weg der Beratung erst erreichbar. Einen weiteren Aspekt unserer Arbeit bilden die Vorgespräche zur Aufnahme in die Zufluchtsstätte. Hier wird geklärt, ob ein Aufenthalt sinnvoll und möglich ist. In solchen Fällen wird das Mädchen, die junge Frau begleitet. Kommt ein Aufenthalt in der Zufluchtsstätte nicht in Frage, wird das Mädchen oder die junge Frau von den Mitarbeiterinnen darin unterstützt, Alternativen zu finden, sowie gegebenenfalls, bei weiteren Schritten begleitet. Ein sehr großer Teil der Hilfe Suchenden melden sich selbst. Diese müssen ihre derzeitigen Lebensumstände auf Grund akuter Bedrohung oder massiver Gewaltverhältnisse verlassen. Häufig sind mehrere Gesprächstermine notwendig, bis sie sich entschließen können, den Schritt tatsächlich zu tun. Für den Entscheidungsprozess, ihren jeweiligen Aufenthaltsort zu verlassen um entweder in die Zufluchtsstätte oder in andere Unterbringungsformen zu gehen, nutzen Mädchen und junge Frauen die Möglichkeiten, mit den Mitarbeiterinnen Wege, Konsequenzen und Alternativen zu entwickeln und zu besprechen, um anhand dessen ihre Entscheidung vorab sorgfältig zu überprüfen. Ein Teil von ihnen entscheiden sich für private Lösungen und ziehen z.B. zur Verwandtschaft oder FreundInnen. Wenn wir Mädchen oder junge Frauen nicht aufnehmen können, weil sie nicht aus Kiel kommen und die zuständigen Jugendämter die Kosten nicht übernehmen, begleiten wir sie bei ihren weiteren Schritten, Hilfe zu bekommen. Die Hilfsangebote offizieller Stellen sind vielfach auf Grund von Schwellenängsten und Scheu vor Behörden für Mädchen schwer zugänglich. So übernehmen wir eine Vermittlungsfunktion bezogen auf verschiedene Ämter. Insbesondere für Mädchen und junge Frauen aus den Umlandgemeinden, die in Kiel zur Schule gehen und ihren Lebensmittelpunkt und ihre Bezüge in Kiel haben, sind wir eine wichtige Anlaufstelle, weil sie vor Ort keine mädchenspezifischen Hilfsangebote vorfinden. Wir begleiten und unterstützen Mädchen und jungen Frauen bei strafrechtlichen Fragen sowie im Vorfeld von Strafanzeigen. Die Nachbetreuung von Mädchen und jungen Frauen nach einem Aufenthalt in der Zufluchtsstätte findet in der Anlauf- und Beratungsstelle statt. Hier werden am häufigsten das Angebot der nachgehenden Beratung und das der Gruppenarbeit in Anspruch genommen.

Die Themenzentrierte Gruppenarbeit und Selbsthilfearbeit

Ein großer Schritt auf dem Weg jeder Einzelnen ist die Begegnung und der Austausch mit anderen, die ähnliche Erfahrungen überlebt haben. Unter pädagogischer Anleitung fungieren die Selbsthilfegruppen als Möglichkeit gegenseitiger Unterstützung. Sie entwickeln sich zu einem Hilfenetz für die Betroffenen zur Alltagsbewältigung und zur Aufarbeitung der jeweiligen Gewalterfahrungen. Die einzelnen Mädchen und junge Frauen können gemeinsam Möglichkeiten entwickeln, ihr aktuelles Leben konstruktiv zu verändern und sich darin gegenseitig zu unterstützen. Gruppenangebote und gruppenleitende Einzelarbeit bilden einen wesentlichen Arbeitsbereich in der Anlauf- und Beratungsstelle. Es finden angeleitete Selbsthilfegruppen zu unterschiedlichen Themen statt. Wenn Mädchen und junge Frauen sich aus der erlebten Gewaltsituation befreien und Risiken eingehen, ist es ein Zeichen von Wachstum, Stärke und Kraft. Aus der Erkenntnis, viele zu sein, endlich nicht mehr allein und ausgeliefert zu sein, entsteht Kraft zum Aufbruch. So gewinnt die Gruppenarbeit eine ungeheure Bedeutung in dem Prozess der Auseinandersetzung mit (sexualisierter) Gewalt. Ein großer Teil der Mädchen und jungen Frauen gehen in die langfristige Beratung über, finden unter Begleitung den Weg in die Klinik oder bekommen Unterstützung bei ihrer Entscheidung für andere Formen weiterführenden Hilfsmaßnahmen z.B. in Therapien.

Die Zufluchtsstätte

bietet eine vorübergehende Wohnmöglichkeit für Mädchen und junge Frauen von 14 bis 21 Jahren, die sich in einer Notlage befinden. Das Mädchenhaus bietet die einzige Zufluchtsmöglichkeit spezifisch für Mädchen in Schleswig- Holstein. Weil es so wenig Angebote gibt, bekommen manche Mädchen keine Hilfe. Manche Mädchen und junge Frauen leben vorübergehend bei einem Freund oder einer Freundin, bei Verwandten oder auf der Straße. Das kann eine kurzfristige Möglichkeit sein, aber keine dauerhafte Lösung und Veränderung. Oft entstehen dadurch neue Probleme, oft erleben die Mädchen erneut Gewalt. Deshalb ist die Zuflucht als vorübergehende Wohnmöglichkeit so wichtig. Mädchen können hier schnell, unbürokratisch und zu jeder Zeit aufgenommen werden. Sie finden hier einen Raum, wo sie sich erst einmal erholen können und Ruhe und Schutz finden. Der Aufenthalt in der Zufluchtsstätte ist freiwillig. Falls Eltern oder andere Personensorgeberechtigte nicht zustimmen, dass ihre Tochter bei uns ist, werden wir versuchen gemeinsam einen Weg zu finden, damit sie in der Zufluchtsstätte bleiben kann. In der Zufluchtsstätte können 10 Mädchen leben, die sich die Zimmer zu zweit oder zu dritt teilen.
Zum Alltag gehören Regeln, von denen drei ganz wichtig sind:

- **Anonymität:** die Adresse ist geheim, weil einige Mädchen bedroht sind. D.h. die Mädchen und jungen Frauen, die bei uns sind, dürfen die Adresse nicht weitersagen und können sich z.B. nicht begleiten oder besuchen lassen.

- **Gewaltfreiheit:** in der Zufluchtsstätte ist Gewalt nicht erlaubt. D. h. kein Mädchen und keine Frau darf dort angegriffen oder geschlagen werden. Rassistische und diskriminierende Handlungen und Äußerungen, sowie alle anderen Arten von Unterdrückung und „Fertigmachen" sind untersagt.
- **Drogenfreiheit:** in der Zufluchtsstätte sind Drogen nicht erlaubt. D.h. es darf dort kein Alkohol, keine Tabletten, kein Dope usw. genommen oder an andere weitergegeben werden.

Die Zufluchtsstätte bietet Betreuung und Grundversorgung rund um die Uhr. Es arbeitet immer mindestens eine Frau im Haus, so daß es jederzeit eine Ansprechpartnerin gibt, die unterstützt, mit der Probleme besprochen werden können, die da ist, wenn es etwas zu fragen oder zu erzählen gibt. Jedes Mädchen hat zwei „Bezugsfrauen", die bei der Zukunftsplanung helfen, bei Schwierigkeiten in Schule und Ausbildung oder Arbeit unterstützen und die Hauptansprechpartnerinnen für alle auftretenden Fragen, Schwierigkeiten und Probleme sind.

Außerdem bietet die Zufluchtsstätte die Möglichkeit, andere Mädchen kennen zu lernen, mit ähnlichen oder gleichen Erfahrungen. Viele Mädchen lernen, sich auszutauschen, das Schweigen zu brechen und sich gegenseitig zu unterstützen. Sie treten so weiter aus ihrer Isolation heraus und machen die Erfahrung, wie erleichternd das ist.

Der Weg in die Zufluchtsstätte

Die meisten Mädchen und jungen Frauen melden sich selbst in der Anlauf- und Beratungsstelle oder in der Zufluchtsstätte. Andere wenden sich mit Unterstützung einer Vertrauensperson (FreundIn, Mitschülerinnen, LehrerIn, PädagogIn, . . .) an uns.

Nach einem ersten Kontakt am Telefon findet so schnell wie möglich das Aufnahmegespräch in der Anlauf- und Beratungsstelle statt, vorausgesetzt, es ist noch ein Platz in der Zufluchtsstätte frei. Ist das nicht der Fall, unterstützen wir das Mädchen bei der Kontaktaufnahme mit dem Kinder- und Jugendhilfsdienst oder bei der Suche nach anderen Möglichkeiten. Mit Zeit und Ruhe hat das Mädchen/die junge Frau die Möglichkeit, zu erzählen und erfährt die wichtigsten Informationen zur Zufluchtsstätte. Am Ende des Gesprächs entscheiden beide Seiten über die Aufnahme. Manche

Mädchen und jungen Frauen brauchen Bedenkzeit, um sich für diesen Schritt zu entschließen.
Das Autonome Mädchenhaus wird durch die Stadt Kiel finanziert. Für Kieler Mädchen und junge Frauen ist der Aufenthalt in der Zufluchtsstätte pauschalfinanziert, d.h. dass für sie keine individuelle Kostenzusage eingeholt werden müssen. Dies ermöglicht ein sehr niedrigschwelliges Angebot, denn Kielerinnen können jederzeit schnell und unbürokratisch aufgenommen werden. **Wir sind Tag und Nacht direkt erreichbar!**
Bei Mädchen und jungen Frauen, die nicht aus Kiel kommen, sind wir leider gehalten, die Finanzierung ihres Aufenthaltes über das zuständige Jugendamt zu sichern. Als Voraussetzung für die Aufnahme benötigen wir hier eine schriftliche Kostenzusage. Wenn diese nicht zu erlangen ist, bemühen wir uns, das Mädchen/die junge Frau an andere Hilfeträger zu vermitteln. Entscheiden sich das Mädchen/junge Frau und die Mitarbeiterin für eine Aufnahme, kann sie sofort oder kurze Zeit später in die Zufluchtsstätte einziehen. Wenn möglich nimmt sie ihre wichtigsten persönlichen Sachen sowie ihren Pass und ihre Krankenversicherungskarte mit. Sie lernt die anderen Mädchen kennen, die ihr das Haus, ihr Zimmer, ihr Bett zeigen. Sofern die Mädchen noch unter 18 Jahre alt sind brauchen wir das schriftliche Einverständnis der Erziehungsberechtigten. Wir kümmern uns darum! Sollte es Schwierigkeiten geben, schalten wir das Amt für Soziale Dienste/Jugendamt; ggf. das Gericht ein.
Auf ihrem Weg zu Veränderungen und auf der Suche nach Ausbruchs-möglichkeiten stehen die Mitarbeiterinnen des Autonomen Mädchenhauses allen Mädchen und jungen Frauen in Not mit pädagogischer Unterstützung zur Seite. Mit dem Schritt ins Mädchenhaus ist ein großer Schritt getan.

„War eine schwere Zeit für mich, als ich herkam. Doch ihr habt nicht locker gelassen, habt nicht zugelassen, dass ich untergehe. Ihr habt mir die Kraft gegeben, um auf mich selbst aufzupassen. Jetzt gehe ich voller Optimismus in einen neuen Lebensabschnitt."

(Zitat eines Mädchens aus der Zufluchtsstätte)

Aufklärungs- und Öffentlichkeitsarbeit

In der Anlauf- und Beratungsstelle und in der Zufluchtsstätte bekommen Mädchen und junge Frauen aus Kiel und Umgebung und andere Interessierte Informationen über das Gesamtangebot des Autonomen Mädchenhauses. Wir unterstützen Vertrauenspersonen von Mädchen und jungen

Frauen sowie Multiplikatorinnen und professionelle Helferinnen. Wir informieren interessierte Frauen, Teams und Arbeitsgruppen zum Thema (sexualisierte) Gewalt. Die Bibliothek des Autonomen Mädchenhauses, örtlich angesiedelt in der Anlauf- und Beratungsstelle, mit Fachliteratur zu den diversen Facetten von Gewalt sowie mit thematischen Mädchenbüchern wird sowohl von Mädchen und jungen Frauen als auch von Helferinnen genutzt. Für Vertrauenspersonen, die auf Grund eines Verdachtes auf (sexualisierter) Gewalt Unsicherheit spüren bezogen darauf, wie sie sich verhalten sollen bieten wir klärende Gespräche sowie gegebenenfalls eine Weitervermittlung an angemessene (Beratungs-) Stellen. Wir leisten Öffentlichkeitsarbeit und organisieren Veranstaltungen, um das Thema „Gewalt gegen Mädchen und junge Frauen“ präsent zu machen (z.B. Ausstellungen, Podiumsdiskussionen, Tagungen). Mit Artikeln in der Fachpresse sowie in den Lokalzeitungen und mit Beiträgen in Rundfunk und Fernsehen zeigen wir Wege auf wie Gewaltverhältnisse beendet werden können. Ziel ist es, einerseits die Öffentlichkeit für dieses Thema zu sensibilisieren, andererseits unsere Hilfsangebote bekannt und damit für so viele Mädchen und junge Frauen wie möglich erreichbar zu machen.

Ausblick

Das Autonome Mädchenhaus mit den Angeboten der Anlauf- und Beratungsstelle sowie der Zufluchtsstätte ist eine anerkannte und nachgefragte Einrichtung der Jugendhilfe in Kiel. Zur Gewährleistung unseres hoch qualifizierten Angebotes wird die ständige Überprüfung und Weiterentwicklung der Konzepte sowie die fachliche Weiterqualifizierung der Mitarbeiterinnen auch zukünftig einen Schwerpunkt der Arbeit darstellen. Die Erweiterung unseres feministischen Jugendhilfeangebotes um Mädchenwohngruppen und andere betreute Wohnmöglichkeiten für minderjährige Mädchen sind in Planung. Auf Grund fehlender Kapazitäten und finanzieller Mittel konnte dieses Vorhaben bislang nicht verwirklicht werden. Das Autonome Mädchenhaus beteiligt sich weiterhin an dem Ausbau einer adäquaten Infrastruktur für Mädchen und junge Frauen sowie an der interinstitutionellen Vernetzung.

Literatur

Kinder, Katja; Raburu Maureen; Rommelspacher Birgit, 1999: Leonardo Research Document – Developing a Common European Framework for Anti-Racist and Anti-Oppressive Practice for Social Professions. University of North London. London.

Raburu, Maureen, 1999: Antirassistische Mädchenarbeit – Sensibilisierungsarbeit bezogen auf Rassismus mit Mädchen und jungen Frauen, Ein praktisch orientiertes Handbuch für den Alltag. Autonomes Mädchenhaus Kiel.

Prasad Nivedita, 1998: Schwarze und migrierte Mädchen und sexueller Gewalt. In: Skandal im Alltag, Berlin

Anke Kock, Heidrun Stegen

„Privatsache"
Wie Jugendliche ihren Aufenthalt im Autonomen Frauenhaus Lübeck erlebten, schildern, reflektieren und interpretieren

Im Rahmenprogramm des Kongresses „Bei aller Liebe – Gewalt im Geschlechterverhältnis" hat eine Gruppe von sechs Jugendlichen zwei Tage lang ihre Ton – Dia Show „non Stopp" den interessierten Kongressgästen vorgeführt. In dem nun folgenden Beitrag wird in einer kurzen Einleitung das methodische Vorgehen für die Vorbereitung der Ton-Dia Schau beschrieben und das Frauenhausangebot insbesondere für Kinder und Jugendliche skizziert. Wie die Jungen, bzw. die jungen Frauen und Männer das Frauenhaus für sich definiert haben, schildern sie in den „Briefen an ihre Stars". Der Frauenhausaufenthalt bildete für die Jungen und Mädchen in unterschiedlicher Weise einen besonders wichtigen Lebensabschnitt, an den sie eine Fülle von Erinnerungen haben. Im Kapitel „Privatsache" beleuchten sie selbstkritisch ihre persönliche Situation im Frauenhaus, ihr Verhältnis zu Mutter und Vater, zu den anderen Frauen, Kindern und Jugendlichen im Frauenhausalltag und schließlich den Auszug in die eigene Wohnung. Diese Erfahrungsquellen der männlichen und weiblichen Jugendlichen werden von uns als Mitarbeiterinnen mit dem Blick auf den Frauenhausalltag als Arbeitsfeld kommentiert und interpretiert. „Frauenhaus-Rap" und Epilog bilden den Ausklang dieses Beitrages, in welchem die Jugendlichen ihre Frauenhauserfahrung resümieren.

Zur Einleitung – Eine ganz normale Familie?!

Sechs Jugendliche bzw. junge Erwachsene berichten von ihren Erfahrungen im Elternhaus einerseits und dem Frauenhaus andererseits. Drei weibliche und drei männliche Jugendliche erinnern sich an ihren Aufenthalt im Frauenhaus, den sie zu großen Teilen gemeinsam verbracht haben.
Die Jungen und Mädchen bzw. die jungen Männer und jungen Frauen sind der Einladung gefolgt, einen eigenen Beitrag für den Bundeskongress

zu entwickeln mit dem Ziel, mehr Aufmerksamkeit auf die Situation von Kindern und Jugendlichen im Frauenhaus zu richten. Die TeilnehmerInnen nahmen sich ein Wochenende und mehrere Abende Zeit für die Ausgestaltung ihres Kongressbeitrages. Ein „Wiedereinstieg ins Frauenhaus“ fanden die Jugendlichen schnell über eine Postkartenaktion „ich erkläre meinem Lieblingsstar das Frauenhaus“. Spontane Erinnerungen wurden mit Hilfe eines Kartenspiels geweckt und unmittelbar aufgezeichnet und bildeten die gesprochene Dokumentation des Frauenhausaufenthaltes. Collagen und Gipsbüsten gaben ein weiteres individuelles, aber anonymes Bild der Beteiligten ab. Dieses waren die Elemente der Ton-Dia show, die als Rahmenprogramm während des Kongresses von den Jugendlichen bzw. jungen Frauen und Männern selbst vorgeführt wurde.

Als Mitarbeiterinnen konnten wir in dieser Zeit erfahren, wie stark jeder und jede der Beteiligten vom Frauenhaus beeindruckt war, welche Fülle von Informationen, Einschätzungen, Erfahrungen ihnen der Frauenhausalltag bot. Der detaillierte Rückblick auf ihre Zeit im Frauenhaus, gezeichnet von weit reichender Umsicht und Toleranz, hat uns beeindruckt und begeistert. Darum geht an dieser Stelle an Carlos, Philipp, Mike sowie Alice, Sue und Stella für ihr Engagement, ihre Offenheit, ihr Vertrauen, ihre Kritikfähigkeit sowie für ihren kreativen Teamgeist unser besonders herzlicher Dank und unsere Bewunderung. Bevor der Frauenhausaufenthalt von den Jugendlichen und den Mitarbeiterinnen zu verschiedenen Bezugsmomenten dokumentiert wird, soll ein kurzer Abriss den Arbeitsbereich „Unterstützung und Begleitung der Jungen und Mädchen im Frauenhaus“ skizzieren.

Das Autonome Frauenhaus bietet durchschnittlich 40 Personen Zuflucht und Unterkunft. Zurzeit sind drei Mitarbeiterinnen mit je einer 3/4 Stelle im Bereich „Arbeit mit den Jungen und Mädchen“ im Haus beschäftigt. Das Frauenhaus bietet den Müttern mit ihren Kindern möglichst ein gemeinsames Zimmer. Für Säuglinge und Babys werden kleinere Zimmer für Mutter und Kind vorgehalten, ältere Söhne und Töchter etwa ab 14 Jahren können auch eigene Zimmer ohne Mutter bewohnen, so entsprechende Raumkapazitäten vorhanden sind. Mit dem Umzug in das neue Frauenhausgebäude vor fünf Jahren wurden eine Kinderküche mit Schularbeiten- und Spielzimmer und ein sog. Kuschelraum eingerichtet, die für gezielte und angeleitete Beschäftigung den Kindern zeitweise zur Verfügung stehen. Der Spielgarten, das Tobezimmer mit Matten, Klettergerüst und Kinderspielhaus sowie ein Jugendkeller obliegen der selbstständigen Nutzung

der Jungen und Mädchen. Das Haus ist viergeschossig und bietet den Kindern viel Bewegungsraum, so können auch mehrere Kinder gemeinsam in einem Raum toben, spielen, oder Dreirad fahren.
Kinder und Jugendliche, die mit ihren Müttern ins Frauenhaus flüchten, verhalten sich im Alltag vielfältig. Einige reagieren auf Angebote oder Gespräche mit Formen der Angstabwehr, die von totaler Zurückhaltung bis zu lautstarken Kraftdemonstrationen reichen kann. Schläge, Beleidigungen, Bevormundungen und Ungerechtigkeiten an sich selbst oder an den Müttern, durch Väter unberechenbar ausgeführt, haben die Kinder und Jugendlichen veranlasst, erhöhte Aufmerksamkeit und eine genaue Beobachtung der Umgebung walten zu lassen.

„Als Misshandlung begreifen wir jeden Angriff auf die körperliche und seelische Integrität des Menschen unter Ausnutzung einer gesellschaftlich vorgeprägten Machtposition. Indem wir sowohl das Machtverhältnis Erwachsene/Kind wie auch das Machtverhältnis Mann/Frau einbeziehen, sprechen wir die Tatsache an, dass auch Mütter, dass auch Frauen, die selbst misshandelt worden sind, ihre Kinder misshandeln können. Schließlich wird unsere Definition der Tatsache gerecht, dass es die Ausnutzung der Machtposition ist, wodurch Frauen und Kinder derart ausgeliefert und zerstört sind und dass diese Übermacht kein Naturereignis der körperlichen Überlegenheit ist, sondern ein gesellschaftliches Verhältnis, das auch zu änden wäre."

(Hagemann-White u.a., Hilfen für misshandelte Frauen – Abschlussbericht der wissenschaftlichen Begleitung des Modellprojekts Frauenhaus Berlin. Stuttgart 1981)

Der Schritt ins Frauenhaus ist oftmals für die Söhne und Töchter die erste bewusst miterlebte Trennung. Der Abschied aus der Familienwohnung ist verbunden mit einer weit gefächerten Gefühlspalette, also nicht nur ein Grund zur Freude. Zeit zum Ankommen, den eigenen Standort finden sind die ersten wichtigen Schritte im neuen Lebensabschnitt Frauenhaus. Ein parteiliches Unterstützungsangebot im Interesse der Mädchen und Jungen ist eine Voraussetzung für die Entdeckung und Entwicklung der eigenen Persönlichkeit und bietet Chancen neuer Selbst- und Gruppenerfahrungen im Frauenhaus. Kinder, Jungen wie Mädchen nehmen sich im Zusammenspiel mit anderen jüngeren oder älteren Jungen und Mädchen wahr und erlangen in Anlehnung oder Abgrenzung zu den „anderen" Selbstbewusstsein. In diesem Sinne bildet der Frauenhausaufenthalt einen bedeutsamen Zeitabschnitt in der Lebensgeschichte der Jungen und Mädchen.

Briefe der Jugendlichen an ihre Stars
„Was ist ein Frauenhaus? – Wie sag ich's meinem Favoriten?“

An Michael Jordan

Hi, Michael. Du wolltest wissen, was ein Frauenhaus ist. Es ist ein Haus für Frauen, die Probleme mit ihrem Mann haben. So war es bei uns. Du könntest ja mal ein paar Karten schicken, aber noch zum Thema. Ein Haus für Frauen, die Probleme im Leben haben.

Mike

An Usher

Hey USHER
How are you? I feel great.
My name is Sue. I heard your music, it is great. I like the song „My way“. You dance very good. In the video, you have paint your eyes, it is very nice. I would dance with you.
I write you, because I want to know something about you. Now I want to know, do you know something about womenhouse. No or yes?
I tell you something about life and the women. There live women, they run away from their men. The man hit his woman and children, or they did sexual acts. In this house they become save and care. In America it is very difficult to go in the womenshouse. I saw on TV a report from the life in Harlem. I didn't know you came from Harlem. Do you heart about it, I know it. You can write me again, if you know about it. I lived in the womenshouse too. I become save and care. I thank the house. And women there they work. I lived there 2 years or 1½ year with my family. I hate we have a congress. We tell about it, or we make it a dia-show and somebody tell something to this.
Please write me back.

Your fan Sue

An Brad Pitt

Dear Brad,
na, wie geht es Dir bzw. How are you?
I feel fine.
Ich bin mir sicher, dass Du jemanden hast, der Dir diesen Brief übersetzt, also schreibe ich Dir jetzt auf Deutsch. Wie Du ja weißt, bin ich wieder im „FH", ja genau, schon wieder. Damals war ich mit meiner Mutter und meinem Bruder dort. Ich weiß gar nicht, ob Du weißt, was ein „FH" ist. Dorthin können die Frauen flüchten, die bedroht oder in „Not" sind. Man darf da keinen Besuch empfangen, vor allen haben da Männer keinen Zutritt. Es sei denn, es ist ein Handwerker o. so.
Die Zeit dort war nicht besonders aufregend, aber ich habe viel dazugelernt. Na ja, ich will Dich jetzt nicht vollsülzen mit alten Geschichten. Gibt es eigentlich auch in Amerika Frauenhäuser?
Grüß mal Whitney von mir.

Bis dann Stella Garcia

An die Simpsons

Hallo (?) Bart
Ich finde dich gut, weil du cool bist. Ein Frauenhaus ist ein Haus mit vielen Frauen drin, aber nur mit Frauen (ohne Männer) und mit Kindern. Dieser Wohnkomplex funktioniert ohne Männer.
Und fast selbstständig.

Viele Grüße: Philipp

An Tupac

Hi Tupac,
wie geht's dir. Du wolltest wissen, was ein Frauenhaus ist, ich sag's dir. Es ist ein Haus voller Frauen, wo man viel Spaß hat, aber auch (aber auch) nicht. Man darf nicht immer Fernsehgucken. Die Mitarbeiterinnen vom Frauenhaus sind sehr nett und helfen bei den Hausaufgaben.
Kannst du mir Geld schenken.

Carlos

An Meg

Hallo Meg,
Du hast deine Frage genau an die Richtige gestellt. Ich selber habe vor nicht so langer Zeit in einem Frauenhaus gewohnt. Ich erzähle Dir ein wenig über mein Frauenhaus, in dem ich fast zwei Jahre lang mit meiner Mutter und meinen beiden Geschwistern gelebt habe. Es ist ein Haus, in dem Frauen eventuell mit Nachwuchs, die Gewalt körperlicher oder seelischer Art erlebt haben, wohnen können, weil sie sich bei sich zu Hause nicht mehr sicher fühlen. Dort bekommt man Hilfe, Unterschlupf, Schutz. Kein männlicher Erwachsener mit Ausnahme von einem Arzt, Polizisten darf dort eintreten. Von dort kann man eine neue Wohnung suchen und so lange ohne Miete dort wohnen, bis man eine gefunden hat. Die Namen der Personen, die dort wohnen, werden nicht preisgegeben. Vielleicht hast du jetzt einen besseren Eindruck über das Frauenhaus. Ich hoffe, ich konnte Dir helfen.

Dein Fan Alice

Vorstellung der Mitwirkenden

Stella wurde 1980 geboren, sie war zweimal im Frauenhaus, einmal mit ihrer Mutter und ihrem Bruder, während dieses Aufenthaltes wurde sie volljährig. Sie blieb beim ersten Mal etwa 4 Monate im Frauenhaus. Der zweite Aufenthalt wurde von ihr selbst erwirkt, sie trennte sich von der Mutter und lebte ca. fünf Monaten im Frauenhaus, als sie sich entschloss, bei der Kongressvorbereitung mitzuwirken.

3 Best boys waren mit ihrer Mutter und drei weiteren Geschwistern (2 Jungen, ein Mädchen) ca. 6 1/2 Monate im Jahre 1996 im Frauenhaus und sind anschließend alle gemeinsam in eine Wohnung gezogen.

Mike wurde 1982 geboren, er kam im Alter von 13 Jahren ins Frauenhaus.
Alter beim Interview: 16 1/2 Jahre
Auszugsdauer beim Interview: fast 3 Jahre

Philipp wurde 1984 geboren und war mit 11 bzw. 12 Jahren im Frauenhaus.
Alter beim Interview: 14 3/4 Jahre
Auszugsdauer beim Interview: fast 3 Jahre

Carlos wurde 1985 geboren und war mit 10 bzw. 11 Jahren im Frauenhaus.
Alter beim Interview: 13 3/4 Jahre
Auszugsdauer beim Interview: fast drei Jahre

Sue wurde 1982 geboren. Sie lebte mit ihrer Mutter und ihren drei kleineren Geschwistern (ein Zwillingspärchen Junge und Mädchen, ein jüngeres Mädchen) im Frauenhaus. Sue feierte im Frauenhaus ihren 16. Geburtstag. Die Familie blieb etwa 14 1/2 Monate im Frauenhaus, dann zogen sie gemeinsam in eine Wohnung.
Alter beim Interview: 17 Jahre
Auszugsdauer beim Interview: 1 1/2 Jahre

Alice wurde 1982 geboren. Sie lebte mit ihrer Mutter und ihren beiden jüngeren Geschwistern (Schwester und Bruder) 1 Jahr und 11 Monate im Frauenhaus, dann zogen sie in eine gemeinsame Wohnung. Alice feierte ihren 14. und 15. Geburtstag im Frauenhaus.
Alter beim Interview: 16 Jahre
Auszugsdauer beim Interview: 8 Monate

Alle Jugendlichen bis auf Sue sind in ihrem Elternhaus zweisprachig aufgewachsen.

Ein Kapitel für sich – Das Verhältnis zum Vater

Kommen die Jungen und Mädchen ins Frauenhaus, endet von einem Tag zum anderen die alltägliche Beziehung zum Vater, ein Familienarrangement, dass die Kinder seit ihrer Geburt kennen gelernt, (mit)erlebt und mitgestaltet haben. Dabei wird deutlich, dass die Gewalttätigkeit des Vaters ihre Lebenssituation massiv und umfassend bestimmt hat. Hervorzuheben ist hierbei, dass auch die Kinder und Jugendlichen, welche unter Umständen nicht direkt den körperlichen und seelischen Angriffen durch den Vater ausgesetzt waren, allein durch das Aufwachsen im „Misshandlungsmilieu" Verletzungen erfahren haben.

MIKE: „Ja, mhh . . . (Lacht, ausatmen). Mein Vater, der war alles andere als ein Vorbild für einen, würde ich sagen, der war halt ein Scheiß-Vater, das kann man wohl so sagen. Man konnte so gut wie gar nicht mit ihm reden, da er immer Recht hatte und die anderen nicht . – Ja, und man konnte nicht mit ihm reden ey. – Und Angst? Na ja, bis zu einer gewissen Zeit hatten wir also immer Angst. Bis dann irgendwann mein älterer Bruder, der Älteste aus der Familie, ihm das Trinken aus der Hand genommen hat. – So, der war kurz auf Toilette, hat das einfach weggekippt. Mein Vater ist dann ausgerastet. – Und dann haben wir – ist er ziemlich ausgerastet mein Vater und auf meinen Bruder losgegangen, wollte ihn erwürgen – und sind wir dann alle dazwischen. Ja, und an diesem Tag sind wir alle dann ins Frauenhaus gekommen."

SUE: „Und ich hatte auch viel Angst vor meinem Vater – Wut auch, die Wut konnte ich nicht zeigen . . .."

PHILIPP: „Angst (lacht), manchmal, da hat man auch vor seinem Vater Angst, weil er seine Wutausbrüche oder seine Gefühlsausbrüche – da will er ganz viel knuddeln oder so –, da kriegt man Angst vor dem. Man denkt, er ist irgendwie sexuell (lacht) . . . Nein, nein, das war nur ein Scherz – aber man kriegt manchmal Angst vor seinem Vater, weil er dann ein bisschen überreagiert, wenn man etwas schlecht oder, äh, etwas falsch macht."

CARLOS: „Ich war immer voll wütend so auf meinen Vater, wenn er dann so geschlagen hat oder so. – Ich wollte auch schon so zurück schlagen, aber – so was macht man ja nicht, nä ? – (lacht). Ja das war's."

Das gesamte Lebensumfeld der Kinder und Jugendlichen (einschließlich der Mütter) wird durch die Gewalt des Vaters beeinflusst. Durch die Präsenz des Misshandlers gerät die Familie in zunehmende Isolation.

SUE: „Mhh ja, das ist schon ziemlich peinlich immer mit Freunden, wenn die zu einem zu Besuch kamen und es gerade Streit in der Familie war. Das war immer peinlich einfach . . . Also Freunde, die haben mit auch oft gesagt, dass – ähm – dass mein Vater auch kein Guter sei. Und die hatten auch persönlich Angst vor meinem Vater, weil er also kein schönes Auftreten hatte. . . . Freunde hatte ich echt keine, und das war auch ganz schwer, ja das war's."

ALICE: „Meine Freunde, als die da waren, hatten auch Angst vor ihm. Er hat neben meinen Freunden mich zur Sau gemacht, mich so klein gemacht mit Hut. Ich war so klein wie ein Zwerg. Meine Freunde hatten Angst vor ihm, aber nach irgendeiner Zeit hatte ich überhaupt keine Angst mehr vor ihm."

Sehr wichtig ist den Jungen und Mädchen daher die Bildung von Freundschaften und kontinuierlichen sicheren Beziehungen. Weiterhin beschreiben die Kinder und Jugendlichen die ambivalenten Gefühle in der Beziehung zu ihrem Vater, neben ihrer Angst und Wut auch ihre Sehnsüchte und ihre Enttäuschungen.

ALICE: „Ja, mein Vater war auch nicht gerade das Vorbild für andere Väter, – sollte man sich an ihm nicht nehmen (lacht). Ein Vater sollte Verantwortung über nehmen, als Vater sollte man sich vorher überlegen, ob man Kinder in die Welt setzt. – Das ist dann ein Leben lang, man kann sie nicht einfach in die Ecke schubsen – Du bist nicht mehr mein Kind – Nee, das kann man nicht machen. . . ."
CARLOS: „Ich will mal sagen, dass mein Vater nicht gerade der Beste war. Ich kenn' Familien, da sind Väter besser und so. – Ja, was soll ich denn noch sagen?"
STELLA: „Ähm – ja – also eine richtige Beziehung zu meinem Vater hatte ich nie. – Ich kann eigentlich nicht so viel dazu sagen. – Also mein Vater war nie für mich als Vater da."

Mit dem Älterwerden der Töchter nimmt der Vater die Mädchen zunehmend als Frauen wahr, sie haben sich dann als „Frauen" innerhalb einer eng vorgegebenen symbolischen Geschlechterordnung einzufügen und unterzuordnen. Die Aussagen der Mädchen machen deutlich, wie stark die Väter von ihren Töchtern rollenkonformes Verhalten gefordert haben. Sie fühlen sich in ihrer Gesamtpersönlichkeit nicht gesehen, sondern nur auf einen kleinen Ausschnitt ihres „Selbst" reduziert. Für die Mädchen schließt dieses Verhalten Erfahrungen ein, die denen der Mütter ähneln. Das ausschließliche und einseitige Leisten von Reproduktionsarbeit sowie eine große Verantwortung für den häuslichen Frieden führen schließlich zur Frustration und Überforderung bei den Mädchen.

SUE: „Sehnsucht zum Vater, kann ich nur sagen, also meine Kindheit – die Zeit bis zu meinem zehnten Lebensjahr, die war wunderschön mit ihm. Ich habe also auch wirklich viel Liebe, so gesehen, von ihm bekommen und konnte also auch im Kindesalter viel mit ihm reden. Als ich in die Pubertät kam, als ich fraulicher wurde, da ging dann die ganze Liebe vorbei. Und auch irgendwie mit Jungens durfte ich keinen Kontakt haben. Aber so, wenn ich jetzt so an ihn denke, denke ich nur an die Kindheit. Und diese Bindung, die fehlt mir, meinen Geschwister würde es auch total fehlen." . . . Das ging echt nur: „Sue putz dies, Sue putz das, mach dies, mach das und so. . ."
ALICE: „Bis zu einem gewissen Alter kann man von meinem Vater sagen, dass er ein guter Vater war. Ich würde mal sagen, so bis neun Jahre. Wir hatten ein gutes Verhältnis, aber je älter ich wurde desto distanzierter wurden wir. Irgendwann war nur das Gespräch: „Gib mir mal die Fernbedienung, schalt mal um, hol mir das, hol mir dies." Er hat auch nicht mehr die Pflichten, die ein Vater hat, übernommen. – Ne. Der ist so ein fremder Mensch geworden. Er hat immer mehr Scheiße , – will ich mal so sagen –, gebaut. Immer mehr die Familie vernachlässigt. Und hat seinen eigenen Weg irgendwie. – Ich kannte ihn nicht mehr, hätte mich jemand gefragt. Und dann haben wir uns immer mehr gestritten, über Kleinigkeiten. Ich, als die

Älteste, habe immer Ärger gekriegt, ich hatte immer Schuld – egal was, – Du bist schuld.- Meine kleinen Geschwister waren immer Engel. – Alice hat Schuld."

Für jede Tochter und jeden Sohn ist das Verlassen des Vaters ein schwieriger und schmerzvoller Prozess, der schon in der „Misshandlungsfamilie" beginnt. Durch seine Aggressionen beeinflusst und zerstört der Vater selbst die Beziehungen zu seinen Kindern – er verlässt diese im Grunde zuerst.

PHILIPP: „Ich wollte nur sagen, also mein Vater, der hat mir manchmal auch Freude bereitet. Ja also, er war auch manchmal nett zu mir – und manchmal netter als eine andere Person. – Wo wir uns also von ihm getrennt haben, da habe ich so nach einem halben Jahr, da wollte ich zurück zu ihm. Habe ihn mal besucht so ein paar Mal, aber danach, dann wollte ich nicht mehr. Er hat mich dann irgendwie versucht, zur Sau zu machen oder fertig zu machen. Da habe ich mir dann gesagt: „Nee". Also für mich ist er dann gestorben, – praktisch. . ."
ALICE: „Ich habe mir auch meinen, – ein bisschen frecher, ich wurde frecher –, ich habe meinen Mund rausgenommen. Ich habe meine Meinung gesagt. Ähh, und irgendwie, ich habe ihn nicht mehr als Vater angesehen. Es war nicht mehr eine Bezugsperson da, es war einfach jemand, der in meiner Wohnung lebt. Es war auch nicht mehr der Mann meiner Mutter, sondern es war einfach irgendjemand, den ich nicht kenne, oder den ich mal gekannt habe."

Die Mütter möchten erst einmal Ruhe und Abstand vom gewalttätigen Vater und Partner. Die vollzogene Trennung beschäftigt die Mütter selbst immens. Ihnen fehlt in dieser neuen Situation vorübergehend die Distanz und Souveränität, die eigenen Kinder mit Klarheit und Sicherheit zu beraten und zu unterstützen. Im Frauenhausalltag erleben die Kinder und Jugendlichen auch wie ihre – und andere Väter negativ geschildert werden. Während die Frauen über die Formulierung von Kritik an ihren Ehemännern oder Lebenspartnern die Trennung bewusst vollziehen, werden die Kinder und Jugendlichen hierdurch häufig verunsichert. Die Trennung vom Vater ist in der Biografie von Kindern und Jugendlichen eine deutliche Zäsur. Das eigene Verhältnis zum Vater wird dabei sehr genau und differenziert beobachtet, das Thema Väter ist damit ein zentrales für die Jungen und Mädchen, welches von ihnen unterschiedlich wahrgenommen wird. Ihre Erfahrungen, Eindrücke und Erlebnisse brauchen Platz und Raum im Frauenhaus und ein grundlegendes Interesse von den Mitarbeiterinnen sowie deren Beratung und Unterstützung.
Das Gelingen eines weiteren Kontaktes mit dem Vater hängt von vielen Faktoren ab. Am deutlichsten jedoch von seiner eigenen Veränderungs-

bereitschaft. Bei älteren Jugendlichen erleben wir auch die Abwendung von dem Vater, verbunden mit dem Wunsch, endlich ein „normales", gewaltfreieres und vor allem auch freudvolleres Leben zu führen. Die Väter erleben wir als wenig veränderungsbereit in Hinblick auf die Beziehungsstrukturen, wie sie sie in der Misshandlungsfamilie gelebt haben. Nur selten übernehmen sie die Verantwortung für ihre Gewalttätigkeit. So sehen wir Besuchskontakten von kleineren Kindern, die in der Regel nicht selbst entscheiden können, zeitweise mit Skepsis entgegen. Wir möchten hier dafür plädieren, der besonderen Beziehungsdynamik von Familien mit gewalttätigen Vätern bei der Regelung des Sorge- und Umgangsrechtes fachlich mehr Beachtung zu schenken und darauf bezogene situative Ansätze zu ermöglichen.

Der Einzug ins Frauenhaus – Schritte ins Unbekannte

Kinder und Jugendliche bestimmen den Zeitpunkt ihres Einzugs ins Frauenhaus nicht selbst. Das Verlassen ihres gewohnten Umfeldes erfolgt in den meisten Fällen auf Grund einer akuten Krisensituation. Je jünger die Mädchen und Jungen sind, desto seltener wissen sie, dass sie ihr „Elternhaus" verlassen werden. In der Regel gibt es keinen Abschied vom Vater, den Nachbarn und Freunden und nur der kleinste Teil der persönlichen Sachen kann mitgenommen werden. Häufig muss die Mutter ihre Wohnung mit den Kindern in der Nacht oder an Wochenenden verlassen.

STELLA: „Ja, mein Einzug ins Frauenhaus oder unser Einzug ins Frauenhaus – ja, wir kamen da, glaube ich, um Mitternacht an. Ich weiß noch, wer uns die Tür aufgemacht hat. Es war, glaube ich, am Freitag. . . Auf jeden Fall war das Haus, glaube ich, ganz schön voll zu der Zeit gewesen. Wir wurden in das Zimmer, das behindertengerechte (lacht) Zimmer gesteckt. Aber es war, doch es war ganz schön gut da. Dann verbrachten wir das ganze Wochenende da, bis dann irgendwie eine Mitarbeiterin kam, am Montag. Und die dann eben – ja – alles anfing zu regeln. – Also der, unser Umzug sozusagen, wir sind ja 500 Kilometer gereist, das ging in so einer Nacht- und Nebelaktion, könnte man sagen."

Wenn die Flucht ins Frauenhaus sehr öffentlich und spektakulär erfolgen muss, z.B. mit Unterstützung eines Polizeieinsatzes, beschreiben die Jugendlichen dieses als sehr schamvoll. In der Familiendynamik von Misshandlungsfamilien wird auf das nicht Öffentlichwerden innerfamiliarer

Gewalt viel Energie verwendet. Dieses hängt auch mit veralteten gesellschaftlichen Haltungen im Hinblick auf die Problematik von „Gewalt in der Familie" zusammen. Es gilt, das scheinbar „Normale" im Außenbild zu repräsentieren. Auch deshalb ist es den Jugendlichen unangenehm, derart „geoutet" zu werden.

MIKE: „Ja bei mir, bei uns war es ganz komisch. Dass alles so plötzlich ging, so alles an einem Tag. Wir haben uns gestritten, und dann hat meine Schwester die Polizei gerufen. Dann kam die Kripo oder so, die haben uns dann ins Frauenhaus hingefahren. Und da stand ein Polizeiwagen, so ein Kombi vor der Haustür, und alle haben doof geguckt. – Das war auch schon ziemlich komisch – und das war so halt das Schlimmste. Dann im Haus war es eigentlich halb so schlimm, da ja alle irgendwie etwas hatten. Und da war man ja so unter sich, aber sonst irgendwie – allein das Angaffen und so beim Rausgehen."

Es ist für die Kinder und Jugendlichen hilfreich, im Frauenhaus die Erfahrung zu machen, nicht allein von Gewalterfahrung betroffen zu sein, sie fühlen sich nicht mehr so isoliert. Die Ambivalenz von Gefühlen beim Verlassen des Misshandlers sowie des weiteren Lebensumfeldes, wird deutlich. Wir erleben oft die Freude, der Gewalt des Vaters zu entkommen und damit einhergehend auch die Trauer und Wut, ihr gewohntes Lebensumfeld und die Freunde verlassen zu müssen.

PHILIPP: „Am Anfang, da war das schrecklich. Weil da kannte sich ja keiner, als wir da waren, da waren gerade alle neu – und da kannte sich auch keiner, war alles still. Nach einer Zeit hat sich das gelegt und war ein bisschen Krach und so. Und dann wurde das Alltagsleben – ja, also Erholung von meinem Vater, weil er nicht mehr nervt, weil er stinkt, und er hat immer nervig reagiert. Aber manchmal, da war er auch nett."

SUE: „Mein Einzug ins Frauenhaus war so: Wir kamen vom Bahnhof, ab in ein Taxi, der Taxifahrer war ganz nett, erzählte uns die Geschichte Lübecks, war ganz witzig und schön. Dann kamen wir an im Frauenhaus und wurden herzlich aufgenommen. Uns wurde das Zimmer gezeigt – war ganz schön, schönes Zimmer, war alles sehr sauber und ordentlich. Man musste nicht irgendwie so ein großes Versteckspiel machen oder so – es war ganz gut. Also an die Zeit, wie lange wir dort leben mussten, habe ich nicht dran gedacht. Ich habe nur einfach daran gedacht, Hauptsache weg von ihm."

ALICE: „Bei mir war das so, dass meine Mutter sich das länger überlegt hat und mir das auch vorher gesagt hat. Sie hätte am liebsten schon ein halbes Jahr vorher – aber ich war dagegen. Nein – Freunde – ach nee – vielleicht wird das noch alles besser – und ja – lass uns noch ein bisschen abwarten – man kann ja immer noch.

Ja also, das läuft uns doch nicht weg. Dann habe ich mir das alles überlegt, – ja und dann, dann wurde das alles zu einem großen Abenteuer – ehrlich."

Erreicht die Mutter mit ihren Kindern das Frauenhaus, so ziehen sie in ein großes Gebäude mit vielen Räumen und Personen ein, das zunächst nicht leicht zu überblicken ist. Die „neuen" Mädchen und Jungen spüren genau, wie sie von den anderen Kindern, Jugendlichen und Frauen betrachtet und eingeschätzt werden.
Je jünger die Kinder sind, desto weniger gelingt es ihnen, das Haus, das vierzig Personen Platz zum Wohnen und zehn Mitarbeiterinnen Raum zum Arbeiten bietet, zu erschließen oder gar zu erobern. Gefühle des Fremdseins prägen die ersten Tage, das Zusammenleben organisiert sich eher zufällig nach Alter, Nationalität und Sympathie.
Insbesondere die Jungen beschreiben ihre Bedenken und ihre Verunsicherung in ein „Frauenhaus" zu kommen. sie wissen in der Tat nicht, wie sie aufgenommen werden und ob sie dort – unter Frauen – einen Ort für ihr „Mann-Sein" finden können.

PHILIPP: „Wo wir da eingezogen sind, mir kam das schon ziemlich merkwürdig vor, das da nur Frauen sind und ein paar Kinder. Da war alles so richtig still, also da hat ja fast keiner mit keinem geredet, als wir da hingezogen sind, weil ziemlich viele da neu gekommen sind. ... Dann erst, nach so ein paar Wochen, dann hat sich das erst alles so gelegt, dann wurde das erst so richtig aktiv."
CARLOS: „Also der Einzug ins Frauenhaus, das war so wie mein Bruder schon gesagt hat. Ich bin ja erst mal abgeholt worden, von der Polizei und so. Wir wurden hin gefahren – dann wurde die Tür geöffnet vom Frauenhaus – erst mal also klingeln – ja und dann – ich weiß nicht mehr weiter. Tür war, egal, auf und an der ganzen Treppe vom Frauenhaus, überall, das ganze Frauenhaus total voll, alle guckten – normal nä, – ich dachte, wo bin ich denn hier. – Erst mal denke ich ja, ich gucke: fast nur Frauen. – Ja, ich wusste ja nicht zuerst, wo wir hinfahren."

Innerhalb weniger Tage gilt es, für Frauen, Söhne und Töchter ihren persönlichen Stellenwert im Haus heraus zu finden und zu erarbeiten. Je höher die Zahl der im Haus lebenden Kinder, desto aufwändiger die Anstrengungen, den richtigen Platz zu finden.

CARLOS: „Freude hatte ich nicht gerade viel dran am Anfang. Wo ich dann die ersten Wochen da war, da hat es immer mehr Spaß gemacht, da habe ich Freunde da gefunden auch, – und ja – war ganz nett da."

Ein Einleben der Kinder im Frauenhaus wird durch Mitarbeiterinnen mit dem Arbeitsschwerpunkt Kinder und Jugendliche/Mädchen und Jungen unterstützt. Sie sind feste Ansprechpartnerinnen, die Orientierungshilfen für den (anfänglichen) „Frauenhausdschungel" geben. Innerhalb der bestehenden Gruppenangebote lernt das Kind andere Kinder kennen und einschätzen. Es findet dort Freunde/Freundinnen und bekommt einen genaueren Überblick im neuen Lebensumfeld Frauenhaus. Manchmal wird eine feste erwachsene Ansprechpartnerin, die sich für die Jugendlichen interessiert, auch aus deren Erlebenshintergrund heraus, als ungewohnt und störend empfunden. In „Misshandlungsfamilien" ist eine positive beziehungsnahe Aufmerksamkeit sehr selten.

ALICE: „Am Anfang, wenn man dann neu hinzugekommen ist und eine Mitarbeiterin sagt: ‚Ja es ist so und so' denkt man nur, ‚was will sie eigentlich von Dir?' Ich will in Ruhe gelassen werden. – Die plappert Dich voll, am liebsten hätt' man so, – das interessiert mich überhaupt nicht (lacht)."

Hier bedarf es eine Zeit des respektvollen gegenseitigen Kennenlernens. Durch das Entdecken des Frauenhauses in der Anfangsphase und das gegenseitige Kennenlernen erfahren alle Mitarbeiterinnen eine Menge über die bisherigen Lebensverhältnisse der Kinder und Jugendlichen.

Frauen im Frauenhaus – Vom Objekt zum Subjekt

Die im Frauenhaus lebenden Frauen werden von den Kindern und Jugendlichen sehr deutlich wahrgenommen. Sie erleben die Frauen in ihrer Unterschiedlichkeit hinsichtlich ihrer gesellschaftlich kulturellen Herkunft, des Alters, der körperlichen und seelischen Verfassung sowie der Beziehungsanknüpfung ihnen gegenüber.

STELLA: „Es gibt immer sehr viele unterschiedliche Frauen in Frauenhäusern, unterschiedliche in ihrer Einstellung – in ihrer Sicht, mit unterschiedlichen Problemen. . . Es gibt so viele Toleranzunterschiede in den verschiedenen Kulturen, z.B. Kleidung oder wenn türkische Musik gehört wurde – oder so."

In Bezug zur Enge und Starrheit der Beziehungsstrukturen, die in einem Misshandlungsmilieu vorherrschen können, ist das Zusammenleben mit vielen verschiedenen Menschen wirkliches Neuland, befremdlich und neugierig machend zugleich.

ALICE: „. . . und es war einfach ein Abenteuer – die ersten paar Wochen war es so ein großes Abenteuer. . ."

Aufgrund des engen Zusammenlebens (Frauenhausleben bedeutet Leben in einer Wohngemeinschaft, auch in Krisenzeiten) bekommen die Jugendlichen viele Gefühlsbewegungen der Erwachsenen mit, die eine professionelle Begleitung erfordern. Die Wahrnehmung von Stärke und Selbstaufgabe bei den erwachsenen Bewohnerinnen bewegt die Jungen und Mädchen sehr.

ALICE: „Also ich hab' da unterschiedliche Typen von Frauen kennen gelernt – auch sehr starke Frauen, wo ich dachte, ‚whow' so stark, und sie gibt nicht auf, so viele schlimme Dinge erlebt, und trotzdem macht sie weiter. Und ich habe da einfach Respekt davor gehabt, das Nichtaufgeben, Weitermachen war schön. Ja, und ich habe auch Frauen erlebt, die dann einen Tag dort waren – grün und blau geschlagen, – trotzdem aber zurückgegangen sind oder nicht dort geblieben sind. Für mich war das unverständlich. Das war – wieso? – Ich dachte so – am liebsten hätte ich sie festgekettet. Bleib hier Mädchen, das kannst Du doch nicht machen, das ist Selbstmord."

Je nach lebensgeschichtlichem Erfahrungshintergrund, ihrer Geschlechteridentität sowie dem Ausmaß der Verantwortung für die Geschicke in der „Misshandlungsfamilie" entwickeln die Jugendlichen auch im Sozialgefüge Frauenhaus Beziehungsverantwortung. Gerade die älteren Töchter fühlen sich angesprochen, für die erwachsenen Frauen und die Kinder zu sorgen, für sie Kompetenz und Bürde zugleich.

ALICE: „. . . oder man ist reingekommen in ein Zimmer und eine Frau hat geweint. Man sah, man wusste im ersten Augenblick nicht so – ja, was soll man machen. – Gott – man hat dann, wenn man dann noch keine Beziehung zu ihr hatte, oder nicht mal ihren Namen kannte, dann hat man nur gefragt, ob man einen Kaffee bringen soll – ob sie irgendetwas bräuchte. Das war einfach nur, um die Spannung irgendwie, so diese Stille – alle waren leise, und es war doch schön. – Und zum größten Teil haben es die meisten Frauen dann doch geschafft, irgendwie loszukommen. Doch das war schon beeindruckend."

Die Jungen gehen nicht so dichte Beziehungsgeflechte ein. Sie halten sich eher am Rande, müssen in ihrer Männlichkeit Abstand wahren, auch um diese bewahren zu können und beschreiben die Frauen distanzierter.

MIKE: „Ja, das ist schon ein bisschen komisch am Anfang. Da es ja irgendwie nur Frauen waren und sonst nur kleine Kinder und keine Männer weit und breit. Oder es wurde schon ein großer Rummel gemacht, wenn ein Mann vor der Tür stand. Alle zum Fenster und gucken, was ist los. Aber sonst, die Leiterinnen waren ja alle so ganz nett. – Und die Frauen an sich, die so da waren, einige waren so und so. – Muss man halt akzeptieren, wenn die Anderen anders sind. Sonst war es eigentlich ganz okay."

Es drücken sich Gefühle von Wut und Abwehr aus, die sowohl auf die in Misshandlungsbeziehungen gelebten rigiden Geschlechtskonstruktionen von „Mann" und „Frau" zurück gehen, sowie auch durch Überforderungssituationen der Söhne und Töchter geprägt sind.

PHILIPP: „Da kann ich nicht so viel zu sagen. – Also ich bin keine Frau. Die sind manchmal nett und manchmal auch böse. – Sehr, sehr böse (lacht). Eine Zeit lang, da fand ich Frauen nicht gut, also die haben immer, den tut immer alles weh, da muss man sich immer um sie kümmern, wenn die da einen Unfall haben oder so. Es gibt einige Frauen, die können sich um sich selber kümmern, wenn sie so krank sind. Andere können das gar nicht, die brauchen also viel Hilfe. Bei uns in der Klasse zum Beispiel gibt es ein Mädchen, das geht nach Hause, wenn es Kopfschmerzen hat. Das finde ich richtig Scheiße."

Mit dem Einzug ins Frauenhaus, sowie der Trennung vom „Misshandler" lösen sich Kleinfamilienstrukturen auf und die Positionen der Frauen verändern sich. Sie werden zu Entscheidungsträgerinnen. Dieses gilt sowohl in Hinblick auf die Restfamilie als auch hinsichtlich der Gruppenstrukturen im Haus.
Konkret heißt das auch, dass alle Frauenhausbewohnerinnen Einfluss auf die im Hause lebenden Jungen und Mädchen haben, und zwar in gänzlich unterschiedlicher Weise entsprechend ihres erzieherischen Erfahrungsschatzes. Dabei ist machtvolles Handeln innerhalb der hierarchisch strukturierten Beziehung zwischen Erwachsenen, Jugendlichen und Kindern nicht zu unterschätzen. Die Jugendlichen erwarten mehr Achtung und Wertschätzung ihrer Person, und insbesondere die Jungen, beschreiben die Einmischung von „so viel Weiblichkeit" als übermächtig.

MIKE: „Die Älteren, auch die Mütter, sollten mehr Respekt vor den Kindern selber haben. Vor allem, wenn es nicht ihre sind. . . . Die haben gar nicht das Recht dazu – vor allem fremde Kinder, betone ich noch mal."
PHILIPP: „Und dann habe ich da so einen Jungen kennen gelernt, und der hat mich dann auch immer so stressig angemacht. Und einmal, wo ich ihn gehauen hab', da kam seine Mutter, und da hat sie immer gleich wütend reagiert – obwohl er Unrecht hatte. Sie hat mich auch gehauen."
STELLA: „Die Erwachsenen sollten nicht denken, nur weil sie älter sind, können sie die Kinder irgendwie rumkommandieren."
ALICE: „Und dann denkt man so, ja was will die denn, die ist doch nur ein paar Jahre älter, höchstens zehn Jahre älter, die könnte meine Schwester sein, was hat die mir denn zu sagen."

CARLOS: „Frauen – ähähm – ich meine, ich weiß gar nicht, was ich sagen soll. Ja zu Frauen, da wollte ich sagen, die haben immer bestimmt. – Und wann die Kinder Fernsehen gucken durften, z.B. ich durfte immer nur bis 19 oder 20 Uhr – morgens immer erst ab 10 Uhr oder so – Und der Älteste, der im Zimmer war, bestimmt, was wann geguckt wird."

Die Konflikte der Erwachsenen werden untereinander aufmerksam wahrgenommen.

STELLA: „Ja, es gab auch manchmal Streit zwischen den Frauen. Es kommt glaube ich auch darauf an, wie viele Frauen dort sind. Wenn es ziemlich viele Frauen sind, dann gehen sie sich auch manchmal auf den Wecker."

Auseinandersetzungen zwischen den Frauen und Müttern werden auf die Kinder übertragen und wirken sich auf deren Gruppenleben aus, z.B. in Form von Kontakt- und Spielverboten zwischen einzelnen Kindern. Dieses eröffnet den Frauenhausmitarbeiterinnen als Bezugspersonen für die Frauen, Kinder und Jugendliche ein umfassendes Arbeitsfeld. Die Vermittlung von Bedürfnissen und Wünschen zwischen Jungen, Mädchen und Erwachsenen werden in einer Form gestaltet, welche auch von den Kindern und Jugendlichen nachvollziehbar ist, weil sie aktiv daran beteiligt werden. Kindern und Jugendlichen wird hierbei der „Rücken gestärkt". Der Möglichkeit von Integration in Differenz wird hohe Priorität eingeräumt. Eine klare Regelung von Grenzen sowie der Schutz vor Übergriffen und Gewalt stellen eine wichtige Basis für das gemeinschaftliche Wohnen im Frauenhaus dar.

Mütter – Die Macht der Ohnmacht

Die Mutter ist die, den Kindern verbleibende, Bezugsperson nach der Flucht aus der Familie. Damit erlangt sie, zumindest für die Kinder, eine zentrale Bedeutung hinsichtlich einer Orientierung und Sicherheit. Die Erziehungsverantwortung der Mutter erhöht sich und innerfamiliare Beziehungsstrukturen verändern sich. Die Gefühlsambivalenzen, welche Kinder und Jugendliche ihren Müttern entgegenbringen, skizzieren wir kurz.

In einer Gewaltfamilie nimmt auch die Mutter oft wenig Elternverantwortung wahr. Sie benötigt viel Energie, um sich und eventuell ihre Söhne und Töchter zu schützen. Dieses gelingt nicht immer. Im Verlauf eines

Frauenhausaufenthaltes zeigen die Kinder diese Gefühlsambivalenzen kaum, hierzu gehört zum Beispiel, Wut auf die Mutter über die vollzogene Trennung vom „Misshandler“ als Vater, von Freunden oder Haustieren, und auch über den mangelnden Schutz vor Gewalt. In die Arbeit mit den Mädchen und Jungen sollten daher vielfältige Beziehungsaspekte einfließen können, so dass sie die Möglichkeiten haben, auch diese auszudrücken. Die Neugestaltung der Beziehung zur Mutter entwickelt sich sehr individuell. Die Nähe zur Mutter beschreiben Jungen und Mädchen auf unterschiedliche Weise. Die Töchter bringen mehr Nähe zum Ausdruck, die Söhne schildern stärker Aspekte der Distanz und auch eine Abwertung oder Unwichtigkeit des „Weiblichen“, wie sie es im bisherigen, familiären Kontext erlebt haben.

CARLOS: „Mmh, Mütter das einzige, was ich sagen kann, das ist: gar nichts.“
SUE: „Sie wollen ihre Kinder schützen, daran denken sie eigentlich als Erstes, und Schutz kriegen sie vom Frauenhaus. – Wie ein kleiner Kreislauf. Mütter machen auch eigentlich viel Ärger mit ihren Kindern, aber wenn man sich das mal so richtig überlegt, wollen sie eigentlich nur einen schützen. Ich denke nicht, dass sie wirklich einem von ihren Kindern was Schlechtes wünschen. Ich kann nur sagen, meine Mutter ist, man kann sagen – sie ist halb Mutter und halb Freundin geworden. Vorher war sie nur 'ne Mutter. Ich kann nur sagen, auch Mütter, sie zeigen – sie sind vielleicht im Außen oft hart, aber ich will gerne wissen, wie es innen ist. – Aber ich glaube, bei meiner Mutter ist es so, sie ist sehr weich, mmh.“

Kernpunkt unserer Arbeit ist es, die Beziehung von Müttern und Kinder zu stärken, wenn diese sich entschließen, ihren Lebensweg gemeinsam zu gestalten.
Im Frauenhaus sind die Mütter für ihre Kinder voll verantwortlich. Sie organisieren ihren Alltag selbst. Auf ihre Anfrage oder wenn es aus Sicht der Kinder Not tut, erhalten sie neben den festen Kinderangeboten individuelle Unterstützung für ihre Kinder durch die Mitarbeiterinnen. Das Thema der „Elternverantwortlichkeit“ als Mutter fließt in die Frauenberatung ein.

SUE: „Mütter, die überschätzen auch so das Frauenhaus, sie nehmen das zu leicht. Ihnen sollte auch wirklich noch strenger klar gemacht werden, was ein Frauenhaus ist, Nach einiger Zeit vernachlässigen sie immer mehr und mehr die Kinder. Sie denken, ach das ja, die Mitarbeiterinnen machen das schon mit ihren Kindern. Dann hängen sie da, die Kinder und die Mütter. Die kümmern sich dann immer mehr um sich, was eigentlich auch gut ist, da sie dadurch etwas selbstständiger werden. Aber ich finde auch, sie sollten sich dennoch mehr um die Kinder kümmern – auch wenn ihr Leben auch wichtig ist.“

Mädchen übernehmen in ihrer Beziehungsgestaltung zu ihren Müttern oft die noch geltende Frauenrolle der Verständigen und Verzeihenden ein, sie entschuldigen mögliches Fehlverhalten der Mutter und stellen eigene Wünsche und Kritik in den Hintergrund.
Die Beziehungen zwischen Müttern und Kindern aus „Misshandlungsfamilien" sind oft sehr belastet. Kinder oder Jugendliche waren eventuell der „Anlass" von Gewalt, sie sind manchmal unerwünschte Kinder oder aus sexualisierter Gewalt hervorgegangen. Mütter, die Misshandlung über einen längeren Zeitraum erlebt haben, konfrontieren ihre Kinder im hohen Maße mit ihren Projektionen und Delegationen.
Bei Auseinandersetzungen und Konkurrenzkämpfen zwischen den Müttern werden die Kinder oftmals involviert, und dazu angehalten, die Position ihrer Mutter zu vertreten und mitzuleben.

SUE: „Was kann ich noch sagen zu Müttern, Mütter im Frauenhaus, wenn die sich zusammenschmeißen, erst Mal: „Ja mein Kind – dieses Kind", aber Mütter unter Müttern – ich weiß nicht. Die machen einen Machtkampf gegenseitig so. Ich habe so ein Kind, Du hast so ein Kind. . . ."

Es ist daher wichtig, die Wahrnehmung der Mütter im Hinblick auf die Eigenständigkeit ihrer Kinder zu fördern. Alle Überlegungen hinsichtlich eines Arbeitskonzeptes haben die Entscheidungsbefugnis und Kompetenz der Mütter gegenüber ihren Kindern zur Grundvoraussetzung. Innerhalb des Frauenhausteams besteht Einigkeit über das Ziel, dass jedes Kind ein Recht auf eine gewaltfreie Erziehung hat. Im Mutter-Sohn/Tochter-Konflikt haben wir die Erfahrung gemacht, dass Beratungsgespräche für alle Beteiligten dann am angenehmsten und klarsten verlaufen, wenn sowohl die Mutter als auch Sohn bzw. Tochter eine parteiliche Beraterin zur Seite hatten.

ALICE: „Im großen und ganzen kann ich sagen, dass ich durch das Frauenhaus mit meiner Mutter zusammen gewachsen bin. Ich habe ja zum größten Teil meine Pubertät im Frauenhaus erlebt, – okay, da noch nicht. Aber ich habe gelernt, mit meiner Mutter über alles zu reden. Also, ich weiß ganz genau, egal wie schlimm es ist, meine Mutter regt sich erst Mal auf (lacht). – Vielleicht schreit sie dann ein bisschen, – und vielleicht macht sie mich fertig, ja. – Aber hinterher kommen wir ins Gespräch, – und doch, ja – das finde ich schön. Also auf jeden Fall durch das Frauenhaus, weil wir da auch manchmal Stress hatten und meine Mutter dann: ‚Setz dich hin, Du redest jetzt.' Und es hat sich aber auch – nach dem Frauenhaus ist es zuhause so geblieben. Wir haben auch mal zusammen Streitereien oder sind sauer aufeinander – aber doch – finde ich auch okay, ja."

Was das Frauenhaus an Unterstützung bedeuten kann, und was es heißt, im gesellschaftlichen Kontext allein erziehende Mutter mit mehreren Kindern zu sein, wird von Mike beschrieben. Er möchte ebenso wie für sich, auch für seine Mutter ein vielseitigeres und besseres Leben nach der Gewalterfahrung.

MIKE: „Ja mir fällt halt meine Mutter ein. – Meine Mutter ist so, seitdem wir aus dem Frauenhaus heraus sind, ist sie ziemlich langweilig geworden. Mir kommt es so vor, als würde sie versuchen, ihren Frust in der Arbeit zu untergraben. – Keine Ahnung. Sie arbeitet, arbeitet – sagt immer „ja, das ist das Wichtigste“. Aber ich finde, sie vergisst ihren Spaß vollkommen. Sie will nur noch arbeiten, sie denkt überhaupt nicht an sich – sondern ja halt irgendwie nur arbeiten – Hauptsache Geld zu Hause. . . . Sie muss mal öfter weggehen oder so, halt ein bisschen Spaß im Leben haben.

Mitarbeiterinnen – regeln, ordnen, verbessern ?

Die Mitarbeiterinnen im Frauenhaus arbeiten alle in verschiedenen Bereichen. Zu diesen Bereichen gehören, Unterstützung und Angebote für Jungen und Mädchen, Beratung und Begleitung der Frauen und Mütter, Hausverwaltung und Organisation, Finanzierungsformen und Finanzverwaltung, themenbezogene Öffentlichkeitsarbeit, politische Aktionen, frauenpolitische Vernetzung, Teamkommunikation, Kooperation und Supervision. Das Team setzt sich aus 8–10 Mitarbeiterinnen unterschiedlicher theoretischer und praktischer Qualifikation zusammen.

Jungen und Mädchen, die ins Frauenhaus kommen, versuchen sich zunächst einen Eindruck von den verschiedenen Mitarbeiterinnen zu verschaffen. Die Büros und die Kinderzimmer (Toberaum, Kinderküche, Spielzimmer und Spielflur) liegen alle auf einer Etage. Das führt zu einer kontinuierlichen Wahrnehmung zwischen Mitarbeiterinnen und Kindern. So sind es meistens auch die Kinder, die die Mitarbeiterinnen empfangen, wenn sie zur Arbeit kommen. An die Mitarbeiterinnen wird die Erwartung heran getragen, bei Meinungsverschiedenheiten zu schlichten und zu ordnen; u.E. spiegelt sich hier das Bedürfnis nach Orientierung, ebenso wie auch der Umgang mit „Autoritätspersonen“ wider.

SUE: „Also ich muss sagen, Mitarbeiterinnen sind starke Frauen. Sie hören sich viel von den Frauen an, die verletzt wurden. Ich frage mich nur, so wie – wenn sie das alles hören, wo sie das dann verarbeiten. Wir verarbeiten das bei ihnen. Und was

sie machen, weiß ich nicht. Auf jeden Fall, ich find' sie sehr wichtig, sie tun viel für uns. Und ich finde es gut, dass sie in vielen Bereichen des Frauenhauses tätig sind. Die einen bei den Kindern, die anderen mehr bei den Erwachsenen, die eine kümmert sich mehr um die Werkzeuge, halt das Technische. Und ich finde das gut, weil so können sie sehr konzentriert auf diese Dinge eingehen.
ALICE: „Ja die Mitarbeiterinnen, habe ich irgendwie – ich weiß nicht, gehören einfach dazu. Wenn irgendeine gefehlt hat, dann hat man sich gefragt, was mit ihr ist – oder irgendwie, da war einfach – irgendwie – ich weiß nicht, da war einfach ein Stück weg. Die waren von Anfang an da; und die gehörten einfach dazu: Man wusste ganz genau, wenn man mit einer Frau nicht reden kann, dann konnte man zu einer Mitarbeiterin und: ‚mach Du das mal bitte' – oder . . . Schlichten auch manchmal – obwohl das auch manchmal zu viel war, wahrscheinlich. – Ich – das gab schon ziemlich viel Stress manchmal. Und die Mitarbeiterinnen hatten es dann auch nicht leicht mit uns allen, die da gewohnt haben. Mit einer habe ich hier einen Ausflug gemacht nach Schweden. – Ich hätte nie gedacht, dass sie so – ja dass sie so cool ist (lacht). Ja, das hat man schon gedacht – oh – man hat sie dann näher kennen gelernt, und man hat nie gedacht, dass sie da so ist. – Ich weiß nicht –, dann hat sie da eben ein Haus gekannt und – ja – dann nach so einer Woche irgendwie zusammen leben, da lernt man sich doch näher kennen. Und das war doch – ich fand das gut – das war wirklich gut so zum Abschluss eigentlich – nach so vielen Monaten – das war dann – ein schönes Erlebnis."

Seitens der Jungen und Mädchen gibt es auch ein großes Interesse an den Lebensgewohnheiten der Mitarbeiterinnen außerhalb des Frauenhauses, wie sieht das Privatleben einer Mitarbeiterin aus, hat sie Kinder, Mann, Freund, Freundin? Insbesondere die weiblichen Jugendlichen betonen, wie sie im Frauenhaus Erlebtes und Erfahrenes zur Sprache bringen konnten. Sie haben „das Reden über Probleme" als Handlungsinstrument für sich ausgebildet und auch ihre Mütter dabei beobachtet, dass für sie die Beratungsgespräche eine gute Unterstützung gewesen sind.

SUE: „Also mir haben sie (Mitarbeiterinnen, Anm. der Verf.) geholfen, selbstständiger zu werden. Ein Selbstwertgefühl zu bekommen, was ich – wo ich merke, dass ich das früher überhaupt nicht hatte. Ich habe mich überhaupt für alles geschämt, für alles mich schuldig gefühlt – obwohl das bis jetzt auch noch etwas ist, das Schuldig fühlen für etwas. . ."
MIKE: „Und für die Mütter halt irgendwie so eine Stütze – weiß nicht – zum Reden auch – und halt so Sachen. Weil den Eltern. . ., den Müttern fällt das wahrscheinlich schwer, reden oder so, und dafür waren sie halt da."

Für die männlichen Jugendlichen ist es schwieriger, sich den Mitarbeiterinnen anzuvertrauen.

PHILIPP: „Manchmal, da ist man auch wütend. Also wenn man da, weil da nur Frauen sind – weil manchmal ist es auch richtig, – also wenn das ein Mann ist, zu dem man sich wenden kann. Weil ich meine ja, Frauen, die wissen ja nicht alles, was du so. . . Die denken ja auch nicht so wie Männer. Sie denken ja auch anders. . . . Das war eigentlich schon okay, dass wir da eingezogen sind. Und auch zur Entspannung, dass man sich da erst mal so ausgeruht hat, von dem ganzen Stress zu Hause.

Dieses Problem der männlichen Jugendlichen ist uns bewusst, wir bieten ihnen Beratung an, und unterstützen sie in ihrer Suche nach positiv zu besetzenden „Männern“ z.B. über das Jugendzentrum, Sportvereine oder Beratungsstellen mit männlichen Mitarbeitern. Angebote für Kinder und Jugendliche, wie Ausflüge, kreative Beschäftigung werden als Raum für Ablenkung und neue Erfahrung gedeutet. Mitarbeiterinnen helfen zu vergessen. Wir müssen auch im Rahmen der Frauenhauskonzeption, unsere alten Grundsätze überprüfen und die Frage nach Arbeitsmöglichkeiten für Männer parteilich für die Kindern und Jugendlichen aus dem Frauenhaus diskutieren und Lösungen entwickeln. Gerade die Jungen beschrieben auch die Tätigkeiten der Mitarbeiterinnen eigentlich im klassischen weiblichen Kontext, z.B. Ablenkung und Entspannung finden Kinder und Jugendliche im Frauenhaus.

PHILIPP: „Oder sie versuchen, also sie helfen auch den kleinen Kindern, in dem sie dann Ausflüge machen, mit ihnen spielen oder zeichnen oder malen. Oder in die Werkstatt oder den Toberaum – für kleine Kinder gab es zum Beispiel, die da so ein bisschen herumtoben möchten. Oder da gab es jetzt, glaube ich, noch einen Raum, wo man Tischtennis spielen konnte. Tja, Mitarbeiterinnen, tja da kann man eigentlich nur sagen, das sie immer versuchen zu helfen, sonst fällt mir gar nichts dazu ein.“

Die Arbeit mit den Kindern und Jugendlichen besteht nicht ausschließlich aus Freizeitangeboten. Eine sozialpädagogische- und auch sozialtherapeutische Einzelbetreuung oder Kleingruppenarbeit hängt jedoch sehr von der Vielzahl der im Haus lebenden Kinder und Jugendlichen ab, und den Kapazitäten der Mitarbeiterinnen im Mädchen und Jungenbereich.

SUE: „Ja Kinder, sie könne nerven und Ärger bereiten, und sie können auch Freude bringen. Die Kinder im Frauenhaus, die sind ja nicht nur so da, sondern sie bekommen ja auch eine Unterstützung – eine Seelsorge – wie ja auch die Frauen oder auch andere Kinder, eigentlich alle.“

Auseinandersetzungs- und Klärungsprozesse in der Kinder- und Jugendgruppe, die wir pädagogisch begleiten, werden oft als sehr schwierig und langwierig eingeschätzt.

PHILIPP: „Mitarbeiterinnen, die wollen eigentlich immer helfen – also wo man helfen kann, – Also sie versuchen auch einiges zu regeln, also was falsch ist. – Oder was schon in Ordnung ist, dann wollen sie das besser machen, während das also schon gut ist und dann trotzdem noch besser machen.
ALICE: „oder die Kinderversammlungen waren manchmal so, – manchmal solche Kindereien, so unwichtig. Man wollte eigentlich aufstehen, aber du hast nicht getraut wegzugehen."

Das ist etwas, was wir in den Blick nehmen werden. Wir wissen allerdings auch, dass im „Misshandlungsmilieu" Klärungsprozesse nicht im respektvollen Dialog verlaufen, sondern mit Gewalt beendet werden. Für die im Frauenhaus lebenden Frauen, Jungen und Mädchen sind unsere Kommunikationsformen zunächst ungewohnt.
Kinder, die Misshandlung miterlebt – und selbst erfahren haben, können nach einiger Zeit im Frauenhaus Entspannung und Ruhe zulassen. Innerhalb eines ihnen bekannten und als sicher eingeschätzten Umfeldes werden sie mutiger und probieren unterschiedliches Verhalten gegenüber Kindern und Erwachsenen aus.
Der Freiheitsgewinn spornt Kinder auch immer wieder an, doch gewisse Grenzen heraus zu finden und neu zu entdecken. Begriffe wie Spaß und Ernst, Streit und Spiel, böse – und lieb sein, werden in neuen Kontexten ausgelotet.

CARLOS: „Dass man Scheiße machen konnte, man konnte aber weglaufen vor den Mitarbeiterinnen, wenn sie etwas wollten (lacht)."
PHILIPP: „Oder – wenn mal irgend was kaputt geht, und also, dann muss man das heil machen – so als Strafe – soll das eigentlich sein, denke ich mal. Ja wieder heil machen, obwohl das ja gar nicht so schwer ist, finde ich."

Gerade das Vertrauen, dass zwischen Jugendlichen und Mitarbeiterinnen entstehen kann und die erfahrene Wertschätzung macht die Söhne und Töchter manchmal unsicher und ängstlich hinsichtlich einer Kritik an den Mitarbeiterinnen.

SUE: „Also du wohnst im Frauenhaus, kriegst alles umsonst, Dir wird so viel geholfen und wenn du mal sauer auf eine Mitarbeiterin bist, dann traust du dich nicht, weil du halt alles umsonst kriegst. Dann fühlst du dich schuldig – und man mag das auch gar nicht, weil die einem helfen."

Ein Arbeitsschwerpunkt in der Kinder- und Jugendarbeit besteht daher darin, den Jugendlichen Erfahrungen bezüglich einer „Kontaktkontinuität in Auseinandersetzungen“ zu ermöglichen.

Kinder – Kampf und Freude

Im Frauenhaus leben viele unterschiedliche Kinder aller Nationalitäten und jeden Alters. Da sie in der ersten Zeit ihres Aufenthaltes das Frauenhaus oft nicht verlassen können, bis zum Beispiel das vorläufige Sorgerecht geklärt ist und es einschätzbarer geworden ist, wie sich der Vater/ „Misshandler“ verhält, leben die Kinder in einem engen Kontakt miteinander und verbringen viele Stunden gemeinsam.

ALICE: „Um Gottes willen, am Anfang waren das massenhaft. Ich kam mir vor wie im Kindergarten. Ich weiß nicht, die ersten paar Tage merkte ich das gar nicht, aber so nach dem dritten, vierten Tag. Da waren es bestimmt eine Familie mit vier- die Nächste mit drei –, dann wieder eine mit einem – es waren wirklich viele kleine Kinder.“
STELLA: „Kinder, ja die können nervig sein, also es kommt immer auf die Zeit an, manchmal gibt es sehr viele Kinder, dann ist es sehr laut von morgens bis abends. Ja, wenn es weniger Kinder waren, ging es eigentlich. Ja, die Kinder, die hocken ja eigentlich auch sehr eng auf einander und zum Beispiel die kleinen Kinder, die können auch nicht alleine irgendwie raus. Na ja, deswegen machen die Mitarbeiterinnen auch oft irgendetwas, was sie mit den Kindern da unternehmen, damit sie da auch rauskommen.“

Diese Fülle und Vielfalt an im Haus lebenden Kindern (und Menschen) ist für die Kinder selbst, die Jugendlichen und die Mütter anstrengend, und zugleich auch ein Ort höchst vitaler Energie und positiver Erlebnismöglichkeiten.

ALICE: „Nee man verliert dann doch schon leicht die Nerven. Nach so einem Jahr oder so, verliert man wirklich die Nerven und denkt dann so, am liebsten einsperren. Man kriegt dann wirklich so einen Hass auf Kleinkinder. Man kann kleine Kinder nicht mehr sehen, das ist zum Glück jetzt vorbei. Wenn es ein Kind ist, das sich daneben benimmt, komme ich noch mit dem klar (lacht). Nicht mehr die Vorstellung so, wo ist hier ein Raum, wo kann ich ihn hier abschließen. Jetzt hat sich das gelegt. Jetzt kann ich Kleinkinder wieder ab – jetzt versuche ich das nett und freundlich und kriege nicht mehr die Krise so schnell. Aber das war schon eine Zeit lang im Frauenhaus so, – ich dachte, raus mit euch.“

Carlos: „Ja, ich selbst war Kind da im Frauenhaus, ... wenn man abends schlafen ging, die Babys, die fangen dann plötzlich – eines fängt an zu heulen – ‚rabähh', kann man nicht schlafen. Und dann unten fing plötzlich das nächste an zu heulen – und dann heult das ganze Haus (lacht) und man kann nicht schlafen. Das macht alles keinen Spaß."
Mike: „Ja Kinder, also ich weiß nicht, die Kleinen fand ich eigentlich immer so ganz lustig, die haben auch nicht gestört, finde ich. Einmal fand ich es sogar ganz toll, da war so eine Mutter, die hatte gerade ein Baby gehabt, – und ich war dabei, und da fing das mal an zu krabbeln, das war das erste Mal. Die Mutter hat sich da super drüber gefreut und lief durch's Haus: ‚Guck mal, guck mal, es fängt an zu krabbeln.' So ganz lustig."
Philipp: „Kinder, die bereiten manchmal auch Freude, also als Ablenkung und zu denen kann man sich auch wenden. Man kann ja nicht mit einem Erwachsenen Sackhüpfen spielen. Manchmal bekommt man auch Lust auf Sackhüpfen, lacht oder was weiß ich was. Also da bekommt man auch Lust auf Spiele, die kleine Kinder auch gerne spielen. Das fällt dir denn ein von der Kindheit und die Zuwendung, also wenn jemand sich dann zu jemand wendet – Zuneigung einfach spüren."

Dieses spricht auch für die heilsamen Strukturen und Nischen, die bei der Vielfalt der im Haus lebenden Menschen er-lebbar sind.
In unserer Gesellschaft, auch der Gesamtstruktur des Frauenhauses, sind die Kinder das schwächste Glied in einer Kette von Abhängigkeiten.

Alice: „Besonders dann, wenn sie nicht gehorchten und frech waren, Mann, – man würde am liebsten, – wenn das meine Schwester oder mein Bruder wären, hätte ich gewusst, wie ich mich verhalten soll. Aber man weiß einfach nicht, man hat ja nicht das Recht, ihn anzuschreien oder zu hauen. Und wenn man zu der Mutter geht, weil das Kind sich daneben benommen hat, möchte man ja nicht, dass die Mutter das schlägt. Sondern man möchte ja, dass sie irgendwie anders ihm das sagt, dass es aufhören soll."

Wir berücksichtigen dieses in der Kinderarbeit, in dem wir die Kinder stärken, Ungerechtigkeiten und Gewalterfahrungen zu äußern und diese innerhalb des Frauenhauses, auch mit den Müttern dahingehend zu bearbeiten, dass die Kinder weitestgehend gewaltfrei erzogen werden können.
Die Kinder brauchen ein hohes Maß an Zuverlässigkeit und Sicherheit, sie wünschen sich Nähe und Aufmerksamkeit durch die Mutter und die Mitarbeiterinnen. Hierbei vergleichen sie auch das Verhalten der Mütter und Mitarbeiterinnen und lernen so verschiedene Verhaltensweisen kennen. Im Kontakt mit den Kindern erfahren wir ihre Wünsche und Probleme,

auch die mit ihren Müttern. Diese können dann in die Beratungsinhalte der „Frauenberaterinnen“ einfließen.
Ebenso greifen wir die Kommentare und Meinungen der Kinder hinsichtlich ihrer Väter auf sowie die Erlebnisse in der „Misshandlungsfamilie“. In der Regel äußern die Kinder diese spontan, unvorgesehen und situationsabhängig. Dieses erfordert eine hohe Flexibilität und Fachkompetenz von den Mitarbeiterinnen.

PHILIPP: „Also die Kinder, wenn dann irgendwie Stress ist zuhause, die verarbeiten das nicht so gut wie Erwachsene, weil die das nicht begreifen. Also die wissen nicht, warum ausgerechnet, –, der Vater, sagen wir mal, die Mutter schlägt oder warum die Mutter drogenabhängig ist – oder was weiß ich. . . . Manche Kinder versuchen, das zu vergessen, aber das bringt ja eigentlich fast gar nichts, weil man muss das ja, nachher kommt das ja wieder. Dann hat man ja noch größere Angst – deswegen muss man das irgendwie verarbeiten.“

Der Beginn der Verarbeitung von Gewalterfahrungen kann im Frauenhaus ausschließlich in einem spielerisch pädagogischen Sinne erfolgen sowie in sozialtherapeutischen Kleingruppensituationen, ausnahmsweise in Einzelarbeitssituationen. Viele Kinder brauchen auf Grund des Erlebten vertiefende therapeutische Unterstützung. In Zusammenarbeit mit der Mutter erfolgt hier ein Kontakt zu Kinder- und Jugendtherapeutinnen bzw. zum Kinderschutzzentrum, Notruf e.V. etc.
Wir möchten hier auf mögliche Folgen eingehen, die das Aufwachsen in einem „Misshandlungsmilieu“ für die Kinder haben kann. Es gibt nicht „das misshandelte Kind“, sondern Kinder zeigen viele Symptome im körperlichen, psychischen und kognitiven Bereich, welche als Einheit i.S. eines ganzheitlichen Menschenbildes zu verstehen sind, und daher auch im sozialen Kontaktverhalten. Dabei lassen sich alle Symptome, die misshandelte und mittelbar betroffene Kinder zeigen, als Reaktions- und Anpassungsversuche interpretieren, mit deren Hilfe sie in einer „Misshandlungsfamilie“ zu bestehen versuchen bzw. bestehen konnten. Für uns bilden die Symptome „Kontaktbrücken zur Welt“, sie sind ein Ausdruck der vielfältigen und irritierenden Gefühle, die diese Kinder haben, und variieren in ihrer Präsenz und Intensität stark.
Im körperlichen Bereich zeigen die Kinder manchmal Verletzungen, einen allgemein schlechtern Zustand sowie eine hohe Krankheitsanfälligkeit auf. Psychosomatische Störungen wie Bettnässen oder Asthmabronchiale, können auch auftreten.

Im psychischen Bereich zeigen sie oft Schlafstörungen, Essstörungen, Angstzustände, Ruhelosigkeit, Aggressivität und Apathie.
Im kognitiven Bereich können die Kinder Entwicklungshemmungen zeigen, denn die Energien von Kindern aus Misshandlungbeziehungen werden ständig durch das Er-Finden von Überlebensstrategien blockiert und absorbiert. Ihre sprachlichen und motorischen Fähigkeiten sind oft beeinträchtigt.
Im sozialen Kontakt zeigen sich die Kinder anfänglich oft „entvitalisiert". Dieses lässt sich unter anderem auf die lebenswichtige Außenorientierung, eine erhöhte Wachsamkeit für die Familienatmosphären und das Handeln der Erwachsenen zurückführen. Dieses bildete im familiären Kontext eine Notwendigkeit, um Bedrohungen rechtzeitig zu erkennen und sich eventuell zu schützen, soweit im Kindesalter möglich.
Manchmal scheint das Kind sein „Selbst" im Körper verloren zu haben, es schaut sich immer wieder die Wünsche und Anforderungen der Erwachsenen an.
Dieses findet seinen Ausdruck z.B. in Formen von Eingeschüchtertheit, „Einigeln", Interesselosigkeit, herabgesetzter Lebensfreude und der Anpassung an das Verhalten Erwachsener. Einige Kinder zeigen auch ein erhöhtes Energiepotenzial und gehen aggressiv, manchmal zerstörerisch auf ihre Mitmenschen zu, bzw. haben Probleme, Kontakte anzunehmen und auszuhalten.
Hierbei lässt sich – noch – ein geschlechtsspezifischer Unterschied bei Jungen und Mädchen ausmachen. Wir erleben die Mädchen oft passiver und angepasster, die Jungen eher aggressiv. Zurückzuführen ist dieses u.a. auch auf die Erfahrungen innerhalb der „Misshandlungsfamilie". Das Ausleben klassischer Machtverhältnisse zwischen den Geschlechtern beeinflusst als Erfahrungshintergrund das konkrete Beziehungsverhalten der Mädchen und Jungen.
Generell ist festzustellen, dass die Kinder im Frauenhaus erst einmal aufleben. Sie verändern sich, werden lauter oder ruhiger, entspannen sich. Für die Mütter in ihrer Gesamtsituation der Umorientierung kein einfaches Erleben. Für diese neuen Verhaltensweisen und Reaktionen der Kinder, sollte in der „Mütterarbeit" Verständnis geweckt werden. Es gilt, das Selbstbewusstsein der Kinder zu stärken und ihnen die Möglichkeit zu geben, wieder aktiv und selbstbestimmter in „die Welt zu gehen und an ihr teilzuhaben". Für die Mitarbeiterinnen im Kinder- und Jugendbereich heißt das, u.a. sich manchmal zurück zu nehmen, ein feines Gespür zu

haben für die Gratwanderungen, die emanzipatorischen Kräfte der Kinder zu stärken und zugleich Mut zu machen, nächste Schritte zu wagen. Die pädagogischen Inhalte finden sich in altergemäßen, regelmäßigen Angeboten, wie z.B Spielevormittage, Schularbeitenhilfe, das wöchentlich stattfindende Kinderfrühstück, Jugendnachmittage. Geschlechtsspezifische Angebote werden hierbei berücksichtigt. Zudem fördern wir die Außenkontakte der Kinder, z.B. Kindergarten, Jugendzentren, Sportvereine.

Jugendliche im Frauenhaus – dabei, dazwischen, drunter und drüber, voll in Aktion

Im Frauenhaus finden sich die Jugendlichen schnell zusammen, sie organisieren sich ihr Leben und ihren Alltag. Sie unterstützen sich gegenseitig und verorten sich in der Jugendgruppe. Im Gesamtsystem des Frauenhauses, haben sie ebenso wie die jüngeren Kinder, mit einer hohen Anzahl „erziehungsberechtigter“ Mütter und Frauen zu tun. Da sie in den „ Misshandlungsfamilien“ oft schon ein Zuviel an Verantwortung für Mütter, Geschwister und für sich selbst tragen mussten, genießen sie die Freiräume sehr. Im Frauenhaus müssen sie keine Erziehungsverantwortung für ihre jüngeren Geschwister übernehmen, sondern es wird aktiv daran gearbeitet, dass die Mütter dieses tun.

CARLOS: „Das Beste wäre, wenn eigentlich die Jugendlichen im Frauenhaus mehr in Ruhe gelassen werden. Weil sonst werden die immer genervt, von den Mitarbeiterinnen oder den Eltern – von den Müttern, besser gesagt.“
ALICE: „Im Großen und Ganzen habe ich eigentlich schöne an Erinnerungen an die Jugendlichen dort – man hält eigentlich im Großen und Ganzen zusammen – besonders dann, wenn es eine Frau gibt, die Jugendliche nicht ausstehen kann und alles unternimmt, um Dir eins auszuwischen. . . Und man denkt dann nur so, das kriegst du wieder. So, wir beweisen dir genau das Gegenteil, und du kannst machen, was du willst. Du kriegst uns nicht auseinander – so schon ich weiß nicht – auch Eifersucht der Erwachsenen auf die Jugendlichen. Unglaublich, welche Erwachsenen eifersüchtig sind auf die Jugendlichen . . ., die Erwachsenen werden einfach nie erwachsen. – Ja, man hat das Gefühl, man wird ständig kontrolliert, hat kein Freiraum. Der einzige Platz, wo man alleine ist – auf der Toilette (lacht). . . . Wenn man nach Hause kommt, ‚was hast Du getan?‘ und ‚wo warst Du?‘. Und wenn man nichts sagt, ‚oh‘ und ‚iih‘ – ‚psst, ich erzähle Deiner Mutter nichts‘: – Da kommen Geschichten zu Stande, nur weil man auf die Frage keine Lust hat zu ant-

worten. . . . Wo man einfach keine Lust hat, – was geht die das an? – Wir leben unter einem Dach, aber das heißt ja nicht, dass sie alles über mich wissen müssen. Die Jugendlichen haben es dann schon eher gemerkt, dass man so, ja die wollen nicht darüber reden okay, dann hält man den Mund. . . . Die haben auch den Freiraum gelassen."

Diese, sich nach eigenen Regeln bildende Gruppe wird von den Müttern und übrigen Frauenhausbewohnerinnen stark beneidet, weil sie gemeinsame Unternehmungen machen, eigene Gesprächsthemen und „Geheimnisse" haben. Die Jugendlichen genießen den Rückzugsort der Jugendclique, sie haben höhere Freiheits- und Machtgrade als die Kinder, sie gehen ihren Weg, können mehr selbstständig unternehmen und sie bestimmen stärker, was im Frauenhaus geschieht.

ALICE: „Also wir haben da – also die Jugendlichen haben da immer irgendetwas gegen die Großen angestellt (lacht). Wenn irgendwelche Erwachsene irgendwas entschieden haben, was uns nicht gefallen hat, mit dem Fernseher oder, ach ja – dann haben wir uns zusammen gesetzt, wir machen das jetzt so. – Die können doch nicht alles machen mit uns – und genau – bis wir unseren Partykeller gekriegt haben. Wir haben am Anfang dann da Nächte durchgemacht, wirklich Nächte durchgemacht mit den Jugendlichen, und „Flaschen drehen" gespielt und ‚PKW und action', was für Geschichten da raus kamen. – Das war wirklich toll."

Sie beraten sich und diskutieren ihre Erfahrungen mit den Mitarbeiterinnen, Bewohnerinnen und Müttern. Die Mitarbeiterinnen unterstützen dieses Diskussionsforum aktiv. Dieser große Anteil an der Mitgestaltung des Lebensalltages, gibt vielen Jungen und Mädchen des Gefühl, ein Stück Heimat gefunden zu haben und einen Ort zu erleben, an dem sie ihre Stärken erproben und messen können. Auf die Ideen und Vorschläge von Jugendlichen einzugehen, bedeutet auch, Emanzipationswege zu eröffnen, Ressourcen zu aktivieren und selbst teilzuhaben an der Lebens- und Meinungswelt der Jugendlichen. Diese ist durchaus von Um- und Rücksicht geprägt und lässt einen großen Bogen unterschiedlicher Meinungen zu.
Freundschaften, die sie zu anderen Jungen und Mädchen entwickeln, bieten ihnen auch Trost und Kraft in Konflikten mit den eigenen Müttern bei Streit und körperlichen Übergriffen.

MIKE: „Also, ich finde die Jugendlichen im Frauenhaus sind dann irgendwie mal Freunde geworden oder auch nicht. Wenn das halt Freunde geworden sind, dann ist das auch so gewesen, dass man versucht hat, mit denen darüber zu reden –

worüber man vielleicht nicht mit den Eltern reden kann – oder mit der Mutter in dem Fall. ... Man kann halt viel Spaß haben, und das ist halt wichtig, hier und dort Freunde zu haben oder überhaupt Freunde zu haben. Als wenn man sich irgendwo einschließt ins Zimmer und halt irgendwo rumhockt, weil das ist dann – langweilig vor allen Dingen."

SUE: „Also die erste Zeit, die ich dort war, kann ich mich so an Jugendliche erinnern, das da welche da waren, mit denen ich keinen Kontakt habe. ... Bis eines Abends jemand kam, dann waren wir zusammen im Toberaum, – und es fing mit Michael Jackson an, und bis heute sind wir noch Freunde. Und das soll auch weiter so bleiben. ... So mit den anderen Jugendlichen, das war immer witzig und spaßig und hatte wie gesagt, viel Erfahrung gebracht.

ALICE: „Ich habe zwei meiner besten Freundinnen dort kennen gelernt, wär' ich nicht im Frauenhaus, hätte ich die nie kennen gelernt – und die sind schon aus dem Frauenhaus raus, und wir sind immer noch befreundet – Klasse."

Konflikte, die innerhalb der Jugendgruppe auftreten, werden in der Regel sehr selbstständig und unter Umständen mit Unterstützung von Mitarbeiterinnen besprochen und es werden Lösungsstrategien entwickelt.

ALICE: „Also es gab wirklich – ich denke zwischen den Jugendlichen war weniger Streit als zwischen den Erwachsenen. – Das passierte schon mal, aber dann ging man sich eben aus dem Weg. Ich habe es nicht so in Erinnerung, dass sie sich an die Gurgel gesprungen sind."

Es sei hier erwähnt, das im Autonomen Frauenhaus Lübeck auch männliche Jugendliche über 14 Jahre aufgenommen werden. In den vergangenen 22 Jahren war es nur drei Mal notwendig, eine Unterkunft für Jungen zu suchen, weil sie sich z.B. zu aggressiv im Sinne von Gewaltandrohung verhielten.

Unsere Erfahrung mit männlichen Jugendlichen, die mit ihrer Mutter zusammen ins Frauenhaus kommen, zeigt eher, dass sie eine hohe Verantwortung für Sicherheit der Mutter und Geschwister übernehmen und die Rollenerwartung als Familienbeschützer stark an sie heran getragen wird. In der Jungenarbeit findet dieses Beachtung darin, ihre Eigenentwicklung, auch im Hinblick auf die Beziehung zur Mutter, so weit wie möglich zu fördern.

MIKE: „Was ich dann eigentlich komisch fand, das war halt mit meinem älteren Bruder, der war 18 ungefähr. Um den gab es dann leider ziemlich viel Stress, weil er halt 18 war – und, der von Anfang an also – der sollte da erst gar nicht aufgenommen werden, da er schon erwachsen ist mit 18. ... Aber na ja, er wurde doch halt aufgenommen, und ihm war es ziemlich langweilig, weil der fiel halt immer so aus dem Rahmen. Er war halt immer der Älteste von den Jugendlichen da."

In der Tat haben ältere Jungen keine leichten Stand im Frauenhaus, sie bekommen es mit Übertragungen von Seiten der Frauen zu tun, die sich zwischen Abwehr, Aggression und auch Begehren bewegen. Für uns ist die Entscheidung der Aufnahme „junger Männer" eine situative und eben nicht per se unmöglich. Es geht uns darum, auch Müttern mit älteren Söhnen die Möglichkeit zu bieten, das Frauenhaus zu nutzen. Für die Beratungsarbeit im Frauen- und Kinder-/Jugendbereich gilt es dann, ein besonderes Augenmerk auf diese der Thematik innewohnenden Problemlage zu richten, und Frauen und Jugendlichen klare Orientierungshilfen zu geben..
Beim Thema „Liebe unter den Jugendlichen" sind sich die Jugendlichen einig. Im Frauenhaus lässt sich Liebe schwer leben, hierbei spielen sicherlich die Ängste der Mütter, Unsicherheiten der Mitarbeiterinnen und auch die Abwehr eigener Wünsche der Jugendlichen eine bedeutsame Rolle.

ALICE: „Das ist auch dann nicht so einfach, wenn sich dann jemand verliebt. Das ist dann – oh Gott, eh – das kann man dort auf keinen Fall machen (lacht). . . . Eh, das ist wirklich heftig. . . ., die haben dann eher so gelacht und gegrinst. . . und „na gehst Du nicht nach unten?" und „was macht Ihr denn dort?". . . es ist wirklich schwierig, das kann man nicht, das hält auf keinen Fall. . . . Man sitzt aufeinander, und dann gibt es doch Getuschel, und wenn man reinkommt, plötzlich still. Man weiß ganz genau, es wurde über dich geredet. . . . Also, man sollte das auf keinen Fall machen, – ehrlich. Aber ich bereue das nicht, – ich finde, das war – eine Erfahrung reicher wird man."
MIKE: „Das war wie „stille Post", der eine sagt das, und da kommt, was weiß ich, was ganz anderes bei raus. Das war schon ziemlich beknackt, finde ich . . . Das ist wie bei kleinen Kindern so irgendwie, der eine sagt das, dann sagt der andere das. Anstatt einfach mal nachzufragen, wird einfach nur weiter geredet.

Für die Arbeit mit den Jugendlichen ist es auf Grund ihrer von den Eltern vorgelebten Erfahrung wichtig, ihnen die Themen Sexualität, Liebe und Partnerschaft anzubieten. Dieses erfolgt situativ und wird meistens intensiver von Mädchen genutzt.
Da die Jugendlichen eine höhere Selbstständigkeit und schneller mehr Außenkontakte haben als die Kinder, sollten die Treffen mit den Mitarbeiterinnen hinsichtlich der Inhalte und Zeitpunkte gemeinsam vorbereitet werden. Viele kleine Kinder, die im Haus leben zeigen mehr Präsenz und es verbleibt dann oft nur Zeit für die „Problemlagen" der Jugendlichen.

MIKE: „Man stellt dann halt mehr Ansprüche – man will vielleicht mal was anderes unternehmen – bekommt auf andere Sachen Lust. . . . Kleine Kinder geben sich vielleicht schon mit einem Eis zufrieden, die Älteren wollen dann wieder mehr, das ist halt so. . . . Persönlich fand ich es ja eigentlich so ganz okay, teilweise – . . . Aber das ist ja eigentlich so normal, denke ich mir so, – und kann ja nicht alles perfekt sein.“

Uns führt das zu generellen konzeptionellen Überlegungen, die eine gleiche Wertschätzung von Krisenintervention und ressourcenbildenden Maßnahmen anstreben. Für die Mitarbeiterinnen eines „Krisenprojektes“ ist es ein weiterer Weg, den auf Probleme und Mängel fokussierten Blick zu weiten.

Auszug aus dem Frauenhaus – die Entdeckung eines neuen Privaten

Haben Kinder und Jugendliche eine längere Zeit im Frauenhaus verbracht, wird die Sehnsucht nach einer eigenen Wohnung immer stärker. Hinter dem Wunsch verbirgt sich oft das Bedürfnis nach mehr Ruhe, weniger verbaler Auseinandersetzung, einem eigenen Rückzugsort, weniger Absprachen, weniger Regeln und mehr persönlicher Freiheit und Entscheidungsbefugnis. Das eigene Zimmer, ein Sorgen nur für die eigene Familie ,das weniger um Regeln streiten, das sind die Aussichten, die mit einer neuen Wohnung verknüpft werden.

PHILIPP: „Also Auszug aus dem Frauenhaus, da fällt mir nur ein, man fühlt sich gleich freier. Also, weil da nicht die Mitarbeiterinnen oder so 'ne andere Frau oder so Vorschriften gegeben haben . . . Oder man hat seinen eigenen Schlüssel bekommen – also für und für's Haus, man muss nicht immer klingeln . . . Ich mag das nicht, wenn dann jemand extra aufstehen muss, nur um die Tür zu öffnen, das finde ich nicht gut (im Frauenhaus gibt es aus Sicherheitsgründen keine eigenen Haustürschlüssel, die Frau, die Türdienst hat öffnet). . . . Ja, wenn man in den Wohnungen lebt, nicht im Frauenhaus, dann kann man also Musik ein bisschen lauter hören. Dann gibt es ja keinen, der gleich so anfängt zu quaken – ,hier darfst du das nicht' und ,hör bloß auf, ist zu laut' oder wenn man anfängt, sich irgendetwas umzustellen, dann kommt auch immer gleich ganz viel Terz im Frauenhaus. Und man kann dann schlafen gehen, wann man möchte. . . . Man kann dann so lange wach bleiben, Licht an lassen, so lange es keinen stört in der Wohnung.
MIKE: „Man freut sich halt drüber, man hat seine eigenen vier Wände – also hat seine eigene Wohnung. Man lebt dann als eine Familie und nicht als eine Gemein-

schaft, würde ich dann mal so sagen. Und wenn man dann halt Probleme hat, . . . dann kriegen das auch nicht gleich so viele Leute mit, . . . halt auch besser so, was man ja im Frauenhaus schlecht machen kann. Dass man da halt so irgendwie unter sich ist, . . . geht eigentlich kaum, weil es ein Gemeinschaftshaus ist – geht ja schlecht , dass man für sich allein ist. Man ist froh, dass man seine eigene Wohnung hat. Es gehört einem und nicht allen – das ist glaube ich ein ziemlich großer Unterschied, das ist ganz anders."

Nach den oft längeren Frauenhausaufenthalten wird der Auszug als Befreiung erlebt und der Abschied mit einem lachenden – und einem weinenden Auge vollzogen. Gerade bei den Mädchen und Jungen, die mit mehreren Geschwistern im Frauenhaus leben (mindestens drei Kinder) gestaltet sich die Wohnungssuche immer noch schwierig und dauert oft für die Söhne und Töchter viel zu lange.

Alice: „Ja am Anfang war das schon ganz abenteuerlich . . . Später wurde das alles irgendwie Alltag. Und nach einem Jahr – wurde mir das alles – wurde ich immer trauriger. Alle waren weg, und immer neue kamen, und ich wollte auch weg."

Die Mädchen, Jungen und Mütter ziehen sich dann mehr aus dem Frauenhausalltag zurück und äußern verstärkt ihr Bedürfnis nach Ruhe. Sie besuchen dann gerne Freunde und Freundinnen, z.B. aus der Schule, und sie verbringen dort auch die Wochenenden.

Alice: „Ich habe den Auszug aus dem Frauenhaus heran gebetet, die letzten paar Monate, ich dachte, das kann nicht sein, – wir sind hier die längsten, – und alle sind schon weg. Die letzten paar Monate war ich höchstens nur zum Schlafen dort. – Ich bin dann nur so nachmittags von der Schule gekommen, Hausaufgaben gemacht, Sachen genommen. – Also einfach nur, es war so laut. . . . Ich habe ihn heran gebetet und als er endlich da war, konnte ich mich nicht so richtig freuen. . . . Von einen Tag auf den anderen, da hatte ich so das Gefühl, nun wohnen wir nicht mehr da. – Ich weiß nicht – das war irgendwie ein Stück meines Lebens, zwei Jahre, und ja – plötzlich. . ."

Kleinere Familien finden oft rasch eine neue Wohnung, so dass der Auszug für die jüngeren Töchter und Söhne oft überraschend und zu früh kommt. Sie äußern sich dann eher besorgt über den bevorstehenden Auszug. Sie würden lieber noch im Frauenhaus bleiben und ihre Zeit mit den anderen Kindern verbringen, Zeit haben, gemeinsam zu spielen und Ausflüge zu unternehmen. Sie haben gerade erst begonnen, sich zu entspannen und ihre Möglichkeiten, Wünsche und Fähigkeiten zu entdecken. Sie haben gerade begonnen, sich zu erholen; von dieser Situation wollen sie sich noch nicht verabschieden. Der Gedanke an einen Auszug stimmt sie oft traurig oder nachdenklich.

STELLA: „Als wir eine Wohnung bekommen haben, da habe ich mich gefreut, aber als wir dann am Ausziehen waren, weiß nicht. – Da war es mit eher mulmig zu Mute – und es war eine sehr große Veränderung. Vor allem war die Wohnung irgend wie so ruhig gelegen, und auf einmal kam dann diese Ruhe. Also morgens keine Kinder mehr. . . . Es hat mir schon ein bisschen gefehlt, – aber andererseits hatte man dann den eigenen Hausschlüssel und ein eigenes Zimmer."
PHILIPP: „Also Abschied nehmen, das war ein bisschen Scheiße, so aus dem Frauenhaus. Wenn man auszieht, was weiß ich, und dann so immer mehr distanziert von einander und das fand ich dann ein bisschen doof. Andererseits fand ich das auch ein bisschen gut."

Wir legen Wert darauf, dass der Abschied vom Frauenhaus, insbesondere für die Kinder, nicht zu einer weiteren, plötzlich geschehenden Trennungserfahrung wird. Gespräche, Abschiedsfeste und besondere Ausflüge beziehen den Abschied der Kinder bewusst mit ein.
Die größte Freude herrschte bei den Jugendlichen und bei den Kindern darüber, ihre Freunde und Freundinnen zu sich nach Hause mitzubringen. Im Frauenhaus ist der Besuch von Kindern und Jugendlichen nicht erlaubt. Es geht darum, die Sicherheit als Zufluchtshaus – sowie die Anonymität für die Kinder und Frauen nicht zu gefährden. Auch die Enge des Lebensraums ist hierbei von Bedeutung.

PHILIPP: „Tja in der Wohnung, kann man die Freunde also mit nach oben nehmen. Das finde ich auch gut. – Ja, sonst kann zum Beispiel bei jemandem übernachten oder so. Und tja, mehr Freiraum."
SUE: „. . ..der Auszug war eigentlich ganz toll wegen den Freunden. Dann können sie bei einem übernachten, sie können kommen . . . wann sie wollen."

Zudem erinnert das Verbot die Kinder und ihre Freunde immer wieder daran, dass sie nicht in einer „normalen" Familie leben und auch nicht in einer „normalen Wohnung. Den Jungen fällt der Auszug aus dem Frauenhaus leichter als den Mädchen.

CARLOS: „Also ich habe mich sehr gefreut, als ich ausgezogen bin. – Ja das war toll. . . . Eigentlich kam das überraschend, weil ich war mit meinem Bruder beim Ferienlager, und dann meint meine Mutter im Taxi, „Ja wir haben eine neue Wohnung." So überraschend kam's. Erst mal denkt man, oh – vom Ferienlager ins Frauenhaus – und dann plötzlich – oh wir haben eine neue Wohnung. Am nächsten Tag dann hingefahren, angeguckt und so – voll gefreut – supertoll."

SUE: „Es war alles ganz happy, es hat Spaß gemacht, – also die Trennung war vielleicht etwas schwer, also die hat man dann schnell vergessen wegen der Freude. Aber so im Nachhinein, wenn so ein halbes Jahr vergangen ist, dann tauchten wieder Probleme auf. Es ging denn einem wieder stark an die Nieren, denn suchte man dennoch wieder einen Schutz, – ging man vielleicht wieder zurück zur Beratung oder so, oder wieder einmal so ein paar Unterstützungen zu bekommen ..."

Zum festen Bestandteil unseres Beratungsangebotes gehört die so genannte „Nachgehende Beratung" für Frauen und Kinder, die im Haus gewohnt haben. Mütter und Jugendliche können sich weiterhin aktiv ans Frauenhaus, an die ihnen bekannte Mitarbeiterin wenden. Der Auszug von Kindern wird bei besonderen Problemen von Mitarbeiterinnen begleitet. Die nachgehende Beratung ist von besonderer Bedeutung, da sich die Familie nun stabilisiert. Organisation und Management der Familie liegen nun in der eigenen Hand, insbesondere der Hand der Mutter. Innerfamiliare Beziehungen gestalten sich jetzt aus. Der „Misshandler" wartet oft genau diesen Zeitpunkt ab, wenn die Familien den Schutz des Frauenhauses verlassen. Er nimmt Kontakt auf, oft wieder in aggressiver grenzverletzender Art, so dass eine weitere Beratung erfolgen muss.
Für uns Mitarbeiterinnen ist die nachgehende Beratung aus deren Wurzeln auch diese Interviews hervorgingen für die Auswertung von Lebenswegen der Familien wichtig. Sie ist ein Hinweis auf die Qualität und Güte unserer Arbeit bzw. Anlass, neue Ideen in unserer Arbeitskonzeption zu bewegen.

Philipp und Carlos rappen:

MISSUS, MISSUS, ICH WEIß NICHT,
OB ICH ZUM FRAUENHAUS SOLL ...
MEIN MANN, DER SCHLÄGT MICH ...
SOLL ICH ZUM FRAUENHAUS GEHEN ...
ICH WEIß ES NICHT...
KOMM HILF MIR, MITARBEITERIN ...
ICH BRAUCHE 'NE MENGE HILFE VON DIR
YEAH, YEAH, YEAH

TSCHÜSS

Epilog

Das Nachwort bilden die Interviews, die die Jugendlichen am zweiten Tag miteinander geführt haben. Wir verzichten an dieser Stelle auf eine Kommentierung und möchten diesen Nachspann den LeserInnen für eigene Interpretationen und Anregungen überlassen. Diese abschließenden Worte bilden für uns bereits ein nächsten Neuanfang in der Auseinandersetzung und dem Nachvollziehen der Standpunkte der noch jugendlichen Frauen und Männer bzw. Jungen. Ihre Kommentare und Reflexionen werden einfließen in das gerade entstehende Konzept zum Arbeitsbereich „Unterstützung und Begleitung der Jungen und Mädchen im Frauenhaus".

PHILIPP: Was ist Dir an Vorurteilen zum Frauenhaus begegnet?
CARLOS: Gar keine
PHILIPP: Ja, eigentlich gar keine Vorurteile, da so ein Klassenkamerad oder so – also sonst gar nix.

ALICE: Was hat er denn gesagt?
PHILIPP: Ja, der hat erst mal komisch gegrinst, dann hat er mich angeguckt, und dann hat er angefangen zu lachen. Dann habe ich ihn zusammengeschlagen, dann hat er gar nix mehr gesagt.
ALICE: Ja, die meisten wussten gar nicht, was das ist, dachten, das ist ein Freudenhaus, wo überall Frauen sind, die – eben, genau (lachen) – wo Männer dort hingehen, um Spaß zuhaben und ich da arbeite, das war doch irgendwie – spinnst du! – Das ist so was nicht – doch die meisten – bestimmt so 45 % dachten das ehrlich – mhh, und dachten, dass da eigentlich nur Gestörte hingehen, die so was Ähnliches wie 'ne „Klapse" – die nicht alle Tassen im Schrank haben oder, ja, die dachten dann eben, da gehen nur Frauen hin, die einfach nicht alle beisammen haben – asozial – verbrechermäßig, so eine Mischung aus Gefängnis-(Carlos:Gangster) – ja Gangster (lachen). Die haben sich das richtig schlimm vorgestellt, so in einer Ecke zu wohnen, oder die meisten haben sich das vorgestellt, einen großen Raum, mit 50 Leuten zu pennen oder irgendwie – ich weiß nicht – so ähnlich wie Flüchtlinge oder – ja – aber ich habe sie dann aufgeklärt, und dann wussten sie Bescheid.

STELLA: Hast Du Dich geschämt, in der Öffentlichkeit zu sagen, dass Du im Frauenhaus gewohnt hast?
MIKE: Ich hab es einfach gesagt – und das war's – aber manchmal wurde komisch gelacht, aber eher auf freundschaftlicher Basis.
STELLA: Also, es kommt darauf an, unter Freunden habe ich das offen zugegebenunter guten Freunden – ansonsten habe ich meistens gesagt, ich wohne in einer WG-ähnlichen Gemeinschaft.

SUE: Ich habe es nur meiner besten Freundin erzählt – halt mit denen ich näheren Kontakt hatte. Sonst habe ich auch lieber erzählt, ja, so eine Art WG – so. . . und na ja. . .
STELLA: Also am Anfang habe ich zwar die Wahrheit gesagt, aber später – also wegen den Vorurteilen und so, kam das mit der „WG" irgendwie.
SUE: Aber ich denke jetzt irgendwie, nach 'ner zeit bin ich offener geworden – bei fremden Menschen sagen, wo ich vorher gewohnt habe.

PHILIPP: Was Du immer schon mal sagen wolltest?
CARLOS: Zum Frauenhaus wollte ich sagen, das ist eigentlich sehr gut, da helfen sich Frauen – finde ich sehr gut. . .
PHILIPP: Also ich wollte schon immer sagen, dass das Frauenhaus eine schöne Wohngesellschaft ist und, also ich finde, das ist sehr gut organisiert – und dieser Wohnkomplex ist sehr gut abgestimmt auf Alleinerziehende – also, ja das war's eigentlich.
ALICE: was ich schon immer sagen wollte – mhh – zum Frauenhaus natürlich – ja, ich musste auf jeden Fall Geduld haben dort.

PHILIPP: Hast Du Verbesserungsvorschläge für Das Frauenhaus?
CARLOS: Ja, ich find, da muss man eigentlich Freunde mitbringen und nicht dass sie dann 5 Minuten bis eine halbe Stunde vor der Tür warten. Einfach im Frauenhaus, z.B. im Keller so einen Raum machen, dass man die Freunde reinbringen kann.
PHILIPP: Also irgendwie ist es doof gewesen, dass man im Winter, also nicht raus durfte, in den Spielplatz da. Und – äh – man sollte irgendwie einen Stacheldraht also von oben nach unten machen, damit die Kinder da – . . . – also von da außen so oben an der Spitze, da müssen so gebogene Drähte, dass die Kinder. . .

ALICE: Das sieht ja dann aus wie ein Gefängnis
PHILIPP: Ja, aber damit die Väter da nicht reinkommen, ne – weil die Väter, die wollen ja bestimmt- damit die Kinder da auch im Winter spielen dürfen wegen dem Schnee – Schneeballschlacht und so, das macht ihnen bestimmt auch Spass.
ALICE: Verbesserungsvorschläge, ja das mit den Freunden, das war doch ziemlich kritisch – ähm – ja, aber das mit den Freunden sollte man doch schon irgendwie anders regeln. Für die Jugendlichen ist es vielleicht ein bisschen einfacher, aber für die Kids ist es ein bisschen schwieriger. Ach ja ich weiß nicht, also dass das da die Erwachsenen also nicht – dass die Erwachsenen mit den jugendlichen Kindern zusammensitzen und das besprechen. Und das nicht durch die Mitarbeiterinnen geht – sondern ganz ruhig und gelassen an einem Tisch manchmal sitzen und das zusammen angehen, wenn irgendein Problem ist, und nicht auf der Hausversammlung mit den Mitarbeiterinnen. – Dann kommen die Mitarbeiterinnen zu uns in die Kinderversammlung, und dann gehen die Mitarbeiterinnen wieder in die Hausversammlung. – Dann streckt sich alles über Wochen aus und oh- man könnte es viel einfacher machen.

MIKE: Hast Du noch einen Verbesserungsvorschlag?
ALICE: Ja, es war eine Zeit lang, dass die kleinen Kinder da unbeaufsichtigt rumgelaufen sind. – Im Garten waren sie bestimmt ein paar Stunden, und keine hat eine Auge drauf geworfen – haben allen möglichen Shit gemacht. – Ich weiß nicht, im Toberaum gepinkelt – und das kommt eben, das hätte kein Kind gemacht, wenn da irgendwie eine Aufsicht war. – Oder sie werden auch ziemlich häufig im Wohnzimmer unbeaufsichtigt gelassen, Sandwiches werden da liegen gelassen kurz vorm Verfaulen, also das war nicht so toll, müsste einfach mehr Aufsicht für die Kleinen sein.

PHILIPP: Was hat Dir das Frauenhaus gebracht? Hat es Dein Leben verändert?
CARLOS: Ja, weg von meinem Vater – very good. . .
PHILIPP: Teils, teils, also es hat sich insofern geändert, dass wir nicht mehr bei meinem Vater wohnen, dass wir eine eigene Wohnung haben. Tja, ich nehme jetzt alles viel relaxter und ich ärger auch viel mehr Leute, früher habe ich keine Leute geärgert, weil da hatte ich Angst, dass die mir dann was tun. Heute kenn ich ja das Gesetzbuch und – also bin viel selbstbewusster.
ALICE: Auf jeden Fall hat es mich selbstständiger gemacht, ich bin zu den Ämtern gelaufen mit meiner Mutter – ich hab keine Scheu davor, irgendein Arbeitsamt, Wohnungsamt, Sozialamt zu laufen. Auf jeden Fall, wenn ich da in der Zukunft irgend wo hin muss, weiß ich genau, wie man das angehen muss – oder AOK – (P.: viel selbstbewusster). Viel selbstbewusster und auf jeden Fall keine Angst mehr davor.

PHILIPP: Was hat das Frauenhaus Deinen Geschwistern bzw. Deiner Mutter gebracht?
CARLOS: Also, Geschwistern weiß ich nicht, glaube ich. Aber meiner Mutter kann ich, glaube ich, sagen, sehr viel gebracht, weil weg von meinem Vater, nervt nicht mehr – keine Schläge mehr, sehr gut.
PHILIPP: Tja, meinen Geschwistern. . ., da glaube ich, ein bisschen Entspannung und meine Mutter, dass wir von meinem Vater ausgezogen sind, finde ich – glaube ich zumindestens, dass meine Mutter irgendwie stärker geworden ist, dass sie auch alleine zurecht kommen kann in der Welt. Ja, Erholung – bisschen absacken alles-Zeit haben, die Probleme zu lösen.

ALICE: Wie hast Du Dich gefühlt, im Frauenhaus zu wohnen?
PHILIPP: Am Anfang war das schrecklich, weil da kannte sich ja keiner, als wir da waren. Da waren gerade alle neu, und da kannte sich auch keiner, war alles still-nach einer Zeit hat sich das gelegt und war ein bisschen Krach und so, und dann wurde das Alltagsleben – ja, also Erholung von meinem Vater, weil er nicht mehr nervt- weil er stinkt – und er hat immer nervig reagiert, aber manchmal da war er auch nett.

ALICE: Ja, am Anfang war das doch schon ganz abenteuerlich. Und – ähm – ich fühlte mich dort eigentlich abenteuerlich, aber irgendwie nicht dazugehörig. – Ich dachte immer, – ich weiß nicht, ich konnte mich mit den Frauen nicht iden. . . (P.: kontaktieren) so kontaktieren. Ich weiß nicht, wie man das sagen soll (M.: verstehen) identifizieren sagt man, glaube ich, dazu (P.: verständigen). – Nein, das war alles neu, na ja später, – später wurde das alles irgendwie Alltag und nach einem Jahr wurde, – wurde mir das alles, – wurde ich trauriger, – immer trauriger. Alle waren weg, und immer Neue kamen, und ich wollte auch weg.

ALICE: Hast Du Gewalt im Frauenhaus erlebt?
PHILIPP: Gewalt im Frauenhaus, wie kann man das sagen, also kleine Kinder, die sich dann schlagen, dann gehen die Mütter dazwischen, aber davon wird ja nichts geregelt. Äh, ich meine, irgendwann muss man sich ja hauen – oder schlagen, weil die Probleme müssen ja auch gelöst werden. Ne, irgendwie, – ist ja egal. . .

ALICE: Kann man das anders lösen?
PHILIPP: Nein, manche Kinder begreifen das nicht, wenn man mit ihnen normal redet, die machen dann einfach – die hören dann auf für 1 bis 2 Tage und dann machen sie weiter. Deswegen, – manchmal muss man das einfach machen.
CARLOS: Also Gewalt im Frauenhaus, das finde ich nicht sehr gut, weil wenn sich dann die Frauen so schlagen, – oder so – dass – ich meine, dann verstreiten sie sich, dann reden sie fünf Monate nicht mehr miteinander. Dann zieht die eine aus, voll Feind, sieht sie irgendwann mal in der Stadt, streiten sie sich, – gibt's Schläge-Karambolage. Nachher kommt die Polizei, – Schläge, – genau wie im Koran. – Äh, was war das? – Im Kosovo. . .

ALICE: Waren da wirklich so 'ne Katastrophalen?
MIKE: Nein, aber wenn dann überhaupt – da gibt es schon Schläge im Frauenhaus-z.B. wenn einer den Ball nicht kriegt von dem. – Dann kloppen sie sich gleich, wer den Ball kriegen soll. – Da gibt es viel zu wenig Spielzeug für die kleinen Kinder. – Wenn da zu viele sind – wenn da zu viele sind, streiten sie sich.

PHILIPP: Was sagst Du zu Thema Diebstahl?
MIKE: Ja, ich sag, dass die Neuankömmlinge dazu, – dass die Mitarbeiterinnen, – dass sie erinnert werden müssen oder darauf angesprochen werden sollten, dass sie die Zimmer abschließen, damit nichts geklaut wird. – Oder dass sie die Sachen im Frauenhaus herumliegen lassen, – mitnehmen und nicht liegen lassen. Das wär' schon das Beste, – ja.
PHILIPP: Ja, also wenn man irgendetwas gekocht hat, und hat das dann stehen gelassen – in der Küche z.B., dann hat das irgendjemand entweder gegessen, angeknabbert da oder ganz weggenommen und aufgegessen. – Wenn man jetzt z.B. Tupperware, wenn man die da irgendwo hat liegen lassen, dann wurde das geklaut –

oder Teelöffel oder so was. Weil, als wir da waren, da haben wir uns Teelöffel gekauft und als wir ausgezogen sind, hatten wir nur noch voll wenig.
Alice: Also, es ist doch schon vorgekommen, aber man sollte auf seine wertvollen Sachen dann aufpassen. Es gibt auch die Möglichkeit, sie abzuschließen im Büro- und es ist doch schon doof, wenn etwas weggekommen ist, und man kann ja nicht jedes Zimmer absuchen. Unmöglich, das ist ja irgendwie privat. Ja aber, wenn diejenigen erwischt wurden, sollte man dann, – die gehören einfach nicht mehr dazu, bei so einer Lebensgemeinschaft. Da sollte man dann schon respektieren, dass dir die Sachen nicht gehören. Und was mich auch genervt hat, dieser Abwasch. Also irgendwie jeder hat gegessen und einfach stehen gelassen. Und irgendwann war so ein Berg von Abwasch, man konnte das nicht nachweisen, wer –. Man konnte dann das alles abwaschen oder warten, bis da sich irgendjemand überwunden hat. – Das ist auch ein Problem, – ein Streitthema.
Stella: Mh, es wurden viele Sachen geklaut, z.B. Lebensmittel, das Telefon, Zigaretten, Anziehsachen, Duschgel, Zahnpasta, die Nerven, Schminke, Sachen.

Stella: Sexualität und Liebe ein Thema im Frauenhaus?
Mike: . . . Tabu. . .

4 Defizite und Perspektiven in der Aus- und Fortbildung von Professionellen

Sabine Scheffler

Gewalt im Geschlechterverhältnis – ein blinder Fleck in der Ausbildung von Professionellen?

Szenario: Fachhochschule Köln
An alle Frauenförderpläne in der Fachhochschule
Institut für Frauen- und Geschlechterstudien

Wir schreiben das Jahr 2301: An der Fachhochschule in Köln wird die letzte Frauenbeauftragte verabschiedet. Die Dekanin dankt ihr mit herzlichen Worten für ihren unermüdlichen Einsatz in der Frauenförderung. Im Frühjahr dieses Jahres konnte endlich die anvisierte Zielquote von 50 % Frauen auf allen Statusebenen erreicht werden. Damit sind alle Frauenförderpläne in der Fachhochschule in Zukunft überflüssig. Danach gefragt, was ihre Zukunftspläne sind, antwortet sie, dass sie überlege, ob sie an ihr Institut für Frauen- und Geschlechterstudien zurückkehren soll, um ihre wissenschaftliche Tätigkeit wieder aufzunehmen, oder ob sie der Hochschule für eine Zeit oder gänzlich den Rücken kehren solle, um einmal etwas ganz anderes zu machen. Sie gesteht, dass es ihr schwer fällt, sich zu entscheiden, da ihr doch so viele Möglichkeiten offen stehen! (Auf Kölner Verhältnisse umgeschriebene Utopie) (Bock 1994: 28).
Geschlecht und Geschlechterverhältnisse sind ein blinder Fleck, aber nicht nur in der Ausbildung von Professionellen. Außer der Gewalt gäbe es ja auch noch andere Themen zu verhandeln, würde Geschlecht als soziale Ordnungskategorie, als Analyseeinheit für bestehende Benachteiligungen ernst genommen.

1 Die Grundsituation

Gewalt im sozialen Nahraum ist nicht die Gewalt, der die Öffentlichkeit oberste Priorität einräumt. An den Ressourcen, mit denen eine solche Arbeit ausgestattet wird, kann man das Ausmaß erkennen, in dem eine Gesellschaft bereit ist, Verantwortung für Gewalt und sexualisierte Gewalt

als einen zu ächtenden Teil ihrer eigenen Strukturen zu übernehmen. Eine solche Verantwortung bedeutet mehr als angemessene Opferrehabilitation im Sinne der Wiedergutmachung (Helferich 1997).
Die herausragende Bedeutung der Geschlechterkategorie im interpersonalen Gewaltkontext wird weiterhin vernachlässigt (Godenzi 1996: 10).
Gewalt im Geschlechterverhältnis wird hingenommen bis begünstigt, als der privaten Sphäre zugehörig betrachtet, obwohl die Prävalenzraten in der BRD zwischen 30–18 % liegen, ähnlich wie in den Niederlanden und Großbritannien (Römkens 1997; Wetzel 1995). Die Thematisierung von „privater Gewalt“ durch die neue Frauenbewegung seit Mitte der 70er Jahre hat zwar eine gesellschaftliche Sensibilisierung, Verbesserung der Situation der Opfer, Formen konkreter Hilfsangebote, soziale und rechtliche Neuerungen gebracht (z.B. 1997 ... Vergewaltigung in der Ehe als Strafdelikt; es gibt aber auch den § 128). Mit dieser Art von Öffentlichkeit und den Hilfsprogrammen ist der Blick für die Opfer geschärft; es gibt Entlastung, aber der politische Skandal ist damit auch delegiert und zum Problem schlecht ausgestatteter, sehr engagiert arbeitender Frauenhausbelegschaften geworden. Mit der gesellschaftlichen Delegation, der darauf folgenden Professionalisierung, hat auch in gewisser Weise eine Einengung der gesellschaftlichen Gewaltproblematik stattgefunden (Hagemann White 1997; Brückner 1998). Dies betrifft sowohl die Projekte, die sich um die öffentliche Problematisierung der Gewalt wie um den Opferschutz kümmern, ebenso wie die nachgehende Betreuung der kind- und familienzentrierten Ansätze.
Die Lehre zu den Geschlechterverhältnissen ist eigentlich ein Schmuddelthema! Es verspricht, sich damit zu beschäftigen, verspricht keine Karriere, die Lehre und Forschung zu den Geschlechterverhältnissen ist eingebettet in die strukturelle Benachteiligung von Mann und Frau und weist ähnliche geschlechtsspezifische Trennungslinien auf, die mit „öffentlicher und privater Sphäre“, mit geschlechtsspezifischer Arbeitsteilung und Arbeitsmarktsituation verknüpft ist. Die Problematik hat also zu tun mit insgesamt vergeschlechtlichten sozialen Strukturen, daher bleibt das Thema marginal und mühsam, weil es eben im Geschlechterverhältnis auch immer an grundsätzliche Selbstverständlichkeiten rührt.

2 Die marginale Institutionalisierung und ihre Folgen

Seit Beginn der 70er Jahre entwickelte sich aus der Kritik an den Sozialwissenschaften die feministische Frauen- und Geschlechterforschung und daraus abgeleitete spezifische Arbeitsweisen. Es handelt sich dabei nicht um eine neue Disziplin, sondern vielmehr um eine Forschungs- und Handlungsperspektive, um eine Lehr- und Lernperspektive, die quer liegt und traditionelle Theorien auf den Prüfstand stellt (vgl. Bock 1994). Zentrales Anliegen dieser Perspektive war und ist die Kritik an wissenschaftlichen Denk- und Handlungsweisen, die die Bedeutsamkeit von Geschlecht neutralisieren. Geschlecht wird nicht mehr nur als Forschungsgegenstand begriffen, sondern Geschlecht ist auch eine Analyse – eine soziale Ordnungs – und eine Strukturkategorie. Strukturell und persönlich bestimmt sie unser Leben und Handeln, und wir können nicht anders, als geschlechtlich handeln. Dabei heißt feministisch forschen und handeln, am Leitfaden des Interesses der Befreiung von Frauen zu arbeiten (Bock 1994: 21). Diese Betrachtensweise wurde mit der Frauenbewegung der 70er Jahre in die Hochschulen hineingetragen und führte zu einer „prekären" (randständig, wacklig) Institutionalisierung von frauenspezifischen Inhalten. Dabei bezieht sich das Prekäre sowohl auf den minimalen Institutionalisierungsgrad, auf die Nischenbildung, auf die Marginalität der Inhalte, wie auch auf die Anpassungsmechanismen, die aus der Nutzung institutioneller Handlungsspielräume entstehen. Die Arbeit zum Geschlechterverhältnis ist in ihren Inhalten, ihrer Eigendynamik eben eng an die Frauenbewegung als einer sozialen Basisbewegung gebunden. Einige Grundpositionen dieser Frauenbewegung, wie der unauflösbare Zusammenhang von Wissenschaft, Politik und Handeln, die Debatte um Parteilichkeit und Solidarität, der Autonomieanspruch, bestimmen die Art der Inhalte der Lehr- und Lernformen an den Hochschulen, das Selbstverständnis und die Institutionalisierung der Thematik in den Fachbereichen und den Projekten. Frauenfragen und Geschlechterverhältnisse und daraus erwachsende Handlungsproblematiken sind ein Randproblem, sie sind marginal und genießen Minderheitenstatus mit allen dynamischen Folgen. Dies, obwohl die Mehrheit der Probleme, mit denen sich die angewandten Sozialwissenschaften in der Sozialarbeit und Sozialpädagogik befassen, Folgen von Benachteiligungen im Geschlechterverhältnis sind (Familienhilfen, Jugendhilfen, Rehabilitation, geschlechtsspezifische Drogenkarrieren, Psychiatrie und Frauenhäuser für Frauen, Knast für Männer).

Die mangelnde curriculare Einbindung verhindert das Entstehen eines selbstverständlichen Lehrthemas, es verhindert das Entstehen von Tradition und Selbstverständlichkeit. Geschlechterverhältnisse und Gewalt als Thema werden so strukturell ausgegrenzt, sie sind nicht verortet und es muss immer wieder um die thematische Anerkennung gerungen werden. Dies schafft ein Ausgrenzungs- und Statusproblem für die Studentinnen, die sich für dieses Thema interessieren, und das kostet Kraft und Auseinandersetzungsbereitschaft. Dies gilt auch für die Dozentinnen.

Ohne Institutionalisierung ist diese Art von Lernen an die individuellen Interessen von einzelnen Dozentinnen gebunden. Die Malestreamstrukturen (gendered structures) fördern den Nischencharakter, grenzen die Problematik ein und damit gleichzeitig aus. Frauenseminare und Seminare zu Gewalt im Geschlechterverhältnis sind ein Gastspiel auf der männlich dominierten Ausbildungsbühne. Dies beträfe auch Männerseminare, wenn es sie denn gäbe!

Die Folgen dieser Randständigkeit sind ein mangelndes Basiswissen (weil das Thema als Orchideenfach, oder nach individueller Beliebtheit der Dozentinnen, in der Ausbildung verankert ist). Das mangelnde Basiswissen bezieht sich auf Krisendynamik, rechtliche Möglichkeiten, Traumabearbeitung, Umgang mit sexuellem Missbrauch, interinstitutionelle Arbeit usw. Möglicherweise geht es auch zurzeit überhaupt darum, politische Handlungsmöglichkeiten zu entwickeln (Utopien), damit Gewalt und Übergriffigkeit aufhören. Dies geht aber nur, wenn man das Wissen um die Gewaltdynamik hat, das Handlungswissen umgesetzt hat und an Grenzen gestossen ist, die neue Handlungserfordernisse deutlich machen.

Die Enttabuisierung von Gewalt hat an den Ausbildungsstätten zumindest nicht stattgefunden.

3 Inhalte: Oder Emanzipation macht Angst

Das Thema „Gewalt im Geschlechterverhältnis“ ist anstrengend, affektiv herausfordernd, auch erschütternd, zwingt aber immer direkt in eine Auseinandersetzung, da das eigene Frau- und/oder Mannsein immer mitgedacht und mitgefühlt wird. Dies führt zu schnellen Identifikationen mit der Täter- oder der Opferseite und polarisiert so manche Seminardynamik. Das Thema ist deshalb so herausfordernd, weil die Illusion von der Sicherheit und Geborgenheit, die mit Familie und persönlichen Beziehungen verbunden ist, zerstört wird. Es wird deutlich, dass Institutionen und die Bedeutsamkeit von Beziehungen in unserer Kultur durch Individualisierung und Emotionalisierung Gewalt begünstigen. Intimität und angebliche Sicherheit und Geborgenheit sind ein Ort, an dem Gewalt sich lohnt (am Arbeitsplatz zumindest wird weniger geprügelt als in der Familie).

Die nachweisbare Deklassierung und die Bedrohung bei Trennung und Scheidung und immer wieder die Grenzen der vergeschlechtlichten Strukturen zu erfahren, ist entmutigend für die Betroffenen (aber auch bedrohlich: 53 % aller Morde in Großbritannien an Frauen passieren in Trennungs- und Scheidungssituationen). Es ist aber vor allem auch entmutigend für Studentinnen, deren Lebensentwurf mit dem Studium noch im Entstehen ist, sich mit den dekonstruktiven Sichtweisen von Weiblichkeit, Beziehungsdynamik und Benachteiligung auseinander zu setzen. Dies insbesondere, wenn die politische Haltung und der strukturelle Aufbau der Ausbildung eine solche Auseinandersetzung nicht stützen.

Studentinnen berichten mir immer wieder, wie anstrengend das Studium im Schwerpunkt Frauen ist, wie sehr es ihr persönliches Leben in Frage stellt und wie schwer es zu verkraften ist, so vieles zu sehen, was sie vorher nicht gesehen haben; gleichzeitig fühlen sie sich bereichert und aber auch immer wieder verunsichert.

4 Die Lehr- und Lernformen

Die Lehr- und Lernformen leben so – wie skizziert – zum einen mit und durch die institutionellen Bedingungen: die Marginalität der lehrenden Frauen, die Marginalität der Inhalte, die querdenkerischen und widersprüchlichen Positionen in bezug auf gesicherte Wissensinhalte und die Methodologie, die verunsichern. Gewaltverhältnisse und deren Verstehen, der Erwerb von Handlungswissen ruht auf emotionalen Resonanzen und kann nicht anders vermittelt werden als durch die Förderung folgender Dimensionen:

- Förderung persönlich intellektueller Identität, „mit dem Herzen denken lernen“ (Kock-Klenske 1991);
- Einbezug der spezifischen Empirie der persönlichen Erfahrung und ihre Wertschätzung;
- Vermittlung von Basiswissen.

Im ganzheitlichen Sinne ist so erfahrungsorientiertes, selbstreflexives Lernen mit Fachlichkeit zu verknüpfen. Diese Lernziele passen schlecht in eine Hochschullandschaft, wo intellektueller Kompetenzerwerb Vorrang hat vor Lernzielen, die mit dem Erwerb von persönlicher und sozialer Kompetenz verknüpft sind. Solche Lehr- und Lernkonzeptionen passen eher in selbstständig, freiwillig gewählte Fortbildungsseminare. Dies bewirkt eine spezifische Dynamik.

1. Die Auseinandersetzung mit einem Text zur Gewaltfrage im Geschlechterverhältnis ist eben nicht nur die sachliche Auseinandersetzung mit einem Text, nicht nur eine intellektuelle Leistung, sondern auch eine emotionale. Texte werden ja dann auch nach der emotionalen Befindlichkeit – und Konfliktstruktur – dekodiert, ganz abgesehen von den berührten Tabus der persönlichen Lebensgeschichte und den notwendigen, kognitiv, emotionalen Bewältigungsmechanismen. Dies aber verdeutlicht, dass Texte eben keine objektiven Texte mit festen Fakten und Inhalten sind. Nur im Vergleich, in der Korrespondenz und der Diskussion mit anderen kann die eigene Resonanz verglichen, erweitert und stabilisiert werden.
2. Die Verarbeitung von Texten erfolgt in Verbindung mit intellektueller Identitätsbildung und berührt damit Fragen des eigenen Selbstverständnisses (vgl. Koch-Klenske 1991: 102). Manches Schweigen im Seminar erscheint in diesem Licht eher als Schutzmechanismus vor weiterer Gefährdung der Vorstellungen von Männlichkeit und Weiblichkeit oder als Labilisierung, denn als Verweigerung oder Desinteresse. Der Text erschüttert einfach eigene Sichtweisen.
3. Frauenspezifische Inhalte fordern die Identifikation oder Abgrenzung bzw. die Entwertung der Denkinhalte besonders heraus. Die Stellungnahmen sind oft an die eigene psychosoziale Positionierung geknüpft, an das persönliche Wertgefühl. So wird aus einem anderen Argument schnell ein richtiges oder ein falsches.
4. Die leitende Dozentin ist in einem solchen Seminar die „Hüterin des Prozesses“. Dabei ist sie Repräsentantin einer Ordnung, nämlich der Institution Hochschule, die mit Weiblichkeit entwertend und kränkend umgeht. („Sie aber hat es dennoch geschafft“!) Sie ist soziales Modell oder auch ein Horror, und die Stärke, die mit der Position und auch möglicherweise mit persönlicher Ausstrahlung verknüpft ist, muss verarbeitet werden. Die Verarbeitungsform der Idealisierung oder der Abwertung wie der Ansprüchlichkeit herrscht dabei vor, und so wird

die hierarchische Ungleichheit zwischen Frauen zementiert. Plötzlich ist man im Hierarchiegefälle „verwurstelt“, vor allen Dingen aber „verlangt man zu viel“ und wird so schnell zur „bösen, enttäuschenden Mutter“. Dies aber hat mit der Beziehungsstruktur zwischen Frauen im Geschlechterverhältnis zu tun und mit der frühen frauendominierten Sozialisation, weniger hat es zu tun mit persönlichen Eigenarten. Die Studentinnen reagieren so in der Regel auch auf die Anmaßung dieser anderen Frau, der Dozentin, die es gewagt hat, einen anderen „weiblichen Ort“ zu beanspruchen. Regressive Haltungen, Schweigen, ungesteuerte affektive Stellungnahmen charakterisieren den kollektiven Wiederholungszwang. Emanzipation macht eben Angst und bewirkt Verunsicherung.

5. Die strukturelle Diskriminierung, der Nischencharakter verstärkt aber vor allem das beziehungs- und kontextgebundene Lernen von Frauen und verführt zu oben beschriebenen regressiven Bündnisangeboten.
6. Die Minderheitenposition bewirkt, dass zuweilen wirkliche Auseinandersetzungen zu bedrohlich sind, als dass man sie wagen könnte. Der Nischencharakter hat ein weiteres: Das Problem der Chancenungleichheit und der Gewaltthematik ist delegiert, und die Frauen „werkeln“. Die Themen besitzen keine Selbstverständlichkeit, aber auch keinen Neuigkeitswert mehr.

Es bleibt festzustellen, dass die Lehre zur Gewalt im Geschlechterverhältnis ebenso marginal geblieben ist wie die Rezeption des Wissens darum auf gesellschaftlicher Ebene. Das Studium der Geschlechterverhältnisse – und da ist Gewalt ja nur ein Thema – ist abhängig von der curricularen Verankerung, von durchdachten Studiengängen, von Kontinuität, von angemessener Betreuung und institutioneller Repräsentanz. Gleichzeitig bewirkt eine solche Integration eine Professionalisierung, die die Hausfrauisierung von Arbeit verhindert, aber die auch die Frage stellen lässt, ob man denn „Feminismus eigentlich lernen kann“.

Literatur

Bock, U., 1994: Frauenförderung an der Universität – eine unendliche Geschichte. In: Kahler, H.; Kleinau, E. (Hrsg.): Feministische Erbschaften, feministische Erblasten. ZHD Hochschuldidaktische Arbeitspapiere 25, Hamburg, S. 17–32

Brückner, M. 1998: Wege aus der Gewalt, Frankfurt am Main

Hagemann-White, C.; Kavemann, B.; Ohl, L., 1997: Parteilichkeit und Solidarität, Praxiserfahrungen und Streitfragen zur Gewalt im Geschlechterverhältnis, Bielefeld

Helferich, C., 1997: in: Bundesministerium für Familie, Senioren, Frauen und Jugend, Anlaufstelle für vergewaltigte Frauen, Abschlussbericht, Bonn.

Godenzi, A., 1996: Gewalt im sozialen Nahraum, Basel/Frankfurt am Main

Koch-Klenske, E., 1991: Über Freuden und Leiden bei der Aneignung feministischer Theorien. In: Fabianke, R.; Kahlert, H. (Hrsg.): Frauen in der Hochschullehre.. Auf der Suche nach neuen Lehr- und Lernformen. ZHD Hochschuldidaktische Arbeitspapiere 24, Hamburg, S. 96–117

Römkens, R., 1997: Prevalence of wife abuse in The Netherlands, in: Journal of Interpersonal Violence, February

Scheffler, S., 1996: Auf der Suche nach feministischen Lehr- und Lernformen, in: Störfaktor, Zeitschrift Kritischer Psychologinnen und Psychologen, 9. Jg., H. 1, S. 7–19

Wetzel, S., 1995: zitiert aus Hagemann-White, 1997: Die feministische Gewaltdiskussion: Paradoxe, Blockaden und neue Ansätze, S. 257; in: Hagemann-White, C.; Kavemann, B.; Ohl, L., 1997: Parteilichkeit und Solidarität, Praxiserfahrungen und Streitfragen zur Gewalt im Geschlechterverhältnis, Bielefeld

Zusätzliche Literatur

Birkhan, J., 1995: Absage an den düsteren Blick auf die frauenbewegte Arbeit im universitären Raum. In: Frauenhetz e.V. (Hrsg.): Differenzen und Vermittlung. Feminismus Bildung Politik. Wien, S. 133–139

Gottschall, K.; Müller, U., 1991: Lehrende in der Frauenforschung zwischen Lust und Frust. In: Fabianke, R.; Kahlert, H. (Hrsg.): Frauen in der Hochschullehre. Auf der Suche nach neuen Lehr- und Lernformen. ZHD Hochschuldidaktische Arbeitspapiere 24, Hamburg, S. 125–141

Krondorfer, B., 1995: Feminismus in der Universität – eine „Antagonie"? In: Frauenhetz e.V. (Hrsg.): Differenzen und Vermittlung. Feminismus Bildung Politik. Wien, S. 139–145

Moeller-Gambaroff, M., 1977: Emanzipation macht Angst. In: Michel, K.-M.; Wieser, H. (Hrsg.): Kursburg 47, Berlin, S. 1–25

Nagel-Docekal, H., 1990: : Was ist feministische Philosophie? In: Dies. (Hrsg.): Feministische Philosophie. Wien, S. 7–35

Scheffler, S., 1994: Psychologie und Frauenforschung I (Das Bild der Frau im Mond, weit entfernt und doch klar sichtbar) und II (Expeditionen in den dunklen Kontinent), Wien

Scheffler, S., 1996: Auf der Suche nach Lehr- und Lernformen in der Feministischen Frauenforschung/Genderforschung oder: „Emanzipation macht Angst", in: Genderforschung, Zeitschrift Kritischer Psychologinnen und Psychologen, Jg. 4., H. 1, S. 7–19

Scheffler, S., 1996: Wer ist denn nun das schönste Aschenputtel? in: Frauenberatung Wien (Hrsg.): Zusammenspiel und Kontrapunkt, Frauen-Team-Arbeit, S. 41 bis 57

Scheffler, S., 1996: Organisationskultur in Frauenprojekten, in: Pühl, H. (Hrsg.): Supervision in Institutionen, Frankfurt/Main

Scheffler, S., 1999: Supervision und Geschlecht, in: Pühl, H. (Hg.): Supervision und Organisationsentwicklung, Handbuch 3, Opladen, S. 181–195

Brigitte Sellach

Von vielfältigem Nutzen: Die neuen Fortbildungsmaterialien für Mitarbeiterinnen im Frauenhaus

Die „Fortbildungsmaterialien für Mitarbeiterinnen in Frauenhäusern" waren erstmals 1987 von der Gesellschaft für Familienforschung e.V. (GEFAM) als „praxisorientiertes Fortbildungsangebot" für Frauenhausmitarbeiterinnen entwickelt worden. Sie sollten den „vielschichtigen Informationsbedürfnissen und den unterschiedlichen Frauenhaus-Richtungen Rechnung tragen", wie die Projektgruppe damals in ihrem Vorwort schrieb. Die Kursmaterialien, die in 10 Einzelheften thematisch gegliedert waren, enthielten neben theoretischen Texten auch methodische Hinweise und Arbeitsblätter zur Unterstützung der praktischen Bildungsarbeit in den Frauenhäusern. Das Bundesministerium für Familie, Senioren, Frauen und Jugend hat anlässlich eines anstehenden Nachdrucks der vergriffenen Texte einen Überarbeitungsbedarf festgestellt und – nach einem Ausschreibungsverfahren – Mitte 1996 der Gesellschaft für sozialwissenschaftliche Frauenforschung e.V. (GSF e.V.) in Frankfurt diese Aufgabe übertragen.

Befragung

Vor der Überarbeitung der Kursmaterialien hat die GSF e.V. mit einer Fragebogenaktion bei Frauenhäusern und bei Mitarbeiterinnen aus der Aus- und Weiterbildung sowie in Gesprächen mit Expertinnen erkundet, wie die Zielgruppe für die neuen Materialien nach Alter, Qualifikation und Dauer der Beschäftigung im Frauenhaus zusammengesetzt sein würde, wie die Mitarbeiterinnen die Kursmaterialien in der Vergangenheit eingesetzt hatten, wie sie ihren Nutzen einschätzten und wo sie den Bedarf an Überarbeitung sahen.
Aus den Beiträgen der Frauenhäusern und Expertinnen wurde deutlich, dass die Frauenhaus-Mitarbeiterinnen in der Mehrheit sehr gut und ihren Aufgaben entsprechend ausgebildet waren, längere Berufserfahrung in den verschiedenen Arbeitsgebieten der sozialen Arbeit und in der Frauen-

hausarbeit selbst hatten und dort mit einem hohen beruflichen und persönlichen Engagement arbeiteten. Die Zahl der ehrenamtlich wie hauptamtlich tätigen Mitarbeiterinnen im Frauenhaus war nahezu gleich. Die Mitarbeiterinnen verfügten sowohl in ihren Organisationsformen und in ihren Arbeitsmethoden als auch in der Vielfalt ihrer beruflichen Weiterbildung über ein hohes Maß an Professionalität. Sie hatten mehrheitlich neue Anforderungen angenommen und sich ihnen gestellt, vermissten jedoch aus der Perspektive ihres Arbeitsbereiches „Gewalt gegen Frauen" bzw. aus der Perspektive von Frauensozialarbeit formulierte Texte, Materialien und entsprechend qualifizierte ExpertInnen in den verschiedenen Bereichen der Fort- und Weiterbildung.

Zum Einsatz der Fortbildungsmaterialien in den Frauenhäusern wurde aus der Umfrage deutlich, dass sie eher als Arbeitsmittel denn zur Fortbildung selbst dienten. Mehrheitlich wurden sie positiv und als „heute noch informativ und nützlich" eingeschätzt. Der höchste Aktualisierungsbedarf wurde bei den Sozial- und Rechtsfragen sowie bei den Texten zur Arbeit mit Migrantinnen gesehen. Auch Form und Gestaltung der Materialien wurden als „überarbeitungsbedürftig" bewertet.

Aus den Befragungen war weiter zu erkennen, dass die von den Frauenhaus-Mitarbeiterinnen gewünschte Form der Fortbildung Seminare waren, da dort Lernerlebnisse, z.B. im Rollenspiel, in Foren oder Gesprächskreisen oder in anderen Formen sozialer Interaktion möglich sind, die als effizienter eingeschätzt wurden als das individuelle Selbststudium schriftlicher Materialien. Die reale Situation im Frauenhaus mit den zeitlichen und personellen Beschränkungen, aber auch Kostengründe lassen eine Weiterbildung in der Seminarform oft nicht zu. Wenn eine Frauenhausmitarbeiterin daher die Materialienbände in die Hand nahm, suchte sie für ihre Fragestellung eine für sie überschaubare Struktur, erste Orientierungen und möglichst praxisnahe Informationen, ohne jedoch den über Arbeitsblätter und methodische Hinweise vorgegebenen Lernprozess nachzuvollziehen.

Insgesamt wurde erwartet, dass die Materialien nach ihrer Überarbeitung als (möglichst) aktuelles Informations- und Nachschlagewerk vor allem für das Thema Sozial- und Ausländerrecht verwendet werden könnten, dass sie außerdem Ideen und Anregungen für die tägliche praktische Beratungs- und Organisationsarbeit und zur Zukunft der Frauenhausarbeit liefern sollten. Als Argumentationshilfe im fachpolitischen Kontext, bei Behörden oder für die Öffentlichkeitsarbeit sollten die Materialien ebenfalls genutzt werden können. Sie sollten zudem als Grundlagen für den individuellen Informationsbedarf dienen. Zusätzlich sollten sie auch zur Vorbereitung von Seminaren oder Veranstaltungen eingesetzt werden können. Gefragt war ein abwechslungsreiches Nachschlagewerk, übersichtlich gestaltet, mit gut aufbereiteten Informationen.

Konzept

Vor dem Hintergrund dieser Anforderungen wurde sehr schnell klar, dass die „alten" Kursmaterialien nicht einfach aktualisiert werden konnten. Die einzelnen Themenbereiche mussten noch einmal kritisch daraufhin untersucht werden, inwieweit die inzwischen vergangenen 10 Jahre in der Entwicklung der Frauenhausbewegung und -arbeit in exemplarischen Texten einfach nur hinzugefügt werden konnten oder inwieweit die Inhalte an den gegenwärtigen Fragen und Themen orientiert neu strukturiert werden mussten, neue Schwerpunkte zu bilden waren. Auch war zu prüfen, was ohne Qualitätsverlust wegfallen konnte. Relativ schnell entschied die GSF e.V., die Funktion der Kursmaterialien, Unterstützung für methodisch angeleitete Gruppenprozesse zu sein im Rahmen einer strukturierten Fortbildung, aufzugeben zu Gunsten der Funktion eines vielseitigen Nachschlagwerkes, das auch zur Fortbildung genutzt werden kann. Damit entfielen alle Arbeitsblätter und Methodenkapitel, die in der ersten Version der Fortbildungsmaterialien einen relativ großen Raum eingenommen haben.

Weiter war der Überarbeitungsbedarf bzw. der Grad an notwendiger Aktualisierung in der Umfrage sehr unterschiedlich eingeschätzt worden. Während die theoretischen Kapitel zur Gewalt im Geschlechterverhältnis und die Darstellung der Praxis der Frauenhausarbeit als nach wie vor aktuell galten, wurden die Texte zum Recht in der Frauenhausarbeit oder zur Situation von Migrantinnen im Frauenhaus als deutlich veraltet eingestuft. Ebenso mussten die neuen Anforderungen in der Frauenhausarbeit, die sich z.B. aus der Debatte um die Qualitätsstandards bzw. Qualitätssicherung ergeben, noch angemessen ergänzt werden. Schließlich sollten auch die Ergebnisse einer bundesweiten Umfrage der GSF e.V. zur Finanzierung der Frauenhäuser, ebenfalls im Auftrag des Bundesministeriums für Familie, Senioren, Frauen und Jugend, in die Fortbildungsmaterialien integriert werden.

Mit diesen Anforderungen und nach einer kritischen Durchsicht der ersten Kursmaterialien wurden für ihre Überarbeitung vier Themenschwerpunkte gebildet:

- Theorien zum Thema „Gewalt im Geschlechterverhältnis“,
- die Praxis der Arbeit mit Frauen und Kindern im Frauenhaus,
- Rechtsfragen in der Frauenhausarbeit und
- Management im Frauenhaus.

Da in der Umfrage auch die Lesefreundlichkeit der 10 Bände mit ihrem relativ komplizierten Layout als nicht befriedigend eingeschätzt wurde, wurde für die neuen Materialien entschieden, dass die vier Schwerpunkte in jeweils einem Band zusammenhängend aufbereitet und präsentiert werden sollten.

Während die alten Kursmaterialien von 1987 in die ersten beiden Schwerpunktthemen mehr oder weniger ausführlich integriert werden konnten, mussten die beiden letzten Schwerpunktthemen völlig neu erarbeitet werden. Für das Rechtsthema ergab sich zusätzlich die Schwierigkeit, dass während der Projektlaufzeit bzw. gegen deren Ende das Kindschaftsrecht reformiert wurde, ebenso einige Bereiche des Ausländerrechtes. Ein weiterer Unterschied zwischen den Themen bestand darin, dass für die beiden ersten Themenschwerpunkte ausreichend Texte zur Verfügung standen, die aufbereitet und dokumentiert werden konnten, während für die beiden letzten die Texte neu geschrieben werden mussten.

Herausgekommen ist ein vielfältig nutzbares Produkt in vier Bänden. Klassische Texte aus der Frauenhausbewegung und -arbeit werden in Auszügen präsentiert und historisch eingeordnet. Aufgenommen wurden auch so genannte graue Materialien oder noch unveröffentlichte Manuskripte oder Konzeptpapiere, die in Bibliotheken nicht ohne weiteres verfügbar sind. Das Verständnis wird durch Kommentare oder Erläuterungen erleichtert, ohne dass die Texte nach Inhalt und Aussage bewertet werden. Mit den jeweils ausführlichen Literaturhinweisen kann bei Bedarf gezielt nach den Originaltexten gesucht werden. Weiter sind neue Informationen und Anregungen enthalten, ebenfalls mit ausführlichen Literaturangaben. Beide Formen laden zur Auseinandersetzung und zur Weiterentwicklung von Theorie und Praxis der Frauenhausarbeit ein. Gleichwohl ist die Diskussion keineswegs abgeschlossen. Schon während der Überarbeitung der Fortbildungsmaterialien wurden neue Ideen und Ansätze öffentlich diskutiert, z.B. die Interventionsprojekte, die Täterarbeit, die neuen Konzepte für Gesetzesvorhaben zum Schutz von Frauen und Kindern vor männlicher Gewalt und zur gesellschaftlichen Ächtung und Sanktionierung der Täter oder die Auseinandersetzung mit internationalen Ansätzen der Frauenhausarbeit z.B. aus Österreich oder Großbritannien. Sie sind in den Materialien jedoch noch nicht dokumentiert.

Band I

Band I, in dem theoretische Grundlagen für die Frauenhausarbeit aufbereitet sind, trägt den Titel „Gewalt im Geschlechterverhältnis". Der Band enthält Texte zu Themen wie Gewalt gegen Frauen, Migrantinnen im Frauenhaus, Kinder aus Gewaltfamilien oder zur Geschichte der Frauenhausbewegung. Neue Themen, die in die „Theoriedebatte" aufgenommen wurden, sind Gewalt gegen Frauen in der DDR und ein theoretischer Blick auf den Mann. Der Band erhält darüber hinaus ein Kapitel, das ausschließlich Texte von Margrit Brückner und Carol Hagemann-White enthält, die mit ihrer Arbeit die Frauenhausbewegung von Anfang an theoretisch und praktisch verbunden sind. Sie haben sie mit eigenen Forschungen zum Thema „Gewalt im Geschlechterverhältnis" begleitet und gleichzeitig zur Weiterentwicklung der sozialwissenschaftlichen Frauenforschung beigetragen. In dem Kapitel können anhand von Originaltexten die unterschiedlichen Facetten in der Argumentation der beiden engagierten Sozialwissenschaftlerinnen verfolgt werden.
Den Schwerpunkt in Band I bildet das Thema „Gewalt gegen Frauen". Hierzu wurden zwei umfassende Literaturstudien dokumentiert, in der die AutorInnen zu verschiedenen Zeitpunkten gängige Theorieansätze und Ergebnisse empirischer Untersuchungen zu den Ursachen der männlichen Gewalt gegen Frauen dargestellt und aus ihrem spezifischen Erkenntnisinteresse heraus interpretiert haben. Trotz der in der komprimierten Übersicht über das komplexe Forschungsfeld werden die Kontroversen gut erkennbar. So sind z.B. die Antworten auf die Frage, inwieweit Gewalt Ausdruck fehlgeleiteter oder fehlentwickelter Aggression ist, nach wie vor sehr umstritten und für viele unbefriedigend. Auch den theoretischen Erklärungsmodellen z.B., in denen Gewalt eingebettet gesehen wird in die Interaktionen der Geschlechter, in denen Frauen also nicht nur Opfer sind sondern als aktiv Handelnde theoretisch in das Geschehen einbezogen werden, wird immer noch vehement widersprochen. Umstritten ist vor allem, dass Frauen nun als ebenfalls aktiv Handelnde in den theoretischen

Blick genommen werden, indem sie selbst als Täterinnen identifiziert werden, die gegenüber ihren Kindern gewalttätig sind bis dahin, dass sie selbst sexuelle Gewalt an Mädchen und Jungen ausüben.

Die Forschungsübersichten werden ergänzt mit wenigen Texten, die aus einer Fülle von neuer Literatur ausgewählt wurden. Neben dem Platzproblem war das einzige Kriterium bei der Entscheidung für einen Text, inwieweit es der Autorin oder einer Gruppe von Autorinnen gelungen war, relativ kurz und prägnant ihre Erkenntnisse so zu formulieren, dass die neue oder originelle Sichtweise auch für die Leserinnen erkennbar wird, die die Diskussion nicht über die Jahre hin systematisch selbst mitverfolgen konnten. Aufgegriffen wurden Textbeispiele von Cheryl Benard und Edit Schlaffer, Maria Mies, Sabine Scheffler, Birgit Rommelsbacher, Eva Breitenbach und Monika Gerstendörfer.

Die Forschung wird darüber hinaus bereichert von Kolleginnen, die in der DDR aufgewachsen sind und jetzt in der gemeinsamen Bundesrepublik zusammen mit wissenschaftlich arbeitenden Frauen aus den alten Bundesländern das Thema „männliche Gewalt gegen Frauen in der DDR“ neu bearbeiten, das für alle vorher tabuisiert war. Übereinstimmung besteht in diesem Autorinnenkreis, dass das Thema „Gewalt gegen Frauen“ in der öffentlichen Wahrnehmung und in der wissenschaftlichen Diskussion in der DDR tabuisiert wurde. Die wenigen Texte und wissenschaftlichen Arbeiten von dort, die z.T. öffentlich nicht zugänglich waren, wurden erst nach dem Ende der DDR kritisch gesichtet und systematisch ausgewertet. Die theoretische Diskussion im anderen Deutschland konnte daher nur retrospektiv dokumentiert werden in der Aufbereitung kritischer Wissenschaftlerinnen und Praktikerinnen, die die wenigen Forschungsarbeiten nach der Vereinigung analysiert und ExpertInnen dazu befragt haben.

Schwierig war, aktuelle Texte aufzuspüren, in denen theoretisch dem Problem der Beziehungsgewalt in Migrantinnenfamilien und -partnerschaften nachgegangen wird und in denen die Auswirkungen der häuslichen Gewalt auf Kinder untersucht werden. Die alten Fortbildungsmaterialien hatten einen Band ausschließlich der Gruppe der türkischen Migrantinnen gewidmet, deren sozio-kultureller Hintergrund dargestellt wurde. Diese Perspektive gibt jedoch die multikulturelle Vielfalt der Migrantinnen im Frauenhaus heute und die Gründe für ihren Aufenthalt in Deutschland nicht mehr angemessen wieder. Gleichzeitig konnte eine den ersten Materialien vergleichbare Darstellung nicht für alle Migrantinnengruppen geleistet werden. Außerdem konnte inzwischen von der Wirklichkeit einer multikulturellen Gesellschaft ausgegangen werden. Zum einen sind die Probleme von Migrantinnen daher weniger als kulturell vermittelte als vielmehr in den Sozial- und Rechtsstrukturen der Bundesrepublik eingebettet zu beschreiben. Zum anderen geht es um die Bearbeitung der Phänomene von Rassimus und Ethnozentrismus, vor denen Migrantinnen auch im geschützten Raum des Frauenhauses nicht geschützt sind.

Für das Kapitel „Migrantinnen im Frauenhaus" wurden daher Texte ausgewählt, in denen zum einen Hintergründe und Konsequenzen der Migration von Frauen weltweit dargestellt werden, zum anderen die Sicht und die Haltung von Frauen der einheimischen Bevölkerung gegenüber den „Fremden", den „Einwanderinnen", reflektiert werden.

Auch zur angemessenen Charakterisierung der Situation von Kindern im Frauenhaus besteht ein erhebliches Forschungsdefizit im deutschsprachigen Raum. Dabei sind Kinder aus gewalttätigen Familien Zeugen der Gewalt gegen ihre Mütter, sie sind häufig aber selbst auch Opfer von körperlicher und sexualisierter Gewalt von Vätern und Müttern. Kinder erleben und verarbeiten ihre Erfahrungen zudem in männlich dominierten und hierarchisch strukturierten Interaktions- und Kommunikationsformen. Im Kapitel „Kinder im Frauenhaus" werden zu jeder dieser Dimensionen Auszüge aus Texten dokumentiert, wobei Ergebnisse der amerikanischen Forschung zum Thema „Kinder als Zeugen ehelicher Gewalt" einen Schwerpunkt bilden.

Verantwortlich für die Auswahl der Texte, ihre Anordnung und für die Zwischentexte in Band I war Dr. Brigitte Sellach. Sie hat zudem das Projekt „Überarbeitung der Fortbildungsmaterialien für Mitarbeiterinnen in Frauenhäusern" geleitet.

Band II

Band II trägt den Titel „Zwischen Frauensolidarität und Überforderung". Der Band enthält Texte zur Praxis der Frauenhausarbeit, zu Beratungsformen und -methoden, zum Rollenverständnis von Mitarbeiterinnen im Frauenhaus, zu professioneller Distanz und Abgrenzungsmöglichkeiten. In jeweils eigenständigen Abschnitten stehen einmal die Frauen und einmal die Kinder, die mit ihren Müttern ins Frauenhaus kommen, im Mittelpunkt.

Susanne Du Bois, die für Band II verantwortlich zeichnet, schreibt in einer Einführung u.a. zu Zielen und Konzept:

„Es hat sich nicht viel an der Tatsache geändert, dass Frauen und Kinder weiterhin der Gewalt in ihren konkreten und subtilen Formen innerhalb und außerhalb familiärer Strukturen ausgesetzt sind. Die gestiegene Zahl von Frauenhäusern und deren meist ausgelasteten Kapazitäten beweisen dies. Seit 1989 hat sich vieles in der Frauenhausbewegung verändert: (. . .) Die Zahl der Migrantinnen in Frauenhäusern ist (aus verschiedenen Gründen) weiter angestiegen. Ihre Präsenz prägt den Frauenhausalltag und verändert ihn und die professionellen Anforderungen. (. . .) Die Mitarbeiterinnen kommen aus einem breit gefächerten Berufsspektrum. Es sind ehrenamtlich tätige Frauen, ausgebildete Erzieherinnen, Sozialarbeiterinnen, Sozialpädagoginnen und Frauen aus weiteren Berufsprofilen. Dabei ist eine zunehmende Professionalisierung im beraterischen und therapeutischen Bereich zu beobachten, die meist durch berufsbegleitende Weiterbildung erreicht wurde. (. . .) Die Frauenhäuser sind immer auch Kinderhäuser gewesen, jedoch hat sich die Wahrnehmung der Kinder als Mitbetroffene und häufig auch Opfer von familiärer Gewalt deutlich geschärft, (. . .) Die Mitarbeiterinnen selbst sehen sich angesichts der komplexer gewordenen Anforderungen innerhalb und außerhalb des Frauenhauses vor vielfältige Aufgaben gestellt, die oft erscheinen, als seien sie nicht zu bewältigen. Sie dennoch tagtäglich und ohne nennenswerte Unterstützung anzugehen, führt zu Überforderungen und häufig auch zu Burn-out. (. . .) Veränderte Rahmenbedingungen wie gestiegene Erwartungen an Qualitätsentwicklung, Mittelkürzungen als politischer Ausdruck der Wertigkeit dieser sozialen Arbeit, anlegen wirtschaftlicher Parameter (z.B. Belegungszahlen) an ein originär selbstbestimmtes, von feministischem Engagement getragenes Klima, Generationenwechsel in Frauenhausstrukturen u.a. machen Umdenkprozesse im Bereich der Konzeption und eines veränderten Rollenverständnisses notwendig. (. . .)"

Ziel des Bandes ist, den inhaltlichen Schwerpunkt „methodisches Arbeiten im Frauenhaus" in Form eines Handbuches praxisnah aufzubereiten. Betrachtet wird,

- wie die primären Ziele des Frauenhauses für die Bewohnerinnen, die Kinder und damit für die Mitarbeiterinnen in konkrete Handlungsabläufe zur Bewältigung des Alltags umgesetzt werden,
- welche Themen, Fragen und Konflikte in welchen Phasen des Aufenthaltes auftreten, und
- wie methodische Hilfestellungen oder Anregungen für die Mitarbeiterinnen zu diesen Aufgaben aussehen können.

Hierfür werden einige der wichtigsten Aspekte der Frauenhausarbeit herausgegriffen, die exemplarisch für dieses komplexe Handlungsfeld sind, strukturiert nach dem äußeren und inneren Ablauf des Frauenhausaufenthaltes:

- Ankunft im Frauenhaus,
- Aufenthalt im Frauenhaus,
- Auszug aus dem Frauenhaus.

Die drei Phasen werden jeweils aus der Sicht der Bewohnerinnen und der Kinder reflektiert. Dokumentiert werden ältere, für das Verständnis und die historische Entwicklung von Frauenhausarbeit wichtige Grundlagentexte und neue Arbeiten sowie Angaben zu weiterführender Literatur. Die methodischen Hinweise sind nicht als „Rezepte“ zu verstehen.

Dieser Band des Handbuches ist als Informationshilfe für die Mitarbeiterinnen in Frauenhäusern gedacht, nutzbar für den Austausch mit Kolleginnen oder zur weiterführenden Auseinandersetzung mit Themenschwerpunkten oder Fragestellungen. Die Vielfalt der Sichtweisen in den Inhalten, sprachlichem Ausdruck und verschiedenen beraterischen und therapeutischen Verfahren und ihrer Methoden ergibt sich zunächst aus der Zusammenstellung vorhandenen und aktuellen Materials, entspricht aber auch der Vielfalt der Problemstellungen im konkreten Frauenhausalltag.

Die Zusammenstellung der Texte und ihre Kommentierung besorgten Susanne Du Bois (Frauen) und Petra Hartmann (Kinder). Susanne Du Bois ist Diplompädagogin und Gestalttherapeutin. Sie hat als Supervisorin mit verschiedenen Frauenhaus-Teams gearbeitet. Petra Hartmann ist als Diplomsoziologin freiberuflich in der Aus- und Weiterbildung tätig.

Band III

Band III trägt den Titel „Rechtsfragen in der Frauenhausberatung“. Der Band enthält Beiträge zum Familienrecht, zum Sozialrecht und zum Ausländerrecht. Nach der Aktualität der Gesetzesänderungen und neuer Verordnungen sind sie auf dem Stand von Mai 1998. Die Autorinnen haben orientiert an Rechtsfragen im Frauenhaus die jeweils unterschiedlichen Systematik des Familienrechts, Sozialrechts und Ausländerrechts praxisnah dargestellt.

Autorin des Beitrages zum Familienrecht ist Ulrike von Braunmühl, die als selbstständige Rechtsanwältin mit dem Schwerpunkt Familienrecht in Frankfurt arbeitet. Sie hat das autonome Frauenhaus in Frankfurt mit gegründet und war ihm über Jahre in ehrenamtlicher Arbeit verbunden. Autorin des Beitrages zum Sozialrecht ist Dorothea Körber, die als selbstständige Fachanwältin für Sozialrecht in Rüsselsheim tätig ist und in ihrer Praxis viel mit Frauen aus dem Frauenhaus und den Mitarbeiterinnen dort zu tun hat. Den Beitrag zum Ausländerrecht verfasste Antje Becker. Sie ist ebenfalls als selbstständige Rechtsanwältin mit dem Schwerpunkt im Aufenthaltsrecht und in der familienrechtlichen Beratung von Migrantinnen tätig und arbeitet mit Projekten für Migrantinnen wie AGISRA zusammen.

Ergänzend zu Band III sei auf die „Ratgeberin: Recht" hingewiesen, die Dagmar Oberlies, Simone Holler und Margrit Brückner 1998 im Fachhochschulverlag Frankfurt herausgegeben haben. Hier ist auch ein Abschnitt zum Strafrecht enthalten, fokussiert auf den Aspekt der Strafanzeige. Weiter sind ergänzend die Infos „Recht" zu nennen, die von der Frauenhaus-Koordinierungsstelle herausgegeben wurden, u.a. zu § 19 Ausländergesetz und zum neuen Kindschaftsrecht. Die Diskussion von Problemen im Straf- und Zivilrecht ist in der Zwischenzeit durch die Arbeit des Modellprojektes Berliner Initiative gegen Gewalt gegen Frauen (BIG) und die anderen Interventionsprojekte, wie das Kieler Interventionskonzept oder das Projekt in Hannover (HAIP) intensiv weitergeführt worden und Ende 1999 als eine Schwerpunktmaßnahme in den Aktionsplan der Bundesregierung zur Bekämpfung der Gewalt gegen Frauen eingemündet. In diesem Konzept bietet Band III einen soliden Einblick in die einschlägigen Rechtsbereiche, insbesondere werden die spezifischen Denkweisen und Strukturen in der Rechtssystematik vermittelt.

Band IV

Band IV ist überschrieben mit „Grundlagen des Managements für Mitarbeiterinnen in Frauenhäusern". Dieser Band umfasst drei Teile. Im ersten Teil, der von Antje Paetzold erarbeitet wurde, werden die Grundlagen des Managements für die Frauenhauspraxis dargestellt, einschließlich Öffentlichkeitsarbeit und Sponsoring. Der zweite Teil, den Brigitte Sellach zusammengestellt und geschrieben hat, hat Aspekte der Qualitätssicherung im Frauenhaus zum Inhalt, einschließlich einiger Textbeispiele aus der Praxis von Frauenhäusern. Im dritten Teil, ebenfalls von Brigitte Sellach ausführlich in den Bundesländern und Kommunen recherchiert, werden zum Thema „Finanzierung von Frauenhäusern" Informationen, Richtlinien aus den Bundesländern und Finanzierungsbeispiele dokumentiert.

Zur Einführung in den Schwerpunkt „Grundlagen des Managements" schreibt Antje Paetzold u.a.:

„Wer auf eine längere Berufstätigkeit im Frauenhaus zurückblicken kann, weiß aus eigener Erfahrung, dass das Verständnis davon, welches die besten Formen der Zusammenarbeit sind, derzeit einem Wandel unterliegt. Der Ruf nach mehr Effektivität und Flexibilität hat längst auch die sozialen Institutionen erreicht. Frauenhäuser bilden da keine Ausnahme. (. . .) Wenn hier nun erstmals für Mitarbeiterinnen von Frauenhäusern ein Handbuch mit Grundlagenwissen aus dem Bereich des Managements vorgelegt wird, dann deswegen, weil Managementtechniken für die Anforderungen im Frauenhaus ein in seinen Grundzügen einfaches Instrumentarium zur Verfügung stellen, das präzise auf die Arbeit dort bezogen werden kann. Dieses Instrumentarium zielt darauf ab, Klarheit und Entscheidungsfähigkeit bei den Einzelnen zu stärken, und zeigt Wege zu einem kontinuierlichen, gemeinsamen Veränderungsprozess auf. (. . .)
Mit den Grundlagen des Managements für Mitarbeiterinnen von Frauenhäusern möchte ich den Brückenschlag zwischen Vergangenheit und Gegenwart tatkräftiger, kluger und einfühlsamer Frauen ebenso erleichtern wie den zwischen ‚männlichen' und ‚weiblichen' Wissen. Dem Handbuch liegen aktuelle Inhalte aus dem Bereich des Gruppen- und Führungskräfte-Trainings zu Grunde, wie ich sie in Unternehmen der Privatwirtschaft, aber auch in öffentlichen Institutionen vermittle. Insofern ist dieses Wissen auch bereits durch viele Frauenköpfe gegangen und ich erlebe immer wieder, mit wie viel Interesse und (diebischem) Vergnügen sie es aufnehmen und umsetzen. Für die Mitarbeiterinnen von Frauenhäusern habe ich die wesentlichen Inhalte zusammengestellt und auf ihre Arbeitssituation hin bearbeitet. Dafür wurden weitere Quellen hinzugezogen, die in die Literaturliste aufgenommen wurden."

Zum Aufbau des Textes gibt Antje Paetzold in ihrer Einführung folgende Hinweise: „Lernen muss Spaß machen, sonst können wir nicht wirklich lernen – das ist, kurz gesagt, eines der wichtigsten Ergebnisse der Lernforschung. Die Erkenntnis hat mich besonders in diesem Fall beschäftigt, wo es darum geht, Grundlagenkenntnisse des Managements zu vermitteln. Als Management-Trainerin habe ich mich gefragt: Was kann ich tun, um Ihnen mein Thema so zu vermitteln, dass Lesen und Lernen Spaß macht? Meine erste Antwort ist kurz: Lassen Sie sich von den Inhalten selbst (ver-)führen. Es wird Ihnen gefallen. Einen ersten Einblick gibt Ihnen die Kapitelübersicht. Vorher möchte ich Ihnen aber noch vorstellen, wie Sie das Buch im Einzelnen nutzen können.
Gleich zu Anfang stelle ich Ihnen einige grundlegende Modelle vor, die unseren Umgang mit anderen Menschen beschreiben: ein Funktionsmodell unserer Wahrnehmung (mentales Modell), ein Modell über die grundlegenden Aspekte von Kommunikation (einfaches und erweitertes Kommunikationsmodell) und ein weiteres über die Art und Weise, wie wir

uns auf Andere beziehen (Ich-Zustände/Transaktionsanalyse). Diese ersten drei Kapitel sind grundlegend für das Verständnis der weiteren Kapitel (und auch für meine Vorstellung von Managen) und von daher ‚Pflichtlektüre'. Es wird Ihnen vielleicht Spaß machen zu erleben, dass Sie einzelne Aspekte dieser Modelle sehr schnell anwenden, üben und in ihrem Nutzen z.B. im täglichen Kontakt mit Bewohnerinnen und Kolleginnen für sich überprüfen können. (. . .)

Dabei hat die ‚Zubereitung' von Wissen wesentlichen Anteil am „Genuss", also daran, wie Wissen aufgenommen wird. Unsere Wahrnehmung ist nämlich begrenzt und wer das weiß, kann sich das zu Nutze machen. Management beginnt bei der eigenen Strukturiertheit und Ordnung. So habe ich mich bemüht, alle Inhalte kurz und präzise zu fassen, auch wenn Ihnen dadurch manches plakativ erscheinen wird. (. . .) Vereinfachungen dienen der Klarheit und liefern eine erste Orientierung. Wer tiefer in ein Thema einsteigen möchte, findet dazu Literatur im Anhang. (. . .)

Übersichtlichkeit ist ein weiteres Gebot, wenn wir möchten, dass andere unsere ‚Nachrichten' gut empfangen (aufnehmen, speichern, verarbeiten) können. Daher werden alle Themen des vorliegenden Buchs (mit geringen Abweichungen) in einer einheitlichen Struktur angeboten. (. . .) Jedes Thema ist nach folgenden Oberbegriffen und Fragestellungen gegliedert:

- In einem Satz: Worum geht es in diesem Kapitel
- Ziele: Was können Sie lernen
- Nutzen allgemein: Was können Sie mit diesem Wissen anfangen
- Zum Thema: Wie gehe ich in diesem Kapitel vor? – Wissensinput
- Transfer Rollenverhalten: Gibt es Lernblockaden, die mit dem Rollenverhalten der Frauen zu tun haben?
- Merke: Essenzials und Merksätze zum Thema. (. . .)

Einen letzten Nutzen dieses Buches möchte ich nicht unerwähnt lassen. Wie Sie bereits gemerkt haben, spreche ich Sie ständig persönlich an. Das macht es mir leichter, Sie und ihre Bedürfnisse nicht aus den Augen zu verlieren. Die persönliche Anrede liefert aber gleichzeitig ein Modell für Sie, wie Sie die Inhalte in einem Seminar vermitteln können. Sie können sich dadurch besser vorstellen, wie Sie die Inhalte dieses Buches darstellen und in einem Workshop oder einem Seminar an Ihre Kolleginnen und Freundinnen vermitteln können. (. . .)

Antje Paetzold arbeitet selbstständig als Managementtrainerin, Kulturmanagerin und freie Autorin in Frankfurt in ihrem 1996 gegründeten Beratungsunternehmen paetzold kultur+management.

Als Lektorin hat Käthe H. Fleckenstein alle Bände sehr sorgfältig und für die Autorinnen äußerst anregend betreut. Sie gehört der bürogemeinschaft markgrafen an und arbeitet als freie Übersetzerin und Lektorin in Frankfurt und Schottland.
In den vier Bänden der Überarbeitung der Fortbildungsmaterialien ist der aktuelle Wissensstand in der Frauenhausarbeit in den theoretischen, praktischen, rechtlichen, organisatorischen und wirtschaftlichen Dimensionen dokumentiert (Abschluss Mitte 1998). Sie können als Anregung für die Weiterentwicklung der Arbeit im Frauenhaus dienen, neue Kolleginnen und Studierende in die Frauenhausarbeit einführen. Als Verantwortliche für das Projekt und Herausgeberin der Fortbildungsreihe danke ich allen, die daran bezahlt und unbezahlt mit Rat und Tat mitgewirkt haben. Vor allem ist dem Bundesministerium für Familie, Senioren, Frauen und Jugend zu danken, das mit der Finanzierung dieses Projektes die Überarbeitung der für die Praxis wichtigen Fortbildungsmaterialien ermöglicht hat, ebenso den vielen Verlagen, Institutionen und Autorinnen und Autoren, die den Nachdruck von Texten, meist ohne Honorar, freundlich genehmigt haben.
Die Fortbildungsmaterialien sind als Band 191 (vier Teilbände) im Verlag W. Kohlhammer erschienen und können kostenlos beim Bundesministerium für Familie, Senioren, Frauen und Jugend, Broschürenstelle in 53107 Bonn bezogen werden.

5

Alte Ziele – Neue Wege

Dagmar Ohl

Vernetzt, verstrickt, vereinnahmt? Die Frauenhausbewegung im Spannungsfeld zwischen Autonomieanspruch und Kooperationsgebot

Die seit Beginn der Neunzigerjahre innerhalb der Frauenhausbewegung zum Teil sehr kontrovers geführte Diskussion um neue Perspektiven und veränderte Interventionsstrategien in der Arbeit gegen Gewalt an Frauen hat zu neuen Formen der Zusammenarbeit mit staatlichen Institutionen geführt. Der vorliegende Beitrag will einen kurzen Überblick über die Entwicklung der Frauenhausbewegung geben, einige zentrale Streitpunkte in der Debatte um neue Interventionsstrategien diskutieren und sich damit beschäftigen, wie die Zusammenarbeit zwischen staatlichen Institutionen und Frauenprojekten gelingen kann. Die Ausführungen zu Fragen der Kooperation beziehen sich überwiegend auf die Arbeit des Berliner Interventionsprojekt gegen häusliche Gewalt, das durch ein gemeinsames und aufeinander abgestimmtes Vorgehen staatlicher und nicht – staatlicher Stellen den Schutz und die Sicherheit von Gewalt betroffener Frauen und deren Kinder verbessern will.[1] Es wurde im Oktober 1995 gemeinsam von der Senatsverwaltung für Arbeit, berufliche Bildung und Frauen in Berlin und dem Bundesministerium für Familie, Senioren, Frauen und Jugend in Zusammenarbeit mit dem freien Träger BIG e.V. aus der Taufe gehoben.

1 Vom Aufbruch zum Einbruch

Der Elan und Schwung, der die ersten Jahre der Frauenhausarbeit begleitet hat, liegt zwanzig Jahre zurück; ein Zeitraum, fast ein Generationsabschnitt, in dem sich vieles verändert, zum Teil verselbstständigt und lei-

---

1 Das Berliner Interventionsprojekt ist das erste bundesweit geförderte Kooperationsmodell dieser Art. Die hauptsächliche Arbeit findet in Gremien unterschiedlichster Art statt. Ein Koordinationsteam trägt die in sieben Fachgruppen zu unterschiedlichen Schwerpunkten erarbeiteten Konzepte, Richtlinien, Handlungsanweisungen zusammen und legt sie dem runden Tisch, der auf der ministeriellen Ebene mit den politischen Spitzen der beteiligten Verwaltungen besetzt ist, zur Entscheidung vor.

der bisweilen auch verfestigt hat. Ich beziehe mich auf die Anfänge der Frauenhausarbeit, die in Berlin begonnen hat und sich von da aus zu einer sozialen Bewegung entwickelte. Ihre Impulse waren ausschlaggebend für eine veränderte Wahrnehmung der Lebenssituation von Frauen in Ehe und Familie und ausschlaggebend für eine Neuorientierung im Umgang mit Gewalt gegen Frauen. Seit Mitte der Siebzigerjahre haben engagierte Feministinnen, die an Frauen verübte Gewalt von Männern sichtbar gemacht und ins Bewusstsein der Öffentlichkeit gerückt. Die in den Gewalthandlungen von Männern zum Ausdruck gebrachte Abwertung, Demütigung, Herabsetzung von Frauen,– kurz – die Verletzung ihrer Menschenwürde wurde als Skandal empfunden und als gesellschaftlicher Missstand benannt und angeklagt. Es war aber nicht nur beabsichtigt, das Ausmaß von Gewalt gegen Frauen öffentlich zu machen und ein Bewusstsein durchzusetzen, dass Gewalthandlungen einen zerstörerischen Eingriff in die Persönlichkeitsrechte von Frauen bedeuten; erreicht werden sollte gleichzeitig auch die praktische Unterstützung der von Gewalt betroffenen Frauen. Ihnen sollten Wege aus der Gewalt eröffnet werden, um die Isolation aufheben, Gefühle von Ausweglosigkeit, Schuld und Scham überwinden zu können. Der unmittelbare Schutz vor weiteren Misshandlungen und die schnelle und unbürokratische Hilfe wurden zum vorrangigen und zentralen Anliegen einer neuen feministischen Praxis und haben 1976 zur Einrichtung des ersten autonomen Berliner Frauenhauses geführt.

Die Ausgangsbasis für das theoretische Verständnis der Frauenhausarbeit war die von der feministischen Frauenforschung hervorgebrachte Erkenntnis, dass die Gewalt gegen Frauen nur die sichtbare Spitze des Eisberges der Unterdrückung von Frauen darstellt. Sie basiert auf der Einschränkung der Entfaltungsmöglichkeiten von allen Frauen in unterschiedlichen Lebensbereichen durch Benachteiligungen, Begrenzungen, Beschädigungen. Die Folge der Erkenntnis der benachteiligten Position von Frauen als gemeinsames Problem von Frauen im Geschlechterverhältnis waren gesamtgesellschaftlich angelegte Gegenentwürfe. Mit den Frauenhäusern sollte für die gewaltbetroffenen Bewohnerinnnen wie für die Mitarbeiterinnen ein Ort des Rückzuges und des Aufbruchs in eine veränderte Gesellschaft geschaffen werden. Ziel war ein gewaltfreies Lebens und die Verwirklichung des verfassungsrechtlich festgeschriebenen Gleichheitsgrundsatzes.

An wesentlichen Handlungsprämissen der Frauenhausarbeit ist das Ineinandergreifen der Ziele, Gewalt gegen Frauen zu verringern und eigene

Entfaltungsräume für Frauen, frei von männlicher Dominanz, zu schaffen und zu erweitern, ablesbar. Die Betonung von gemeinsamer Betroffenheit und Solidarität machte das Prinzip der offenen Tür und die Arbeit im Team als einem hierarchie- und herrschaftsfreien Raum zum unverzichtbaren Bestandteil der Konzeption und zum Markenzeichen einer ganzen Bewegung. Hinzu kam das Postulat der Selbstbestimmung, das seine praktische Entsprechung in der Organisation der Frauenhäuser nach dem Prinzip der Hilfe zur Selbsthilfe und der Selbstverwaltung fand. Die Analyse der Gewalt gegen Frauen als ein in der Gesellschaft verankertes und nicht als ein individuell zu begründendes Problem mündete in das Prinzip der Parteilichkeit. Übergreifendes Merkmal war das Verständnis von Autonomie als Gegenstück zu Abhängigkeit und Fremdbestimmung. Sie entwickelte sich zu einem Anspruch mit Aufforderungscharakter, der zum Schlüsselbegriff und Unterscheidungsmerkmal in der Frauenhausarbeit werden sollte. Diese Autonomie beinhaltete auch die Unabhängigkeit von staatlicher Einflussnahme.

Die Mitarbeiterinnen stießen aber bei ihren Bemühungen, von Gewalt betroffene Frauen zu schützen und zu unterstützen an die Grenzen der in der Gesellschaft und vor allem in den Institutionen vorherrschenden Auffassung von Frauenmisshandlung. Sie trafen häufig auf eine Mauer aus Unkenntnis, Unvermögen, Ignoranz, Desinteresse, Gleichgültigkeit und selbstgerechter Abgrenzung.

Veränderungen, die nur durch hohen persönlichen Einsatz, große Überzeugungskraft und individuelles Durchsetzungsvermögen der Frauenhausmitarbeiterinnen erreicht werden konnten, machten die Grenzen der eigenen Einflussmöglichkeiten sehr bald deutlich. Frustration und Resignation waren oft die Folge eines zermürbenden und aufreibenden beruflichen Alltags im Frauenhaus, der die Hoffnungen auf die Verwirklichung des Anspruches auf grundlegende gesellschaftliche Veränderung nach und nach in den Hintergrund treten ließ. Der Einbruch hinsichtlich der Realisierungschancen der Grundüberzeugungen und Ideale, mit denen die Frauenhausbewegung angetreten war, wurde mehr und mehr spürbar. Die fehlende Verankerung eines verantwortlichen Handelns in allen Bereichen der Gesellschaft konnte auch nicht durch die fortgesetzte Einrichtung von Frauenhäusern ausgeglichen werden. Mittlerweile sind sie im gesamten Bundesgebiet auf die stattliche Zahl von etwa 400 angewachsen. Damit wurde die geforderte Anerkennung von Gewalt gegen Frauen als gesellschaftliches Problem zur Frauenfrage verkürzt, ihre Lösung und

Bewältigung an frauenpolitische Ressorts, Zufluchtsstätten und andere Anlaufstellen für von Gewalt betroffene Frauen abgetreten bzw. delegiert. Ein Wandel des Bewusstseins hatte nur einseitig dahingehend stattgefunden, dass Frauen als Opfer von Gewalt Schutz und Hilfe für erlittenes Unrecht zugebilligt wurden, Männer als Täter weitgehend unbehelligt blieben und die materiellen und sozialen Folgen ihres Tuns nicht zu tragen – geschweige denn – zu verantworten hatten.

2 Vom Einbruch zum Umbruch

Die Unzufriedenheit mit dem Erreichten nach fast 15-jähriger Erfahrung in der Frauenhausarbeit wurde Ende der Achtzigerjahre zum Motor für die Suche nach neuen Perspektiven und richtete den Blick erneut auf notwendige Veränderungen gesellschaftlicher Strukturen. Der Umbruch setzte Anfang der Neunzigerjahre ein, als die Diskussion um die Entwicklung neuer Strategien gegen Gewalt im Geschlechterverhältnis begann. Die Auseinandersetzung um neue Interventionsformen wurde zum Teil sehr kontrovers geführt und hält bis heute an. Die unterschiedlichen bzw. gegensätzlichen Positionen beziehen sich im Wesentlichen auf drei Streitpunkte:

- zum einen auf die Einführung eines neuen Begriffes, den der häuslichen Gewalt
- zum anderen auf die Absicht, staatliche Institutionen und Projekte der Frauenbewegung gemeinsam in den Prozess der angestrebten Veränderung miteinzubeziehen
- und schließlich auf die Erweiterung des Problemfeldes Gewalt gegen Frauen um die Männerfrage durch die Einrichtung sozialer Lern – und Trainingskurse für Täter.

2.1 Zur Problematik des Begriffes „Häusliche Gewalt"

Die Entwicklung eines neuen Begriffes – hier häusliche Gewalt – ist zunächst einmal eine folgerichtige Reaktion auf die Ausdifferenzierung der unterschiedlichen Erscheinungsformen von Männergewalt, die seit Mitte der Siebzigerjahre stattgefunden hat. Gewalt gegen Frauen und Mädchen als Synonym für ein gesellschaftliches Problem, dessen Ursachen auf die bestehende Ungleichheit zwischen den Geschlechtern zurückzuführen ist, kann nur noch als übergeordnete Kategorie gelten. Es musste eine Kennzeichnung gefunden werden, die die Veränderung und das Neue zum Ausdruck bringt und sich als konsensfähig genug erweist, andere Sprachgewohnheiten abzulösen. Die Bezeichnung „häusliche Gewalt" konnte sich bspw. bei der Berliner Polizei durchsetzen und die „der Familienstreitigkeiten" ersetzen. Eher selten werden in den Printmedien Tätlichkeiten gegenüber Frauen als Vorfälle häuslicher Gewalt erwähnt. „Häusliche Gewalt" ist folglich nicht nur die wörtliche Übersetzung von domestic violence; – in Anlehnung an das amerikanische Modell in Duluth, Minnesota –. Sie ist auch eine Kompromissformel, die im Unterschied zu Positionierungen wie Parteilichkeit und feministischem Ansatz tragfähiger zu sein scheint. Als Definition bewegt sich der Begriff häusliche Gewalt weg von dem Merkmal Geschlecht als analytischer Kategorie, nähert sich geradezu beinahe beiläufig und unauffällig, – hoffentlich nicht unbewusst – der bislang ungewohnten Perspektive der Gewalt in sozialen oder zwischenmenschlichen nahen Beziehungen und eröffnet damit gleichzeitig die Möglichkeit, auch andere Formen der im privaten Bereich stattfindenden Gewalt zu thematisieren und zu sanktionieren wie bspw. die unter Lesben bzw. unter Schwulen. Der freie Träger des Berliner Interventionsprojektes bleibt mit seiner Namensnennung Berliner Initiative gegen Gewalt gegen Frauen e.V: begrifflich in der Tradition der Frauenhausbewegung und auch inhaltlich mit dem Verweis auf „das strukturelle Machtverhältnis zwischen Männern und Frauen in der Gesellschaft" (BIG e.V.; o.J.: 4) an den feministischen Erklärungsansatz gebunden.

2.2 Zur Problematik des Kooperationsgedanken

Einer der wesentlichen Kritikpunkte von Seiten der autonomen Frauenhäuser an der Konzeption des Berliner Interventionsprojektes bezieht sich auf die enge Zusammenarbeit autonomer Frauenprojekte mit staatlichen Institutionen. Der kooperative Arbeitsansatz war und ist Anlass, sich auf die Ambivalenz und Distanz gegenüber staatlichen Institutionen zu berufen, die aus den Anfängen der Frauenhausarbeit rührt, und eine Mitarbeit in Interventions- und Kooperationsgremien abzulehnen. Die Angst vor Autonomieverlust und vor Vereinnahmung durch ein Kontrollinteresse des Staates begründet diese Haltung. Dabei wird davon ausgegangen, dass der weitgehende Ausschluss von Frauen von gesellschaftlichen Entscheidungsprozessen Ungleichheitsverhältnisse auf Grund der Geschlechtszugehörigkeit produziert und diese über staatliche Institutionen wie Rechtsprechung, Polizei, Familie, Schule, Kindertagesstätten, u.a. vermittelt und verfestigt werden. Diese Erkenntnis wird zum Hinderungsgrund, die fachliche Diskussion und den gesellschaftlichen Wandel innerhalb staatlicher Institutionen aktiv zu beeinflussen und mitzubestimmen. Die Frauen(haus)bewegung ist somit zu einer gesellschaftlichen Kraft geworden, die Partizipationsrechte einerseits einfordert und zum Teil gleichzeitig die Teilnahme an einer Mitwirkung an Veränderungsprozessen verweigert. Eine Haltung, die umso mehr verwundert, wenn man sich vergegenwärtigt, dass die Forderungen des zweiten Fachforums Frauenhausarbeit an den nationalen Aktionsplan „Gewalt gegen Frauen“ in wesentlichen Bereichen die Maßnahmen umfassen und Veränderungen anstreben, für die bei BIG konkrete Umsetzungspläne erarbeitet werden.

Auch wenn Skepsis und Befürchtungen durchaus angebracht und berechtigt sind, wird es den Frauenhäusern nicht gelingen, sich innerhalb der Gesellschaft außerhalb der Verhältnisse zu stellen. Aus sicherem Abstand heraus, lässt sich Kritik offensiver formulieren und als radikal apostrophieren, ist aber auch mit der Gefahr verbunden, in die Defensive gedrängt zu werden und in ihr zu verharren. Andererseits gehören Widerstand und Widerständigkeit als produktive Kraft zum „politischen Verhalten und Handeln der autonomen Frauenbewegung“ (Wildt 1987: 74) als deren Teil sich die autonome Frauenhausbewegung bis heute begreift.

Die Idee der Vernetzung feministischer Projekte und Einrichtungen mit dem Ziel, erforderliche Maßnahmen und Veränderungen effektiver erreichen und durchsetzen zu können, hat die autonome Frauenhausbewegung von Anfang an begleitet. Dieser Gedanke erfährt jetzt durch den kooperativen Arbeitsansatz des Berliner Interventionsprojektes eine Verlängerung in andere Arbeitsbereiche hinein und damit eine Veränderung. Die Arbeit des freien Trägers[2], – also einer nicht staatlichen Organisation, die im Wesentlichen getragen wird von Projekten der Frauenbewegung – hier wäre das Wort Vernetzung nach meiner Auffassung angebrachter, – bildet das Zentrum des Geschehens. In der Koordinationsstelle laufen die

2 Die Berliner Initiative gegen Gewalt gegen Frauen BIG e.V. ist ein Zusammenschluss von Mitarbeiterinnen aus Frauenhäusern, Zufluchtswohnungen, Beratungsstellen und einzelnen engagierten Frauen und Männern

Fäden zusammen, werden die Sitzungen ausgewertet und vorbereitet, Verhandlungen geführt und Kompromisse ausgehandelt. Der Einsatz von Koordinatorinnen, die die Aufgabe haben, zu informieren und zu moderieren, kann als Zeichen gewertet werden, auf die in den Institutionen übliche Form der Federführung sprich Vorsitz oder Leitung zu Gunsten eines kooperativen Zusammenwirkens zu verzichten und Konkurrenz vermeiden zu wollen. Die Arbeitsform des runden Tisches bringt das Bestreben, den Prozess zu demokratisieren zum Ausdruck. Er gibt das politische Signal für die Öffentlichkeit und übernimmt damit eine wesentliche Aufgabe.

Ich möchte dafür plädieren, Kooperation und Vernetzung deutlicher voneinander zu trennen und inhaltliche Unterscheidungsmerkmale zu erarbeiten, die erkennbar machen, mit wem ich mich vernetzen und mit wem ich kooperieren möchte. Ich habe die Interventionsprojekte immer eher im Sinne von Kooperation als von Vernetzung aufgefasst. Es geht m.E. um den Aufbau von Strukturen und die Schaffung von Rahmenbedingungen, damit Reaktionen und Maßnahmen auf Gewalt gegen Frauen so ineinander greifen können, dass Schutz und Unterstützung wirkungsvoller als bisher zu gewährleisten sind.

2.3 Zur Problematik der Männerarbeit

In der Entstehungsphase des Berliner Projektes war die Frage nach der Einrichtung sozialer Trainingskurse für Männer auch innerhalb der Initiativgruppe am heftigsten umstritten. Die Bedenken gegenüber einer Arbeit mit gewalttätigen Männern konzentrieren sich auf zwei Vorbehalte. Zum einen wird eine familienstabilisierende Wirkung der Täterkurse befürchtet, da dadurch bei den von Gewalt betroffenen Frauen die Hoffnung auf Veränderung und Verbesserung der häuslichen Situation aufrecht erhalten werden könnte. Diesen Vorbehalten gegenüber trägt das Projekt Rechnung, indem begleitend Unterstützungsgruppen für Frauen, deren Männer die Kurse besuchen, eingerichtet werden sollen. Der zweite Einwand geht davon aus, dass die Einrichtung sozialer Trainingskurse einem Verzicht auf Strafe gleichkomme und durch sozialpädagogische Maßnahmen der Eindruck entstehe, es handele sich bei den Männern, die Gewalt ausüben um krankhafte Reaktionen einzelner abnormer Täterpersönlichkeiten. Diese Sichtweise sei mit der Gefahr verbunden, Ursache und Verursa-

cher zu verwechseln und einer erneuten Individualisierung des Problems Vorschub zu leisten und hinter bisher Erreichtem zurückzufallen.
Mit der Betrachtung der Gewalt von Männern gegenüber Mädchen und Frauen als ein in den Strukturen der Gesellschaft verankertes Problem verkehrten sich Ausnahme und Regel und die Schlussfolgerung lag nah, dass der normale Mann meist ebenso gewalttätig sei wie der gewalttätige Mann normal. (Hafner/Spoden, 1991) Damit wurde Gewalt als alltäglich und überall gegenwärtig erkannt. Schon 1991 gab Carol Hagemann – White hierzu zu bedenken:

„Die Benennbarkeit männlicher Gewalt gegen Frauen und Mädchen wandelt sich so unversehens in ihre Normalisierung. Das kann nicht das Ziel gewesen sein."[3]

Ob das Strafrecht das geeignete Instrument ist, einen Normalisierungseffekt zu vermeiden und gleichzeitig einen gesellschaftlichen Bewusstseinswandel in Bezug auf männliches Gewaltverhalten durchzusetzen, kann nicht so sehr die Frage sein, da nicht strittig sein sollte, geltendes Recht auszuschöpfen und anzuwenden. Eher sollte uns beschäftigen wie vermieden werden kann, dass wegen Körperverletzung gerichtlich verurteilte Männer zur unerwünschten Ausnahme stigmatisiert werden können, von denen sich jeder „normale" Mann selbstgerecht unter Hinweis auf die eigene Gewaltlosigkeit abgrenzen kann. Dies ist möglicherweise ein Schwachpunkt des Projektes, das sich unter einer Vielzahl von möglichen Tätergruppen auf die zu einer Freiheitsstrafe auf Bewährung Verurteilten beschränkt. Nicht jede Handlung, die sich als Gewalt äußert und von den betroffenen Frauen auch so erlebt wird, wird die Voraussetzungen einer Straftat erfüllen. Das was anfangs zentral zu sein schien und als entscheidende Veränderung betrachtet wurde, erweist sich bislang in der bisherigen Praxis eher als marginal. Bis zum heutigen Tag konnte mit den Täterkursen nicht begonnen werden, da entsprechende richterliche Weisungen in zu geringem Umfang erteilt wurden. Die gegenwärtige Praxis der Gerichte unterstreicht die Notwendigkeit, weiterhin für diese Fragen zu sensibilisieren und bestätigt das Berliner Interventionsprojekt in der Fortsetzung des eingeschlagenen Weges.

3 Hagemann – White 1991, S. 17.

3 Vom Umbruch zum Durchbruch

Als Ende 1995 die konstituierende Sitzung des runden Tisches bei BIG stattfand, lag eine Zerreißprobe hinter allen in der Hauptsache Beteiligten. Sie hatten zunächst gegen viele Widerstände innerhalb und außerhalb des eigenen Berufsfeldes die Voraussetzungen geschaffen, alte Ziele auf neuen Wegen – so das Motto des Modells – erproben und verfolgen zu können. Damit war der Durchbruch erreicht, der als Erweiterung des Problembewusstseins auf der Ebene der institutionellen Auseinandersetzung, der öffentlichen Wahrnehmung und der gesellschaftlichen Resonanz bezeichnet werden kann. Die Einsicht in die Notwendigkeit, von Gewalt betroffenen Frauen über die Bereitstellung von Zufluchtseinrichtungen hinaus Schutz zu gewähren und ihre Rechte zu stärken, ist gewachsen und wird durch die erklärte Absicht, die Gewalttaten der Männer konsequent gesellschaftlich zu ächten, ergänzt. Verbesserungen der polizeilichen Interventionspraxis und Änderungen bzw. die konsequente Anwendung geltenden Rechts im zivil – und strafrechtlichen Bereich werden eine spürbare Entlastung für die von Gewalt betroffenen Frauen bewirken und deutliche Konsequenzen für die gewaltausübenden Männer nach sich ziehen. Ein wesentliches Ergebnis der Arbeit des Berliner Interventionsprojektes wird auch die Erweiterung der Zielgruppe der von Gewalt betroffenen Frauen sein. Hierzu zählen vor allem jene Frauen, die aus ganz unterschiedlichen Gründen kein Frauenhaus oder keine Frauenberatungsstelle aufsuchen wollen oder können. Und schließlich wird der Vernetzungsgedanke der autonomen Frauenbewegung einen anderen Stellenwert bekommen oder bekommen müssen, seitdem Arbeitszusammenhänge zwischen staatlichen Institutionen und Frauenprojekten in freier Trägerschaft auf der Basis von Kooperation geschaffen wurden.

Als Grundlage ihrer Arbeit setzt die Berliner Initiative (neben Komplexität, Konzeptionierung) vor allem auf Kommunikation, Kooperation und Konsens. Diese Leitlinien stehen zwar nicht im direkten Widerspruch zu den Konzeptionen autonomer Frauenhäuser, lassen sich aber auch nicht umstandslos auf diese übertragen. Das Charakteristische der Parteilichkeit ist ja gerade, dass sie keinen Konsens herstellen kann, sich auf die Selbsthilfe verlassen und eine Kooperation verweigern muss, wenn die Kommunikation gescheitert ist. Das Konsensprinzip stellt möglicherweise gerade für diejenigen die größte Hürde dar, die befürchten müssen, dass ihre kritisch formulierten Positionen und Einwände in einem allgemeinen

Konsens untergehen könnten. Der Komplexität einer wirkungsvollen Interventionspraxis kann aber nur entsprochen werden, wenn die Problemlösungen aus verschiedenen Blickwinkeln unterschiedlicher Professionen miteinbezogen werden, um zu den bestmöglichen Ergebnissen innerhalb des eigenen beruflichen Handlungsfeldes zu kommen. Die Arbeit des Interventionsprojektes lässt erkennen, wie wichtig und notwendig, wenn auch mühevoll die kleinteilige Erarbeitung und Suche nach realisierbaren Lösungen ist. Das setzt spezifische Kenntnisse und Erfahrungen über interne Arbeitsabläufe voraus, die externen Fachkräften, selbst wenn sie aus der gleichen Berufsgruppe kommen, nicht geläufig sein können. In den Fachgruppen werden einzelne Umsetzungsschritte gemeinsam erarbeitet. Ohne die aktive Beteiligung in Gewaltfragen kenntnisreicher Fachfrauen im Sinne einer Vermittlungs – und Verständigungsarbeit wäre eine veränderte Sicht, das Ausloten und Erweitern institutionellen Handelns und Ändern rechtlicher Vorgaben ungleich schwieriger zu erreichen.
Ich will trotz des Plädoyers für Interventionsprojekte und ähnliche Arbeitsbündnisse die eher verschwiegene Seite der Zusammenarbeit, über die niemand so gerne spricht, möglicherweise weil sie zu heikel oder unangenehm erscheint, nicht unerwähnt lassen. Kooperation ist trotz gegenteiliger Annahmen und Erwartungen nicht frei von Konkurrenz und Konflikt. Im Gegenteil gerade in Arbeits- und politischen Handlungsfeldern, in denen ein aufeinander abgestimmtes Vorgehen erforderlich ist, ist eine genaue Kenntnis der Handlungsweisen und Rahmenbedingungen des Verhandlungspartners hilfreich, um die Gradwanderung zwischen Kooperation und Konkurrenz meistern zu können. Wenn der Wunsch zu kooperieren sich mit dem Gefühl zu konkurrieren paart, entsteht eine ungute und spannungsreiche Situation, die leicht zu Missverständnissen, Misstrauen, Arbeitsblockaden und Enttäuschungen führen kann.

„Das traurigste Kapitel ist die Zusammenarbeit zwischen Institutionsfrauen mit Entscheidungsbefugnissen und Projektefrauen".[4]

Dieses Zitat weist auf eine Schwierigkeit hin, die personenunabhängig und ortsungebunden für bestimmte Arbeitszusammenhänge Gültigkeit zu haben scheint.
Die enge Zusammenarbeit zwischen staatlichen Stellen und freiem Träger als Zusammenschluss unabhängiger Projekte ist Wagnis und mutiges Expe-

4 Brückner 1996 , S. 171

riment zugleich. In einem schwierigen und großem Erfolgsdruck ausgesetzten Arbeitsbereich sind Konflikte und Krisen unvermeidbar. So gestaltete sich auch in Berlin trotz der hohen Bereitschaft zu einer guten Zusammenarbeit der Kooperationsprozess strukturell schwierig. Die Koalition zwischen institutioneller Frauenpolitik und Frauenprojekt hat jedoch über alle Kontroversen hinweg das Vorhaben implementiert und zu einem guten Ende gebracht.

Was sind die individuellen und institutionellen Voraussetzungen für eine gelungenes Zusammenspiel der Kräfte? Voraussetzung ist ganz sicher die gegenseitige Anerkennung der geleisteten Arbeit und des oft hohen persönlichen Einsatzes. Interventionsmodelle brauchen Unterstützung in Form von Zuwendungen, nicht nur finanzieller, sondern auch ideeller Art. Sie brauchen Akzeptanz und Toleranz für den unter Umständen schwierigen Prozess der Annäherung zwischen Personen mit unterschiedlichen Perspektiven, Wertmaßstäben, Erwartungen und Handlungsgewohnheiten. Und sie brauchen schließlich die Bereitschaft der Beteiligten zur kritischen Selbstbefragung, zur Auseinandersetzung mit ungewohnten Erfahrungen und einen unbeirrbaren Willen, „die Sache der Frauen bestmöglich voranzutreiben" (Brückner 1996). Wer kooperieren will, muss konfliktfähig sein, Grenzen setzen und akzeptieren können, Realitätssinn haben, eine gewisse Frustrationstoleranz besitzen und auf Wir-Gefühle verzichten können. Kooperation erfordert einen hohen Zeitaufwand, was zunächst im Widerspruch zu den zu erwartetenden Synergieeffekten zu stehen scheint, die durch Konzentration und Koordination bessere Arbeitsergebnisse zu erzielen hoffen. Sie setzt Interesse an einem fremden, wenig vertrauten Gegenüber voraus, muss Abschied nehmen von der Vorstellung sich unter Gleichen zu bewegen, bei denen ein gemeinsames Verständnis und übereinstimmende Sichtweisen vorausgesetzt werden können. Die Arbeit, die ich wegen der vielen K's und der vielen O's, die in Kooperation, Kommunikation, Konsens, Konflikt und Konkurrenz stecken, als Arbeit im KO-System bezeichnen möchte, erfordert m.E. neben den spezifischen Fachkenntnissen auch ein entsprechendes methodisches Wissen, das in Form von Curricula für Aus-, Fort- und Weiterbildung, am besten von Beginn an berufsübergreifend angeboten werden sollte.

4 Schlussbetrachtung und Ausblick

In den verschiedenen Arbeitsfeldern der Gewalt gegen Frauen ist die Euphorie der Anfangsjahre einer realistischeren und zum Teil auch nüchternen und (er)nüchternden Betrachtung gewichen. Als oberstes Ziel und Leitbild gilt zwar noch immer eine Gesellschaft ohne Gewalt, aber auch hier wächst die Einsicht, dass Utopien ihre prägende Kraft und Tragfähigkeit einbüßen können, wenn deren Realisierungschancen in weite Ferne rücken und beinahe aussichtslos erscheinen. Vorstellungen von „paradiesischen Verhältnissen" können nicht durch die bloße Abwesenheit eines negativ beschriebenen Zustandes entstehen. Wer eine Vision entwickeln will, muss ein positiv besetztes Wort der Gewalt gegenüberstellen. Das österreichische Bundesministerium für Frauenangelegenheiten hat mit Geschlechterdemokratie und Gewalt – der Untertitel ihres 1993 durchgeführten internationalen Symposiums „Test the West" – einen Schritt in diese Richtung getan. Dieses Begriffspaar ist nicht nur umfassender, sondern auch unverfänglicher als bspw. Liebe und Gewalt und gleichzeitig griffiger als bspw. Gleichheit und Gewalt.

Was ich ein wenig überspitzt und plakativ als Entwicklung vom Aufbruch über den Umbruch zum Durchbruch gekennzeichnet habe, kann nicht als Abschluss eines langen Weges betrachtet werden, sondern ist eher eine Zwischenstation, die eine solide Basis geschaffen hat, von der aus weitere Wirkungsfelder erschlossen werden können und sollten. Das Berliner Interventionsprojekt legt das Schwergewicht seiner Bestrebungen wie seine Vorläufer in den USA und andere Initiativen im europäischen Raum auf eine veränderte Interventionspraxis insbesondere von Polizei und Justiz. Der Bewusstseinswandel in Verwaltungen, Ämtern und Behörden kann aber nicht auf die Kernaufgaben (Finanzen, Inneres, Justiz) des Staates beschränkt bleiben, sondern muss sich für alle im Zusammenhang mit der Verhinderung von Gewalt gegen Frauen relevanten Handlungsfelder öffnen. Familien – Sozial – und Jugendpolitik sind zukünftig ebenso wie das Gesundheitswesen stärker in gewaltpräventive Überlegungen und Veränderungsprozesse miteinzubeziehen. Es ist ebenso vorstellbar, dass die Arbeit von BIG Nachahmung findet in anderen Gewaltfeldern, wie bspw. bei der Bekämpfung des Rassismus oder des sexuellen Missbrauchs oder sogar ausgedehnt werden kann auf Kindesmisshandlung.

Eine angemessene staatliche und institutionelle Reaktion auf Gewalt gegen Frauen kann aber nicht als ausreichend betrachtet werden. Von der

Intervention zur Prävention müsste das Motto zukünftiger Strategien lauten. Gewaltvorbeugende Maßnahmen gehören ebenso dazu wie die Verankerung der bisher geleisteten Arbeit in den Strukturen der Gesellschaft. Präventive Überlegungen im Zusammenhang mit häuslicher Gewalt, die über pädagogische Konzepte im Grundschulalter oder einer geschlechtsdifferenzierten Arbeit mit Jungen und Öffentlichkeitskampagnen hinausgehen, sind meines Wissens noch wenig oder nur in Ansätzen angestellt worden. Noch stärker als beim sexuellen Missbrauch müssten diese bei vorherrschenden Männlichkeits- und Weiblichkeitsbildern ansetzen und das bürgerliche Liebesideal mit seinen Versprechungen von Glück und Zufriedenheit hinterfragen.

Aktionsprogramme der Europäischen Kommission und der Bundesregierung zur Bekämpfung von Gewalt gegen Frauen und Mädchen verdeutlichen die gesteigerte Wahrnehmung und die veränderte Haltung im Umgang mit der Problematik. Dieser Bedeutungszuwachs in Politik und Gesellschaft könnte zum Anlass genommen werden, die staatliche Interventionspraxis weiterzuentwickeln und in Richtung gesellschaftlicher Veränderung voranzutreiben. Hier hätten auch die Frauenhäuser, die sich nicht beteiligen wollen und wollten, wieder ihren Platz.

Literatur

BIG e.V:, o.J.: Alte Ziele auf neuen Wegen. Berliner Interventionsprojekt gegen häusliche Gewalt

Brückner, Margrit, 1996: Frauen- und Mädchenprojekte : Von feministischen Gewissheiten zu neuen Suchbewegungen. Opladen

Eichler Susanne, o.J.: Chancen und Grenzen inter-institutioneller Vernetzung gegen Gewalt im Geschlechterverhältnis in : Paritätischer Wohlfahrtsverband (Hrsg.), o.J.: Vernetzt gegen Männergewalt. Dokumentation des Fachforums Frauenhausarbeit vom 25.–27.11. 1998 in Bonn

Hafner, Gerhard/Spoden, Christian (1991): Möglichkeiten zur Veränderung gewalttätiger Männer im Rahmen einer Männerberatungsstelle, Gutachten für die Senatsverwaltung für Jugend und Familie. Berlin

Hagemann-White Carol (1991): Gewalt und kein Ende? Standortbestimmung nach 15 Jahren feministischer Öffentlichkeit. In: Ministerin für die Gleichstellung von Frau und Mann des Landes Nordrhein-Westfalen, Düsseldorf 1991

Paritätischer Wohlfahrtsverband (Hrsg.), o.J.: Vernetzt gegen Männergewalt. Dokumentation des Fachforums Frauenhausarbeit vom 25.–27.11. 1998 in Bonn

Wildt, Carola, 1987: Feministische Gewaltdebatte im Rückblick. In: Bendkowski, Halina; Rotalsky, Irene (Hrsg.)1987 : Die alltägliche Wut: Gewalt, Pornografie, Feminismus. Berlin , S. 74–87

Birgit Schweikert, Patty Schneider

„Alte Ziele auf neuen Wegen – Ergebnisse und Erfahrungen aus dem Berliner Interventionsprojekt gegen häusliche Gewalt“

1 Grundsätzliches: Inhalt, Ausgangspunkt, zentrale Elemente, Ziele und Strategien des Projektes

1.1 Kurze Inhaltsbestimmung

Das Berliner Projekt gegen häusliche Gewalt ist ein Interventions- und ein Kooperationsprojekt. Es stellt den Versuch dar, alle inhaltlich mit dem Thema häusliche Gewalt gegen Frauen befassten Stellen, d.h. VertreterInnen staatlicher Institutionen und Projekte aus dem Anti-Gewalt-Bereich, an einen Runden Tisch und in verschiedenen Fachgruppen zusammenzubringen, um dort effektive Maßnahmen gegen häusliche Gewalt zu konzipieren, zu beschließen und umzusetzen.
Dabei geht es sowohl um rechtspolitische Maßnahmen als auch um die Entwicklung von sozialen Unterstützungsangeboten, die auf den Abbau und die Verhinderung von Gewalt gegen Frauen und Kinder gerichtet sind.
Unser Arbeitsgebiet ist schwerpunktmäßig die Gewalt, die zwischen erwachsenen Beziehungspartnern stattfindet, d.h. es geht um männliche Gewalt gegen Frauen im sozialen Nahraum, in engen persönlichen Beziehungen. In diesem Rahmen geht es auch um Verbesserungen für Kinder von betroffenen Frauen, die entweder selbst direkt misshandelt oder Zeugen der Misshandlung der Mutter werden, und deshalb von häuslicher Gewalt immer betroffen sind.
Das Berliner Modellprojekt ist ein Pilot- und Modellprojekt des Bundes auf stadtstaatlicher Ebene und ist bislang das größte und umfangreichste Projekt dieser Art im Bereich Intervention gegen häusliche Gewalt an Frauen in Deutschland.
Es wird seit dem 1.1.1998 wissenschaftlich begleitet und ausgewertet (Leitung Prof. Dr. Carol Hagemann-White, Osnabrück; stellvertretende und Berliner Leiterin Dr. Barbara Kavemann).

1.2 Ausgangspunkt: Bisherige gesellschaftliche Reaktion und Ansatz des Projektes

Trotz des hohen Ausmaßes und trotz der gravierenden Folgen für die Opfer wird Gewalt gegen Frauen nach wie vor nicht als gesellschaftliches und rechtliches Problem betrachtet.

Obwohl häusliche Gewalt die verfassungsrechtlich garantierte Menschenwürde, das Recht des Opfers auf körperliche und seelische Unversehrheit, auf Selbstbestimmung und Gleichberechtigung verletzt, obwohl die bei häuslicher Gewalt vorkommenden Handlungen regelmäßig – zumeist gleich mehrere – Straftatbestände verwirklichen und zivilrechtliche Ansprüche auslösen, wird häusliche Gewalt immer noch nicht bzw. nicht ausreichend als Gewalt wahrgenommen, also auch nicht als rechtliches oder gesellschaftliches Problem, sondern allenfalls als sozialpädagogische, individualpsychologische Problemstellung, mit der sich Frauenhausmitarbeiterinnen oder TherapeutInnen beschäftigen sollen, aber nicht die „große“ Politik, Polizei und Justiz. Beziehungsgewalt wird immer noch als „Frauenproblem“ betrachtet und mit der alleinigen gesellschaftlichen Zuschreibung in den Aufgabenbereich der Frauenhäuser, Zufluchtswohnungen und anderer Anti-Gewalt-Projekte marginalisiert.

Mit der Haltung, dass Misshandlung eine Sache sei, die Frauen eben leider passiere – Männer seien nun mal gewalttätig, aus welchen Gründen auch immer –, und dass, wenn dies geschieht, die Betroffene ja ins Frauenhaus gehen, aber mehr nicht getan werden könne, würden sich Gesellschaft, Justiz und Politik mit der Gewalt arrangieren und sich ihrer Verantwortung entledigen.

Tatsächlich ist es jedoch Aufgabe aller gesellschaftlichen Gruppen und Institutionen, den tatsächlich notwendigen und umfassenden Schutzraum für misshandelte Frauen als Beitrag zur Herstellung eines gesellschaftlichen Friedens und als Beitrag zur Herstellung von innerer Sicherheit zu gewährleisten. Das Gewaltmonopol des Staates bedingt auch eine staatliche Verpflichtung, für Schutz und Sicherheit seiner Bürgerinnen im öffentlichen und im privaten Raum zu sorgen. Die notwendigen Strategien, die politischen, sozialen und rechtlichen Maßnahmen für einen effektiven Schutz von Frauen vor Gewalt müssen in allen institutionellen Bereichen entwickelt und umgesetzt werden.

Genau diese Inverantwortungnahme und Zusammenarbeit aller gesellschaftlichen Gruppen und Institutionen war und ist der Ansatzpunkt für die Entwicklung des Berliner Interventionsprojektes – dies ist eine der vielen Parallelen zu dem bislang ältesten und bislang erfolgreichsten amerikanischen Interventionsprojekt DAIP (Domestic Abuse Intervention Project in Duluth, Bundesstaat Minnesota) mit seinem Ansatz der „community response“.

1.3 Entstehungsgeschichte des Berliner Projektes

Über das Interesse an Kooperationsprojekten und insbesondere an DAIP entstand in Berlin bereits 1988 ein Bündnis von verschiedenen Frauenprojekten aus dem Westteil der Stadt und engagierten Einzelpersonen (Männer und Frauen) aus dem Anti-Gewalt-Bereich. Nach dem Fall der Mauer entwickelte sich ein regelmäßiger Austausch mit Frauenprojekten aus dem Ostteil der Stadt. Dadurch fand eine konstruktive Erweiterung der Initiative statt.

Parallel zu der Entwicklung auf Projekteseite hatte das damalige Bundesministerium für Jugend, Familie, Frauen und Gesundheit 1989 eine Untersuchung zur Übertragbarkeit des amerikanischen Interventionsprojekts DAIP in Auftrag gegeben.

1989 wurde dann die Übertragbarkeitsstudie des Bundesministeriums veröffentlicht. GIP (Gladbecker Interventionsmodell), wie diese Studie genannt wurde, löste damals große Diskussionen aus; ein solches Interventionsprojekt war aber noch nicht mehrheitsfähig.

1992 fand in Wien ein internationales Symposium „Test the West – Geschlechterdemokratie und Gewalt“ statt, auf dem VertreterInnen von DAIP erstmals vor einem europäischen Publikum über ihre Arbeit und Erfahrungen berichteten.

1993 veranstaltete die Berliner Senatsverwaltung für Arbeit, Berufliche Bildung und Frauen zur inhaltlichen Vorbereitung und Planung eines deutschen Interventionsprojektes eine Konferenz zu häuslicher Gewalt unter dem Titel „Sag' mir, wo die Männer sind . . .“.

Im September 1993 wurde aus der Initiative BIG ein Verein; es kam zur Gründung des Trägervereins BIG e.V. (= Berliner Initiative gegen Gewalt gegen Frauen). Hintergrund für die Vereinsgründung war der Entschluss der Projekte, die Trägerschaft für ein Interventionsprojekt gegen häusliche Gewalt zu übernehmen.

BIG e.V. ist ein Zusammenschluss von Mitarbeiterinnen aus Berliner Frauenhäusern, Zufluchtswohnungen, Frauenhausberatungsstellen, Wildwasser und von einzelnen Frauen und Männern aus dem Anti-Gewalt-Bereich.

Die Gründung des Trägervereins war der erste Kooperationserfolg: Von insgesamt 6 Berliner Frauenhäusern arbeiten 4 Häuser mit (Ost- und Westprojekte, autonome und andere Projekte), alle 4 Frauenhaus-Beratungsstellen (Ost und West, autonome und andere), verschiedene autonome Zufluchtswohnungen, Wildwasser und engagierte Einzelpersonen aus dem Anti-Gewalt-Bereich (Frauen und Männer).
Der Verein trifft sich nach wie vor regelmäßig zu 14-tägig stattfindenden Plenumssitzungen.
In der Folgezeit wurden Arbeitskontakte mit der Berliner Senatsverwaltung für Arbeit, Berufliche Bildung und Frauen (SenABF) und dem Bundesministerium für Familie, Senioren, Frauen und Jugend (BMFSFJ) geknüpft und intensiviert. Schließlich wurde positiv über eine Förderung ab dem 1.10.1995 entschieden.

1.4 Eckpfeiler des Berliner Modells – zentrale Elemente erfolgreicher Interventionsprojekte aus dem Ausland

Ausgehend von den Erfahrungen anderer Projekte verständigten sich die Beteiligten auf folgende Eckpfeiler:

- Erreichen einer gemeinsamen Zielsetzung – nämlich effektiver Schutz von misshandelten Frauen und Kindern, Inverantwortungnahme der Täter und Erreichung einer gesellschaftlichen und damit auch rechtlichen Ächtung von häuslicher Gewalt – im Rahmen einer organisierten Kooperation
- Betreibung einer gezielten Rechtspolitik, in der es um eine konsequente Umsetzung geltenden Rechts zum Schutz der Opfer und Inverantwortungnahme der Täter und im nächsten Schritt um eine an diesen Aufgaben orientierte Fort- und Neuentwicklung von Recht geht
- Intensivierung des Strafrechts und Nutzung des Zivilrechts
- Täterarbeit als Lern- und Trainingsprogramm innerhalb des Sanktionssystems
- Ein Netz für die betroffenen Frauen: Auf- und Ausbau von Unterstützungsangeboten
- Sensibilisierung und Kompetenzerweiterung aller betroffenen Berufsgruppen durch Seminare zu häuslicher Gewalt gegen Frauen in der Aus- und Fortbildung

1.5 Ziele und Strategien des Berliner Interventionsprojektes

Als gemeinsame Ziele und Strategien wurden formuliert:

- Schutz von Frauen und Kindern vor (weiterer) häuslicher Gewalt
- Abbau häuslicher Gewalt

durch

- kooperatives und koordiniertes Handeln aller beteiligten Institutionen und Projekte
- gesellschaftliche Ächtung von Gewalt gegen Frauen
- konsequente Umsetzung geltenden Rechts und ggf. Reformierungen, die dem Schutz vor häuslicher Gewalt verpflichtet sind
- rechtliche, soziale und psycho-soziale Unterstützungsangebote für Frauen und Kinder
- Inverantwortungnahme der Täter

2 Details zum Berliner Interventionsprojekt gegen häusliche Gewalt

2.1 Eckdaten

- Förderung für 4 Jahre, d.h. 1. Oktober 1995 bis 30. September 1999, verlängert bis zum 31.12.1999
- anteilige Finanzierung vom Bundesministerium für Familie, Senioren, Frauen und Jugend (BMFSFJ) und der Berliner Senatsverwaltung für Arbeit, Berufliche Bildung und Frauen (SenABF) zu 60 % bzw. 40 % der Gesamtkosten des Projektes
- Einteilung des Projektes in eine 1-jährige Vorlaufphase (Oktober 1995 bis September 1996) und 3-jährige Hauptphase (Oktober 1996 bis September 1999)
- Die einjährige Vorlaufphase diente der Ermittlung, wer überhaupt mit wem kooperiert. Klappt eine erstmalige Zusammenarbeit zwischen Projekten und Institutionen? Hauptaufgabe war die Installierung eines Runden Tisches, an dem sich alle beteiligten Gruppen zu allen Problemen auf den unterschiedlichen Gebieten ausgetauscht haben; er hat in diesem ersten Jahr neunmal getagt.
- Die Weiterförderung des Projektes wurde davon abhängig gemacht, dass sich alle beteiligten Gruppen auf ein gemeinsames Aufgaben-, Maßnah-

men- und Strukturpaket für die Hauptphase verständigen (Konsensprinzip).
- In der dreijährigen Hauptphase werden die in der Vorlaufphase beschlossenen Aufgaben bearbeitet und die entwickelten Maßnahmen, soweit möglich, umgesetzt.

2.2 *Organe/Gruppen*

- BIG e.V. = Trägerverein (Mitarbeiterinnen von Frauenhäusern, Frauenhausberatungsstellen, Zufluchtswohnungen, Wildwasser, Einzelpersonen); Projekteplenum
- bei Trägerverein angestellt: zurzeit 4-köpfiges Koordinationsteam (3/4 Stellen) und 1 Verwaltungsfrau (1/2 Stelle)
- Geldgeberinnen: BMFSFJ, SenABF
- Runder Tisch:
  - einziges „externes:" Organ und Arbeitsgremium in der Vorlaufphase
  - Beteiligte Institutionen und Projekte:
    Senatsverwaltung für Inneres (3 VertreterInnen: Polizei, Fachaufsicht Polizei, Ausländerbehörde), Senatsverwaltung für Justiz (2 VertreterInnen: Zivil- u. Strafrecht), Senatsverwaltung für Arbeit, Berufliche Bildung und Frauen (2), Senatsverwaltung für Schule, Jugend und Sport (1), Senatsverwaltung für Gesundheit und Soziales (1, Ausländerbeauftragte), Landeskommission Berlin gegen Gewalt (1), Bundesministerium für Familie, Senioren, Frauen und Jugend (1), Frauenhäuser, Zufluchtswohnungen für Frauen und Mädchen, Frauenberatungsstellen, das Projektteam (d.h. paritätisch zur Vertretung der Institutionsseite 11 Vertreterinnen auf Projekteseite).

Am Runden Tisch fand in der Vorlaufphase eine Bestandsaufnahme in 7 Bereichen statt: Polizei, Straf-, Zivilrecht, Unterstützungsmöglichkeiten für betroffene Frauen, Situation der Migrantinnen, Situation der betroffenen Kinder und Jugendliche, Täterprogramm.
Bedingung für den Fortgang des Projektes war die Einigung auf möglichst konkrete Arbeitsaufgaben, die in der Hauptphase im Detail ausgearbeitet und konzipiert und soweit möglich auch umgesetzt werden sollen. Die Vorlaufphase war erfolgreich: In allen 7 Schwerpunktbereichen wurden Aufgaben für die Arbeit in der Hauptphase und in den 7 zu gründenden

Fachgruppen entwickelt und abgestimmt. Außerdem gab es Absprachen über die Arbeitsstruktur und Zusammensetzung der Fachgruppen.

- **Fachgruppen**

In der Hauptphase wurden entsprechend den 7 Fachbereichen – Polizei, Strafrecht, Zivilrecht, Unterstützungsmöglichkeiten für Frauen, Migrantinnen, Kinder und Jugendliche, Täterprogramm – 7 Fachgruppen eingerichtet, in denen ca. 110 ExpertInnen aus unterschiedlichen Institutionen und Projekten mitarbeiten.

2.3 Arbeitsabläufe in der Hauptphase

Aufgabe der Fachgruppen ist es, sich der Arbeitsaufträge, die der Runde Tisch in der Vorlaufphase erstellt hat, anzunehmen. Zu den einzelnen Aufgaben werden in der Fachgruppe Beschlussvorlagen erarbeitet, die dann dem Runden Tisch zur Abstimmung vorgelegt werden. Bei Abstimmung über Beschlussvorlagen sind die Verwaltungen mit ihrem/ihrer StaatssekretärIn oder dem/der jeweiligen SenatorIn vertreten. Sowohl in den Fachgruppen als auch am Runden Tisch gilt das Konsensprinzip, mit dem auch in der Vorlaufphase gearbeitet wurde.
Bei Zustimmung zur Vorlage am Runden Tisch wird der/die zuständige VertreterIn um Umsetzung in der jeweiligen Verwaltung gebeten.
Bei Änderungsvorschlägen geht die Vorlage an die Fachgruppe zur Überarbeitung zurück.
Bei entsprechender Umsetzung der Maßnahme hat der/die VertreterIn der zuständigen Verwaltung am Runden Tisch die Aufgabe, den Stand der Umsetzung zu verfolgen, darüber zu berichten und eventuellen Nachbesserungsbedarf anzumelden.

3 Die Arbeit in den Fachbereichen – Beispiele und Schwerpunkte

3.1 Besetzung der Fachgruppen (FG) – Beispiele:

a) FG Polizei

VertreterInnen von:

- Kriminalpolizei
- Schutzpolizei
- Opferschutzbeauftragte der Polizei
- Senatsverwaltung für Inneres (Fachaufsicht Polizei)
- Senatsverwaltung für Justiz (Strafrecht)
- Senatsverwaltung für Arbeit, Berufliche Bildung und Frauen
- Frauenhäuser
- Frauenberatungsstellen
- Zufluchtswohnungen
- Koordinatorin (Leitung, Vor- u. Nachbereitung, Moderation, Protokollierung, Kontakte, Informationen übermitteln etc.)

b) FG Zivilrecht

VertreterInnen:

- Allgemeines Zivilgericht
- Familiengericht
- Vormundschaftsgericht
- Rechtsanwältinnen
- Schutzpolizei
- Jugendamt
- Senatsverwaltung für Justiz (Zivilrecht)
- Senatsverwaltung für Arbeit, Berufliche Bildung und Frauen
- Frauenhäuser
- Zufluchtswohnungen
- Mädchenprojekt
- Koordinatorin

c) Strafrecht

VertreterInnen:

- Amtsanwaltschaft
- Staatsanwaltschaft

- Strafgericht
- Rechtsanwältinnen
- Kriminalpolizei
- Senatsverwaltung für Justiz (Strafrecht)
- Senatsverwaltung für Arbeit, Berufliche Bildung und Frauen
- Frauenhäuser
- Beratungsstelle
- Mädchenprojekt
- betroffene Frauen
- Koordinatorin

d) Unterstützungsangebote für Frauen

Vertreterinnen:

- Frauenhäuser
- Frauenberatungsstellen
- Migrantinnenprojekt
- Frauenzufluchtswohnungen
- betroffene Frauen
- Koordinatorin
- Senatsverwaltung für Arbeit, Berufliche Bildung und Frauen
- Landeskommission Berlin gegen Gewalt
- Frauenbeauftragte Berliner Bezirke (Ost und West)
- Rechtsanwältinnen
- themenspezifisch: Kriminalpolizei

e) FG Täterprogramm

VertreterInnen:

- Strafgericht
- VertreterIn aus dem MigrantInnenbereich
- Frauenhäuser
- Frauenberatungsstellen
- Männerprojekt
- Bewährungs- und Gerichtshilfe
- MitarbeiterIn des Instituts für Forensische Psychiatrie Universität Berlin
- Senatsverwaltung für Arbeit, Berufliche Bildung und Frauen
- Senatsverwaltung für Justiz (Strafrecht)
- Senatsverwaltung für Schule, Jugend und Sport

- ExpertIn aus dem Bereich der sozialtherapeutischen Arbeit in Gefängnissen
- Koordinatorin

3.2 Aufgaben der Fachgruppen – Schwerpunkte und Beispiele

(1) FG Polizei – Intervention gegen Gewalt statt Schlichtung von sog. Familienstreitigkeiten

Der polizeilichen Intervention kommt bei häuslicher Gewalt eine besondere Bedeutung zu, sie ist für das Projekt „Basis" in mehrfacher Hinsicht, denn:

- Die Polizei ist meist als erste Institution bei einem Notruf wegen häuslicher Gewalt tätig; sie hat meist als erste Institution Kontakt zu Opfer und Täter. Damit ist die Reaktion der PolizeibeamtInnen auch ein Testfall für misshandelte Frauen für die institutionelle Reaktion: Glauben sie mir? Wollen/können sie mir helfen? Soll ich aussagen?
- Polizeiliches Handeln ist im Hinblick auf eine mögliche Strafverfolgung grundlegend, aber auch für mögliche zivilrechtliche Verfahren, in denen häufig Beweisprobleme für die Frauen bestehen. Eine gründliche Polizeiarbeit ist damit ein wichtiger Beitrag für den Erfolg in weiteren Interventionsbereichen.

Die Bestandsaufnahme am Runden Tisch zum Ist-Zustand der polizeilichen Intervention ergab, dass im Rahmen des polizeilichen Einsatzes bei häuslicher Gewalt ein breites Problemspektrum besteht. Schwierigkeiten existieren bei allen folgenden Einsatzschritten.

(a) Einsatzauftrag: „Familienstreitigkeit"

führt zu einer Unterschätzung von Tat und Täter und damit zu einer Gefährdung des Opfers und der EinsatzbeamtInnen.

(b) Betreten der Wohnung zur Klärung des Sachverhalts

findet häufig nicht statt, obwohl entsprechende Rechtsgrundlagen nach den Polizeigesetzen der Länder vorhanden sind.

(c) räumlich getrennte Befragung

von Opfer und Täter findet häufig nicht statt.
Nur bei einer räumlich getrennten Befragung wird die betroffene Frau eine vollständige und wahrheitsgemäße Aussage machen können.

(d) Sicherung von Beweisen

- Sicherstellung von Waffen und Gegenständen – dient auch der Verhinderung weiterer Gewalt,
- Dokumentation vom Zustand des Opfers,
- Dokumentation vom Zustand der Wohnung,
- Sicherstellung von ausgerissenen Haaren u.Ä.

findet häufig nicht oder nur unzureichend statt.
Die Beweissicherung ist elementar für die Beweislage im Strafverfahren und damit für die Arbeit der Staatsanwaltschaft (Entscheidung über Anklageerhebung und Einschlagen des beschleunigten Verfahrens), ebenso auch für die Beweislage in den Zivilverfahren, d.h. für die Klägerin/Antragstellerin, das Opfer.

(e) Informationen für die Frau über Schutzeinrichtungen und rechtliche Möglichkeiten

werden häufig nicht gegeben.

(f) präventiv-polizeiliche Maßnahmen

werden häufig nicht ergriffen, obwohl Rechtsgrundlagen, insbesondere für einen Platzverweis und eine Ingewahrsamnahme, nach dem jeweiligen Polizeirecht der Länder vorhanden sind.
Gerade bei Männern, die vorher noch nie mit der Polizei in Berührung gekommen sind, stellt sich die Festnahme durch die Polizei häufig als sehr beeindruckend dar, da sie häufig erstmals durch diese Intervention eine Sanktion für ihr Tun erhalten. Nach den Erfahrungen in Duluth, USA, aber auch in Australien und anderen Ländern, in denen die Misshandler auf Grund erlassener Richtlinien für den polizeilichen Einsatz häufig bis regelmäßig festgenommen wurden, haben diese Festnahmen einen starken gewaltabbauenden bzw. weitere Gewalt verhindernden und präventiven Effekt.
Bei häuslicher Gewalt handelt es sich regelmäßig um Wiederholungstaten und um Taten, bei denen eine Eskalation zu befürchten ist, insbesondere bei geäußerter Trennungsabsicht der Frau. Daher ist die Gefahrensituation nach einem Polizeieinsatz nicht vorbei; gerade wenn die Beamten ohne Intervention wieder gehen, wird die Situation für die misshandelte oder bedrohte Frau besonders gefährlich. Jedes nicht eindeutige und konsequente Handeln oder Nichteingreifen stellt eine Ermutigung für den Täter dar und eine Entmutigung für das Opfer. Es ist eine Bestätigung, dass

er mit „seiner" Frau machen kann, was er will, und eine Bestätigung für das Ohnmachtsgefühl der Frau.

(g) Protokollierung der Vorgänge
findet häufig nicht oder nur unzureichend statt.
Sie ist wichtig für das Strafverfahren und die Entscheidungsfindung der Staatsanwaltschaft (Bejahung des öffentliches Interesse an der Verfolgung von Privatklagedelikten; Anklageerhebung; beschleunigtes Verfahren) und wichtig für den Ausgang der zivilrechtlichen Verfahren (insbes. Schutzanordnungen und Wohnungszuweisung).

(h) Unterstützung beim Verlassen der Wohnung
wird häufig nicht gegeben.
Das bedeutete für die Aufgabenstellung des Berliner Interventionsprojektes im Bereich Polizei für die Hauptphase:
Es geht zentral um eine stärkere opferfreundliche Nutzung von Ermessensspielräumen im Rahmen des Landespolizeigesetzes. Diese soll durch Erstellung von Richtlinien und Handlungsanweisungen für alle Stadien des polizeilichen Einsatzes bei häuslicher Gewalt erreicht werden. Darüber hinaus wird geprüft, ob die polizeigesetzlichen Vorgaben ausreichend sind und ob Vorschläge zu entwerfen sind, wie sie ggf. verändert werden müssen.

Erledigt:
- dreimonatige Untersuchung über Einsatzhäufigkeit und -abschluss bei Einsätzen häuslicher Gewalt in der Polizeidirektion 7
- Änderung des Einsatzauftrags: statt „(Familien-)Streitigkeit" nun „häusliche Gewalt"
- Erarbeitung und Einsatz einer Checkliste zur Gesprächsführung bei Anrufen wegen häuslicher Gewalt für MitarbeiterInnen des polizeilichen Notrufs;
- Konzipierung und Durchführung einer Fortbildung für die BeamtInnen in der Notrufzentrale
- Leitfaden zu allen polizeilichen Einsatzschritten bei häuslicher Gewalt
- Erstellung eines Faltblattes zur verbesserten Information betroffener Frauen über die Unterstützungs- und Interventionsmöglichkeiten durch die Polizei
- Fort- und Ausbildung zu häuslicher Gewalt: Im polizeilichen Bereich ist dies bisher am weitesten fortgeschritten. In der polizeilichen Ausbil-

dung ist das Projekt mittlerweile etabliert. Im zweiten polizeilichen Ausbildungsabschnitt werden alle Ausbildungsklassen seit 1996 kontinuierlich beschult; an der Fachhochschule für Verwaltung und Rechtspflege, Fachbereich Polizei, werden eintägige Seminare durchgeführt. Außerdem finden ein- und zweitägige Fortbildungsseminare an der Landespolizeischule Berlin statt.

(2) FG Strafrecht – Strafverfolgung statt Einstellung

Im strafrechtlichen Bereich machen viele Opfer die Erfahrung, dass das Strafverfahren bereits im Ermittlungsverfahren beendet ist. Häufig werden die betroffenen Frauen mit nicht sachgemäßer Begründung auf den sog. Privatklageweg verwiesen.

Erläuterung: Viele Delikte, die bei häuslicher Gewalt verwirklicht werden wie z.B. die einfache Körperverletzung, §§ 223 StGB, sind sog. Privatklagedelikte, § 374 StPO. Für eine Anklageerhebung durch die Staatsanwaltschaft ist bei diesen Delikten eine besondere Ermessensentscheidung notwendig; die Staatsanwaltschaft muss hier ein „öffentliches Interesse“ an der Strafverfolgung bejahen. Der Verweis auf den Privatklageweg bedeutet, dass die Frau den staatlichen Strafanspruch selbst realisieren muss; sie übernimmt im Verfahren die Aufgabe der Staatsanwaltschaft. Zuvor muss ein erfolglos gebliebener Sühneversuch vor einer Schiedsstelle betrieben worden sein. Auf Grund der Verfahrenslast, die den Opfern damit aufgebürdet wird, werden Privatklagen fast nie durchgeführt.

Trotz verschiedener eine Bejahung des öffentlichen Interesses nahe legender Empfehlungen in den Richtlinien für das Straf- und Bußgeldverfahren (RiStBV), trotz des JustizministerInnenkonferenzbeschlusses vom November 1994 und trotz entsprechender Empfehlungen der Landesjustizminister- bzw. -senatorInnen an die Staats- und Amtsanwaltschaft, in Fällen von häuslicher Gewalt das öffentliche Interesse an der Strafverfolgung auf Grund des Beziehungsgeflechts zwischen Täter und Opfer regelmäßig zu bejahen, hat sich an der Einstellungspraxis der Strafverfolgungsbehörden bisher wenig geändert. Immer noch werden misshandelte Frauen mit dem Verweis auf die Tatbegehung im sozialen Nahraum auf den Privatklageweg verwiesen; eine öffentliche Strafverfolgung seitens der Staats- bzw. Amtsanwaltschaft wird mit dieser unsachgemäßen Begründung abgelehnt.

Am Runden Tisch zum Thema Strafrecht wurde eine Berliner Untersuchung, eine Auswertung von 300 Strafverfahren wegen häuslicher Gewalt, präsentiert, die das Bestehen dieser Problematik bestätigte: In

lediglich 30 % der Fälle wurde Anklage erhoben; die übrigen Verfahren wurden entweder wegen mangelnden Tatverdachts nach § 170 Abs. 2 StPO eingestellt oder die misshandelte Frau wurde auf den Privatklageweg verwiesen, §§ 374 ff. StPO. Der überwiegende Teil der Einstellungen wurde mit dem mangelnden öffentlichen Interesse begründet. Nach der Überprüfung der Einstellungsentscheidungen durch die Berliner Senatsverwaltung für Justiz waren viele dieser Entscheidungen nicht sachgerecht.
Im Strafrechtsbereich besteht also die dringendste Aufgabe darin, darauf hinzuwirken, dass bei häuslicher Gewalt Ermittlungen aufgenommen und Strafverfahren eingeleitet werden, die dann auch zur Anklage gebracht werden müssen.
Eine erste Konsequenz in Berlin war die Einrichtung eines Spezialdezernates „Häusliche Gewalt" bei der Berliner Amtsanwaltschaft, welches im September 1996 seine Arbeit aufgenommen hat.

Übersicht über die Tätigkeit des Sonderdezernats „Häusliche Gewalt" der Amtsanwaltschaft Berlin

	Akten-analyse 1. Halbj. 1995	Sonder-dezernat „Häusliche Gewalt", 1. Halbj. Sept. 1996 – Febr. 1997[1]	Sonder-dezernat „Häusliche Gewalt", 2. Halbj. März 1997 – Aug. 1997	Sonder-dezernat „Häusliche Gewalt", 3. Halbj. Sept. 1997 – Febr. 1998	Sonder-dezernat „Häusliche Gewalt", 4. Halbj. März 1998 – Aug. 1998	Sonder-dezernat „Häusliche Gewalt", 5. Halbj. Sept. 1998 – Febr. 1999
Anzahl Verfahren	300	1.744	1.817	2.305	2.584	3.013
Einstel-lungen	70 % (210 Verf.)	60 %	43 %	50 %	55 %	52 %
Verweis auf Privatklage-weg	60 % d. Einstellg. (126 Verf.)	78 Verf.	2 Verf.	0 Verf.	1	0
Anklage-erhebung[2]	30 % (90 Verf.)	17 %	25 %	33 %	33 %	26 %

1 Da nicht alle der eingegangenen Verfahren zum Stichtag abgeschlossen waren, ergibt die Summe der Anklage- und Einstellungsquote nicht 100 %.

2 Die folgenden Zahlen beziehen sich auf die Anzahl der Anklageerhebungen, der Anträge auf Entscheidungen im beschleunigten Verfahren und der Anträge auf Erlass eines Strafbefehls.

Darüber hinaus muss auch für die weiteren Verfahrensabschnitte, insbesondere für die Hauptverhandlung selbst, an sachgerechten Lösungen für einen stärkeren Schutz der misshandelten Frauen als Zeuginnen und Nebenklägerinnen und für eine konsequente strafrechtliche Inverantwortungnahme des Täters gearbeitet werden. Das beinhaltet beispielsweise die Prüfung von verfahrensrechtlichen Möglichkeiten zum Schutz der Zeuginnen, der Möglichkeiten der Erweiterung der Nebenklage, der Anwendung des Adhäsionsverfahrens oder auch die Frage nach Einrichtung eines Zeuginnenzimmers und ähnlicher organisatorischer Möglichkeiten im Gericht selbst.

Erledigt:

- quantitative und qualitative Erfassung und Auswertung der Strafrechtsverfahren wegen häuslicher Gewalt durch die Berliner Staats-/Amtsanwaltschaft, RechtsanwältInnen, Frauenprojekte (z.B. Erhebungsbogen für jede häusliche Gewalt-Akte: differenzierte Daten z.B. zu Verfahrensdauer und -ausgang etc.; Datensammlung der RechtsanwältInnen zu Nebenklage, Adhäsionsverfahren und Verfahrensdauer; Daten der Frauenprojekte zu ärztlicher Untersuchung, Attest, Strafanzeige, Strafantrag, Aussage, rechtsanwaltlicher Vertretung)
- Erstellung eines Faltblattes zur verbesserten Information betroffener Frauen über das Strafverfahren und ihre Rechte
- Entwicklung eines Leitfadens für die Strafverfolgungsbehörden
- Start eines Pilotprojektes in der Fortbildung: zweitägige Seminare für Berliner StrafrichterInnen und Amts- und StaatsanwältInnen

(3) FG Zivilrecht – effektive und schnelle Schutzmaßnahmen für misshandelte Frauen und ihre Kinder

Neben den polizeilichen und strafrechtlichen Interventionen ist das Zivilrecht eine wichtige Option für die Opfer häuslicher Gewalt. Denn das Strafverfahren ist auf die Täter zentriert, es dient primär der Sanktionierung von bereits begangenem Unrecht und ist nicht auf gegenwärtigen und zukünftigen Schutz der Opfer gerichtet.

Situation/Problemzusammenstellung zum Thema Zivilrecht:

- Schon auf der Basis bereits geltenden Rechts sind weit reichende Schutzanordnungen möglich, §§ 823, 1004 BGB (Unterlassungsanordnungen, Kontaktsperren, Bannmeilen-Anordnungen etc.). Jedoch üben sich die Zivilgerichte bislang in großer Zurückhaltung: Nur in Extremfällen wurden bisher Schutzanordnungen ausgesprochen, meist waren schon parallel Strafverfahren anhängig bzw. befanden sich Täter bereits in Untersuchungshaft.

- Teilweise werden die Frauen schon auf der Rechtsantragsstelle mit ihrem Anliegen abgewiesen.
- Es gibt wenig Kenntnisse, Information und Beratung zu den zivilrechtlichen Schutzmöglichkeiten.
- Die Beweisschwierigkeiten wirken sich zu Lasten der misshandelten Frauen aus. Dem beweisbelasteten Opfer muss hier geholfen werden; hier muss in Richtung Beweiserleichterung, Anscheinsbeweis, Beweislastumkehr, Parteivernehmung weitergedacht werden.
- Die zivilrechtlichen Eilverfahren, §§ 935 ff. ZPO, sind zu langwierig. Außerdem stellen die Zivilgerichte unterschiedliche Anforderungen an die Glaubhaftmachung und haben eine äußerst unterschiedliche Praxis bezüglich einer Anhörung des Antragsgegners, so daß die Verfahren für die betroffenen Frauen nicht kalkulierbar sind.
- Große Schwierigkeiten bestehen bei der Vollstreckung der Anordnungen, wenn diese vom Täter erneut verletzt werden; die Vollstreckungsmöglichkeiten und -praxis sind bei häuslicher Gewalt ineffektiv. Die betroffene Frau muss ein zweites Gerichtsverfahren betreiben, in dem sie die erneute Misshandlung, Bedrohung beweisen muss, um überhaupt einen Vollstreckungstitel zu erlangen. Als Rechtsfolge wird meist nur ein Ordnungsgeld verhängt, das bei Beitreibung dem Staat zukommt; bei einem mittellosen Täter ist diese Rechtsfolge wirkungslos. Das Verfahren ist regelmäßig zu langwierig und trägt nicht zu einem Schutz der betroffenen Frauen bei.

Hier besteht also eine Vielzahl von Problemen, die lösbar sind: durch die konsequente Anwendung geltenden Rechts und durch weiter gehende Reformierungen im Zivilrecht.

Erledigt:

- Sondererhebung der Ziviljustiz zu Häufigkeit, Dauer und Ausgang von Schutzanordnungs- und Wohnungszuweisungsverfahren bei häuslicher Gewalt, da im zivilrechtlichen Bereich bislang überhaupt keine Daten zu diesen Verfahren vorliegen, entsprechende Erhebung im anwaltlichen Bereich und im Bereich der Frauenprojekte
- Faltblatt für betroffene Frauen über ihre zivilrechtlichen Möglichkeiten

- Entwicklung von sechs Musterantragsformularen und entsprechenden Merkblättern für die praxisrelevantentesten Eilverfahren bei häuslicher Gewalt zur Vereinfachung der Antragstellung, die bei den Rechtsantragsstellen, bei RechtsanwältInnen und bei Beratungsstellen eingesetzt werden
- Gesetzentwurf zu Schutzanordnungen zur Schaffung einer umfassenden, verständlichen und praktikablen Rechtsgrundlage
- die inhaltliche Gestaltung der bundesweiten Fachkonferenz zu zivilrechtlichen Schutzmöglichkeiten bei häuslicher Gewalt am 11.5.1999 (auf Einladung des Bundesfrauen- und Bundesjustizministeriums), auf der wir den Gesetzentwurf zu zivilrechtlichen Schutzanordnungen und den notwendigen begleitenden Maßnahmen bei häuslicher Gewalt vorgelegt und breite Zustimmung bei den teilnehmenden ExpertInnen erhalten haben
- 2-tägige Fortbildungsseminare für allgemeine Zivil-, Familien- und VormundschaftsrichterInnen

(4) FG Unterstützungsangebote

Veränderte Interventionen bedeuten die Notwendigkeit von veränderten und zusätzlichen Unterstützungsangeboten. Die rechtlichen Maßnahmen funktionieren nur, wenn sie mit Unterstützungs- und Informationsangeboten für die betroffenen Frauen gekoppelt sind und Frauen auf diese zurückgreifen können.

Auf der Grundlage des Erfolges in anderen Ländern hat die FG ein Konzept für eine Hotline für häusliche Gewalt erarbeitet, die rund um die Uhr besetzt ist, eng mit der Polizei zusammenarbeitet und die auf Wunsch der betroffenen Frau als mobiles Einsatzteam Mitarbeiterinnen in die Wohnung des Opfers schicken kann, um dort eine umfassende Information und Beratung zur Unterstützung der Frau bei ihren nächsten Schritten durchführen zu können (Elemente = Notruf/-beratung, mobiles Einsatzteam, Dokumentation, Evaluation, Kooperation mit anderen Stellen, Projekten, Institutionen).

Über die Einrichtung einer solchen Telefon-Zentrale hinaus sollen für Berlin weitere Unterstützungsangebote für misshandelte Frauen entwickelt werden. So soll es beispielsweise Angebote für eine Begleitung zu Polizei, Gerichten und Ämtern geben sowie Gruppenangebote für betroffene Frauen, z.B. für Frauen, deren Partner ein Täterprogramm absolviert.

Erledigt:
- Konzepterstellung „MUT“ für ein Unterstützungsangebot für Frauen, deren Männer ein Täterprogramm absolvieren (Umsetzung parallel zu Täterprogramm ab Ende 1999)
- Konzepterstellung für die Hotline
- Begleitung von Aufbau und Start der Hotline mit 2 Koordinatorinnen im November 1999

(5) FG Täterprogramm – Inverantwortungnahme der Täter
Die Bestandsaufnahme am Runden Tisch zum Bereich Täterprogramm hatte zu folgendem Ergebnis geführt: Täter häuslicher Gewalt werden bislang kaum zur Verantwortung gezogen. Sie haben regelmäßig kein Unrechtsbewusstsein und damit keine primäre Motivation zu einer Verhaltensänderung. Selten kommt es zu einer polizeilichen Ermittlung und zu einem Strafverfahren. Häufig werden angestrengte Verfahren eingestellt; kommt es dennoch zu einer Verurteilung, handelt es sich meist um geringe (Geld-) Strafen. Bei der Verhängung von Geldstrafen ist nicht auszuschließen, dass davon das Opfer mitbetroffen wird. Auf diese Weise werden die Täter weder mit der Tat noch den Folgen konfrontiert.
Am Runden Tisch wurde eine Einigung über folgende Punkte erzielt:
- Taten häuslicher Gewalt müssen von Polizei und Justiz ermittelt werden.
- Es müssen angemessene Verurteilungen erfolgen, damit die Täter zur Verantwortung gezogen werden.
- Gleichzeitig soll den Männern ein Angebot für eine Verhaltensänderung gemacht werden; im Rahmen einer Verurteilung zu einer Freiheitsstrafe auf Bewährung soll der gewalttätige Mann als Weisung einen Lern- und Trainungskurs absolvieren.
- Es besteht die Notwendigkeit der Entwicklung eines neuen, eigenständigen Täterprogramms, denn:
  (a) Bei der Verurteilung zu einer Freiheitsstrafe auf Bewährung wird bisher die Weisung für den Besuch eines Lern- und Trainingskurses selten praktiziert.
  (b) In Deutschland liegen Erfahrungen mit gewalttätigen Männern vorwiegend nur im Rahmen der Arbeit mit so genannten Selbstmeldern vor, die aus unterschiedlichen Gründen und ohne eine gerichtliche Auflage in die Männerberatungsstellen kommen. Zudem repräsentieren diese Selbstmelder nur einen sehr kleinen Teil der gewalttätigen Männer.

(c) Im Rahmen des Kooperationsprojektes, in dem es um koordinierte, abgestimmte Maßnahmen geht, die den Schutz der betroffenen Frauen sicherstellen, ist die Entwicklung eines Täterkurses notwendig, der in die Maßnahmen aus anderen Fachbereichen eingebettet ist, damit der Schutz der Frau umfassend berücksichtigt wird.

(d) Es bestehen positive Erfahrungen aus dem Ausland mit einem Lern- und Trainingskurses im Rahmen eines Interventionsprojektes (vor allem bei DAIP).

Daher wurden am Runden Tisch folgende Beschlüsse gefasst:

- als Auftrag für die Koordinierungsstelle, dass im Rahmen des Berliner Interventionsprojektes ein sog. Täterprogramm konzipiert wird, das in der Hauptphase als Bewährungsweisung umgesetzt werden soll;
- als Hauptauftrag an die FG Täterprogramm, die Konzipierung und Erprobung dieses Lern- und Trainingskurses zu begleiten und Rahmenbedingungen und Detailfragen zu klären.

Erledigt:

- Konzepterstellung für das Täterprogramm „Wendepunkt“; Gründung eines TrainerInnenpools
- positiv beschiedener Finanzierungsantrag
- Konzept für die Zusammenarbeit der beteiligten Stellen
- Informationen für die Justiz (StrafrichterInnen, Staats-/Amtsanwaltschaft) über Informationsveranstaltungen und Übersendung von Informationsmappen

(6) FG Migrantinnen

In dieser FG geht es schwerpunktmäßig um die Verbesserung der aufenthaltsrechtlichen Situation misshandelter Migrantinnen und um die Entwicklung von spezifischen Unterstützungsangeboten.

Erledigt:

- Richtlinie für die Auslegung des § 19 AuslG (eigenständiges Aufenthaltsrecht von Ehegatten) in Fällen betroffener Migrantinnen für die Berliner Ausländerbehörde
- Radiospots zur Information von Migrantinnen über Unterstützungsmöglichkeiten bei häuslicher Gewalt

(7) FG Kinder und Jugendliche

Für Kinder als Betroffene von häuslicher Gewalt, sei es als unmittelbar Betroffene oder „nur" als Zeugen der Gewalt, gibt es bislang wenig eigene Unterstützungsangebote. Für Kinder und Jugendliche sollen psycho-soziale Angebote entwickelt werden, außerdem soll die FG Vorschläge zur Statusverbesserung von Kinder in zivil- und strafrechtlichen Verfahren erarbeiten. Hier geht es vor allem darum, vorhandene Ressourcen, Projekte, Einrichtungen, Angebote zu nutzen bzw. diese stärker als bisher auf von häuslicher Gewalt betroffene Kinder und deren Problematik auszurichten und die Zusammenarbeit verschiedener Einrichtungen (z.B. Frauenhäuser, Jugendämter) zu verbessern.

Erledigt:
- Datenerhebung bei den Berliner Jugendämtern zu der Betroffenheit von Frauen und Kindern bezüglich häuslicher Gewalt
- Faltblatt für Kinder und Jugendliche (Dezember 1999)

3 Schlussbemerkung

Viele Dinge sind bereits in einer positiven Entwicklung begriffen, dafür ist das Berliner Modellprojekt ein Beispiel.
Allerdings sind auch die Grenzen des Projektes deutlich:
Klar ist, dass das Projekt keine „Zwangsvollstreckung" zur Umsetzung der Beschlüsse betreiben kann. Das Kooperationsprojekt ist etwas Neues; es ist auf der bisherigen verwaltungstechnischen Ebene nicht vorgesehen und hat insoweit auch keine Befugnisse. Die Verbindlichkeit der am Runden Tisch beschlossenen Erklärungen hängt ab von der Echtheit des politischen Willens aller Beteiligten. Die Aufgabe des Koordinationsteams ist es, Fachwissen, Experten und Expertinnen aus den unterschiedlichsten Gruppen zusammenbringen und eine kooperative Struktur herzustellen. Das Projekt wird so gut sein wie die Leistung der Personen in den Fachgruppen; es wird so verbindlich sein wie es die EntscheidungsträgerInnen am Runden Tisch sind, und es kann nur dann eine größere Wirkung entfalten, wenn es von Personen und Gruppierungen außerhalb des Projektes im politischen, sozialen und gesellschaftlichen Bereich unterstützt wird.
Eine andere Grenze bedeutet die zeitliche Perspektive. Wir haben in der bisherigen Arbeit zwar schon vieles erreicht; in den insgesamt 4 Jahren

können jedoch nicht alle Aufgaben gelöst und alle Vorschläge umgesetzt werden. Der begonnene Prozess der Zusammenarbeit muss weitergeführt werden.

Wir möchten hier in der Hoffnung enden, dass die Arbeit gegen häusliche Gewalt und das Engagement für betroffene Frauen nicht als gesellschaftlicher Luxus, sondern als die staatliche Pflichtaufgabe begriffen wird, die sie tatsächlich ist, und dass sich die unterschiedlichen Projekte und Strategien gegen häusliche Gewalt als Gebot der Vernunft und als Gebot der Gerechtigkeit in dieser Gesellschaft etablieren werden.

Ulrike Stahlmann-Liebelt

Rolle der Justiz: Teil im Netzwerk oder letzte Instanz?

Zunächst wollen wir untersuchen, wann und in welcher Form Justiz – dazu zähle ich Staatsanwaltschaften und Gerichte – mit Fällen häuslicher Gewalt konfrontiert wird.
Dazu habe ich Beispiele vorbereitet.

Fall 1:
Anzeigenerstatterin ist die geschiedene Ehefrau des Beschuldigten. Im Rahmen der Wahrnehmung seines Besuchsrechts in *ihrer* Wohnung kommt es zu einer Auseinandersetzung. Diese gipfelt darin, dass der Beschuldigte der Zeugin androht, er werde sie und die Kinder umbringen.
Zu diesem Zeitpunkt befindet sich auch der Bruder der Zeugin in der Wohnung. Die Zeugin teilt mit, dass sie den Beschuldigten schon Anfang 1998 wegen Bedrohung angezeigt hat.
Es habe einen weiteren Vorfall einige Tage später gegeben, bei dem der Beschuldigte sie angespuckt habe. Auch insoweit stelle sie **Strafantrag** wegen Beleidigung.
Der Bruder und der Beschuldigte erscheinen auf Vorladung nicht bei der Polizei.
Das Verfahren wird in der Abteilung der Amtsanwaltschaft eingetragen. Die Kollegin erfordert einen Registerauszug, danach ist der Beschuldigte 1997 wegen Bedrohung zu einer Geldstrafe im Wege der Verwarnung mit Strafvorbehalt verurteilt worden.
Sodann erhebt sie Anklage wegen Bedrohung und Beleidigung zum Strafrichter. Dem Beschuldigten wird die Anklageschrift zugestellt. Er beantragt die Ablehnung der Eröffnung des Hauptverfahrens. Er trägt vor, dass *sie ihn* bedroht habe. An dem Abend sei ihr Bruder gar nicht dabei gewesen. Mittlerweile hätte er sich mit der Zeugin wieder vertragen.
Das Hauptverfahren wird eröffnet, Termin anberaumt. Der Angeklagte bestreitet weiter, der Bruder sagt als Zeuge aus, er habe am Tattage nicht mitbekommen, dass seine Schwester bedroht worden sei.
Der Streit sei im Schlafzimmer passiert, es sei um eine andere Frau gegangen.

Die Zeugin ist **nicht erschienen**. Der Angeklagte (!) erklärt, sie werde nicht zum Termin erscheinen.
Einer vom Gericht vorgeschlagenen Einstellung stimmt die StA nicht zu.
Zu einem Fortsetzungstermin soll die Zeugin vorgeführt werden (mit Haftbefehl). Die Kollegin erfährt in einem Telefonat, dass die Zeugin ihr Erscheinen nicht für erforderlich gehalten hat, Angst habe sie nicht. Sie verstehe sich mit dem Beschuldigten gut.
Zu dem nächsten Termin kommt sie und macht von ihrem Zeugnisverweigerungsrecht Gebrauch. Es ergeht Freispruch.

Fall 2:
Gegen 21.00 Uhr wird die Polizei zur Wohnung der Beteiligten gerufen, Familienstreitigkeiten.
Die Zeugin und ihre Kinder (12, 7 J., 9 Monate) befinden sich im Kinderzimmer. Die Zeugin macht einen **sehr verängstigten Eindruck**, ihr **Hals** ist augenscheinlich **angeschwollen**. Sie gibt an, ihr Mann habe sie gewürgt und ihr angedroht, sie umzubringen.
Der Beschuldigte bestreitet dies, die Verletzungen habe sich seine Frau selbst beigebracht.
Die Zeugin berichtet von früheren Handlungen, zuletzt ein Stoß in eine Glasscheibe. Die Ehefrau hat eine frisch vernarbte Wunde auf dem Kopf, die Fensterscheibe hat ein Loch.
Der Beschuldigte, alkoholisiert, wird in die Stadt gefahren, um dort in einer Pension zu übernachten. Während die Beamten anschließend mit der Zeugin reden, **kommt er zurück**. Nunmehr wird er in den Polizeigewahrsam verbracht.
Die Zeugin stellt mündlich Strafantrag, unterschreibt nichts. Sie will auch nicht zum Arzt. Der Sohn bestätigt die Aussage der Mutter.
Seite 3 der Akte besteht aus dem Formular Pol SH 3001 1/91, das bedeutet: Verweisung auf den Privatklageweg. Bemerkung des Polizeibeamten: der Rechtsfrieden ist über den Lebenskreis der Verletzten hinaus nicht gestört, ein Ehekrach, der in Handgreiflichkeiten ausartete.
Das Verfahren wird in der Abteilung der Amtsanwaltschaft eingetragen. Es folgt die Verfügung des Amtsanwalts: Strafantrag wurde nicht gestellt, ein besonderes öffentliches Interesse an der Strafverfolgung besteht nicht, das Verfahren wird eingestellt. Ein Bescheid an die Geschädigte erfolgt nicht, da sie keinen Strafantrag gestellt und damit ihr Desinteresse an der Straf-

verfolgung bekundet hat, es ergeht auch keine Einstellungsnachricht an den Beschuldigten, da er nicht verantwortlich vernommen wurde.
Ein Blick in das staatsanwaltschaftliche Register zeigt etliche Verfahren seit 1991 gegen den Beschuldigten wegen Körperverletzung, einmal erging Strafbefehl, ansonsten wurden ***acht*** Verfahren mangels öffentlichen Interesses eingestellt.
Welche ***Erkenntnisse*** folgen aus den geschilderten Fällen?

1 Zuständigkeit

Fälle von häuslicher Gewalt gehören regelmäßig zur Zuständigkeit der Amtsanwaltschaft, selten zur Zuständigkeit der Staatsanwaltschaft

2 Privatklagedelikte

Bei den in Betracht kommenden Straftatbeständen handelt es sich um so genannte Privatklagedelikte wie zum Beispiel Beleidigung, Sachbeschädigung, Körperverletzung, Bedrohung.
Im Gegensatz zu den Offizialdelikten, die unabhängig von dem Interesse des Verletzten von Amts wegen verfolgt werden, hängt die Strafverfolgung bei Privatklagedelikten vom Strafantrag der Verletzten bzw. von der Bejahung des (besonderen) öffentlichen Interesses durch die Staatsanwaltschaft ab.

3 Information der Opfer

Eine Vermittlung zu sozialen Hilfseinrichtungen und/oder eine Belehrung über rechtliche Möglichkeiten erfolgt regelmäßig nicht.

Zu 1: Zuständigkeit

Die Amtsanwaltschaft ist Teil der Staatsanwaltschaft. Sie bearbeitet Delikte, die ihr durch die sog. OrGStA zugewiesen sind, z.B. Beleidigung, bestimmte Eigentums- und Vermögensdelikte bis zu einem Wert von 2.000,– DM, Bedrohung, Trunkenheit im Verkehr, Körperverletzung.

Amtsanwälte/Amtsanwältinnen haben kein Studium absolviert, sondern nach dem Abitur die Fachhochschule zur Ausbildung zum/zur Rechtspfleger/in besucht und mit dem Rechtspflegerexamen abgeschlossen. Es schließt sich eine berufliche Tätigkeit als Rechtspfleger/in an, sodann erfolgt die Zulassung zur Ausbildung bei der Amtsanwaltschaft. Nach einer Hospitation bei einer/m Amtsanwalt/Amtsanwältin bis zum kleinen Zeichnungsrecht wird nach 3 weiteren Jahren in Monschau ein 4-monatiger Fachlehrgang absolviert. Anschließend erhält der Anwärter/die Anwärterin ein eigenes Dezernat bis zum Erhalt des großen Zeichnungsrechts. Schließlich sind Klausuren und eine mündliche Prüfung zu bewältigen, bis die Ernennung zum Amtsanwalt/zur Amtsanwältin erfolgt.
Während dieser gesamten Ausbildungszeit ist das Thema „Häusliche Gewalt" ***kein Thema***. Die Handhabung der Fälle wird beim Ausbilder /bei der Ausbilderin gelernt und zunächst – mangels anderweitiger Erkenntnisse – übernommen.
Organisatorisch sind die Dezernate nach Amtsgerichtsbezirken und hier nach Buchstaben verteilt. Die Amtsanwälte/Amtsanwältinnen sind daher mal viel, mal weniger, mal selten mit Fällen von häuslicher Gewalt befasst.
Fortbildungsangebote zu diesem Thema, gerade auch für BerufseinsteigerInnen, werden nicht angeboten und sind schon gar nicht als Pflichtveranstaltung vorgesehen.
Anders, jedenfalls seit einigen Jahren, bei der Polizei. Dort werden regelmäßig Lehrgänge in der Landespolizeischule zum Thema: „Gewalt in engen persönlichen Beziehungen" durchgeführt, die sich mit Ursachen, Ausmaß, Charakteristik usw. von Gewalt gegen Frauen beschäftigen.
Es wäre eine optimale Nutzung dieses Lehrangebots, wenn daran auch ***DerzernentInnen der Staatsanwaltschaft*** teilnehmen könnten.

Für die Bearbeitung von Straftaten im sozialen Nahraum gibt es keine fachliche Vor- und Weiterbildung

Eine weitere Maßnahme zur Verbesserung der staatsanwaltschaftlichen Bearbeitung dieser Delikte ist die ***Einrichtung von Sonderdezernaten*** „Gewalt im sozialen Nahraum". Eine bessere Erreichbarkeit und Vernetzungsmöglichkeit sowie eine intensivere Beschäftigung mit diesem Deliktsbereich würde – wie auch in anderen Sonderzuständigkeiten – eine Professionalisierung der Arbeit zur Folge haben.

Zu 2: Privatklagedelikte – kein Verfolgungszwang

Bei den Delikten handelt es sich, wie bereits ausgeführt, idR um sog. Privatklage- bzw. Antragsdelikte im Gegensatz zu Offizialdelikten.
Es liegt in der Entscheidung der Staatsanwaltschaft, ob ein Verfahren gegebenenfalls bis zur Anklageerhebung betrieben wird.
Erforderlich ist die Bejahung des (besonderen) öffentlichen Interesses an der Strafverfolgung.
Ein ***öffentliches Interesse*** an der Strafverfolgung (Nr. 86 II, 233 RiStBV) besteht, wenn

- durch die Tat der Rechtsfrieden über den Rechtskreis des Verletzten hinaus gestört ist,
- die Strafverfolgung ein gegenwärtiges Anliegen der Allgemeinheit ist
- der/dem Verletzten wegen der persönlichen Beziehung zum Täter der Privatklageweg nicht zugemutet werden kann und die Verfolgung im allgemeinen Interesse liegt.

Ein ***besonderes öffentliches Interesse*** an der Strafverfolgung (Nr. 234 RiStBV) liegt vor, wenn

- der Täter einschlägig vorbestraft ist
- der Täter roh oder besonders leichtfertig gehandelt hat
- durch die Tat erhebliche Verletzungen verursacht wurden.

Die Entscheidung der Staatsanwaltschaft unterliegt in Fällen häuslicher Gewalt selten einer Kontrolle. Die Geschädigte ist in den meisten Fällen anwaltlich nicht vertreten und hat selbst kein Interesse an der Strafverfolgung. Hat sie einen Strafantrag gestellt und wird das öffentliche Interesse an der Strafverfolgung von der Staatsanwaltschaft verneint, wird sie auf die Möglichkeit des Privatklageweges verwiesen.
Von der Privatklagemöglichkeit wird aber so gut wie nie Gebrauch gemacht. Eine Überprüfung der staatsanwaltschaftlichen Entscheidung findet somit nicht statt.
In der Praxis wird der weitaus größte Teil der Verfahren wegen Körperverletzung, nämlich über 80 %, eingestellt.
Ein Teil der Einstellungen erfolgt unter Hinweis auf die Privatklagemöglichkeit (Verneinung des öffentlichen Interesses), ein – größerer – Teil wird gem. § 170 II StPO eingestellt, weil ein Strafverfolgungshindernis besteht, das Opfer entweder von seinem Zeugnisverweigerungsrecht dem mutmaßlichen Täter gegenüber Gebrauch macht oder ein Strafantrag fehlt und das besondere öffentliche Interesse an der Strafverfolgung verneint wird.

In einem nicht unerheblichen Teil der Verfahren wird der Strafantrag vom Opfer kurz nach der Anzeigenerstattung zurückgenommen, in mehr als 70 % der Fälle fehlt es an einem Strafantrag des Opfers, das heißt, ***das Strafverlangen ist auf Opferseite schwach ausgeprägt.***

Zur Begründung der Einstellungspraxis werden auf Seiten der Staatsanwaltschaft folgende Argumente vorgetragen:

- das Opfer bittet selbst um Einstellung der Strafverfolgung, da eine Versöhnung stattgefunden habe,
- es handele sich um einmalige Vorfälle (keine Vorbelastungen),
- es handele sich um gegenseitige Anzeigen,
- das Strafverfahren werde von den Frauen für die Sicherung von Vorteilen in einem anhängigen Scheidungsverfahren missbraucht.

Ein Grund für die hohe Einstellungsquote ist sicher auch die Erfahrung, dass Opfer gelegentlich einen Rückzieher machen, nachdem aufwändige Ermittlungen durch Polizei und Staatsanwaltschaft erfolgt sind.

Diese Erfahrung kennt jeder Amtsanwalt/jede Amtsanwältin zur Genüge und sie ist nicht gerade motivationsfördernd . Das Ergebnis bedeutet:

Die häusliche Sphäre wird zum rechtsfreien Raum

Es besteht ein Spannungsfeld zwischen dem Ziel, den Deliktsbereich häusliche Gewalt effektiver zu bearbeiten und zu einer öffentlichen Angelegenheit zu machen, und der Notwendigkeit, in bestimmten Fällen den Ausgleichswillen der Opfer zu respektieren.

Eine Lösung hat sich durch das 6. StrRG für die Fälle der gefährlichen Körperverletzung insoweit ergeben, als die Strafandrohung auf eine Mindeststrafe von 6 Monaten erhöht wurde und das Delikt damit nicht mehr – wie zuvor – ein Privatklagedelikt ist. Damit hängt die Strafverfolgung zum einen nicht mehr vom Willen des Opfers ab, es ist mithin auch nicht mehr erpressbar; zum anderen kann das Verfahren nicht mehr ohne weiteres eingestellt werden, besteht ein Verfolgungszwang. Für eine Einstellung gem. § 153 Abs. 1 S. 2StPO wegen geringer Schuld ist die Zustimmung der/des Strafrichters/in erforderlich, also eine weitere Instanz eingeschaltet. Gem. § 112 a Abs. 1 Nr . 2 StPO ist nunmehr im Wiederholungsfall der Erlass eines Haftbefehls möglich.

Die Verpflichtung, die Verneinung des öffentliches Interesses zu begründen und formularmäßige Einstellungsverfügungen nicht mehr zuzulassen, könnten weitere Schritte auf dem Weg einer effektiveren Handhabung dieses Deliktsbereichs sein.

Auch die Veranlassung einer unmittelbar an den Vorfall anschließenden richterlichen Vernehmung des Opfers mit einer späteren Verwertungsmöglichkeit kann die Effektivität steigern.
Daneben muss den Opfern jedoch eine ***kompetente, kostenlose*** und ***sofort vermittelbare Beratungsmöglichkeit*** angeboten werden, denn ohne die Aussage und Mitwirkung des Opfers ist ein Strafverfahren nur schwer durchzuführen (dazu unten 3).

Zu 3: Information der Opfer

Nach der Bearbeitung des Sachverhalts durch die Polizei geht die Akte bei der Staatsanwaltschaft ein, erhält ein Aktenzeichen und wird der Dezernentin/dem Dezernenten vorgelegt. In den meisten Fällen erfolgt sogleich die Einstellungs – und Weglegeverfügung.
Die Opfer erfahren in aller Regel nicht, wo sich der Vorgang befindet und durch wen er bearbeitet wird, sie werden nicht auf ihre ***rechtlichen Möglichkeiten*** hingewiesen (Rechtsbeistand, Prozesskostenhilfe, Nebenklagemöglichkeit). Wenn sie den Strafantrag nicht zurückgenommen haben, steht ihnen ein Anspruch auf einen Einstellungsbescheid zu, der als Formular vorliegt und nur noch mit den entsprechenden Daten versehen werden muss.
Vermittlung von Betreuungseinrichtungen findet ebenfalls nicht statt. Es besteht auch üblicherweise kein Netzwerk zwischen Dezernenten/ Dezernentinnen der Staatsanwaltschaft und sozialen Einrichtungen wie z.B. dem Frauenhaus, Frauennotruf, Beratungsstellen.
Das Strafverfahren hat traditionell Wahrheitsfindung und Sanktionierung zum Ziel und nicht Konfliktlösung.
Diese Einstellung hat sich inzwischen in manchen Bereichen geändert, wie am Beispiel des Täter – Opfer – Ausgleichs oder der Zeugenbegleitung deutlich wird. Vermehrt setzt sich die Erkenntnis durch, dass der Rechtsfrieden teilweise nur und/oder besser im Zusammenspiel zwischen Justiz und sozialen Institutionen und Einrichtungen erreicht werden kann.
Noch gilt aber:

Justiz ist noch kein Teil des Netzwerkes, sondern überwiegend letzte Instanz

4 Lösungswege

Zunächst müssen die Grenzen staatlicher Interventionsmöglichkeiten gesehen und akzeptiert werden (§ 52 StPO, keine Aussagebereitschaft auf Seiten des Opfers). Zwischen diesen Grenzen und der heutigen Praxis besteht aber ***Handlungsbedarf*** und ***Handlungskapazität.***
Es könnten folgende Anregungen erörtert werden:

Ute Rösemann

Die Kartoffel blüht
Intervention in Nordrhein-Westfalen

Dieses ist nicht die Arbeitsgruppe „Gemüseanbau"!
Für den Titel meines Vortrages gibt es eine einfache Erklärung:
Anlässlich der 4. Internationalen Tagung des Netzwerks der Interventionsprojekte in Deutschland, Österreich und der Schweiz im März 1999 in Wien wurden alle Projektrepräsentantinnen gebeten, den Situationsbericht bildnerisch darzustellen. Alle deutschen Projekte zeichneten – ohne Absprache – Bilder aus der Pflanzenwelt. Meine Kollegin und ich wählten die Kartoffel, da Gladbeck 1988 „berühmt und berüchtigt" wurde, weil wir zum ersten Mal in der BRD das Domestic Abuse Intervention Project aus Duluth, Minnesota, USA vorstellten: Die aus Amerika importierte Kartoffel!
Als Sprecherin der Landesarbeitsgemeinschaft der autonomen Frauenberatungsstellen NRW e.V. bin ich gebeten worden für diese Arbeitsgruppe ein Impulsreferat zu halten. Die LAG ist ein Zusammenschluss von derzeit 51 Frauenberatungsstellen in NRW.

1 Autonome Fraueneinrichtungen in NRW

Nordrhein-Westfalen ist eines der wenigen Bundesländer, in dem die Infrastruktur der Hilfseinrichtungen für gewaltbedrohte Frauen *relativ* gut entwickelt ist. Seit 20 Jahren gibt es Frauenhäuser als Zufluchtstätten; Frauenberatungsstellen für die Krisenintervention und Langzeitberatung wurden vor 15 Jahren gegründet. Notrufe können auf eine ebenso lange Geschichte wie die Frauenhäuser zurückblicken. Hier liegt die Spezialisierung auf sexualisierter Gewalt, aber keine Frau, die „nur" von Misshandlung bedroht ist, wird weggeschickt.
Was leisten Frauenhäuser? Frauenhäuser sind Zufluchtsstätten für gewaltbedrohte Frauen und ihre Kinder. In Deutschland suchen schätzungsweise 40 bis 45 Tausend Frauen jährlich Schutz vor ihren gewalttätigen „Partnern". Die Frauen können zu jeder Tages- und Nachtzeit kommen. Die Aufenthaltsdauer ist meist unbegrenzt, bis die Frau eine eigene Wohnung

gefunden hat oder in ihre vorherige Wohnung zurückkehren kann. Hilfsangebote umfassen Einzelberatung und Unterstützung bei Ämtergängen, der Wohnungssuche usw. In den meisten Frauenhäusern gibt es auch eine Kinderbetreuung.

Frauenberatungsstellen sind ambulante Angebote. Viele wurde als Nachsorgeeinrichtung für Frauen aus den Frauenhäusern gegründet, andere entstanden aus der Notrufarbeit. Sie sind Anlaufstellen für Frauen mit den unterschiedlichsten Anliegen; Schwerpunkt ist allerdings die Beratung von Frauen mit Gewalterfahrungen. Neben der individuellen Beratung gibt es auch Gruppenangebote zu unterschiedlichen Themen: Trennung/ Scheidung und was dann?, Gruppen für Frauen mit Missbrauchserfahrungen in der Kindheit, Gruppen für Frauen mit Essstörungen usw. Zur Einzelberatung gehören sowohl die Begleitung zu Ämtern, Gerichten usw., als auch die Traumabearbeitung in therapeutischen Langzeitberatungen.

Schwerpunkt der Notrufarbeit ist die Hilfe und Unterstützung für vergewaltigte Frauen und Mädchen. Hier handelt es sich auch um ambulante Einrichtungen und das Angebot ist ähnlich dem der Frauenberatungsstellen. Leider sind Notrufe aber in NRW personell wesentlich schlechter ausgestattet als die Frauenhäuser oder Frauenberatungsstellen. Frauenhäuser werden durch das Land NRW mit 4 Personalstellen, Frauenberatungsstellen mit 1,5 und Notrufe mit jeweils einer halben Stellen ausgestattet. Es ist klar, dass bei diesen Personalschlüsseln, der Aktionsradius relativ eingeschränkt bleiben muss.

Gemeinsam ist allen drei Einrichtungen, dass sie Gewaltprävention durch individuelle Intervention und Hilfsangebote sowie durch Öffentlichkeits- und Aufklärungsarbeit leisten. Viele dieser Fraueneinrichtungen gestalten Unterrichtseinheiten für Schulen, bilden ErzieherInnen und LehrerInnen fort, führen Elternabende, halten Vorträge zu verschiedensten Anlässen zu ihrer Arbeit. Alle Fraueneinrichtungen arbeiten nach dem Prinzip der „Komm-Struktur“, d.h. die Frauen setzen sich mit der Einrichtung in Verbindung. Der Kontakt muss immer freiwillig und gewollt sein. Diese Struktur bedeutet aber auch, dass viele Frauen, die Männergewalt ausgesetzt sind, sich nicht melden. Das heißt die Dunkelziffer wird immens hoch sein.

Aber trotz dieser Angebote, für die betroffenen Frauen hat sich grundlegend an der Gewaltproblematik rein gar nichts geändert. Frauenberatungsstellen, Frauenhäuser und Notrufe haben erfahren müssen, dass die Behandlung des Themas auf der psychosozialen Schiene stecken geblieben ist. Während in den Unterstützungseinrichtungen darüber nachgedacht und entsprechend gehandelt wird, die Situation der Frauen zu verbessern, verharren die beteiligten staatlichen Institutionen zum großen Teil noch immer in Untätigkeit.

Ein Beispiel aus der Praxis:
Eine Frau kommt in die Frauenberatungsstelle. Sie ist am Vorabend von ihrem Ehemann zusammengeschlagen worden. Die Nachbarn haben wegen nächtlicher Ruhestörung die Polizei gerufen. Die Polizei brachte die Frau zur Ambulanz ins Krankenhaus. Sie musste über Nacht dort bleiben. Die Polizei hat eine Strafanzeige geschrieben (was bis vor einem Jahr in NRW ohne den Strafantrag der Frau nicht geschehen wäre) und an die Staatsanwaltschaft weitergeleitet. Der Mann ist zu Hause geblieben. Die Frau möchte nicht in ein Frauenhaus, da sie ihre Tochter und ihren Sohn nicht aus der Schule bzw. Kindergarten nehmen möchte. Eine Beraterin geht mit der Frau zum Amtsgericht. Dort wird bei einer Rechtspflegerin ein Antrag auf Zuweisung der ehelichen Wohnung als einstweilige Verfügung gestellt. Der Richter spricht mit der Frau. Sein Beschluss lautet: Die Frau hat die Möglichkeit in ein Frauenhaus zu gehen, deshalb beschließt er, keine einstweilige Verfügung auf Zuweisung der Wohnung zu erteilen. Die Kinder könnten u.U. beim Mann bleiben; er habe ja nicht die Kinder misshandelt, sondern nur die Frau angegriffen. Eine eventuelle Obdachlosigkeit des Mannes ist zu vermeiden.
Die Frau beschließt, gemeinsam mit den Kindern in ein Frauenhaus zu gehen. Eine Mitarbeiterin der Frauenberatungsstelle und 2 Polizeibeamte begleiten sie zu ihrer Wohnung, um die Kinder und persönliche Gegenstände abzuholen. Zwei Monate später bekommt der Mann ein Schreiben von der zuständigen Amtsanwaltschaft, dass das Verfahren mangels öffentlichem Interesse eingestellt wird. Die Frau und ihre Kinder sind immer noch im Frauenhaus.

Was ist hier passiert? Die Frau hatte es mit vielen verschiedenen Institutionen zu tun: Polizei, Krankenhaus, Rechtspflege, Gericht. Sie wurde herumgereicht und im Endeffekt von allen „weggeschoben". Der Gewalttäter war keinerlei Belastungen ausgesetzt, er bekam sogar noch schriftlich bescheinigt, dass seine Gewalttat öffentlich nicht interessiert! Das stärkt seine Machtposition gegenüber der Frau ungemein und vermittelt ihm, dass sein Verhalten zwar nicht unbedingt gut geheißen wird, aber trotzdem ohne Konsequenzen bleibt und somit immer noch in die Kategorie „Kavaliersdelikt" fällt. Zurück bleibt der Eindruck bei den Frauen und bei

den mitbetroffenen Kindern, dass eine Sanktionierung und Verhinderung dieser Straftat nicht gegeben, ein wirksamer Schutz nicht möglich oder – schlimmer noch – auch nicht ernsthaft gewollt ist.
Dieses Beispiel steht stellvertretend für die Erfahrungen, die Frauen vielen Fraueneinrichtungen in NRW berichtet haben. Vergessen werden darf in diesem Zusammenhang auch nicht, dass für Migrantinnen noch weniger Möglichkeiten bestehen, aus einer gewalttätigen Beziehung mit behördlicher Unterstützung zu entkommen.

2 Derzeitige Formen der Zusammenarbeit

Die derzeitigen Kooperationsformen sind geprägt von Willkürlichkeiten auf Behördenseite. Noch immer ist es vom persönlichen Engagement Einzelner abhängig, ob eine Zusammenarbeit überhaupt stattfindet und wie sie im Detail aussieht.

2.1 Mit der Polizei

Bei der Polizei in NRW gibt es – sicherlich gefördert durch die Veröffentlichung des Merblattes „Das Wesentliche sehen: Polizeiliches Handeln bei Gewalt in der Familie“ – einige positive Ansätze. Aber auch hier ist die Zusammenarbeit mit den örtlichen Frauenhäusern und Frauenberatungsstellen vom Interesse und Engagement der Behördenleitung abhängig. Das Merkblatt wurde übrigens von der LAG Frauenberatungsstellen in NRW entwickelt. Es sollte ein Arbeitsinstrument für die BeamtInnen im Einsatzwagen sein.
Auch wenn die Diensstellenleitungen bestens über die vorhandenen örtlichen Fraueneinrichtungen informiert sind, heißt das z.B. noch lange nicht, dass auch die EinsatzbeamtInnen vor Ort auf dem gleichen Wissensstand sind und die Frauen entsprechend informieren und ermuntern, Kontakt mit diesen Einrichtungen aufzunehmen. Maßnahmen, die von Seiten der Polizei ergriffen werden könnten, werden nur dort Anwendung finden, wo Gewalt gegen Frauen in Beziehungen überhaupt als Problem von der Institution anerkannt worden ist und sich in einheitlichen Verfahrensweisen niederschlägt, so dass die Reaktion nicht mehr vom Bewusstseinsstand der/des Einzelnen abhängig ist.

2.2 Mit der Justiz

Auf Justizebene (Staats- bzw. Amtsanwaltschaften und Gerichte) liegt die Kooperationsbereitschaft bei Null! Die Opfer werden nicht berücksichtigt. Kinder, die „nur" die Gewalt gegen ihre Mütter miterlebt haben, aber nicht selbst misshandelt wurden, werden überhaupt nicht wahrgenommen. Verfahren werden mangels öffentlichem Interesse nicht eröffnet, in Zivilgerichten wird die Frage nach Gewalt fast nie gestellt. Strafverfahren werden oft auf den Privatklageweg verwiesen oder die Maßnahmen des Täter-Opfer-Ausgleichs werden angeboten. Dass alle diese Maßnahmen, den Täter zu Ungunsten der Opfer stärken, wird nicht gesehen, stattdessen wird die Neutralität beschworen. Neutralität in Zusammenhang mit Gewalt gegen Frauen in Beziehungen bedeutet immer Täterschutz und läuft einer Inverantwortungnahme des Täters zuwider.
Es bleibt festzuhalten: Behörden reagieren auf Gewalt gegen Frauen in persönlichen Beziehungen oft wie der Täter selbst: Sie bagatellisieren („Das Ausmaß ist gering!"), sie leugnen („Gewalt gegen Frauen in Beziehungen spielt kaum eine Rolle in der täglichen Polizei/Justizarbeit."), die Schuld wird verschoben („Sie muss ihn provoziert haben! Wenn sie nichts unternehmen will, sind uns auch die Hände gebunden!"). Die Frauen und Kinder erfahren keine Reaktionssicherheit, wenn sie sich an öffentliche Stellen um Hilfe wenden. Je nachdem welche Einstellung der einzelne Polizist, Amtsanwalt oder Richter gegenüber dieser Gewaltproblematik hat, nimmt das Verfahren seinen Gang oder auch nicht. Dieses Roulette-Spiel geht auf Kosten der Frauen und Kinder. Wie Beispiele aus der Vergangenheit zeigen, kann sogar das Leben der Opfer in Gefahr sein.
Bislang wird Fraueneinrichtungen immer noch vermittelt, dass sie die Gewalt überdramatisieren und nun die Öffentlichkeit damit belästigen!

3 Überlegungen zu Interventionsprojekten

Seit mehr als 10 Jahren beschäftigt sich die Landesarbeitsgemeinschaft der autonomen Frauenberatungsstellen NRW e.V. mit der Frage nach geeigneten Interventionsformen. Wir wissen, dass Fraueneinrichtungen in ihrer Arbeit dann an ihre Grenzen stoßen, wenn sich auf staatlicher Ebene nichts verändert. Wir sehen unsere Aufgabe darin, diese Veränderungen mitzubewirken und auch mitzusteuern, um die Interessen der Opfer von Männergewalt in Familien zu wahren.

Folgende Leitlinien liegen unseren Überlegungen zu Grunde:

- Intervention ohne Unterstützung der Opfer, ohne Koordinierung und ohne politischen Auftrag ist keine Intervention, sondern schadet den Opfern noch mehr!
- Eine unerlässliche Rahmenbedingung für ein Interventionsprojekt ist die enge Einbindung der Fraueneinrichtungen.
- Die Zusammenarbeit darf nicht vom „good will" der einzelnen Behördenleitungen abhängen, sondern es muss ganz klare gesetzliche Vorgaben/Aufträge für ein einheitliches Verfahren geben.
- Die Fraueneinrichtungen dürfen im Interventionskonzept nicht „benutzt" werden, sondern müssen ein integraler Bestandteil der Interessensvertretung und Unterstützung der Frauen sein. Sie müssen an jedem Punkt des Interventionsprozesses eingreifen können, wenn die Sicherheit der Opfer gefährdet scheint.
- Intervention darf keine losgelöste Angelegenheit sein, sondern kann nur koordiniert stattfinden. Die Koordinierung darf nur durch Personen gestaltet werden, die mit der Unterstützungs-/Beratungsarbeit von Frauen vertraut sind. Hier könnte – zumindest in NRW – die bestehende Infrastruktur an Fraueneinrichtungen im Sinne der in Baden 1998 verabschiedeten Standards und Empfehlungen genutzt werden. Da koordinierte Intervention für diese Stellen eine Zusatzaufgabe ist, muss sich diese Mehrarbeit in einer Stellenausweitung niederschlagen.
- Auch die täterbezogene Intervention darf als Maßnahme nur in Abstimmung mit den Fraueneinrichtungen erfolgen und niemals isoliert angegangen werden.

Aus diesen Punkten ergeben sich für die Landesarbeitsgemeinschaft der autonomen Frauenberatungsstellen NRW e.V. folgende Forderungen:

1. Forderung:

Neben der Sicherstellung ausreichender Unterstützungsangebote für Frauen ist die flächendeckende Einrichtung von Interventionsstellen zur Koordination der Zusammenarbeit von staatlichen Stellen und Fraueneinrichtungen unbedingt notwendig.

2. Forderung:

Alle Maßnahmen in einem Interventionsprozess müssen mit Fraueneinrichtungen abgestimmt sein und als oberste Maxime die Sicherheit und den Schutz von Frauen und Kindern gewährleisten.

4 Vernetzung

Dass Vernetzung die Arbeit voranbringen kann, ist mittlerweile ein nicht mehr wegzudenkender Fakt. Am Beispiel der Landesarbeitsgemeinschaft der autonomen Frauenberatungsstellen NRW e.V. kann ich aufzeigen, dass das o.a. Merkblatt zum polizeilichen Handeln bei Gewalt in Familien niemals vom Innenministerium herausgegeben worden wäre ohne die Vorarbeiten, das Lobbying und den Druck der Frauenberatungsstellen in NRW. Eine Fraueneinrichtung allein hätte das nicht leisten können.
Mittlerweile gibt es auf kommunaler Ebene viele so genannte „Runde Tische“, die zur lokalen Vernetzung sicherlich einen wertvollen Beitrag leisten. Es stellt sich aber die Frage, inwieweit sie wirklich positive Veränderungen über den Rahmen des persönlichen Kennenlernens hinaus erbringen können.
„Runde Tische“ muss es deshalb auch auf Landesebene geben. Dieser Forderung ist das Land NRW mittlerweile nachgekommen und es wurde ein „Runder Tisch“ zu Gewalt gegen Frauen in Beziehungen gegründet. An diesem Tisch sind vertreten: das Frauenministerium als Einladerin, die LAGen der Frauenberatungsstellen, der Frauenhäuser und der Notrufe, das Innenministerium und das Justizministerium. Im Oktober 1999 trifft sich dieser Arbeitskreis zum zweiten Mal. Die Zukunft wird zeigen, ob dieser „Runde Tisch“ tatsächlich Arbeitsergebnisse erzielt oder ob er nur pro forma existiert, weil jedes Land einen installiert hat! Die Vertreterinnen der LAGen sind jedenfalls bereit, konstruktiv mitzuarbeiten.

5 Zusammenfassung

Zurück zum Bild der Kartoffel: Die dicke „Mutterknolle“ – DAIP – hat viele kleine Knollen entwickelt: Das sind die verschiedenen Aktivitäten der Fraueneinrichtungen in NRW (lokale Runde Tische, Kooperationen mit der Polizei vor Ort, Schulungen verschiedener Berufsgruppen etc.). Manche kleine Kartöffelchen sind schon frühzeitig verkümmert, könnten aber wieder keimen (Kooperation mit Amts/Staatsanwaltschaften, Gerichten etc.). Ein bisschen Kraut an der Oberfläche gibt es auch (beispielsweise die landesweiten Fortbildungen an den Polizeifortbildungsinstituten, Runder Tisch auf Landesebene). Nur die Blütenpracht lässt auf sich warten. Vielleicht weil es an Sonne (Finanzen) fehlt oder es an guter Düngung (politischer Wille) mangelt? Noch blüht sie also nicht, die nordrhein-westfälische Kartoffel; aber sie wird es mit Hilfe der Fraueneinrichtungen in NRW! Ich bin mir da sehr sicher!

Anlage

Landesarbeitsgemeinschaft der autonomen Frauenberatungsstellen NRW e.V.
Fachausschuss Gewalt gegen Frauen in Beziehungen
Sprecherin: Ute Rösemann
c/o Frauenberatungsstellen Gladbeck e.V.
Hochstr. 28
45964 Gladbeck
Tel.: 0 20 43-68 16 59
Fax: 0 20 43-92 97 95

Standards für Interventionsprojekte als Maßnahme gegen Gewalt gegen Frauen in Beziehungen

Stand: Juli 1999

Präambel

Gewalt gegen Frauen ist die meistverbreitetste Menschenrechtsverletzung unserer Zeit.

Die obersten Ziele eines Interventionsprojektes gegen Gewalt in Beziehungen sind die Gewährleistung von Sicherheit und Schutz vor Gewalt für die Opfer, die Inverantwortungnahme der Täter sowie die gesellschaftliche Ächtung von Gewalt in Beziehungen, um so ein gewaltfreies Leben für Frauen und ihre Kinder zu ermöglichen.

Die Einrichtung eines Interventionsprojektes stellt somit eine notwendige Ergänzung der Tätigkeit von Frauenhäusern und Frauenberatungsstellen dar und ist ein wichtiger Schritt sowohl in der Arbeit gegen häusliche Gewalt als auch bei der Optimierung und Gewährleistung von Sicherheit und Schutz für Frauen, die von Gewalt betroffen sind.

Rahmenbedingungen

Interventionsprojekte sind unerlässlich für die Koordinierung und Optimierung der Zusammenarbeit von staatlichen Stellen und frauenunterstützenden Einrichtungen.

Hierzu müssen verbindliche Rahmenbedingungen geschaffen werden,

- die die Bereitstellung ausreichender und flächendeckender Unterstützungsangebote für Frauen sicherstellen,
- die die Rechte misshandelter Frauen stärken und ihre Rechtsposition ausbauen,

- die die männlichen Gewalttaten gesellschaftlich ächten und die Gewalttäter auch juristisch konsequent zur Verantwortung ziehen.
- Es müssen klare, verbindliche, gesetzliche Vorgaben/Aufträge für ein einheitliches Verfahren geschaffen werden, damit das Vorgehen aller beteiligten Institutionen und Einrichtungen gegen Gewalt gegen Frauen in Beziehungen koordiniert und aufeinanderabgestimmt werden kann.
- Die Aufklärungsarbeit über männliche Gewalt gegen Frauen und die Präventionsarbeit müssen intensiviert und weiter etabliert werden.

Ein Interventionsprojekt erfordert die Unterstützung der Opfer, die Koordinierung der Maßnahmen und den politischen Auftrag.
Eine unerlässliche Rahmenbedingung für ein Interventionsprojekt ist die enge Einbindung der Fraueneinrichtungen im Sinne eines integralen Bestandteils der Interessenvertretung und Unterstützung der Frauen. Sie müssen an jedem Punkt des Interventionsprozesses eingreifen können, wenn die Sicherheit der Opfer gefährdet sein könnte.
Hieraus ergeben sich folgende konzeptuelle Schwerpunkte:

1. *Es gibt einen gemeinsamen klaren und verbindlichen Arbeitsauftrag: „Frauen und Kinder sind wirksam vor häuslicher Gewalt zu schützen"*
2. *Interventionsprojekte sollen auf lokaler Ebene eingerichtet werden*
3. *Als Kooperationspartnerinnen eines Interventionsprojektes sollen auf jeden Fall VertreterInnen der Frauenhäuser, Frauenberatungsstellen, Polizei, Staatsanwaltschaft und des Gerichtes eingebunden werden.*
4. *Die Zusammenarbeit der beteiligten Institutionen muss verpflichtend sein*
5. *Ein Interventionsprojekt ruht auf mindestens zwei Säulen: einer eigenständigen Koordinationsstelle und der Unterstützung der Opfer*
6. *Die täterbezogene Intervention darf nur im Rahmen der koordinierten Intervention durchgeführt werden*

Intervention darf keine losgelöste Angelegenheit sein , sondern kann nur koordiniert stattfinden.
Die Koordinationsstelle ist unerlässlich für die Bereitstellung eines Unterstützungsangebotes für Frauen, die von häuslicher Gewalt betroffen sind, für die konstruktive Vernetzung der an den Maßnahmen gegen häusliche Gewalt beteiligten Institutionen, für die Koordination der Interventionen, für den Informations- und Erfahrungsaustausch sowie die Fortschreibung und Verbesserung des Konzeptes des Interventionsprojektes.
Die Koordinierung darf nur von Personen gestaltet werden, die mit der Unterstützungs-/Beratungsarbeit von Frauen vertraut sind.

Die Koordinationsstelle muss somit an eine autonome, feministische NGO angebunden sein. Ausschliesslich diese haben den Arbeitsschwerpunkt – Schutz von Frauen in Gewaltbeziehungen – und können darüberhinaus auf eine bestehende gut entwickelte Infrastruktur zurückgreifen (zumindestens in NRW).

Finanzierung
Die Koordinationsstelle muss i.S. einer Pflichtaufgabe vom Staat voll finanziert werden. Dies umfasst die Kosten für die Koordinationsstelle, als auch Honorarmittel für Sonderveranstaltungen/Kampagnen u.Ä.
Hierdurch ist die Unabhängigkeit von kommunalen Mittel, Sponsoring, Spenden und ihrer Requirierung durch die Mitarbeiterinnen der Koordinationsstelle gewährleistet.
Als Kostenträger kommen das Innen-, Justiz-, Frauenministerium in Betracht.

Räumliche Ausstattung
Die notwendige Ausstattung der Koordinationsstelle umfasst eigene Büro- und Konferenzräume in der erforderlichen Ausstattung. Auf Grund ihres Arbeitsauftrages kann eine Koordination nicht in exklusiven Frauenräumen stattfinden.

Personelle Bedingungen
Die Koordinationsstelle beinhaltet die beiden Bereiche Koordination und die Unter-stützung von Gewalt betroffenen Frauen.
Hieraus ergibt sich folgender Personalschlüssel (Minimalforderung) mit den entsprechenden Aufgabengebieten:

Interventionsprojekt	
Koordination	*Unterstützung*
1 Verwaltungsmitarbeiterin (Vollzeitstelle)	Beraterinnen (Vollzeitstelle)
	mindestens 1 Beraterin pro 50.000 EinwohnerInnen
• Büro-/und Verwaltungsorganisation • Antragswesen • Buchhaltung u.a.m	proaktiver Ansatz Einzelberatung und Gruppenangebote

Interventionsprojekt	
Koordination	*Unterstützung*
2 Mitarbeiterinnen (Vollzeitstellen)	
unter Gewährleistung eines multiprofessionellen Teams • Kontakte herstellen • Vernetzung von Personen, Institutionen, Behörden • Interventionen konzeptualisieren, koordinieren, evaluieren • Unterstützung/Motivierung der Kooperationspartnerinnen • Organisation von Fortbildungen • Transparenz des Interventions-projektessowohl nach innen, wie außen herstellen • Auswertung der Ergebnisse • Sprecherinnenfunktion • Öffentlichkeitsarbeit	

Mit diesen Standards für Interventionsprojekte erhebt der *Fachausschuss der LAG NRW Gewalt gegen Frauen in Beziehungen* keinen Anspruch auf Vollständigkeit und es sind auch noch nicht alle Punkte und Aspekte abschließend diskutiert worden. Für Anregungen und Ergänzungen sind wir offen.

Anita Heiliger

„Aktiv gegen Männergewalt"
Die Münchner Kampagne gegen Männergewalt an Frauen und Mädchen/Jungen

1 Der Status Quo

Männergewalt gegen das weibliche Geschlecht ist weltweit die häufigste Verletzung von Menschenrechten (vgl. Bunch 1998, Unicef 1997). Seit den 80er Jahren gelten ihrer Beendigung internationale Bemühungen, die sich in Kampagnen, Aktionen, Resolutionen, gesetzlichen und pädagogischen Maßnahmen niederschlagen (vgl. Heiliger/Hoffmann 1998). Die Weltkonferenz für Menschenrechte von 1993 stellte fest:

> „Geschlechtsbezogene Gewalt und jede Form der sexuellen Belästigung und Ausbeutung, einschließlich der Formen, die aus kulturellen Vorurteilen und internationalem Frauenhandel erwachsen, sind unvereinbar mit der Würde und dem Wert des Menschen und müssen beseitigt werden" *(Bericht der Vereinten Nationen, 1995: 8).*

Die Ursache der Gewalt gegen das weibliche Geschlecht wird übereinstimmend im System der Geschlechterhierarchie und der daraus resultierenden geschlechtsspezifischen Arbeitsteilung gesehen, das Frauen Männern kollektiv unterstellt und eine männliche Rolle kultiviert, die Männern Macht und Dominanz zuschreibt (vgl. ebd. sowie Heiliger/Engelfried 1995). Die Gewaltausübung dient der Aufrechterhaltung und Absicherung dieser Dominanz.
Dieses in den meisten Gesellschaften in der Welt vorherrschende System der Geschlechterhierarchie gilt weitgehend als quasi natürlich und suggeriert eine Selbstverständlichkeit der Verfügung von Männern über Frauen, die sich in alltäglichen Formen der Unterdrückung, Entwertung und Funktionalisierung bis hin zu Übergriffen und massiver Gewalt niederschlägt (vgl .Bericht. 1995). Diese Selbstverständlichkeit und Alltäglichkeit ist es, die die verschiedenen Formen der Gewalt nicht als solche definieren und erkennen lässt, sondern umgekehrt die Gewalt leugnet, Verfügung als natürliches Recht deklariert und zu einer gesellschaftlichen Duldung selbst brutalster Formen der Gewalt gegen Frauen führt. Diese Duldung kommt zum Ausdruck in einer Vielfalt von Verhaltensformen: Fehlende Wahrnehmung der Gewalt, Leugnung ihres Gewaltcharakters, Ignorieren, Hilfe für Opfer unterlassen, Täter entschuldigen und rechtfertigen.

2 Die Arbeit in der Münchner Kampagne

2.1 Konzept und Umsetzung

Die Münchner Kampagne setzte an den beschriebenen gesellschaftlichen Ursachen der Männergewalt und primär an den alltäglichen Gewaltformen an, um präventive Impulse zur Beendigung der Männergewalt zu setzen. Sie setzte sich im Besonderen zum Ziel, die Fähigkeit und Handlungsbereitschaft bei Frauen und Männern, Mädchen und Jungen zu entwickeln und zu fördern, männliche Gewalt gegen und Diskriminierung von Mädchen und Frauen zu benennen, zu stoppen, wo immer sie stattfindet, sie zu ächten, persönlich einzugreifen, die Duldung der Gewalt und damit letztendlich die Männergewalt selber langfristig zu beenden. Die Münchner Kampagne unterschied sich von vielen anderen Kampagnen durch die Herstellung/Förderung solch konkreter Handlungsfähigkeit und die Zielrichtung auf institutionelle Strukturen, die darauf zu analysieren und zu reflektieren waren, inwieweit sie Männergewalt mit legitimieren, mit tragen und mit dulden – entweder durch ihr Selbstverständnis oder durch ihre Arbeitsweisen und durch die symbolische und faktische Repräsentation von Geschlechterhierarchie.

In einem Zeitraum von einem Jahr (1.10.1997–30.9.1998) sollte erreicht werden, dass Männergewalt in allen Handlungsfeldern – und aufeinander folgend in allen Stadtteilen – in München zum Thema wird. In den Institutionen, Verbänden und Einrichtungen sollten konkrete Gegenstrategien entwickelt werden. Es sollte damit eine flächendeckende Thematisierung der Gewalt gegen Mädchen und Frauen erfolgen durch Einbeziehung tendenziell sämtlicher Institutionen, Projekte und Initiativen der Stadt (Stadtreferate, Parteien, Polizei, Justiz, Gesundheitswesen, Beratungsstellen, Verbände, Ämter, Medien, Bildungs- und Ausbildungseinrichtungen, Projekte, (Sport-)Vereine, soziale Einrichtungen, Jugendeinrichtungen, Betreuungseinrichtungen usw. . .).

Es war den InitiatorInnen von vorneherein klar, dass diese große Kampagne ihre angezielte Wirkung nur erreichen konnte, wenn es gelingen würde, eine breit angelegte Zusammenarbeit mit einer großen Vielfalt von Institutionen und Instanzen in München mit einem weit gespannten inhaltlichen Spektrum zu initiieren. Um diese Zusammenarbeit zu erreichen, wurde im Januar 1996 ein großes Forum, das Münchenplenum, gegründet, zu dem immer weitere Kreise und Institutionen eingeladen wurden, sich zu beteiligen. Im monatlichen Abstand wurden hier alle Informationen eingebracht und wurde die Kampagne kontinuierlich gemeinsam durch alle TeilnehmerInnen in basisdemokratischem Prozess entwickelt. Die Initiativgruppe der Kampagne bereitete diese Plena vor und plante die notwendigen strategischen Schritte zur Entwicklung der Kampagne sowie die stadtweiten Veranstaltungen und Handlungsformen. Auf den Plena wurden alle wesentlichen Mittel der Kampagne wie z.B. das Logo, grundlegende Papiere, Plakatentwürfe und Öffentlichkeitsarbeit diskutiert und entschieden. Einschätzungen über die Wirkung der Kampagne und noch fehlende Handlungsansätze oder Bereiche wurden gemeinsam getroffen.

Es gelang schließlich im Laufe von 2 Jahren Vorbereitungsszeit, ein breites Bündnis der Trägerschaft der Kampagne herzustellen, an der sich am Ende über 250 Münchner Institutionen und Gruppierungen verschiedenster gesellschaftlicher Bereiche beteiligten. Dadurch, dass die Patenschaft für die Kampagne durch den Oberbürgermeister und die 2. Bürgermeisterin übernommen worden war, war die Unterstützung durch die Stadtverwaltung und einen großen Teil der städtischen Referate gegeben. Verschiedene Arbeitsgruppen beschäftigten sich zum einen mit grundsätzlichen Fragen wie z.B. Öffentlichkeitsarbeit, Finanzen, Arbeitsmaterialien, Handlungsansätzen oder mit speziellen Handlungsfeldern wie Männeraktivierung, Arbeit an der Schule und „Unsichtbares Theater", arbeiteten zum anderen innerhalb der unterschiedlichen Institutionen zur Umsetzung ihrer eigenen Beteiligung. In mehreren Stadtteilen wurden Gruppen gegründet, um dezentrale Beteiligungsformen an der Kampagne zu planen und durchzuführen. Die Ergebnisse aller Gruppen gingen wiederum laufend in das Münchenplenum ein.

Die Koordinationsstelle der Kampagne war im Frauenprojekt KOFRA (Kommunikationszentrum für Frauen zur Arbeits- und Lebenssituation e.V.) angesiedelt, das die Unterstützung der Kampagne zum Schwerpunkt seiner laufenden Arbeit erklärt hatte. Hier war die Anlauf- und Vermittlungsstelle für alle Informationen und Planungssschritte der Kampagne. Sie stellte die notwendigen Arbeitsunterlagen her, beschaffte, sammelte und verarbeitete inhaltliche Materialien zur Kampagne, erstellte und verschickte die Plenumsprotokolle, erstellte die Finanzpläne, besorgte die notwendigen finanziellen Mittel, organisierte den Informationsfluss, stellte Kontakte her, bereitete die Informationsstände vor und organisierte die Erledigung aller anfallenden Arbeiten. Die an der Kampagne beteiligten

Institutionen, Projekte, Initiativen und Medien organisierten und finanzierten ihre eigenen Veranstaltungen zur Kampagne selbst, nach Möglichkeit als Bestandteil ihres Regelprogramms im fraglichen Zeitraum.

2.2 Die Vielfalt der Aktivitäten zur Kampagne

Die im Laufe des Kampagnenjahres durchgefürten Maßnahmen enthielten eine breite Vielfalt von insgesamt über 300 sowohl einrichtungsinternen wie -übergreifenden und öffentlichen Veranstaltungen wie z.B. (Podiums-)Diskussionen, Fortbildungen, Fachtagungen, Projekttage an Schulen, Aktionen mit Mädchen und Jungen/Frauen und Männern, wie z.B. Selbstverteidigungskurse für Mädchen, Trainings gegen Aggression, Gewalt und Frauenfeindlichkeit für Jungen, Vorträge, Gottesdienste, Beratungen, Gruppenarbeit, Konfrontationen, Verbreitung von Informationsmaterial, Einbeziehung kultureller Medien wie Film, Video, Literatur und Kunst. Des Weiteren entwickelten sich Beteiligungen an Stadteilfesten, kleinere Demonstrationen und Informationsstände in der Stadt, Stadtteilbegehungen unter dem Aspekt von Sicherheit für Frauen und Kinder, Vernetzung der einschlägigen Institutionen vor Ort für langfristige Zusammenarbeit gegen Männergewalt an Frauen und Mädchen/Jungen.
Schwerpunkte unter den aktiven Einrichtungen bildeten 59 städtische Referate und Dienststellen mit primär internen Fortbildungen und Diskussionen sowie Förderung der Kampagne als Ganzem durch finanzielle Zuschüsse oder Zur-Verfügungstellen von Leistungen, gefolgt von 27 kirchlichen Stellen (mit ca. 30 Veranstaltungen), 14 städtischen Schulen (mit Projekttagen, Fortbildungen, Diskussionen in Schulklassen, Anbringen von Plakaten), 9 Bezirksausschüssen (mit 18 Veranstaltungen), 7 Stadtteilen (mit insgesamt 85 Veranstaltungen), 6 Einrichtungen für Männer/ Jungen (mit ca. 20 Veranstaltungen), 33 Veranstaltungen zum Thema Migration von ca. 14 Einrichtungen, 50 Veranstaltungen zur Mädchenarbeit von insges. 17 Stellen usw. Ca. 30 Dokumentationen und Produkte liegen aus den verschiedenen Handlungsbereichen vor.[1] Besonders herausragende Handlungsformen waren z.B. die Kunstausstellung „Die Passion ist weiblich.

1 Eine Liste kann bezogen werden über die Koordinationsstelle des „Münchner Bündnisses Aktiv gegen Männergewalt“, c/o Kofra, Baaderstr. 30, 80469 München, Fax: 0 89-2 02 16 65 oder 0 89-2 02 27 47.

Frauen in Gewaltverhältnissen" der ev.-luther. Dankeskirche, ein ökumenischer Gottesdienst in Form einer Performance, zwei von Mädchen gedrehte Videofilme zum Thema („bitterklee", „männliche Gewalt gegen Mädchen und Frauen"), ein Schulprojekt mit einer SchülerInnenumfrage zur Gewalt von Jungen gegen Mädchen und anschließendem Projekttag („Jungen Grenzen setzen"), das „Unsichtbare Theater" in der Münchner U-Bahn, das zum Thema sexuelle Belästigung Gespräche führte, Übergriffe benannte und MitfahrerInnen am Gespräch beteiligte, der Lokaltermin eines Bezirksausschusses in einer Polizeidienststelle im Stadtteil, die Thematisierung von Männergewalt auf allen professionellen Ebenen einer städtischen Dienststelle mit Dienstbesprechungen, Fortbildungen und schriftlichen Handlungsanweisungen, eine „Aktiv-Aktie" zur Spendensammlung für die Finanzierung von Plakatflächen, 10 großformatige, auf Leinen gemalte Ölbilder einer Münchner Malerin, die das Leiden von Frauen darstellten und für die Präsentation im Außenbereich konzipiert waren.

Stadtweite, öffentliche Handlungsformen waren vor allem die Plakataktionen mit 5 Motiven entworfen von einer Fotografin und einem Fotografen als ihr selbstloser Beitrag zur Unterstützung der Kampagne: „Die blauen Augen hat sie von ihrem Vater" (über Gewalt in der Familie), „Kein Grund zur Vergewaltigung" (Zum Mythos der Rechtfertigung sexueller Gewalt), „Da muss sie alleine durch" (zur Angst in dunklen Gegenden), „Papa macht's doch auch" (zum Nachahmungsverhalten von Jungen) und „Rote Karte für Männergewalt" mit dem ehemaligen Kapitän des FC Bayern Thomas Helmer. Diese Plakate haben die Kampagne in der Öffentlichkeit bekannt gemacht, nachdem die lokale Presse wenig berichtete. Die Plakatserie hing in der Öffentlichkeit auf Plakatflächen sowie später auch in U-Bahnen („Rote Karte...") und forderte zur Auseinandersetzung mit den angesprochenen Problemen auf. Das „Minirock"-Motiv wurde zusammen mit „Rote Karte..." für Großplakate ausgewählt, die eine neue Intensitätsstufe in der Konfrontation mit dem Problem der Männergewalt erreichten. Begleitend zu den Plakaten wurden Aufkleber, Buttons, T-shirts usw. zum Thema der Kampagne und die Kampagnenzeitung, die mit 4 Ausgaben à 25 000 Auflage im Kampagnenjahr in der Stadt verbreitet wurde, entwickelt.

2.3 Die Finanzierung

Die Finanzierung der Kampagne ist von besonderem Interesse, da sie ein Beispiel dafür liefert, dass solch ein großes Vorhaben wie die Münchner Kampagne auch realisiert werden kann, wenn anfänglich keine Mittel vorhanden sind. Die Kalkulation über den Finanzbedarf veranschlagte eine Summe von 1,5 Millionen zur Umsetzung aller gesetzten Ziele und die am Ende erbrachte Summe an Geld-, Sach- und Eigenleistungen entsprach tatsächlich dieser Kalkulation (vgl. Daniel 1998). Die Finanzierungsform hat dabei zugleich eine hohe Motivation zur Unterstützung der Kampagne freigesetzt und repräsentiert, denn die Finanzierung der Kampagne erfolgte nicht zentral durch die Verfügung über eine ausreichend große Summe, wie angesichts allseits knapper Kassen zu erwarten war. Der größte Teil der inhaltlichen Veranstaltungen wurde durch diejenigen Projekte bzw. Institutionen finanziert, unter deren Regie sie konzipiert und durchgeführt wurden. Darüber hinausgehende Veranstaltungen und Maßnahmen wie z.B. Podiumsdiskussionen, Plakataktionen, Erstellung von Informationsmaterialien usw. wurden durch Zuschüsse von städtischen Referaten und Verbänden sowie Firmen- und Privatspenden und durch unbezahlte Eigenleistungen finanziert.[2]

3 Erfahrungen und Auseinandersetzungen

3.1 Mobilisierung und breite Vernetzung gelangen

Der gesamte Zeitraum seit Ende 1995, in dem die Kampagne vorbereitet und entwickelt wurde, war Bestandteil der Kampagne selbst. Er war unabdingbar, um die Vielfalt der Institutionen, Verbände und Gruppierungen an das Problem der Männergewalt heranzuführen, zu erreichen, dass sie sich für die Thematik öffnen und zu einer Kooperation und konzertierten

2 Der größte Zuschuss kam z.B. vom Sozialreferat (DM 100.000.–), die höchste Einzel-Eigenleistung von den FotografInnen für die Plakatserie (ca. 200.000.–), die größte Sachspende von der Deutschen Städtereklame für 300 Plakatflächen (ca. 90.000.–), die größte Mittel-Umwidmung vom Projekt Kofra durch Übernahme der Koordination der Kampagne als Arbeitsschwerpunkt für 2 Jahre mit 3 Personalstellen (insgesamt ca. DM 500.000.–).

Aktion bereit erklärten. Dass zum formellen Ende der Kampagne die Liste der unterstützenden Einrichtungen und Gruppierungen auf über 250 angewachsen war, war ein beeindruckendes Zeichen einer gelungenen Vernetzung zu einem hochtabuisierten Thema. Die Eingebundenheit in den Kontext der stadtweiten und offiziell gestützten und protegierten Kampagne erleichterte und förderte sowohl Möglichkeit als auch Bereitschaft, sich dem Thema anzuschließen. Es entstand z.T. auch ein gewisser Druck, das Thema innerhalb der Arbeit aufzugreifen z.B. dadurch, dass von Seiten des Münchner Rathauses die städtisch bezuschussten Stellen explizit aufgefordert wurden, sich an der Kampagne zu beteiligen und zum Schluss der Kampagne um Rechenschaftsberichte gebeten wurden. In diesem Vorgehen drückte sich der kommunalpolitische Wille aus, sich dem Problem der Männergewalt zu stellen, ohne dass die Kampagne als solche zentral „von oben“ organisiert und die Beteiligung primär mit Machtmitteln durchgesetzt worden wäre.

Wichtigster Ansatz der Kampagne blieb die Vernetzung auf der Ebene der motivierten Fachbasis und deren Stützung in der Durchsetzung einer Auseinandersetzung mit der Männergewalt innerhalb der jeweiligen Institution auf verschiedenen hierarchischen Niveaus und Handlungsebenen. Durch diesen Prozess wurden die aktiven MitarbeiterInnen der Institutionen zu Gewährspersonen, die für eine gesellschaftliche Forderung zur Beendigung der Männergewalt stehen und diese persönlich repräsentieren. Dieser Identifizierungs- und Zuschreibungsprozess von Seiten der KollegInnen führte zumeist nicht, wie vielleicht befürchtet werden musste, zu zusätzlicher Belastung, Ausgrenzung und Entwertung, sondern umgekehrt fühlten sich viele „AktivistInnen“ bei längerer Beobachtung ihres Umfeldes ernster genommen, mehr respektiert als vorher oder sogar erstmals richtig als Person wahrgenommen.

Die Verortung der Initiative für die Kampagne außerhalb hierarchisch-institutioneller Strukturen in Frauenprojekten gewährleistete, dass die Kampagne nicht für partielle institutionelle (Legitimations-) Interessen eingesetzt/vereinnahmt werden konnte, und eine radikale Zielrichtung: Die Beendigung der Männergewalt und die grundlegende Kritik an der Geschlechterhierarchie und männlicher Macht in der Gesellschaft allgemein ebenso wie in den Institutionen beibehalten werden konnte. Die Entwicklung und Förderung von Handlungsfähigkeit und Zivilcourage bei den einzelnen Personen im beruflichen wie im privaten Bereich ist denn auch als die entscheidende Voraussetzung dafür anzusehen, gewalttragende institutionelle Strukturen und berufliche Selbstverständnisse aufzubrechen und Gewaltprävention voranzubringen.

3.2 Die Auseinandersetzung mit dem Motto: „Aktiv gegen Männergewalt"

Als größter Knackpunkt stellte sich die Auseinandersetzung mit dem Motto der Kampagne: „Aktiv gegen Männergewalt" heraus. Gewalt gegen Frauen und Kinder als Männergewalt zu benennen, widerspricht, wie sich zeigte, der gängigen Praxis im Umgang mit der herrschenden Gewalt allgemein. Es ist durchaus möglich, Handlungspotenziale freizusetzen und einige (wenn auch bisher nie ausreichende) Unterstützung zu erlangen, wenn es um die Versorgung der Opfer geht. Werden jedoch Männer als Täter und werden die Ursachen der Männergewalt gegen Frauen in der patriarchalen Gesellschaftsstruktur, in der Geschlechterhierarchie und im patriarchalen Männlichkeitsbild benannt, und werden entsprechende Maßnahmen und Veränderungen gefordert, um die Gewalt zu beenden, dann erhebt sich ein deutlicher Widerstand gegen eine Veränderung der gewohnten Verhältnisse. Dieser Widerstand kam im Besonderen von der Seite von Männern, von stark männlich besetzten Institutionen, aber auch von vielen Frauen, die eine Benennung von Männergewalt abwehrten, sich verteidigend vor das männliche Geschlecht stellten und den Blick auch auf Mittäterschaft von Frauen lenkten. Zugleich jedoch wurde vom Beginn der Mobilisierungsphase der Kampagne an sichtbar, wie stark das Bedürfnis von vielen Frauen – und auch Männern – ist, sich endlich grundsätzlich mit der Männergewalt zu konfrontieren, für deren Folgen für Frauen, Kinder und Gesellschaft sie tagtäglich innerhalb ihrer professionellen Arbeit Lösungen suchen müssen und eher selten finden können. Eine Welle von Solidarität mit der Idee der Kampagne und ein Aufscheinen von großer Hoffnung wurde rasch sichtbar, die Männergewalt vielleicht doch nicht als unabänderlichen Strukturbestandteil unserer Gesellschaft hinnehmen zu müssen, wie viele bereits resignierend geglaubt hatten. Der Zusammenschluss, die konzertierte Aktion, die Vernetzung und das Aufgehobensein in einem gemeinschaftlichen Willen, sich der Gewalt zu stellen, ließ ein Klima von Aufbruch, Erneuerung und Visionen entstehen, das die notwendigen Kräfte mobilisierte, um die Überzeugungsarbeit in einzelnen Institutionen und Verbänden zu leisten, sich offiziell an der Kampagne zu beteiligen. Diese Prozesse waren oft von hohem, kräfteraubendem Widerstand begleitet, der sich immer wieder auch festmachen wollte an dem Motto der Kampagne. Umso mehr wurde für alle aktiven TeilnehmerInnen der Kampagne immer wieder unverkennbar und wurde auf den Plena wiederholt entsprechend formuliert, dass die Auseinandersetzung mit dem Motto bereits einen Kernpunkt des Problems der Männergewalt betraf. Umsomehr auch wussten es alle wertzuschätzen, dass sich trotz aller Widerstände so viele Institutionen und Gruppierungen am Ende doch zur Kooperation und Unterstützung der Kampagne bereit erklärten.

3.3 *Zur Arbeit der Schwerpunktbereiche*

Unter den städtischen Referaten hat sich aus dem Hintergrund der Förderung durch die Rathausspitze ein Teil mit seinen Dienststellen der Kampagne angeschlossen. Sie haben eigene Formen der Thematisierung von Männergewalt entwickelt bzw. bereits angedachte Vorhaben beschleunigt, wobei sich erst längerfristig zeigen wird, ob hier tatsächlich grundlegende Prozesse in Gang gekommen sind. Doch im Flüchtlingsamt wurde ein Modell für institutionellen Umgang mit Männergewalt entwickelt, das auf der Verpflichtung zur Auseinandersetzung beruhte und daher Verweigerung und Widerstand keinen Raum gab: Thematisierung auf vier Ebenen: Männergewalt gegen Frauen unter den Flüchtlingen, unter der MitarbeiterInnenschaft, zwischen Flüchtlingen und Mitarbeiterinnen sowie Mitarbeiterinnen und Leitungspersonen. Hilfestellung für Frauen auf diesen vier Ebenen wurden vermittelt, Männer in der Selbstreflektion unterstützt und Mitarbeiterinnen ermutigt, ihre Forderungen an die männlichen Kollegen, die Leitung und die geschlechtsspezifische Struktur im Amt generell zu stellen. Dieses Modell ist modifiziert übertragbar auch auf andere Einrichtungen und kann daher als Folie für den institutionellen Umgang mit Männergewalt und für die entsprechende Erneuerung der institutionellen Strukturen gelten.
Für Dienststellen und Projekte in kirchlicher Trägerschaft, die die zweitgrößte Gruppe unter den aktiven UnterstützerInnen bildete, stellte die Thematisierung des Zusammenhanges zwischen Gewalt und Geschlecht einen – notwendigen – Tabubruch dar, der das überlieferte Dogma der patriarchalen Kirche in Frage stellte. Die Beteiligung an der Kampagne

bedeutete, dass Position für die Opfer von Männergewalt bezogen wurde, aber auch deutlich männliche Täter und die Legitimierung von Männergewalt über die biblischen Schriften verurteilt wurde. Die Kunstausstellung „Die Passion ist weiblich. Frauen in Gewaltverhältnissen“ war so erfolgreich, dass sie mittlerweile als Wanderausstellung in vielen bayerischen Städten gezeigt wurde.

In verschiedenen Stadtteilen Münchens vernetzten sich einige Institutionen und Projekte zum Thema der Kampagne miteinander. Auch wenn die hohen Erwartungen nach Mobilisierung der gesamten Stadtteile nicht voll erfüllt werden konnten, haben sich doch jeweils Einrichtungen als solche öffentlich gemacht, die zum Problem der Männergewalt ansprechbar sind und seine Duldung klar verurteilen – als wichtiges Zeichen sowohl für Opfer als auch für (potenzielle) Täter.

Einige Bezirksausschüsse nutzten ihre Position im Stadtteil, um sich in verschiedene Aktionen mit einzuklinken oder selbst neue Kooperationen zum Thema Männergewalt aufzubauen und sich als politisches Gremium der Verantwortung für die Beendigung der Duldung der Männergewalt zu stellen. Ein Bezirksausschuss spannte beispielhaft einen breiten Bogen sehr unterschiedlicher Themen, Zielgruppen- und KooperationspartnerInnen und demonstrierte damit das breite Spektrum von Männergewalt von alltäglichen Formen der Frauenverachtung und Männerdominanz in der Sprache bis zur Auseinandersetzung mit einer Polizeidienststelle im Viertel.

Für Migrantinnen wurde zumindest ansatzweise der Raum geschaffen, Männergewalt anzusprechen und ihre Forderungen nach Respekt und körperlicher Unversehrtheit an ihre Ehemänner sowie nach angemessener Unterstützungsleistung durch Beratungsstellen und Ämter in München zu erheben. Der Forderung nach einem eigenständigen, vom Mann unabhängigen Aufenthaltsrecht für Migrantinnen wurde Nachdruck verliehen.

In der Arbeit mit Mädchen und Frauen wurde deutlich gemacht, dass die Thematisierung von Gewalt durch Jungen und Männer generell unerlässlich ist. Erst wenn das Thema „im Raum steht“, werden Mädchen und Frauen ermutigt, auch von ihren eigenen Gewalterfahrungen zu sprechen, ihre Situation zu reflektieren und ihre Forderungen zu erheben, d.h. handlungsfähig zu werden. Erst wenn Mädchen und Frauen die Männergewalt als Gewalt wahrnehmen und sie nicht als alltäglich begreifen, können sie sich gegen sie zur Wehr setzen. Ist der Raum für diese Thematisierung nicht gegeben, werden die entsprechenden Erfahrungen verdrängt und

kommt es zu den bekannten Verhaltensweisen der Verharmlosung oder der Leugnung der Gewalt und der durch sie verursachten Verletzungen, ferner zur Selbstentwertung und sogar zum Schutz von Tätern, wie es ihnen von ihrem Umfeld nahe gelegt wird. Mädchen und Frauen, das zeigen die Beispiele im Rahmen der Kampagne, brauchen die Stärkung ihrer Widerstandskraft und ihrer kreativen Potenziale, um sich der Unterwerfung unter die Geschlechterhierarchie, die mit der subtilen bis brutalen Männergewalt angezielt wird, widersetzen zu können.
Die Arbeit an Schulen während der Kampagne eröffnete Möglichkeiten, das Thema „Gewalt von Jungen gegen Mädchen und Frauen" anzusprechen und Perspektiven der Prävention aufzuzeigen. Beispiele aus dem Unterricht haben gezeigt, dass in den Köpfen von Jungen, aber auch von vielen Mädchen, zum Teil noch sehr traditionelle Geschlechtsrollenbilder vorhanden sind, die sichtbar werden, sobald entsprechende Bilder abgefragt werden. Jungen bringen dabei in hohem Maße ein selbstverständliches Denken von Dominanz und Verfügung über Mädchen und Frauen sowie Frauenverachtung zum Ausdruck. Zugleich lassen Erfahrungen von LehrerInnen, die während der Kampagne berichtet wurden, darauf schliessen, dass die destruktive traditionelle Männlichkeitsnorm eher von einer Minderheit von Jungen real verkörpert wird. Die Duldung und die Aufmerksamkeit, die diese jedoch mit entsprechenden Verhaltensweisen erlangen, lassen sie als Vorbilder erscheinen und entwerten andere Männlichkeitsbilder und andere Identitätswünsche bei Jungen. Diese Beobachtung unterstreicht die Wichtigkeit der Entwertung von „Machoverhalten", um sie als Normsetzung unwirksam werden zu lassen.Verschiedene Beispiele aus dem Projekt an der Münchner Realschule und dem Arbeitskreis Schule der Kampagne zeigten, auf welche Weise hier erfolgreich regulierend eingegriffen werden kann:

- Das beobachtete Verhalten von Jungen ansprechen,
- sexuelle Belästigung, Entwertung, Übergriffe als Gewaltformen bewerten,
- den Vorgang als Übergriff benennen und seine Wirkung der Verletzung, Demütigung und Entwertung von Mädchen und Frauen erkären,
- das Verhalten ächten, verurteilen und deutlich machen, dass es nicht geduldet wird,
- frauen- und mädchenrespektierendes Verhalten aufzeigen und gegebenenfalls einüben.

Es wurde gezeigt, dass durch entsprechende Intervention Mädchen in ihrer Wahrnehmung der Entwürdigung bestätigt und darin gestärkt werden, sich gegen solche Verhaltensweisen zu wehren, einen Anspruch auf Selbstbestimmung, Unversehrtheit und Würde zu entwickeln. Jungen wird eine Orientierung darüber vermittelt, welcher Ausdruck von Männlichkeit gesellschaftlich (innerhalb des Subsystems Schule) gewünscht ist, sie lernen, dass es keine Bagatelle, kein Spass ist, Mädchen zu beleidigen, sondern dass es sich um Gewalt handelt. Solche Orientierungen sind unverzichtbar angesichts der noch anhaltenden gesellschaftlichen Struktur der Geschlechterhierarchie, die sich in einer Vielzahl von Beobachtungen und Erfahrungen an Mädchen und Jungen tagtäglich vermittelt (vgl. „Jungen Grenzen setzen“, „Mädchen stärken gegen die alltägliche Gewalt in der Schule“).

3.4 Zur Beteiligung von Männern

Einer der schwierigsten und am häufigsten kritisierten Punkte blieb durchgängig die so dringend notwendige Beteiligung von Männern an der Kampagne. Die allgemeine Praxis, Gewalt gegen Frauen als Frauenproblem zu betrachten, das Männer nichts anginge, scheint es Männern zu ermöglichen und zu erleichtern, sich gar nicht betroffen zu fühlen und nimmt sie aus der Verantwortung heraus. Viele Männer, mit denen im Rahmen der Kampagne – insbesondere im Rahmen der Informationsstände – Gespräche geführt wurden, teilten mit, sie übten ja keine Gewalt gegen Frauen und Kinder aus und bis auf Ausnahmen lautete die Schlussfolgerung, daher ginge sie die ganze Sache auch nichts an. Und überhaupt würden sie auch in ihrem Bekannten- und Freundeskreis niemanden kennen, der gewalttätig sei, daher sähen sie da gar kein Problem. Und schließlich kam immer wieder stereotyp das Argument, Frauen seien ja auch gewalttätig, was hier als Mittel bewertet wird, sich nicht mit Männergewalt auseinander setzen zu müssen. Eine Männergruppe („MannsBilder“) jedoch demonstrierte durch ständigen solidarischen Einsatz für die Kampagne, dass Männer doch fähig zur Selbstreflexion und -kritik zur Frage der Männergewalt sein können und waren so für andere Männer z.B. im Rahmen von Informationsständen oder öffentlichen Veranstaltungen Hoffnungsträger für Frauen und mögliche Vorbilder für Jungen und Männer. Das Männerinformationszentrum bemühte sich um ein Männerplenum für die Kampagne, das Männer aus verschiedenen Institutionen miteinander vernetzen sollte. Aber auch hier war mit hoher Distanz gegenüber dem Motto der

Kampagne zu kämpfen. Vor allem mit Fachveranstaltungen erreichten sie jedoch, dass Männer sich mit dem Problem der Männergewalt auseinander setzten.
Auch viele andere Männer zeigten im Verlaufe der Kampagne Betroffenheit und Solidarität. Ein Pfarrer z.B. sprach die Männergewalt gegen Frauen innnerhalb von Gottsdiensten an: „Ich doch nicht!“ (vgl. Kühnen 1998), ein anderer engagierte sich in den Entwürfen für die Plakate, einige wirkten im Hintergrund oder unterstützten aktive Frauen. Die öffentliche Konfrontation von Männern mit dem Thema „Männergewalt“, eine klare Distanzierung und Kritik ihrer Geschlechtsgenossen, eine spürbare und radikale Bewegung unter Männern gegen Männergewalt steht allerdings grundsätzlich noch aus, wie auch andere Kampagnen im internationalen Vergleich deutlich gemacht haben. Dieses Ziel konnte auch die Münchner Kampagne noch nicht erreichen. In diese Richtung sollte aber die Plakataktion mit Thomas Helmer weisen: „Rote Karte für Männergewalt!“ (vgl. Thomas Helmer. . .). Dieses Plakat wurde von Jungen und von Frauen mit großer Begeisterung aufgenommen, während Männer im Allgemeinen eher reserviert bis uninteressiert reagierten.

4 Ergebnisse und Schlussfolgerungen: Die Auseinandersetzung ist in Gang gekommen

„Dass die Auseinandersetzung in Gang gekommen ist“ und damit die stillschweigende Toleranz der Männergewalt in vielen Bereichen aufgebrochen wurde, bewerten insgesamt viele der Aktiven in der Kampagne als wesentlichen Schritt in die Richtung einer Beendigung der Duldung von Männergewalt. Diese Beendigung wird prinzipiell als Langzeitprogramm eingeschätzt, da es sich bei Männergewalt um ein strukturelles gesellschaftliches Problem handelt, das mit dem gültigen System der Geschlechterhierarchie in unmittelbarem Zusammenhang steht. Insofern muss die Einleitung von Schritten und das punktuelle Aufbrechen der gegebenen Strukturen als Erfolg angesehen werden, wie er mit dem Mitteln einer Kampagne erreicht werden kann.Für eine Beendigung der Duldung von Männergewalt in Institutionen scheint die Rolle von denjenigen Frauen und Männern von expliziter Bedeutung zu sein, die sich „geoutet“ haben, Männergewalt nicht zu decken und nicht zu verschweigen. Die von diesen im Laufe der Auseinandersetzung mit der Kampagne entwickelte und gezeigte Zivilcourage verlieh ihnen während und nach der Kampagne den Status von Gewährspersonen mit der Funktion der sozialen Kontrolle in Bezug auf die Ablehnung von Männergewalt in der gesellschaftlichen Definitionsbreite bis hin zu den analysierten Ursachen der Gewalt in der Geschlechterhierarchie.

Die Einrichtung des „Runden Tisches gegen Männergewalt an Frauen und Mädchen/Jungen", die nach dem Beispiel anderer Städte in der Bundesrepublik im Rahmen der Kampagne ins Leben gerufen werden konnte, repräsentiert einen zentralen Ansatz im Interventionsbereich und wurde in München als ein wesentlicher Erfolg der Kampagne angesehen. Er bringt VertreterInnen von Justiz, Polizei, Sozialarbeit, Zufluchts- und Beratungsstellen zu regelmäßigen Gesprächen an einen Tisch, um die Sicherheit von Frauen und Mädchen sowie Jungen und damit das Interventions- und Unterstützungssystem in München zu verbessern.

Das „Münchner Bündnis: Aktiv gegen Männergewalt" wurde mit der offiziellen Beendigung der Münchner Kampagne gegründet, um ein Forum zu bieten, das die begonnenen Prozesse weiterführt und begleitet und die zum Thema aktiven MitarbeiterInnen in Institutionen in ihrer weiteren Arbeit gegen Männergewalt unterstützt.

Die Münchner Kampagne hat gezeigt, dass eine breite Unterstützung gegen Männergewalt mobilisierbar ist, auch dann, wenn die Verursacher benannt werden. Die Benennung der Gewalt gegen Mädchen und Frauen als Männergewalt erwies sich sogar als Schlüssel für die Erschütterung zur gesellschaftlichen Struktur gewordener Selbstverständlichkeit männlicher Dominanz. Der Widerstand, der sich gegen den Titel der Kampagne: „Aktiv gegen Männergewalt" vielfach erhob, kann als Ausdruck dieser Selbstverständlichkeit und zugleich als Zeichen für die initiierte Auseinandersetzung und Bewegung gesehen werden. Dieser Widerstand ist Begleiterscheinung aller Kampagnen und Maßnahmen gegen Männergewalt und dient der Rechtfertigung und Verteidigung der bestehenden Machtverhältnisse zwischen den Geschlechtern. So schwer es für die UnterstützerInnen der Münchner Kampagne oft auch war, die Abwehr auszuhalten und sich darauf einzulassen, wurde doch der Titel in unerwartet hohem Maße dahingehend verteidigt, dass nur die Provokation Ansatzpunkte geboten habe, um einen Einstieg in die Auseinandersetzung zu schaffen. Daraus resultiert die Botschaft, keinesfalls vor der Abwehr zurückzuschrecken, sondern umgekehrt, sich die notwendige Unterstützung zu suchen und die sachgerechte Argumentation anzueignen, mit der die in aller

Regel sachlich falschen Gegenargumente entkräftet werden können. Wenn die Benennung von Männern als Tätern der Gewalt gegen Frauen – z.B. wegen des zu erwartenden Widerstandes – vermieden wird, so ist dies für jene ein Zeichen, dass die hierarchische Geschlechterordnung weiter unangefochten funktioniert und sie mit der Duldung oder sogar Legitimierung ihres Gewalthandelns weiterhin rechnen können.
Die Kampagne hat ferner gezeigt, dass das Problem doch in weiten Kreisen als so gravierend in seinen Folgen und seiner gesellschaftlichen Bedeutung angesehen wird, dass das Potenzial zur Beendigung der Männergewalt durchaus vorhanden zu sein scheint. Doch ist politische Unterstützung unabdingbar, um dem Engagement der Einzelnen oder auch der Gruppen Legitimation zu verleihen und ihren Einsatz zum Erfolg zu verhelfen. In Münchnen hat die explizite Unterstützung durch die Stadtspitze (Oberbürgermeister und 2. Bürgermeisterin) eine entsprechende Legitimation und ein politisches Interesse an einer Veränderung signalisiert. Mit offiziellen Unterstützungsschreiben an die städtischen Referate, die Aufforderung nach Freistellung von MitarbeiterInnen, die zur Kampagne aktiv werden wollten und die Durchführung von Fortbildungen, wurde dieses Interesse kundgetan sowie u.a. durch folgende Erklärung auf der ersten Pressekonferenz:

> „Wir erhoffen uns von der Kampagne einen ersten Schritt gegen Männergewalt, den wir alle als Stadt München tun sollten, ihr die Duldung zu entziehen... es bedarf in Schulen, Jugendarbeit und Pädagogik der Entrümpelung von Gewalt-identifizierten Männeridealen oder versteckten Erwartungen. Und es bedarf eines konsequenten Vorgehens aller Kontrollinstitutionen... Wir können... kommunal die Möglichkeiten und Voraussetzungen schaffen, damit z.B. Auflagen erteilt und praktisch umgesetzt werden können".

Diese Position hat viele Türen geöffnet, hat UnterstützerInnen in ihrem Selbstbewusstsein, ihrer Glaubwürdigkeit und ihrer Handlungsfähigkeit gestärkt und hierarchischen Ebenen der Institutionen signalisiert, dass eine Beteiligung an der Kampagne politisch gewünscht wird. Der Erfolg der Münchner Kampagne in Bezug auf die breite Beteiligung kann sicher auf dieses Signal wesentlich mit zurückgeführt werden.
Doch reichten die ausgesandten Signale, die Empfehlungscharakter hatten und bedeuteten, dass die Stadt Position zum Problem der Männergewalt und zur Kampagne bezog, nicht aus, um härteren Widerstand in fester gefügten Terrains männlicher Definitions- und Bestimmungsmacht zu erschüttern. Viele für Gewaltprävention und Intervention zum Teil sehr

wichtige Bereiche hatten sich der Kampagne gegenüber verschlossen, negative Propaganda mit sachlich unzutreffenden Informationen über sie verbreitet und MitarbeiterInnen entmutigt, sich zu ‚outen‘ als eine/einer, die/der der Kampagne zustimmt und sie unterstützen möchte. Um einerseits auch solche Bereiche zu veranlassen, sich dem Problem der Männergewalt fachlich zu stellen und andererseits die bereits eingeschlagenen Wege in anderen Bereichen abzusichern und fortzuführen, bedarf es klarer politischer Vorgaben mit verbindlichem, und das heißt verpflichtendem, Charakter. Die Erklärung der Bürgermeisterin, dass der Kommune Möglichkeit zur Verfügung stehen, Auflagen zu erteilen und diese praktisch umzusetzen und dass sie „konsequentes Vorgehen aller Kontrollinstitutionen“ für notwendig hält, um das Problem der Männergewalt langfristig zu lösen, weist in die Richtung erforderlicher politischer Schritte.
Engagierte Mitarbeiterinnen verschiedener Institutionen im Rahmen der Münchner Kampagne betonten ferner, wie wichtig die Reflektion der eigenen Verstrickung in und Betroffenheit von Männergewalt für wirkungsvolles gewaltpräventives, professionelles Handeln sei. Sie plädierten hinsichtlich des Problems der Männergewalt für eine Aufhebung der Trennung zwischen den eigenen Erfahrungen und denen der „KlientInnen“, weil die Trennung einen qualifizierten Umgang mit Männergewalt blockiere. Das bedeutet, dass Selbstreflektion zu eigenen Erfahrungen und Einstellungen zum Geschlechterverhältnis, der Geschlechtsidentität und Männergewalt als notwendige Voraussetzung für eine fachliche Arbeit mit Frauen und Männern generell und mit Gewaltopfern und Gewaltausübenden im Besonderen anerkannt und festgeschrieben wird.
Für Prävention von Männergewalt wurde im Rahmen der Münchner Kampagne der schulische Bereich als ein wesentlicher Ort betrachtet, an dem an den Ursachen der Männergewalt effektiv angesetzt werden kann. Da als Ursache der Männergewalt von der Geschlechterhierarchie und einem normgebenden Männlichkeitsbild von Dominanz und Machtanspruch ausgegangen wird, ist es die Aufgabe von Betreuungs- und Bildungseinrichtungen, die gesellschaftspolitische Vorgabe der Gleichberechtigung konsequent umzusetzen. Das bedeutet, die Vermittlung von Männlichkeits- und Weiblichkeitsbildern, die zu einer gleichberechtigten Teilhabe in allen gesellschaftlichen Bereichen und zu einer Auseinandersetzung zwischen den Geschlechtern auf gleicher Machtebene befähigen. Das bedeutet ferner, bei Verhaltensweisen, mit denen ein hierarchisches Verhältnis hergestellt und ein Macht- und Dominanzanspruch über das

andere Geschlecht erhoben wird, steuernd einzugreifen. Beide pädagogischen Maßnahmen setzen, wie oben bereits ausgeführt, voraus, dass die PädagogInnen und ErzieherInnen ihre eigene Stellung im Geschlechterverhältnis reflektieren und selber an der Ausgestaltung ihrer eigenen egalitären Geschlechtsrolle arbeiten.

Die Mehrzahl von Männern wehrte die Benennung der gesellschaftlichen Struktur der Geschlechterhierarchie und der aus ihr folgenden Gewalt gegen Frauen und Kinder vehement ab und versuchte stereotyp Fakten umzudrehen, Frauen zu beschuldigen und aufs Neue zu entwerten. Es bedurfte persönlichen Einlassens von Frauen auf sie, überzeugender Argumente und des Nachweises von Zahlen und Fakten über Männergewalt, um bei einigen zu erreichen, dass sie am Ende die Kampagne unterstützten und sich gegen Männergewalt aussprachen. Doch der Energieaufwand, den Frauen für diese Erfolge betreiben mussten, stand in negativer Bilanz zur realen und sichtbaren Beteiligung von Männern, so dass darüber nachgedacht werden muss, wie die Veränderung der Strukturen und die Inverantwortungnahme von Männern effektiver in Gang gesetzt werden kann.

Literatur

Bericht der Sonderberichterstatterin der Vereinten Nationen zu „Gewalt gegen Frauen", Materialienzur Frauenpolitik Nr. 45/1995, hg. von der Abteilung Frauenpolitik des Bundesministeriums für Familie, Senioren, Frauen und Jugend

Bunch, Charlotte: Der unerträgliche status quo: Gewalt gegen Mädchen und Frauen, in: Heiliger/Hoffmann (Hrsg.), a.a.O., München 1998

Connell, Robert, W.: Der gemachte Mann. Konstruktion und Krise von Männlichkeiten. Opladen 1999.

Daniel, Gabriele: Fundraising für die Münchner Kampagne „Aktiv gegen Männergewalt", Dokumentation der Kampagne, München 1998

Hagemann-White, Carol: Strategien gegen Gewalt im Geschlechterverhältnis. Bestandsanalyse und Perspektiven, Pfaffenweiler 1992

Heiliger, Anita/Steffi Hoffmann (Hrsg.): Aktiv gegen Männergewalt. Kampagnen und Maßnahmen gegen Gewalt an Frauen international, München 1998

Heiliger, Anita/Constance Engelfried: Sexuelle Gewalt. Männliche Sozialisation und potenzielle Täterschaft, Frankfurt a.M. 1995

Heiliger, Anita: Männergewalt gegen Frauen beenden – Strategien und Handlungsansätze am Beispiel der Münchner Kampagne gegen Männergewalt an Frauen und Mädchen/Jungen. Bericht der wissenschaftlichen Begleitung, Leverkusen 2000

Heiliger, Anita: „Jungen Grenzen setzen“, Kurzbericht über eine Befragung von SchülerInnen einer Realschule zur Gewalt von Jungen gegen Mädchen, München 1998

Kühnen, Sebastian: Ich doch nicht, in: Zeitung der Münchner Kampagne Nr. 3/98 und abgedruckt in: Kofra 88/1999

„Mädchen stärken gegen die alltägliche Gewalt in der Schule“, Bausteine für den Unterricht des Projektes für Mädchen und junge Frauen, München 1998

Männerbilder – MannsBilder, Positionspapier zur Kampagne von der Münchner Gruppe MannsBilder, München 1997

Rosa Logar

Innovation in der Gewaltprävention durch die Frauenbewegung: Das Gewaltschutzgesetz in Österreich und die Tätigkeit der neuen Interventionsstellen

In Österreich – wie auch in vielen anderen Ländern – gelang es, das Thema Gewalt gegen Frauen seit den 70-er Jahren in der öffentlichen Diskussion zu halten, wenn auch in Wellenbewegungen von zu- und abnehmendem Interesse. Maßgeblich dafür verantwortlich war und ist wohl die kontinuierliche Öffentlichkeits- und Lobbyarbeit der Frauenhausbewegung. Die erste große Wellenbewegung war Ende der 70-er Jahre die Gründung der ersten Frauenhäuser. In Österreich wurde das erste Frauenhaus 1978 eingerichtet. In den 80-er Jahren waren die Mitarbeiterinnen damit beschäftigt, die Einrichtungen aufzubauen und Arbeitsmethoden zu entwickeln. Gegen Ende des Jahrzehnts begann eine neue Suchbewegung. War es in den 70-er Jahren für die Frauenbewegung ein Fortschritt gewesen, Frauenhäuser als sichere Orte für Frauen und Kinder zu schaffen, quasi als Inseln im Patriarchat, so wurden doch auch die negativen Folgen einer Flucht in Frauenhaus für die betroffenen Frauen und Kinder immer offensichtlicher: Verlust des sozialen Umfeldes, des Kindergartenplatzes und oft auch des Arbeitsplatzes. Sobald die Pionierinnen der Frauenhausbewegung in Österreich nach anstrengender Gründungsphase zum Nachdenken kamen, stellten sie fest, dass sie mit dem ersten erreichten Schritt nicht mehr zufrieden waren. Sie erinnerten sich daran, dass sie eigentlich angetreten waren, Gewalt abzuschaffen und Frauenhäuser langfristig überflüssig zu machen. Doch wie sollte dieses Ziel erreicht werden? Die Flucht von Frauen und Kindern in immer mehr Frauenhäuser wurde zunehmend zum Symbol von Unrecht und Versagen des Staates. Die internationale Frauenbewegung für Menschenrechte von Frauen gab in Österreich Anstösse, weiterzudenken und neue Strategien zu entwickeln. Die Definition von Gewalt im öffentlichen *und* im privaten Bereich als Menschenrechteverletzung an Frauen war hier ein wichtiger Meilenstein (Bunch/Reilly 1994).

Der Unmut der Frauen mit der Situation, dass die Opfer von Gewalt flüchten und sich verstecken müssen, während die Ausübung von Gewalt für die Täter oft ohne Folgen bleibt, wurde zunehmend artikuliert und mündete schließlich Anfang der 90-er Jahre in verschiedenen Initiativen, die vor allem auf die Veränderung der Gesetzeslage abzielten. Das Recht als ein zentraler Steuerungsmechanismus im Staat wurde zum neuen Ansatzpunkt der Frauenbewegung. Es war ein Faktum, dass Gewalttaten an Frauen kaum verfolgt und bestraft wurden und dass die Opfer wenig bis keinen Schutz durch rechtliche Maßnahmen erhielten (Egger et al. 1995). Die Frauenhausbewegung begann, den Rechtsstaat herauszufordern. Frauen wollten sich nicht mehr mit sicheren Inseln zufrieden geben, sondern forderten Sicherheit für Frauen und Kinder überall in der Gesellschaft, vor allem auch im eigenen Haus. Die sozialen und rechtlichen Konsequenzen von Gewalt sollten die Täter tragen, nicht die Opfer. Diese Entwicklung kann auch als Verschiebung der Ziele der Frauenhausbewegung vom Rand ins Zentrum interpretiert werden, als Bewegung des mainstreaming feministischer Anliegen.

Wegweisung der Täter – Entstehung des Bundesgesetzes zum Schutz vor Gewalt

Das österreichische Gewaltschutzgesetz[1] wurde von Expertinnen aus den Frauenhäusern wesentlich mitgestaltet. Das ist ein großer Erfolg, denn dies ist in unserem Rechtsstaat noch keineswegs üblich, auch nicht bei denjenigen Gesetze, die vor allem Frauen betreffen. Das war beim neuen Gewaltschutzgesetz anders: auf Initiative der Bundesministerin für Frauenangelegenheiten und des Bundesministers für Justiz wurde 1993 eine Arbeitsgruppe zur Verbesserung des Schutzes vor Gewalt eingesetzt. Feministische Juristinnen und Vertreterinnen der autonomen österreichischen Frauenhäuser waren von Beginn an Mitglieder dieser Arbeitsgruppe. Im Juni 1994 beauftragte die Bundesregierung die Arbeitsgruppe offiziell damit, einen Entwurf für ein neues Gesetz zum Schutz vor Gewalt zu erarbeiten.

Das neue Gesetz sollte vor allem den Zweck erfüllen, die Opfer in der Akutsituation besser zu schützen und ihnen die Möglichkeit zu geben, in ihrer gewohnten Umgebung zu bleiben. Gewalttäter sollten für ihre Handlun-

1 Bundesgesetz zum Schutz vor Gewalt in der Familie – GeSchG, Bundesgesetzblatt 759, Jahrgang 1996, Ausgegeben am 30. Dezember 1996

gen stärker zur Verantwortung gezogen werden und die Konsequenzen tragen. Im Juli 1995 lag der erste Entwurf des neuen Gesetzes zur Begutachtung vor. Viele der Vorschläge und Anliegen der Frauen waren in diesen Entwurf eingeflossen, doch natürlich war es nicht gelungen, alles zu erreichen. Am 1. Mai 1997 trat das Gesetz in Kraft.

Mit dem neuen Wegweiserecht in Österreich wurde ein wichtiger „Nerv" des Patriarchats getroffen und dementsprechend musste natürlich auch mit Widerstand gerechnet werden. Vor allem wurde immer wieder angeführt, dass es sich bei der Wegweisung des gewalttätigen Mannes aus *seinem* Haus um einen schweren Grundrechtseingriff handelt, der problematisch sei. Interessanterweise hatten dieselben Personen, die sich zu Wächtern der Grundrechte (von Männern) aufschwangen, jahrelang geschwiegen, als Tausende Frauen und Kindern vor Gewalt flüchten mussten. Immer wieder beriefen sich die Gegner des Gesetzes auf den Artikel 8 der Europäische Menschenrechtskonvention, zitierten darin aber wohlweislich nur den ersten Absatz der da lautet:

> „Jedermann hat Anspruch auf Achtung seines Privat- und Familienlebens, seiner Wohnung und seines Briefverkehrs." *(Europarat 1950: Abs. 1).*

Doch die AktivistInnen für Menschenrechte von Frauen und Kindern hatten ebenfalls die Gesetze studiert, denn sie gingen davon aus, dass es nicht angeht, dass ein Teil der Bevölkerung seine Grundrechte auf Kosten des anderen ausübt. So argumentierten jene Menschen, die endlich wirkungsvolle Maßnahmen gegen Gewalt in der Familie setzen wollten, ebenfalls mit der Europäischen Menschenrechtskonvention, allerdings mit dem Absatz 2 des Artikel 8:

> „Der Eingriff einer öffentlichen Behörde in die Ausübung dieses Rechts ist nur statthaft, insoweit dieser Eingriff gesetzlich vorgesehen ist und eine Maßnahme darstellt, die in einer demokratischen Gesellschaft für die nationale Sicherheit, die öffentliche Ruhe und Ordnung, das wirtschaftliche Wohl des Landes, die Verteidigung der Ordnung und zur Verhinderung von strafbaren Handlungen, zum Schutz der Gesundheit und der Moral oder zum Schutz der Rechte und Freiheiten anderer notwendig ist". *(Europarat 1950: Abs. 2)*

Die Einwände der Schützer männlicher Grundrechte konnten sich jedenfalls in Österreich im Falle der neuen Gewaltschutzgesetz nicht durchsetzen, was als großer Fortschritt in der Entwicklung unseres Staates hin zur Geschlechterdemokratie zu werten ist. Auch der Verfassungsdienst sah die Wegweisung eines gewalttätigen Mannes aus seiner Wohnung als grundrechtskonform an.

Die Grundzüge des neuen Gesetzes

Die wichtigsten Teile des neuen Gesetzes sind das Wegweiserecht durch die Polizei, verankert im Sicherheitspolizeigesetz (SPG), durch das in Österreich die Befugnisse der Polizei geregelt sind. Dort heisst es nun im § 38a:

„Ist auf Grund bestimmter Tatsachen, insbesondere wegen eines vorangegangenen gefährlichen Angriffs, anzunehmen, es stehe ein gefährlicher Angriff auf Leben, Gesundheit oder Freiheit bevor, so sind die Organe des öffentlichen Sicherheitsdienstes ermächtigt, einen Menschen, von dem die Gefahr ausgeht, aus einer Wohnung, in der ein Gefährdeter wohnt, und deren unmittelbarer Umgebung wegzuweisen. Sie haben ihm zur Kenntnis zu bringen, auf welchen räumlichen Bereich sich die Wegweisung bezieht; dieser Bereich ist nach Massgabe der Erfordernisse eines wirkungsvollen vorbeugenden Schutzes zu bestimmen." *(SPG § 38a Abs. 1).*

Das Gesetz schützt alle in einer Wohnung lebenden Personen, ein Verwandschaftsverhältnis muss nicht gegeben sein. So könnte beispielsweise auch ein Vermieter, der seiner Untermieterin Gewalt antut, aus seiner Wohnung gewiesen werden; die Eigentumsverhältnisse spielen keine Rolle.

Die Wegweisung und das anschließende Rückkehrverbot gelten für sieben Tage (das Gesetz wurde bereits reformiert, weil sich die sieben Tage als zu kurz erwiesen; ab 1.1.2000 wird die Wegweisung für zehn Tage gelten.). Wenn eine von Gewalt betroffene Frau möchte, dass das Rückkehrverbot länger bestehen bleibt, so muss sie innerhalb von sieben Tagen nach der Wegweisung durch die Polizei beim Bezirksgericht eine Einstweilige Verfügung (EV) nach der Exekutionsordnung (EO) beantragen. Wenn Kinder von Gewalt betroffen sind, kann eine Antrag auf einstweilige Verfügung auch durch die Jugendwohlfahrt gestellt werden.

Die wichtigsten Passagen im neuen Gesetz lauten:

„Das Gericht hat einer Person, die einem nahen Angehörigen durch einen körperlichen Angriff, eine Drohung mit einem solchen oder ein die psychische Gesundheit erheblich beeinträchtigendes Verhalten das weitere Zusammenleben unzumutbar macht, auf dessen Antrag

1. das Verlassen der Wohnung und deren unmittelbarer Umgebung aufzutragen und
2. die Rückkehr in die Wohnung und deren unmittelbare Umgebung zu verbieten, wenn die Wohnung der Befriedigung des dringenden Wohnbedürfnisses des Antragstellers dient". *(§ 382b, Abs. 1 EO)*

Weiter hat das Gericht die Möglichkeit, einer gewalttätigen Person

„1. den Aufenthalt an bestimmt zu bezeichnenden Orten zu verbieten und
2. aufzutragen, das Zusammentreffen sowie die Kontaktaufnahme mit dem Antragsteller zu vermeiden,

soweit dem nicht schwer wiegende Interessen des Antragsgegners zuwiderlaufen." *(EO § 382b, Abs. 2)*

Anspruchsberechtigt sind bei der einstweiligen Verfügung nahe Angehörige. Dazu gehören:

- Ehegatten und Lebensgefährten,
- Geschwister und Verwandte in gerader Linie, einschließlich der Wahl- und Pflegekinder sowie der Wahl- und Pflegeeltern, sowie deren Ehegatten und Lebensgefährten
- Verwandte in gerader Linie, einschließlich der Wahl- und Pflegekinder und der Wahl- und Pflegeeltern, des Ehegatten oder Lebensgefährten, sowie
- Geschwister des Ehegatten oder Lebensgefährten.

Die EV wird vorerst für drei Monate erlassen. Sie kann verlängert werden, wenn bis zum Ende der drei Monate eine Scheidungsklage oder bei Lebensgemeinschaft eine Delogierung beantragt oder ein Antrag auf alleinige Benützung der Wohnung oder des Hauses gestellt wird. In diesen Fällen gilt die EV bis zum Abschluss der Verfahren weiter.

Neu ist auch die Exekution der einstweiligen Verfügung, die nun sofort erfolgen kann und durch die Polizei erfolgt. Während die von Gewalt betroffenen Frauen vor Inkrafttreten der neuen Gesetze oft monatelang Exekution führen mussten, bis der gewalttätige Mann endlich aus der Wohnung entfernt wurde, kann nun eine sofortige Exekution durch das Gericht und auch durch die Polizei erfolgen. Sehr wichtig ist auch, dass der Schutz vor Gewalt nicht auf die Wohnung beschränkt bleibt, sondern dass auch ein Aufenthaltsverbot für bestimmte Orte sowie ein Kontaktverbot ausgesprochen werden können.

Die praktische Durchführung

Den InitiatorInnen des neuen Bundesgesetzes zum Schutz vor Gewalt war klar, dass das Gesetz alleine nicht ausreicht, sondern dass es Schulungs- und Bewusstseinsarbeit braucht, um das Gesetz „an den Mann" zu bringen. Beispielhaft war hier das Vorgehen der Exekutive: in einem groß angelegten Schulungsprogramm wurden TrainerInnen zur Durchführung von Schulungen ausgebildet und alle ExekutivbeamtInnen in Österreich geschult. Auch dies ist eine Pionierarbeit, da solch intensive Schulungen bei neuen Gesetzen sonst keineswegs üblich sind. An den Schulungen waren auch Mitarbeiterinnen von Fraueneinrichtungen als Trainerinnen beteiligt. Neben der rechtlichen Information war es auch gemeinsames

Ziel, in den Schulungen die „Philosophie des Gesetzes“ zu vermitteln: nicht die Opfer, sondern die Täter sollen die Folgen von Gewalt tragen und die Polizei ist für Schutz und Sicherheit der Opfer zuständig.
Da das patriarchale Grundrecht der unumschränkten Macht des „Herren im Haus“ im traditionellen Österreich noch sehr tief verankert ist, wurde mit beträchtlichen Widerständen bei der Umsetzung der Gesetze gerechnet. Bei den Schulungen zeigte sich dann auch, wie wichtig die Vorbereitung und Auseinandersetzung mit den neuen Maßnahmen ist, da es für die ExekutivbeamtInnen (diese sind noch immer zu 92 % männlichen Geschlechts) in der Tat ein großes Umdenken bedeutete, dass sie nun den Hausherrn, den Besitzer, ja sogar den Bauer von *seinem* Hof wegweisen mussten, wenn von diesem eine Gefahr ausging. Neben Schulungen wurden auch organisatorische Maßnahmen zum Umsetzung geplant, wie die Erstellung genauer Dokumentationen über die Einsätze bei Gewalt in der Familie und die Installierung von speziellen FamilienkontaktbeamtInnen, die u.a. für die Kooperation mit anderen Institutionen zuständig sind und diese erleichtern sollen.

Die Erfahrungen mit dem neuen Gesetz

Vom 1. Mai 1997 bis 31. Dezember 1997 wurden laut Statistik des BM für Inneres 1365 Wegweisungen und Rückkehrverbote (WW/RV) nach dem § 38a verhängt (zum Vergleich: Österreich hat ca. 8 Millionen EinwohnerInnen). Im gesamten Jahr 1998 waren es bereits 2.673. Im Jahr 1999 wurden von Jänner bis Juni 1.740 WW/RV verfügt Diese Zahlen zeigen, dass die Anzahl der WW/RV kontinuierlich ansteigt. Dies ist nicht auf eine Ansteigen der Gewalt zurückzuführen, sondern darauf, dass die Exekutive immer sicherer wird im Umgang mit der Anwendung des Gesetzes. Zu Beginn bestanden noch erhebliche Unsicherheiten und Unklarheiten in der Anwendung. Diese konnten durch Veranstaltungen, Schulungen sowie auch durch Stellungnahmen von Seite des BMI zunehmend verringert werden.
Das neue Gesetz wird also genützt, was erfreulich ist. Auffällig ist aber auch, dass die Zahl der Wegweisungen je nach Standort sehr variiert. Zu vermuten ist, dass es sehr von den Personen und ihrer Einstellung abhängt, ob das Gesetz angewendet wird. Die Praxis zeigt, dass vor allem der nicht unerhebliche Aufwand – eine Wegweisung muss von der Exekutive

sehr ausführlich dokumentiert werden – ein Hindernis bei der Anwendung darstellt, da die BeamtInnen oft unter Zeitdruck sind. Bevorzugt werden daher Lösungen, die weniger aufwändig sind, das ist vor allem die so genannte „Streitschlichtung", bei der die Beamtinnen auf eine Beruhigung der Situation hinwirken.

Verstöße gegen die Wegweisung sind erstaunlich gering und bewegen sich durchschnittlich im Bereich von 10 %. Es scheint, dass Misshandler diese durchaus ernst nehmen, zumal es bei Verstößen weitere Sanktionen gibt, die bis hin zu einer Inhaftierung reichen können. Die Wegweisung durch die Polizei ist also nach den bisherigen Erfahrungen eine durchaus wirksame Maßnahme. Sie stellt zudem eine unmittelbare soziale Konsequenz dar: die Ausübung von Gewalt wird mit einem Verweis sanktioniert. Die Maßnahme ist also ähnlich einer „roten Karte" im Fußball, die Gesellschaft reagiert auf unerwünschtes Verhalten mit Ausschluss. Der Slogan „Rote Karte für Gewalttäter" wurde in der Öffentlichkeitsarbeit zur Einführung des Gesetzes verwendet.

Zu dem Schluss, dass das Gewaltschutzgesetz wirksam ist, kommt auch die erste Begleitforschung. In der Zusammenfassung wird zur Effektivität des Gesetzes festgestellt:

> „Die Zielvorgabe des Gewaltschutzgesetzes, die Gewaltspirale durch die Wegweisung des Gewalttäters zu unterbrechen und das Gewaltopfer durch die Beratung und Betreuung von speziell eingerichteten Interventionsstellen zu stützen, konnte in den meisten Fällen erreicht werden. Die neuen gesetzlichen Regelungen sind ein taugliches Instrument für mehr Schutz vor häuslicher Gewalt, und sie sind ein wichtiges gesellschaftspolitisches Signal." *(Haller 1999: 39)*

Nicht geeignet sind die neuen gesetzlichen Maßnahmen bei schwerer Gewalt, wie der tragische Mord an einer Frau, der sich kurz nach Einführung des neuen Gesetzes ereignete, zeigte. In diesem Fall hatte der Ehemann die Frau mehrfach schwer misshandelt und bedroht; er besass mehrere Waffen. Diese Informationen lagen der Polizei und der Justiz vor, trotzdem wurde keine Haft verhängt. Bei sehr gefährlichen Gewalttätern wie diesem sind Haft und umfassende Schutzmassnahmen für die Opfer notwendig, um tödliche Folgen zu vermeiden. Die Gefährlichkeit von Gewalttätern im Familienkreis wird leider von den Behörden noch immer unterschätzt. Besonders gefährlich sind Zeiten von Trennung und Scheidung, die meisten schweren Gewalttaten wie Morde und Mordversuche werden in dieser Zeit verübt. Daher benötigen die Betroffenen besonders in Trennungsphasen umfassenden und wirkungsvollen Schutz vor dem Misshandler.

Die Arbeit der Interventionsstellen

Den Mitarbeiterinnen der Frauenhäuser und Initiatorinnen des neuen Gewaltschutzgesetzes war von Anfang an klar, dass ein Gesetz alleine nicht ausreicht, sondern dass für eine effektive Wirkung Begleitmaßnahmen zur Unterstützung der Opfer und zur Koordinierung der Maßnahmen notwendig sind. Daher wurde die Einrichtung von Interventionsstellen von Beginn an mitgeplant. Die Initiative dafür ging von Mitarbeiterinnen der Frauenhäuser aus. Diese entwickelten das erste Konzept, das sich am Domestic Abuse Interventin Project (DAIP) in Duluth, Minnesota, orientierte (Egger et al 1995). Die Einrichtung von Interventionsstellen sollte als Teil des Gewaltschutzgesetzes rechtlich verankert werden, was jedoch aus Kostengründen im ersten Anlauf nicht gelang. Durch die Initiative der Bundesministerin für Frauen und des Bundesministers für Inneres, die die Einrichtungen je zur Hälfte finanzieren, konnten die Interventiosnstellen doch noch eingerichtet werden. Derzeit (Oktober 1999) existieren in Österreich neun Interventionsstellen gegen Gewalt in Familien und zwar eine in jedem Bundesland.

Die Interventionsstellen verstehen sich als Opferschutzeinrichtung mit dem Ziel der Gewaltprävention. Das Konzept für diese Einrichtungen wurde von erfahrenen Mitarbeiterinnen aus dem Bereich der Wiener Frauenhäuser entwickelt (Fröschl/Logar 1996). Das Konzept geht von einem umfassenden, integrierten Ansatz der Gewaltprävention aus. Es beinhaltet sowohl die Unterstützung der Opfer (überwiegend Frauen und Kinder) als auch Arbeit mit den Tätern sowie die Vernetzung und Koordination der Arbeit aller mit dem Problem befassten Institutionen. Schutz und Sicherheit der Opfer ist oberstes Ziel der Arbeit der Interventionsstellen. Auf Grund des Mangels an Ressourcen wird derzeit überwiegend im Bereich der Unterstützung der Opfer und der Vernetzung gearbeitet.

Pro-aktiver Ansatz

Interventionsstellen verstehen sich als Ergänzung zu den bestehenden Opferschutzeinrichtungen (Frauenhäuser, Frauenberatungsstellen, Notrufe, Kinderschutzeinrichtungen, ...). Bei Gewalt in der Familie gibt es eine sehr hohe Dunkelziffer, das bedeutet, dass sehr viele Betroffene sich vermutlich gar nicht an Hilfseinrichtungen wenden. Es ist bekannt, dass

Gewalt sich massiv auf das Selbstwertgefühl und die Handlungen der Betroffenen auswirkt und sie passiv und gelähmt macht. Zudem gehört es häufig zu den Strategien von Misshandlern, den Opfern zu verbieten, sich nach außen zu wenden und Hilfe zu holen. Um diese Betroffenen zu erreichen, bedarf es also eines aktiven, nachgehenden Ansatzes, der von den Interventionsstellen praktiziert wird. Die Kontaktaufnahme mit den Betroffenen erfolgt über eine Zusammenarbeit mit der Polizei. Das Bundesgesetz zum Schutz bei Gewalt in der Familie ermöglicht der Exekutive die Weitergaben von Daten an Interventionsstellen zum Zweck der Gewaltprävention. Die Interventionsstellen werden von der Exekutive nach einem Einsatz bei Gewalt in der Familie binnen 24 Stunden per Fax informiert. Die Mitarbeiterinnen der Interventionsstellen nehmen umgehend Kontakt mit den Betroffenen auf und bietet aktiv Beratung und Unterstützung in rechtlichen und sozialen Fragen an. Dazu gehören z.B.: Begleitung zu Gericht, Hilfe beim Stellen von rechtlichen Anträgen, Unterstützung in Strafprozessen etc. Zur Unterstützung gehört weiter die Einschätzung der Gefährlichkeit von Gewalttätern im Einzelfall sowie die Erstellung von Sicherheitsplänen.

Die Reaktion der Betroffenen auf dieses Hilfsangebot ist bisher sehr positiv, der pro-aktive Ansatz sollte daher weiter ausgebaut und weiterentwickelt werden. Eine Hindernis liegt dabei darin, dass die Interventionsstellen über zu wenig Personal verfügen. So ist es etwa in den größeren Bundesländern auf Grund der hohen Fallzahl oder auf Grund der regionalen Distanzen nicht möglich, jede Frau intensiv zu betreuen und zu Gericht zu begleiten. Auch wäre es notwendig, dass Interventionsstellen 24 Stunden erreichbar sind, was derzeit ebenfalls nicht möglich ist. Der Ausbau der Interventionsstellen in den nächsten beiden Jahren wird daher sehr wichtig sein. Ziel ist es, dass alle Opfer nach einer Gewalttat intensive und sofortige Unterstützung im Krisenfall sowie Begleitung in zivilrechtlichen und strafrechtlichen Prozessen erhalten.

Zum pro-aktiven Ansatz gehört auch, dass die betroffenen Frauen in regelmässigen Abständen immer wieder kontaktiert werden (follow-up). Zielgruppe sind hier Frauen in der Trennungsphase bzw. Frauen, die sich entschlossen haben, weiter mit dem Partner zu leben. Es ist wichtig, gerade auch diesen Frauen weiterhin Hilfe anzubieten und Kontakt zu halten. Auf diese Weise soll verhindert werden, dass das Gewaltproblem wieder zur „Privatsache" wird. Am Anfang war die aktive Kontaktaufnahme für die Mitarbeiterinnen, die diesen aktiven Ansatz nicht gewohnt waren,

nicht leicht. Was tun, wenn der gewalttätige Mann am Apparat ist? war eine der Fragen, die sich stellte. Nach und nach wurden die Mitarbeiterinnen der Interventionsstellen jedoch sicherer und machten die Erfahrung, dass es gerade für den Misshandler wichtig ist, zu erfahren, dass jemand interveniert. Damit wird eine häufige Strategie von Misshandlern, die Opfer daran zu hindern, Hilfe zu holen, durchkreuzt.
Auch die Evaluation eines Londoner Interventionsprojektes (Burton/Regan/Kelly 1998) ermutigte dazu, den pro-aktiven Ansatz weiterzuentwickeln. Die Evaluation ergab, dass die Frauen es als positiv erlebt hatten, immer wieder kontaktiert zu werden. Der pro-aktive Ansatz wird in der Wiener Interventionsstelle laufend weiterentwickelt, wobei es wichtig ist, den feministischen Grundsatz der Selbstbestimmung der Frau zu achten und Frauen nicht unter Druck zu setzen (Verein Wiener Interventionsstelle gegen Gewalt in der Familie 1999).

Täterbezogene Interventionen

Um Schutz und Sicherheit für die Opfer herzustellen, genügt es nicht, nur mit den Opfern zu arbeiten. Es müssen auch Interventionen gesetzt werden, die geeignet sind, den Misshandler sofort an der Ausübung weiterer Gewalttaten zu hindern. Für diese Maßnahmen wurde von der Wiener Interventionsstelle der Begriff „täterbezogene Interventionen“ geprägt. Es gehört zu den Aufgaben der Interventionsstelle, in Absprache mit der betroffenen Frau täterbezogene Interventionen zu setzen oder zu initiieren.
Dazu gehören z.B.:

- Ersuchen der Polizei, in einem Fall drohender Gewalt Wegweisung und Rückkehrverbot zu verhängen
- Beantragung einer zivilrechtlichen Schutzverfügung
- Kooperation mit der Staatsanwaltschaft und den Strafgerichten um strafrechtliche Maßnahmen zur Gewaltprävention zu setzen
- Gespräch mit der Kinderschutzbehörde bezüglich Maßnahmen zum Schutz der Kinder
- Gespräche mit dem Misshandler durch die Interventionsstelle oder durch eine andere Einrichtung
- Kontaktaufnahme und Zusammenarbeit mit allen Institutionen, die in den Fall involviert sind, Durchführung von Fallkonferenzen
- Vermittlung des Misshandlers an Beratungseinrichtungen.

Im Unterschied zu Täterarbeit, die meist erst später einsetzt, zielen täterbezogene Interventionen auf die Konfrontation von Misshandlern möglichst rasch nach der Gewalttat und auf die sofortige Beendigung von Gewalt. Um letzteres Ziel zu erreichen, braucht es vielfältige Interventionen von verschiedenen Seiten, die aufeinander abgestimmt sind und dem Misshandler signalisieren, dass sein Verhalten nicht toleriert wird und Konsequenzen hat. Täterbezogene Interventionen sind auch für die Einschätzung der Gefährlichkeit eines Misshandlers sowie die Einschätzung seiner Kooperationswilligkeit wichtig.

Die Wiener Interventionsstelle versucht, Interventionen zu setzen, die dem individuellen Fall angepasst sind. Mehrere Interventionen von verschiedenen Seiten dürften nach internationalen Erfahrungen eine sich gegenseitig verstärkende Wirkung und einen „kumulativen Effekt“ haben (Hamby 1998).

Zum Konzept der Wiener Interventionsstelle gehört ebenfalls die Durchführung von sozialen Trainingskursen für Misshandler. Dieser Teil des Projektes wurde noch nicht realisiert, da die Ressourcen und Rahmenbedingungen noch fehlen (Zusammenarbeit mit der Strafjustiz). Vorerst haben jedoch die Unterstützung der Opfer sowie täterbezogene Interventionen Vorrang in der Gewaltprävention.

In Österreich, wie auch in anderen Ländern, gibt es eine heftige Debatte darüber, wer mit gewalttätigen Männern arbeiten soll und vor allem mit welchen Ansätzen. Die Wichtigkeit, die Täterarbeit in der gesellschaftspolitischen Debatte einnimmt, ist erstaunlich angesichts der Tatsache, dass nach den bisher existierenden Evaluationen von Programmen für Misshandler die Erfolge eher gering sind: nur wenige Misshandler sind bereit für eine Behandlung, die Abbruchrate ist hoch und die Wirkung der Behandlung ist zweifelhaft. Neuere Untersuchungen ergaben wenig bis keinen Unterschied in der neuerlichen Ausübung von Gewalt bei Misshandlern mit und ohne Behandlung. Die Ergebnisse zeigen, dass es eher andere Faktoren sind, die zur Gewaltbeendigung beitragen, als die Täterprogramme: Sanktionen, soziale Kontrolle und koordinierte Interventionen dürften am ehesten gewaltverhindernd wirken (Gondolf 1997; Rosenfeld 1992; Tolman/Bennet 1990, zitiert in: Jasinski/Williams 1998).

Vernetzung und Kooperation

Inter-institutionelle Zusammenarbeit und koordinierte Interventionen gehören zu den neuesten Entwicklungen in der Gewaltprävention. Dieser Ansatz entstand aus der Erkenntnis, dass Gewalt an Frauen nur durch ein gemeinsames und koordiniertes Vorgehen aller gesellschaftlichen Institutionen wirkungsvoll bekämpft werden kann. Für die Organisation dieser Kooperation gibt es verschiedene Ansätze: diese reichen von institutionalisierten Projekten wie dem Domestic Abuse Intervention Project in Duluth, Minnesota, USA, einem der ersten Projekte dieser Art, bis zu mehr oder weniger formellen Vernetzungsstrukturen, wie den Domestic Violence Foren in Großbritannien und integrierten Interventionsprojekten, die zur Gewaltprävention mit den Opfern und den Misshandlern arbeiten (Pence/Paymar 1993; Hague/Malos/Dear 1996). Auch im deutschsprachigen Raum sind in den letzten Jahren zahlreiche Vernetzungsprojekte zur Gewaltprävention entstanden.

Die multi-institutionelle Zusammenarbeit ist Teil der Tätigkeit der Interventionsprojekte in Österreich. Ziel dieser Arbeit ist es, die Maßnahmen der Gewaltprävention effektiver zu machen und den Bedürfnissen der Opfer anzupassen. Es handelt sich dabei keineswegs um eine einfache, sondern um eine sehr komplexe und anspruchsvolle Strategie. Unterschiedliche Institutionen, Einstellungen und Positionen treffen dabei aufeinander, zum Beispiel Frauenorganisationen und die noch immer stark männerdominierte Polizei. Gesellschaftliche Machtverhältnisse spiegeln sich auch in der Vernetzungsarbeit wider, etwa die Macht der Justiz, deren Kooperationsbereitschaft häufig gering ist. Wem nützt die Vernetzung, und wer strebt sie mit welchen Zielen an? Das sind in diesem Zusammenhang wichtige Fragen. Multi-institutionelle Zusammenarbeit gegen Gewalt an Frauen ist sicherlich ein richtiger und zukunftsweisender Weg, doch müssen bestimmte Voraussetzungen für das Gelingen dieser Strategie herrschen (Hague/Malos/Dear 1996; Aktionsgemeinschaft der autonomen österreichischen Frauenhäuser 1998). Effektivität und Verantwortung einer multi-institutionellen Initiative müssen sich daran messen, inwieweit diese konkret zur Erhöhung der Sicherheit der betroffenen Frauen und Kinder beitragen.

Auswirkungen des Gewaltschutzgesetzes auf die Arbeit der Frauenhäuser

Die bisherige Erfahrung mit dem Gewaltschutzgesetz hat gezeigt, dass die Frauenhäuser dadurch natürlich nicht überflüssig geworden sind. Nach wie vor wenden sich viele Frauen an die Frauenhäuser und es müssen weitere Häuser geschaffen werden; in Wien ist gerade ein viertes Frauenhaus in Planung. Durch die Arbeit der Interventionsstellen wird zum überwiegenden Teil eine neue Gruppe von betroffenen Frauen erreicht, die sich bisher eher nicht an das Frauenhaus gewandt hat. Bei der Frage des Angebots für von Gewalt betroffene Frauen und Kinder muss überhaupt bedacht werden, dass die Dunkelziffer in diesem Bereich sehr hoch ist und dass sich längst nicht alle Betroffenen an Hilfseinrichtungen wenden. Die Interventionsstellen wenden sich nun auch an diese Frauen und erreichen dadurch eine neue Zielgruppe von Opfern familiärer Gewalt. Interventionsstellen sind somit wichtige ergänzende Einrichtungen, keinesfalls jedoch Ersatz für die Frauenhäuser. Nach wie vor wichtig sind Frauenhäuser natürlich auch für Frauen, die mehr Schutz brauchen, als es die Wegweisung bieten kann bzw. die aus verschiedenen Gründen nicht in der eigenen Wohnung bleiben können oder wollen. Die Interventionsstellen arbeiten daher intensiv mit den Frauenhäusern und Frauenberatungsstellen zusammen und bilden gemeinsam ein Netz an Hilfsangeboten.

Lücken im Gewaltschutzgesetz

Bei der Anwendung des Gesetzes sind verschieden Probleme und Lücken aufgetaucht, die den Expertinnen aus dem Bereich der Frauenhilfseinrichtungen schon von Anfang an bewusst gewesen waren. Trotz intensivem Lobbying war es jedoch nicht möglich gewesen, diese Lücken zu schließen. Das Partriarchat gewährt den Frauen ihre Rechte eben immer nur „scheibchenweise". Es muss jedoch gesagt werden, dass in Österreich derzeit von Seiten der Verantwortlichen der Wille besteht, das Gesetz zu verbessern. Einige Veränderungen konnten bereits realisiert werden: die Wegweisung durch die Polizei wurde von 7 auf 10 Tage ausgeweitet, mit Verlängerung auf 20 (bisher 14) Tage, wenn eine Einstweilige Verfügung eingebracht wird. Diese neue Regelung tritt mit 1.1.2000 in Kraft. Damit soll der Zeitdruck, der derzeit auf den Betroffenen liegt, gemildert werden.

Insgesamt hat sich gezeigt, dass der Schutz vor Gewalt im Gesetz in einigen Bereichen zu sehr an Fristen und Verfahren gebunden ist. Betroffene Frauen und ihre Kinder erhalten derzeit keinen Schutz durch die EV, wenn sie schon mehr als drei Monate vom Misshandler getrennt leben oder wenn eine Scheidung bereits erfolgt ist. Misshandlungen und Drohungen dauern aber erfahrungsgemäß oft noch viele Monate, in manchen Fällen sogar Jahre nach der Trennung an. Die Geltungsdauer der Einstweiligen Verfügung ist mit 3 Monaten zu kurz. Zwar kann die EV verlängert werden, wenn ein Scheidungsverfahren oder ein Verfahren auf Aufteilung der Wohnung gestellt wird. Dies ist jedoch nicht für alle Frauen eine Option: vor allem Frauen, die finanziell vom Misshandler abhängig sind und sich eine Scheidung nicht leisten können, wie z.B. ältere Frauen oder Migrantinnen, die in ihrem Aufenthaltsrecht vom Gefährder abhängig sind, erhalten nur für maximal 3 Monate Schutz durch das neue Gesetz. Danach sind sie gezwungen, wieder mit dem Misshandler zusammenzuleben. Es darf jedoch keinen Freibrief für Gewalt nach drei Monaten geben. Das Gesetz sollte daher so geändert werden, dass die EV bei Gewalt unabhängig vom Familienstand und von der Dauer des Zusammenlebens verfügt werden kann. Die Geltungsdauer sollte daher auf 1 Jahr ausgeweitet werden.

Es ist also entscheidend, dass bei einem Gewaltschutzgesetz der Grundsatz herrscht, dass Schutz gewährt wird, solange Gewalt andauert, nicht solange die Ehe oder Lebensgemeinschaft besteht.

Änderungen muss es jedoch auch in anderen Bereichen geben, vor allem was den Schutz von Migrantinnen von Gewalt betrifft. Diese können sich vom Misshandler häufig nicht trennen, weil sie aufenthaltsrechtlich und ökonomisch von ihm abhängig sind. Das eigenständige Aufenthalts- und Beschäftigungsrecht ist daher die Grundvoraussetzung dafür, dass sich Migrantinnen aus Gewaltbeziehungen befreien können. Werden ihnen diese Rechte nicht gewährt, so werden sie praktisch vom Staat vor die Alternative gestellt, sich schlagen zu lassen oder das Land zu verlassen. Dies ist ein Verstoß gegen fundamentale Menschenrechte.

Literatur

Aktionsgemeinschaft der autonomen österreichischen Frauenhäuser (Hrsg.), 1998: Österreichische und internationale Strategien zur Prävention von Gewalt. Männergewalt gegen Frauen und Kinder; unveröffentlichter Forschungsbericht. Wien.

Bunch, Charlotte; Reilly, Niamh, 1994: Demanding Accountacility. The Global Campaign and Vienna Tribunal for Women's Rights. New York

Burton, Sheila; Regan, Linda; Kelly, Liz, 1998: Supporting women and Challenging men. Lessons from the Domestic Violence Intervention Project. Bristol.

Egger, Renate; Fröschl, Elfriede; Lercher, Lisa; Logar, Rosa; Sieder, Hermine, 1997: Gewalt gegen Frauen in der Familie. Wien.

Europarat, 1950: Europäische Menschenrechtskonvention. Rom.

Fröschl, Elfriede; Logar, Rosa, 1996: Konzept Wiener Interventionsstelle zur Verhinderung von Gewalt an Frauen und Kindern, unveröffentlichtes Manuskript. Wien.

Hague, Gill; Malos, Ellen; Dear, Wendy, 1996: Multi-agency work and domestic violence. Bristol.

Haller, Birgitt, 1999: Gewalt in der Familie. Eine Evalusierung der Umsetzung des österreichischen Gewaltschutzgesetzes; unveröffentliche Studie im Auftrag des Bundesministeriums für Inneres. Wien.

Hamby, L. Sherry 1998: Partner Violence: Prevention and Intervention. In: Jasinski, L. Jana; Williams, M. Linda (Hrsg.): Partner Violence. A Comprehensive Review of 20 Years of Research, Thousand Oaks/London/New Dehli, S. 210–258.

Jasinski, L. Jana; Williams, M. Linda, 1998: Partner Violence. A Comprehensive Review of 20 Years of Research. Thousand Oaks/London/New Dehli.

Pence, Ellen; Paymar, Michael, 1993: Educational Groups for Men who Batter. The Duluth Modell. New York.

Wiener Interventionsstelle gegen Gewalt in der Familie (Hrsg.), 1999: Tätigkeitsbericht 1998, unveröffentlichtes Manuskript. Wien.

6 Staatliche Politik und Gewalt im Geschlechterverhältnis

Monika Schröttle

Staatliche Politik und Gewalt gegen Frauen in engen sozialen Beziehungen – ein politiktheoretischer und empirischer Zusammenhang?

„Gewalt gegen Frauen ist politisch"

„Gewalt gegen Frauen ist politisch" – mit diesem Slogan leitete die Frauen(haus)bewegung in den 70er Jahren eine Enttabuisierung und Politisierung der bis dahin weitgehend im Privatbereich verborgenen und verdeckten Gewalt von Männern gegen Frauen ein. Feministinnen aus Forschung, sozialer und politischer Praxis verwiesen darauf, dass die Gewalt, die Männer gegen Frauen gerade auch in Ehe- und Paarbeziehungen ausüben, kein individuelles und privates Randproblem ist, sondern ein weit verbreitetes soziales Problem, das durch politische und gesellschaftliche Rahmenbedingungen mitbestimmt wird, mehr noch: in diese funktional eingebettet ist. Männergewalt gegen Frauen wurde als ein Eckpfeiler patriarchaler Herrschaftsverhältnisse identifiziert, als Mittel zur Aufrechterhaltung von Macht und patriarchalen Geschlechterordnungen.[1]

Seither ist viel passiert. In der BRD wurde ein flächendeckendes Netz an Frauenhäusern, Notrufen und spezifischen Beratungsstellen für misshandelte Frauen aufgebaut und staatlich finanziert. Die Öffentlichkeitsarbeit der Frauen- und Hilfeprojekte trieb die Enttabuisierung der Problematik weiter voran. Gewalt gegen Frauen wurde zu einem Thema der Politik. Seit den 80er und verstärkt in den 90er Jahren wurden gesetzliche Veränderungen eingeleitet und die Verantwortung des Staates auch in Form von Intervention und aktiver Hilfe in Misshandlungssituationen eingefordert.[2]

1 vgl. aus den Anfangsjahren feministischer Gewaltforschung u.a.: Brownmiller (1975); Martin (1976); Griffin (1979); Dobash/Dobash (1979); Sanday (1981); Barry (1983); Benard/Schlaffer (1978).

2 vgl. aus dem deutschsprachigen Raum: Hagemann-White (1992); Heiliger/Hofmann (Hg.) (1998); Rösemann/Klaar et al. (1989); Aktionsgemeinschaft der autonomen österreichischen Frauenhäuser (1995);vgl. auch die Informationsbroschüren der bundesdeutschen Interventionsprojekte BIG (Berlin); KIK (Kiel); HAIP (Hannover).

Zunehmend setzte sich eine Sichtweise durch, wonach der Abbau von Gewalt gegen Frauen und Kinder in engen sozialen Beziehungen eine Aufgabe von Staat und Gesellschaft ist. Es entstanden Interventionsprojekte und Runde Tische gegen Gewalt; regional und überregional wurden mit Unterstützung öffentlicher Gelder Kampagnen und Fachveranstaltungen gegen Gewalt gegen Frauen durchgeführt, in die sich auch diese Veranstaltung einreiht.[3]
Die Politisierung von Gewalt gegen Frauen und Gewalt in engen sozialen Beziehungen schritt auch auf der Ebene internationaler Aktivitäten und Institutionen voran und scheint nun, in den 90er Jahren, einen vorläufigen Höhepunkt zu erreichen.
Auf der Weltfrauenkonferenz in Peking 1995 wurde die Bekämpfung von Gewalt gegen Frauen zu einem alle Gräben glättenden gemeinsamen Strategieziel der internationalen Frauenbewegungen. Es entstand das *Internationale europäische Netzwerk von Fraueneinrichtungen zur Bekämpfung von Gewalt gegen Frauen und Kinder* (WAVE). Auf der Pekinger Aktionsplattform wurden verbindliche rechtliche, politische und soziale Maßnahmen formuliert, die viele Regierungen und internationale Organisationen in der Folge übernahmen.[4]
Auch die Europäische Union und die UNO haben umfangreiche Maßnahmekataloge und Aktionspläne zur Bekämpfung von Gewalt gegen Frauen ausgearbeitet, die eindeutig eine feministische Handschrift tragen, und die die Regierungen auffordern, entsprechende Aktivitäten in ihrem Wirkungskreis umzusetzen.[5] Sie betonen dabei die *„Ernsthaftigkeit und (das) Ausmaß des Problems der Gewalt gegen Frauen“* und stellen sie in den Kon-

---

3 Auch durch die Bundesregierung wurde von 1993 bis 1996 eine große Öffentlichkeitskampagne gegen Gewalt an Frauen durchgeführt, die sich bis heute in vielen bundesdeutschen Kommunen und Landkreisen regional fortsetzt; vgl. auch Augstein (1998).

4 vgl. dazu u.a. Die Aktionsplattform von Peking (1995); Wilß (1997);Ruf (1998), S. 66–83;Verein Aktionsgemeinschaft der Autonomen Österreichischen Frauenhäuser (1995), S. 36ff; Heiliger/Hofmann (1998), S. 7f u. 251f

5 vgl. u.a. die „Entschließung des Europäischen Parlaments zur Gewalt gegen Frauen vom 11. Juni 1986“, die „Erklärung der Vereinten Nationen zur Beseitigung von Gewalt gegen Frauen vom 20.12.1993“; den „UN-Bericht zu Gewalt gegen Frauen, deren Ursachen und Konsequenzen vom 12. Februar 1997“, sowie den 1997 vom Europäischen Rat verabschiedeten „Aktionsplan zur Bekämpfung der Gewalt gegen Frauen“.

text von Menschenrechtsverletzungen und politisch-gesellschaftlicher Frauendiskriminierung.[6]

In der *„Erklärung der Vereinten Nationen zur Beseitigung von Gewalt gegen Frauen vom 20.12.1993“* heißt es, die Gewalt sei

> „ein Ausdruck der historisch bedingten ungleichen Machtverhältnisse zwischen Mann und Frau (. . .), die zu einer Beherrschung und Diskriminierung der Frau durch den Mann, sowie zur Verhinderung der vollen Entfaltung der Frau geführt haben, und (. . .) Gewalt gegen Frauen einer der wesentlichen gesellschaftlichen Mechanismen (. . .), durch den Frauen den Männern gegenüber in eine untergeordnete Position gedrängt werden“.

Dieser hohe Grad der Politisierung von Gewalt gegen Frauen auf nationaler und internationaler Ebene ist ein wichtiges Ergebnis von jahrzehntelanger frauenpolitischer Lobbyarbeit – außerhalb und innerhalb der Institutionen. Auch wenn bislang Gewalt gegen Frauen noch nicht maßgeblich abgebaut wurde, kann heute auf praktisch-politischer Ebene die Politikrelevanz der Problematik kaum mehr bestritten werden. Dem hinkt die etablierte politikwissenschaftliche Forschung bislang noch weit hinterher.

Gewalt gegen Frauen als Thema politikwissenschaftlicher Forschung

Der mainstream/malestream der PolitologInnen betrachtet Gewalt gegen Frauen nicht als politikrelevantes Forschungsfeld. Er grenzt sich in seinem Gegenstandsbereich noch immer relativ starr vom so genannten Privatbereich ab und geht von einer quasinatürlichen Spaltung der Gesellschaft in eine öffentliche/politische und eine private/unpolitische Welt aus. Die Teilung von Öffentlichkeit und Privatheit und die Abgrenzung des Politischen vom Privaten bildet eine zentrale Grundlage gängiger westlicher Politikbegriffe und *„eine der fundamentalen Paradigmen der Politikwissenschaft“* (Kreisky 1996: 45). Dem liegt ein Denkschema zu Grunde, wonach das Private nicht politisch und das Politische nicht privat ist.

Selbstverständlich widersprechen dem feministische Politologinnen und natürlich widersprechen dem auch die sozialen Realitäten, wie wir sie derzeit vorfinden. Feministische Politologinnen haben insbesondere in den 90er Jah-

---

6 vgl. „Erklärung der Vereinten Nationen zur Beseitigung von Gewalt gegen Frauen vom 20.12.1993“

ren kritisch herausgearbeitet, dass die Polarisierung und Aufspaltung der Welt in öffentliche/politische versus private/unpolitische Sphären für sich selbst ein Politikum ist: weder ist sie natürlich noch ahistorisch noch geschlechtsneutral, sondern ein systematisches Konstrukt, das sich in dieser Form erst mit der Entstehung moderner Nationalstaaten herausgebildet hat.[7]

Die Entstehung einer eigenständigen, vom öffentlichen und politischen Leben entkoppelten „Privatsphäre" und ihre Institutionalisierung in der bürgerlichen Ehe und Kleinfamilie war aufs Engste verbunden mit der Konstituierung einer neuen Geschlechterordnung im 18. Jahrhundert. Wie allen voran Carole Pateman anhand der Geschichte des Gesellschaftsvertrages herausarbeitete, wurde mit der Freisetzung der Menschen aus der feudalen Herrschaft des pater familias auch die Macht des Mannes gegenüber Frauen und Kindern gestärkt und mit dem Ehevertrag und der Begründung einer eigenständigen, vor staatlichen Eingriffen geschützten Privatsphäre institutionell abgesichert (vgl. Pateman 1988).

> „Die Unterwerfung der männlichen Subjekte unter eine souveräne staatliche Macht korrespondierte (mit der) Absicherung männlicher Souveränität in der häuslichen Sphäre." (Rumpf 1996: 235)

Analog bezog sich auch das staatliche Gewaltmonopol in keiner Weise auf die Beschränkung von männlicher Macht und Gewalt gegenüber Frauen und Kindern in der häuslichen Sphäre, und diente auch, wie Mechthild Rumpf anhand einer Analyse wichtiger Staatstheoretiker aufzeigte, nicht dazu, die „private" Sphäre zu befrieden. Es sollte lediglich Herrschaftsansprüche und Gewaltverhältnisse zwischen Männern und zwischen Bürgern und Staat außerhalb des häuslichen Bereichs regeln. Die männliche Souveränität in der häuslichen Sphäre blieb vom Gewaltmonopol des Staates nicht nur unangetastet, sie wurde den Männern sogar vertraglich zugesichert. (Rumpf 1996)

Aus diesem historischen Kontext heraus erklärt sich auch, warum bis heute staatlicherseits eine große Zurückhaltung besteht, bei Gewalt und Machtmissbrauch in Familien- und Paarbeziehungen, anders als bei Gewalt in anderen sozialen Kontexten, kontrollierend und sanktionierend einzugreifen. Die mangelnde Interventions- und Sanktionierungsbereitschaft, die sich bis heute durch rechtliche Regelungen und staatliche/ge-

---

7 vgl. dazu u.a. Holland-Cunz (1996), S. 360ff; Holland-Cunz (1994), S. 227ff; Kreisky (1996), S. 29ff; Klinger (1994), S. 121f; Kerchner/Wilde (1997).

sellschaftliche Reaktionen auf privatisierte Gewalt zieht, bildet eine Grundlage unserer Staats- und Gesellschaftsordnung.
Es ist ein Verdienst feministischer Politik- und Gesellschaftsanalysen, solche geschlechtsspezifischen und machttheoretischen Zusammenhänge auf der Schnittstelle zwischen Staat und Privatheit genauer zu durchleuchten und damit das Verständnis derzeitiger Geschlechterordnungen, Machtverteilungen und Gewaltverhältnisse zu vertiefen. Die feministische Politiktheorie, die sich sehr intensiv und machtkritisch mit der Grenzziehung zwischen Staat/Politik/Öffentlichkeit und Privatheit befasst, nimmt hier inzwischen, wie auch die Politologin Barbara Holland-Cunz betonte, sehr differenzierte Standpunkte ein (Holland-Cunz 1996: 373). Es geht nicht mehr nur um eine schlichte Auflösung und Vermischung der Sphären, sondern um ihre *Neudefinition.* Auch unter demokratietheoretischen Gesichtspunkten wird die Frage gestellt, was von wem und mit welchen Folgen jeweils als „privat" oder als „politisch" definiert wird.[8]

Eine empirische Untersuchung über den Zusammenhang von staatlicher Politik und Gewalt im Geschlechterverhältnis

Ich selbst habe mich im Rahmen einer politikwissenschaftlichen Dissertation an der Universität Gießen in den letzten Jahren eingehender – und erstmals auf empirischer Ebene – mit dem Zusammenhang von staatlicher Politik und Gewalt im Geschlechterverhältnis befasst und die Ergebnisse der Untersuchung kürzlich veröffentlicht.[9] In der Untersuchung wurde der Frage, inwiefern Gewalt gegen Frauen politisch ist – im Sinne von politisch mitbedingt-, noch genauer auf den Grund gegangen und systematisch erkundet, welche Verbindungslinien und Wirkungsmechanismen zwischen staatlicher Politik und Gewalt gegen Frauen in engen sozialen Beziehungen bestehen. Ich möchte im Folgenden aus der umfangreichen

8 vgl. dazu u.a. Holland-Cunz (1996, 1994); Kerchner/Wilde (1997); Rössler (1995); Fraser (1994); List (1986); Elshtain (1981); Kreisky (1996); Lang (1994), Niekant (1996). Vgl. die Positionen im Überblick: Holland-Cunz (1996), S. 373; Kerchner (1997), S. 12f u. S. 22; Rössler (1995), S. 275ff.

9 vgl. Schröttle (1999), Politik und Gewalt im Geschlechterverhältnis. Eine empirische Untersuchung über Ausmaß, Ursachen und Hintergründe von Gewalt gegen Frauen in ostdeutschen Paarbeziehungen vor und nach der deutsch-deutschen Vereinigung. Kleine Verlag. Bielefeld.

Arbeit einige Ergebnisse referieren, die für die Diskussion politischer Ursachen und notwendiger politischer Konsequenzen relevant sein können.
Im theoretischen Teil der Voruntersuchung wurden zunächst aus dem bisherigen Forschungsstand sieben Faktorenbündel herausgefiltert, die auf einen Zusammenhang zwischen staatlicher Politik und Gewalt gegen Frauen verweisen: Normenvermittlung und -akzeptanz, Rechtsetzung und Interventionsmaß, soziale Kontrolle und Einbindung, geschlechterpolitische Machtverteilungen, Rollenleitbilder und Identitäten, struktureller Stress sowie die Systemfunktionalität der Gewalt. Diese Analysebereiche bildeten einen offenen Suchpfad für die weitere empirische Untersuchung.
Der Zusammenhang zwischen staatlicher Politik und Gewalt im Geschlechterverhältnis wurde anhand der Gewaltsituation in ostdeutschen Paarbeziehungen vor und nach der Wende überprüft. Theoretisch hätte das Gewaltausmaß in DDR-Paarbeziehungen erheblich geringer sein müssen als in der alten BRD, da viele soziopolitische Faktoren, die in der westlichen Forschung als gewaltfördernd beschrieben wurden, in der DDR nicht oder nur sehr eingeschränkt vorlagen. Es gab ein hohes Maß an sozialer Kontrolle, staatlicher Interventionsbereitschaft und gesellschaftlicher Einbindung der BürgerInnen in die Kollektivstruktur; Gewaltdarstellungen in Kultur und Massenmedien wurden zensiert; geschlechtsspezifische Rollenleitbilder und Machtverhältnisse hatten sich im Kontext der sozialistischen Normenvermittlung, Wirtschafts- und Sozialpolitik zu Gunsten der Frauen verschoben. Die hohe Frauenerwerbsquote verringerte die ökonomischen Abhängigkeiten der Frauen von männlichen Beziehungspartnern auf breiter Ebene.
Als Folge der Systemumbrüche und der Anpassung der DDR-Gesellschaft an westliche Systembedingungen in den 90er Jahren und mit den gestiegenen sozialen Problemlagen im Kontext von Arbeitslosigkeit, Arbeitsplatzunsicherheiten und berufsbiografischen Brüchen wurde nach der Wende eine drastische Zunahme von Gewalt nicht nur im öffentlichen Raum, sondern auch in ostdeutschen Familien- und Paarbeziehungen erwartet und vielfach in Politik und Sozialwissenschaften behauptet, ohne jedoch vertiefend empirisch überprüft worden zu sein.[10]

10 vgl. u.a. Müller (1995); Begenau (1995),S. 35–48; PDS (1994). Ähnlich auch Jutta Gysi in einem Vortrag auf der Berliner Präventionsdebatte zur Gewalt gegen Frauen am 9./10.09.1993 („Sag' mir, wo die Männer sind . . .“); Vortr. unveröff., sowie Locker/Starke (1991), S. 157–171.

Die Vorannahme eines geringeren Gewaltausmaßes in ostdeutschen Paarbeziehungen vor der Wende und eines massiven Gewaltanstiegs nach der deutsch-deutschen Vereinigung, von der ich selbst zu Beginn der Forschungen ausgegangen war, bestätigte sich jedoch im Rahmen der Untersuchung nicht.

Gewalt gegen Frauen war in DDR-Paarbeziehungen gleich stark verbreitet wie in der BRD

Eine umfangreiche Analyse der verfügbaren Zeitdokumente und empirischen Materialien in Zusammenschau mit systematischen ExpertInnenbefragungen in verschiedenen Berufsgruppen, die mit der Problematik vor und nach der Wende in Berührung gekommen waren (u.a. MitarbeiterInnen von Polizei/Justiz, Frauenhäusern, Ehe-/Familienberatungsstellen und aus der sozialwissenschaftlichen Forschung), zeigte auf: in der DDR der 70er und 80er Jahre war mindestens jede fünfte bis siebte Frau von Tätlichkeiten oder sexueller Gewalt durch den Beziehungspartner betroffen und bei jeder vierten bis fünften Ehescheidung spielte männliche Gewalt eine beeinflussende Rolle[11]. Diese Daten, bei denen die hohen Dunkelfelder noch nicht angemessen berücksichtigt sind, entsprechen den Werten aus bundesdeutschen Untersuchungen, nach denen in den 80er Jahren etwa jede fünfte bis zehnte Frau von Männergewalt in Ehe und Partnerschaft betroffen war.[12]

Trotz der unterschiedlichen Rahmenbedingungen war körperliche Gewalt gegen Frauen in beiden Gesellschaften gleich stark verbreitet, und sie nahm auch nach der Wende in der Verbreitung nicht zu. Während bei Gewalt im öffentlichen Raum, etwa bei Jugend(gruppen)gewalt, Eigentumsdelikten und Überfällen durch Fremdtäter in Ostdeutschland nach der Wende starke Anstiege zu verzeichnen waren, hat sich Gewalt in engen sozialen Beziehungen, insbesondere geschlechtsspezifische Beziehungsgewalt, sowie die (sexuelle) Gewalt gegen Frauen quantitativ nicht verändert.

---

11 vgl. zu Präsenz und Ausmaß der Gewalt vor und nach der Wende; Schröttle (1999), S. 145–205.

12 vgl. u.a. Wetzels et al. (1995); Wetzels/Pfeiffer (1995), Anlage: Bundesweite Statistiken sowie Untersuchungen des kriminologischen Forschungsinstitutes Niedersachsen – Stand Juni 1995; Kury et al. (1996)

Vermutlich war es die allgemeine Verschärfung des *Gewaltklimas* und der offenen *Frauenfeindlichkeit* in Gesellschaft und Kultur, die in den neuen Bundesländern nach der Wende die Vermutung und auch die konkrete Wahrnehmung erhöhter Gewaltpotenziale gegen Frauen bestärkte. Beides ging jedoch weniger mit einer Zunahme *manifester* Gewalt als vielmehr mit einem Anstieg *latenter* Gewaltandrohung gegen Frauen einher. Kriminologische und andere sozialwissenschaftliche Untersuchungen belegen in diesem Zusammenhang die nach der Wende gestiegene Angst- und Bedrohungswahrnehmung ostdeutscher Frauen, Opfer von Gewalt im öffentlichen Raum zu werden. Die latente Gewaltdrohung schränkte die Bewegungsräume und Entfaltungsmöglichkeiten ostdeutscher Frauen ein, verkleinerte ihren Aktionsradius auf den „privaten" Raum von Heim und Familie und verstärkte das Gefühl, auf einen männlichen Beziehungspartner und Begleiter als Schutz vor körperlichen Angriffen im öffentlichen Raum angewiesen zu sein.[13]

Wie lassen sich die unerwarteten Befunde zum Gewaltausmaß in ostdeutschen Paarbeziehungen vor und nach der Wende in Bezug auf den Zusammenhang von staatlicher Politik und Gewalt im Geschlechterverhältnis interpretieren? Haben die politischen und gesellschaftlichen Rahmenbedingungen doch weniger oder keinen Einfluss auf die Entstehung und Aufrechterhaltung von männlicher Gewalt gegen Frauen? Warum war das Gewaltausmaß in DDR-Paarbeziehungen trotz der Reduzierung potenziell gewaltbegünstigender Faktoren weiterhin hoch und warum nahmen im Zuge der Systemtransformation mit dem Ansteigen gewaltbegünstigender Problem- und Belastungsfaktoren die Gewaltpotenziale nicht stärker und eindeutiger zu?

Die Analyse der Gewaltsituation in ostdeutschen Paarbeziehungen zeigte auf, dass es bereits in der DDR gewaltfördernde soziopolitische Rahmenbedingungen und Einflüsse gab, die jedoch anders gelagert waren als in der westdeutschen Gesellschaft und Politik. Viele der im Vorfeld vermuteten gewaltreduzierenden Faktoren waren auf Grund ihrer spezifischen Ausgestaltung und Einbindung in das Gesamtsystem nicht in der erwarteten Richtung wirksam und beförderten in der Wechselwirkung mit anderen Faktoren teilweise das Gegenteil. Bei der Frage, ob bestimmte Faktoren gewaltvermindernd wirksam werden oder nicht kommt es offenbar sehr

13 vgl. u.a. Gabriel/Meinecke (1992); Henke (1992); Wetzels et al. (1995), S. 224; Kury et al. (1996), S. 233ff; vgl. dazu genauer: Schröttle (1999), Kap. II.2.2.4.

auf deren konkrete Ausgestaltung im Gesamtsystem und auf ihre Wechselwirkung und ihr Zusammenspiel mit anderen gewaltbeeinflussenden Faktoren an.
Wie sich aus solchen zeit- und systemvergleichenden Analysen heraus unsere Sicht auf die Ursachenzusammenhänge vertiefen und unsere Strategien zum Gewaltabbau verfeinern lassen, möchte ich im Folgenden anhand von drei relevanten Untersuchungsbereichen konkretisieren: erstens anhand der Normenvermittlung durch Staat und Gesellschaft, zweitens in Bezug auf die soziale Kontrolle und Interventionsbereitschaft und drittens hinsichtlich der Geschlechterpolitik, die geschlechtsspezifische Machtverteilungen und Identitäten mitbestimmt.

Normen und Normenvermittlung durch Staat und Gesellschaft

Die Rolle der Normen und Normenvermittlung durch Staat und Gesellschaft wurde in der bisherigen Gewaltdiskussion als sehr relevant erachtet und bezog sich stark auf die *explizite* Normenvermittlung zu Gewalt in den Massenmedien und Sozialisationsinstanzen. Beklagt wurde die Gewaltlegitimierung und Gewaltpropaganda durch offen gewaltverherrlichende und frauendiskriminierende Darstellungen in Massenmedien und Kultur, die ein Klima der Normalität, Duldung und Akzeptanz männlichen Dominanz- und Gewaltverhaltens gegenüber Frauen schaffen. Es bestand die Hoffnung, über eine Verringerung von Gewalt in den Medieninhalten und eine Durchsetzung klarer Anti-Gewalt-Normen in der Sozialisation insbesondere von Jungen und männlichen Jugendlichen würde langfristig auch körperliche Gewalt gegen Frauen abgebaut werden können.
Nun waren in der DDR Gewaltdarstellungen in Massenmedien weitgehend tabu. Sie wurden staatlicherseits zensiert und durch gewaltreduzierte und geschlechteregalisierende Normen nach dem Leitbild der sozialistischen Persönlichkeit ersetzt. Der Staat hatte einen direkten Zugriff auf die Medieninhalte und konnte die vermittelten Normen und Leitbilder in Kultur und Sozialisation kontrollieren und inhaltlich gleichschalten. Offen frauendiskriminierende und sexistische Inhalte wurden in der offiziellen DDR-Kultur nur noch sehr eingeschränkt vermittelt. Dennoch setzte sich männliches Gewaltverhalten in ostdeutschen Paarbeziehungen ungehindert fort und die veränderte Normenvermittlung leitete letztlich *keinen* Gewaltabbau im Geschlechterverhältnis ein. Warum?

Meiner Analyse nach wurden die potenziell gewaltreduzierenden Normen nicht in dem erwarteten Maße wirksam, weil sie nicht glaubwürdig vermittelt werden konnten in einer Gesellschaft, die weiterhin durch einen hohen Grad an psychischer und physischer Gewalt geprägt war. Gesellschaft und Sozialisation in der DDR waren – wie auch die befragten ostdeutschen ExpertInnen schilderten – von Kindheit und Jugend an mitbestimmt durch Militarisierungstendenzen, Autoritarismen, psychischen Druck und Machtmissbrauch in den Hierarchien. Auch in den Familien und Elternhäusern war den empirischen Daten nach körperliche Gewalt gegenüber Kindern und zwischen den PartnerInnen weiterhin sehr stark verbreitet. Anti-Gewalt-Normen können in einem Klima fortbestehender struktureller und personaler Gewalt nicht oder nur sehr oberflächlich greifen.

Das verweist darauf, dass die gewaltbeeinflussende Wirkung von gesellschaftlichen und kulturellen Normen nicht nur und in erster Linie auf den *explizit* vermittelten Normen beruht. Von Bedeutung sind vielmehr das Zusammenspiel von *expliziten und impliziten* Normen und der Charakter bzw. die Stringenz der *Normenvermittlung* zu Gewalt innerhalb der Kultur, da sie eine Grundlage für die *Glaubwürdigkeit* der durch Staat und Gesellschaft vermittelten Normen bilden.

Friedenserziehung in staatlichen und gesellschaftlichen Sozialisationsinstanzen kann auch heute nicht davon abstrahieren, dass in Kultur und Politik Waffengewalt und Kriege als legitime Mittel der Konfliktlösung gelten, dass Rigorismen und unterdrückerische Verhaltensweisen im Alltag als Teil erfolgreichen männlichen Rollenverhaltens gelten und dass Kinder und Jugendliche weiterhin ein hohes Maß an Gewalt in den Elternhäusern erfahren. Damit gewaltreduzierende Normen tatsächlich greifen können, wäre langfristig auf allen Ebenen von Gesellschaft und Politik eine Kultur der konsequenten Ächtung von Gewalt schrittweise umzusetzen. Es ist jedoch kontraproduktiv, dies – wie in der DDR – überwiegend über plakative Verbote, Tabus, Aggressions- und Konfliktvermeidung, oder über die normative Setzung harmonisierender Idealvorstellungen von oben erreichen zu wollen. Notwendig scheint vielmehr eine *aktive Auseinandersetzung* mit Aggressionen und Gewalt und eine prozesshafte Suche nach Verhaltensalternativen und konstruktiveren Umgangs- und Verarbeitungsformen für verschiedene gesellschaftliche Kontexte. Dies beträfe nicht nur Schulen und Sozialisationsinstanzen, sondern prinzipiell alle gesellschaftlichen und politischen Instanzen, denn Kinder und Jugendliche sind zwar Träger der Zukunft, wir aber geben mit unseren Institutionen, unserem Verhalten und unserer Politik das Modell ab.

Kontrolle und Interventionsbereitschaft des Staates

In der heutigen Diskussion von Strategien zum Abbau von Gewalt gegen Frauen in engen sozialen Beziehungen besteht weitgehend Konsens darüber, dass eine erhöhte soziale Kontrolle und Interventionsbereitschaft des Staates zu einer Disziplinierung männlichen Gewaltverhaltens in Paarbeziehungen und langfristig zu einem Gewaltabbau beitragen kann. Interventionsprojekte gegen Gewalt im häuslichen Bereich – wie das US-amerikanische DAIP-Projekt – zeigen auf, dass speziell bei diesem Täter-Opfer-Kontext, der stark durch ein fehlendes Unrechtsbewusstsein, geringe soziale Kontrolle und mangelnde staatliche Interventionsbereitschaft geprägt ist, durch koordinierte Interventions- und Hilfestrategien tatsächlich gute Erfolge in Richtung einer Reduzierung von Gewalt erzielt werden können.[14]

Ein Vergleich mit der Situation in der DDR war insofern interessant, als unter den damaligen Systembedingungen allgemein eine hohe soziale Kontrolle, Einbindung und staatliche Interventionsbereitschaft bei Regelverletzungen bestand, die prinzipiell keinen Schutz des Privatbereichs vor staatlichem Zugriff vorsah. Dies führte jedoch aus verschiedenen Gründen nicht zu einem Gewaltabbau gegen Frauen in engen sozialen Beziehungen, im Gegenteil: zwar gingen Gewalt und Kriminalität im öffentlichen Raum zurück, zugleich kanalisierten sich jedoch die Aggressionen und Gewaltpotenziale mehr auf den Bereich engster sozialer Beziehungen, wo sie vor Entdeckung und Sanktionierung relativ sicher waren.

Erstaunlicherweise zeigte sich in der Untersuchung, dass trotz der *allgemein* hohen Kontroll- und Interventionsbereitschaft des SED-Staates bei Gewalt gegen Frauen in Ehe- und Paarbeziehungen regelmäßig nicht eingegriffen und strafverfolgt wurde, weniger noch als in der BRD. Auch der sozialistische Staat stützte implizit „privatisierte" Gewaltverhältnisse ab und wahrte hier – wie VertreterInnen der damaligen Sozialkontrolle erläuterten – den Schutz der Privatsphäre, den es im Rechtssystem der DDR offiziell gar nicht mehr gab. In der Untersuchung wurden durchweg Misshandlungsfälle bekannt, bei denen der sozialistische Staat – entgegen

14 vgl. zu DAIP auch Pence/McMahon (1998)

eigener ideologischer Vorgaben – bei Gewalt gegen Frauen in Ehe- und Paarbeziehungen nicht eingriff, sie als „Privatsache" behandelte und weder einen Hilfe- noch einen Handlungsbedarf sah. Teilweise wurden sogar misshandelte Frauen, die bei staatlichen Instanzen auffällig wurden oder aktiv um Hilfe ersuchten, über die Androhung von Kindesentzug und die Eintragung in Asozialenkarteien restriktiv zum Schweigen gebracht. Staatliches Handeln folgte hier einer Logik, wonach Dinge, die es in einer friedliebenden sozialistischen Gesellschaft nicht gab, unter den Teppich gekehrt anstatt zu lösen versucht wurden.

Zugleich schottete sich unter den Bedingungen einer allgemein hohen sozialen Kontrolle und Einmischung im autoritären System der DDR der Privatbereich auch von innen gegen staatliche Zugriffe ab; die privaten Nischen wurden vielfach vor offiziellem Zugriff erfolgreich verteidigt. In den informellen Zusammenhängen und engsten sozialen Beziehungen, also in Freundeskreisen, in der Nachbarschaft und der Arbeitswelt, in Familien- und Paarbeziehungen bestand ein verstärktes Bedürfnis nach Schutz der Intimssphäre vor staatlichem Zugriff. Das bewirkte auch bei Gewalt von Männern gegen Frauen in Paarbeziehungen eine große Zurückhaltung, die Gewalt nach außen hin sichtbar werden zu lassen oder gar staatliche Instanzen einzuschalten. Als Folge solcher Schließungstendenzen von innen entzog sich die Gewalt vielfach unbemerkt und bereits im Vorfeld einer möglichen Kontrolle und Sanktionierung durch Staat und Gesellschaft.

Aus solchen Beobachtungen lassen sich einige interessante Hinweise für die heutige Gewaltdiskussion ableiten.

Die Frage des Schutzes der Privatsphäre vor staatlichem Zugriff ist offenbar keine Frage allgemeiner Systembedingungen, und es handelt sich bei der Grenzziehung zwischen Staat und Privatheit nicht um starre und eindeutige Grenzen. Sie verschieben sich vielmehr kontextspezifisch und sind in hohem Maße von politischen Interessen abhängig. Dies bestätigen für andere Untersuchungskontexte auch einige sehr interessante historische, rechtsvergleichende und theoretische Analysen feministischer Politologinnen.[15] So zeigte etwa Kerchner (1997) anhand einer Analyse der Sexualpolitik seit der Aufklärung auf, dass der staatliche Umgang mit Privatheit durch die Epochen hindurch weniger prinzipien- als vielmehr interessengeleitet ist. Es wurde jeweils dort in den Intimbereich der BürgerInnen ein-

15 vgl. Berghahn (1997), Fraser (1994), Kerchner (1997)

gegriffen, wo es um die Aufrechterhaltung bürgerlich-patriarchaler Moral- und Ordnungsvorstellungen ging, etwa bei der Strafverfolgung von Lesben und Schwulen, und zugleich wurde „die Grenze zwischen staatlicher Zuständigkeit und Privatheit zielgenau dorthin verschoben (. . .), wo sie dem bürgerlichen Familienpatriarchen nicht mehr gefährlich werden konnte" (Kerchner 1997: 183); bei sexueller Gewalt von Männern gegenüber Frauen und Kindern unterblieben deshalb staatliche Eingriffe zumeist.[16] „Für eine feministische Perspektive auf den Staat" ist, wie Kerchner/Wilde (1997: 19) feststellten, die Staats(un)tätigkeit mindestens ebenso interessant, wie die Betrachtung seiner repressiven und bürokratischen Seite.

Wenn die Grenzziehung zwischen Staat und Privatheit kontextspezifisch unterschiedlichen staatlichen und gesellschaftlichen Interessen folgt, dann ist sie prinzipiell auch politisch verhandelbar und kontextspezifisch veränderbar. Gerade bei den aktuellen Veränderungen in der gesellschaftlichen Sicht auf und die rechtliche Behandlung von elterlicher Gewalt gegenüber Kindern und von männlicher Gewalt gegenüber Frauen in Ehe- und Paarbeziehungen wird meines Erachtens sichtbar, dass sie in hohem Maße von gesellschaftlichen Aushandlungsprozessen bestimmt und beeinflusst werden kann.

Damit jedoch soziale Kontrolle, Intervention und Sanktionierung bei Gewalt in engen sozialen Beziehungen überhaupt greifen kann – darauf verweist das Beispiel der DDR –, sind einige weitere Voraussetzungen zu erfüllen: so muss sich die Kontrolle und Sanktionierung sehr *direkt* auf diesen Gewaltkontext beziehen, denn eine allgemein erhöhte soziale Kontrolle und staatliche Intervention kann eher kontraproduktiv sein und Aggressionen und Gewalt auf enge soziale Beziehungen verlagern, wenn dieser Bereich durch die Sozialkontrolle implizit ausgespart bleibt. Ebenso problematisch ist es, wenn Kontrolle und Interventionsmaßnahmen lediglich restriktiv von oben durchgesetzt, aber nicht durch eine konstruktive Öffentlichkeits- und Überzeugungsarbeit begleitet werden. Wenn solche Maßnahmen nicht durch die Öffentlichkeit, die Betroffenen und ihr soziales Umfeld auf breiter gesellschaftlicher Ebene mitgetragen werden, fördern sie unter Umständen Schließungstendenzen nach Innen und erschweren so den Zugriff auf privatisierte Gewaltverhältnisse.

---

16 Interessant ist auch, daß Kerchner in ihrer Arbeit feministische Traditionen der behutsamen ersten Politisierung von sexueller Gewalt bis in die Zeit der Jahrhundertwende zurückverfolgt.

Bei der Formulierung der Ziele feministischer Politik zum Abbau geschlechtsspezifischer Gewalt kann es heute nicht mehr nur um eine *allgemein* erhöhte soziale Kontrolle und um die *generelle* Auflösung der Teilung von „Öffentlichkeit" und „Privatheit" gehen, sondern es wäre sehr *spezifisch* die *konsequente Herausnahme* von Gewalt und Machtmissbrauch aus dem ansonsten durchaus sinnvollen Schutz intimer Beziehungen vor staatlichem Zugriff einzufordern, mit dem Ziel, das hohe rechtsstaatliche Gut der körperlichen Unversehrtheit (Art. 2, Abs. 2, GG der BRD) auch in Familien- und Paarbeziehungen zu schützen. Die Frage einer Kontrolle, Intervention und Sanktionierung bei Gewalt in Familien- und Paarbeziehungen spitzt sich dann auf die zentrale Frage zu, ob Staat und Gesellschaft diese Gewalt weiterhin als „privat" einstufen, oder ob sie bereit sind, sie anderen Formen personaler Gewalt gleichzustellen und sie als Problem von öffentlichem Interesse konsequent aus dem Schutz der Privatsphäre herauszunehmen.

Dieses Ziel wäre auf verschiedenen gesellschaftlichen Ebenen zu konkretisieren und strategisch koordiniert umzusetzen, um langfristig die Gewalt zu stoppen, die Täter in Verantwortung zu nehmen und den Frauen und Kindern ein Leben ohne weitere Gewalt zu ermöglichen. Dies wird derzeit in dem koordinierten und aufeinander abgestimmten Vorgehen von Institutionen, gesellschaftlichen Gruppen und Hilfeeinrichtungen in bundesdeutschen Interventionsprogrammen gegen „häusliche" Gewalt erprobt. Interventionsprojekte und Runde Tische gegen Gewalt in engsten sozialen Beziehungen sind, wie die Untersuchung aufzeigt, unbedingt zu begleiten durch breite öffentliche Diskussion und Überzeugungsarbeit, um ihre Akzeptanz und Wirkungskraft zu erhöhen. Öffentlichkeitskampagnen hätten darauf hinzuarbeiten, dass auf allen gesellschaftlichen Ebenen Gewalt gegen Frauen in Paarbeziehungen nicht mehr als ein „privates" Beziehungsproblem der Beteiligten gefasst wird, sondern als eine gesellschaftlich relevante Regelverletzung mit klar benennbaren Tätern und Opfern, die alle angeht und in keiner Weise zu verheimlichen, zu dulden oder zu relativieren ist.

Dabei ginge es nicht, wie das zum Teil in Politik und Medienberichterstattung insbesondere von linksliberalen KritikerInnen missverstanden wird, um eine law-and-order-Politik oder vorrangig um die Frage von härteren Strafen bzw. einem härteren staatlichen Vorgehen gegenüber einer bislang als Straftat anerkannten und verfolgten Deliktart. Es ginge vielmehr darum, hier überhaupt erst ein klares Unrechtsbewusstsein für die Unzulässigkeit von Gewalt im Kontext von Familien- und Paarbeziehungen zu entwickeln und den Zugriff auf diese Gewalt zu erhöhen, was beides bislang in Recht, Politik, Gesellschaft und im Alltag heterosexueller Paarbeziehungen noch weitgehend fehlt.[17]

Geschlechterpolitik, Machtverteilungen und Identitäten

Feministische Analysen gingen bislang davon aus, dass eine allgemeine Emanzipation von Frauen, ihre erhöhte Berufs- und Erwerbsbeteiligung und der Abbau von Abhängigkeiten und Machtdiskrepanzen im Geschlechterverhältnis automatisch oder mit einer gewissen Konsequenz auch Gewalt im Geschlechterverhältnis zurückdrängen würden. Dem widersprechen die Ergebnisse meiner Untersuchung zum Teil.

So waren DDR-Frauen hoch qualifiziert, fast durchgängig beruflich eingebunden und finanziell kaum mehr abhängig von männlichen Beziehungspartnern. Die Egalisierungs- und Entpolarisierungsprozesse in Bezug auf geschlechtsspezifische Machtdiskrepanzen und Geschlechtsrollenleitbilder trugen jedoch nicht zu einem maßgeblichen Abbau männlichen Gewaltverhaltens gegenüber Frauen bei, noch verhinderten sie, dass misshandelte Frauen in gewaltbelasteten Paarbeziehungen lange verharrten.

Die Untersuchung zeigte auf, dass berufliche Emanzipation und finanzielle Unabhängigkeit zwar eine *notwendige Voraussetzung*, nicht aber ein *hinreichender Garant* dafür ist, dass Frauen sich aus Gewaltbeziehungen lösen und konsequenter Grenzen setzen können. In der DDR gab es neben räumlichen Trennungsbarrieren – dem Fehlen von Fluchtmöglichkeiten in aktuen Gewaltsituationen –[18] noch andere Hinderungsgründe für eine konsequente Beendigung von Gewaltbeziehungen. Das häufige Überschreiten eigener Körper- und Belastungsgrenzen, die Allzuständigkeit für die Zufriedenheit von Mann, Kindern, ArbeitskollegInnen und Kollektiven, wie es das Leben vieler Frauen in der DDR prägte, stellte nur eine andere Form der Frauenausbeutung dar und verhinderte in der Konsequenz ebenfalls, dass Frauen im Gewaltfall klare Grenzen setzen konn-

17 vgl. kritisch zu solchen linksliberalen Mißverständnissen Berghahn (1997), S. 216ff

18 Es gab keine Hilfeeinrichtungen und Frauenhäuser. Aufgrund der Wohnungsknappheit und der zentralen Wohnungsvergabepolitik waren viele Paare gezwungen, noch Jahre nach der Trennung und Scheidung in einer gemeinsamen Wohnung zusammenzuleben, was vielfach Gewaltsituationen auslöste oder verschärfte.

ten. Das mangelnde Ernst- und Wahrnehmen eigener Bedürfnisse und (Belastungs-)Grenzen und der Selbst- und Fremdanspruch, immer gut und zur Zufriedenheit aller (anderen) zu funktionieren, wie sie auch die Lebenskonzeptionen so genannter moderner und emanzipierter Frauen in westlich-kapitalistischen Gesellschaften bestimmen, sind Muster, die Frauen auf andere Weise aber ebenso hartnäckig wie traditionelle Frauenrollen in Gewaltverhältnissen verharren lassen können. Um hier Veränderungen zu erreichen, bedarf es eines umfassenderen Verständnisses von weiblicher Emanzipation und *Eigenmacht*, das sich nicht nur und in erster Linie an beruflichen und ökonomischen Gesichtspunkten orientiert, sondern zugleich auch die Möglichkeiten zur selbstbestimmten Grenzsetzung und Lebensorientierung von Frauen jenseits altruistischer und heterosexistischer Weiblichkeitskonzepte im Blick hat. Frauen- und Geschlechterpolitik hätten sich deshalb an umfassenderen und breiteren Modellen und Lebensoptionen von Frauen auszurichten und diese zu fördern.

Ein weiteres wichtiges Ergebnis der Untersuchung war, dass bei einem Machtabbau im Geschlechterverhältnis nicht unbedingt mit einem Gewaltabbau in Mann-Frau-Beziehungen zu rechnen ist, sondern er unter Umständen sogar zu Gewaltzunahmen kommen kann, wenn männliche Macht- und Dominanzvorstellungen nicht grundsätzlich in Frage gestellt und die Egalisierungsprozesse nicht von beiden Geschlechtern positiv und identitätsstärkend mitgetragen werden.

In der Untersuchung deutete sich an, dass ein Teil der ostdeutschen Männern in den 70er und 80er Jahren mit den veränderten Rollen- und Machtverteilungen im Geschlechterverhältnis nicht gut zurecht kam und Emanzipationsprozesse nur sehr zögerlich akzeptierte bzw. vielfach auf der Einstellungsebene nicht positiv mittrug. Die massiv erhöhte Zahl der durch Frauen eingeleiteten Scheidungen seit den 70er Jahren ging mit einem männlichen Macht- und Kontrollverlust auf breiter Ebene einher und wurde zum Teil mit körperlicher Gewalt gegen Frauen als letztem Mittel zur Aufrechterhaltung geschlechtshierarchischer Machtverhältnisse beantwortet. Einige ExpertInnen aus dem Bereich sozialer Hilfen beschrieben in diesem Zusammenhang männliches Gewaltverhalten als Versuch, den Folgen ökonomischer und symbolischer Macht- und Statusverluste im Geschlechterverhältnis entgegenzuwirken oder sie zu kompensieren. Gewalt trat damals – wie übrigens auch heute in westlich-kapitalistischen Systemen – gehäuft in Trennungs- und Scheidungssituationen auf, die durch Frauen eingeleitet wurden.

Ob es als Folge solcher Kontroll- und Statusverluste tatsächlich im Einzelfall zu männlichen Gewaltreaktionen kam, hing jedoch von mehreren Faktoren ab, etwa den Vorstellungen, ob männliche Dominanz im Geschlechterverhältnis als rechtmäßig angesehen wurde und inwieweit sie einen Teil der männlichen Rollenidentitäten bildete, ob Gewalt als geeignetes Mittel angesehen wurde, um Konflikte zu lösen und eigene (Vor-) Macht gegenüber Frauen zu stabilisieren, ob sie vor Entdeckung und Sanktionierung sicher war und welche Verhaltensalternativen subjektiv jeweils zur Verfügung standen.
Um Gewalt im Geschlechterverhältnis langfristig abzubauen, wäre sehr konkret bei den Einstellungen und Männlichkeitskonzeptionen anzusetzen, insbesondere bei den damit verwobenen Macht- und Dominanzvorstellungen. Auf gesellschaftlicher und politischer Ebene wird es darum gehen, Rollenleitbilder und Geschlechteridentitäten zu fördern, die es ermöglichen, männliche Macht- und Dominanzvorstellungen ebenso selbstbewusst zurückzuweisen wie Stereotypen von weiblicher Unterordnung und Machtlosigkeit. Es wäre in höherem Maße auf eine Akzeptanz egalitärer Konzepte hinzuwirken. Gerade auch durch Teile der kritischen Männerbewegung sind hier politisch-soziale Bewusstseins- und Überzeugungsprozesse einzuleiten, die sozialverträglichere und nicht-destruktive Rollenidentitäten bei Jungen und Männern stärken, die nicht mehr auf Gewalt, Konkurrenz und männlicher Überlegenheit beruhen.

Brüche als Chance der Veränderung

Aus makrostruktureller und machttheoretischer Sicht ist nun interessant, ob solche Konzeptionen zum Abbau von Gewalt und Hierarchisierungen im Geschlechterverhältnis überhaupt möglich und realistisch sind, wenn es sich bei patriarchalen Gesellschaften um ein System fein aufeinander abgestimmter Machtmechanismen handelt, bei denen die individuelle Macht und Gewalt von Männern, die kollektive Macht von Männern und die staatliche Macht und Gesellschaftsordnung sich wechselseitig bedingen und funktional abstützen.
In meiner Untersuchung zeichnete sich ab, dass diese Systeme aufeinander abgestimmter Macht, Gewalt und Kontrolle keineswegs so bruchlos sind, wie dies unsere ersten feministischen Analysen nahe legten. Weder stützt staatliche Macht immer die Macht und Gewalt des individuellen

Mannes im Privatbereich ab – so wurde zum Beispiel in der DDR die individuelle Macht von Männern gegenüber weiblichen Beziehungspartnerinnen durch staatliches Handeln aus wirtschaftlichen und ideologischen Erwägungen heraus empfindlich geschwächt; noch ist das Gewaltverhalten des individuellen Mannes in jedem Falle funktional für die Durchsetzung und Aufrechterhaltung von individueller und kollektiver Macht von Männern oder von patriarchalen Gesellschaftsordnungen, denn sie kann auch dysfunktional sein und das Gegenteil bewirken, etwa die Loslösung der Frauen aus Paarbeziehungen oder aus heterosexuellen Beziehungszusammenhängen überhaupt.
Wir haben gesehen, dass weder der Abbau von (ökonomischen) Machtdiskrepanzen in den Geschlechterverhältnissen der DDR automatisch einen Gewaltabbau zur Folge hatte, noch ging in ostdeutschen Paarbeziehungen nach der Wende mit den zunehmenden Machtdiskrepanzen im Geschlechterverhältnis und den gesellschaftlichen Benachteiligungen von Frauen auch eine maßgebliche Zunahme manifester Gewalt gegen Frauen einher. Ostdeutsche Männer hielten sich hier auf breiter Ebene zurück, gefährdeten nicht den Bestand der Paarbeziehungen und riskierten weniger als zu DDR-Zeiten ein Auseinanderbrechen der Beziehungen, um ein Minimum an Stabilität in der radikal sich verändernden sozialen Umwelt zu erhalten. (Schröttle 1999: 339ff)
Diese Befunde verweisen darauf, dass der Ausübung von Gewalt verschiedene Faktoren vorgeschaltet sind, etwa individuelle und kulturelle Überzeugungen, der individuelle und kollektive Nutzen der Gewalt (Kosten-Nutzen-Analysen), die Frage nach geeigneten Verhaltensalternativen, sowie – last not least – persönliche Entscheidungen für oder gegen Gewalt[19]. Die Tatsache, dass es hier durchaus Brüche zwischen individuellen, kollektiven und staatlichen (Macht-)Interessen gibt, fordert nicht nur zu einem komplexeren Verständnis des Zusammenhangs von politischen und gesellschaftlichen Ursachen von Gewalt im Geschlechterverhältnis heraus, sie birgt auch die Chance in sich, realistische politische und gesellschaftliche Strategien zum Abbau dieser Gewalt entwickeln zu können, ohne makrostrukturelle und machttheoretische Zusammenhänge zu vernachlässigen.

19 Darauf verwiesen auch die Analysen von Alberto Godenzi (1989) und Susanne Kappeler (1994).

Wenn nämlich Gewalt weder eine unkontrollierbare individuelle Affekthandlung einzelner Männer ist, noch eine notwendige und unveränderbare *Konstante* in patriarchalen Gesellschaften, sondern maßgeblich auf Einstellungen, Überzeugungen und auch auf individuellen wie gesamtgesellschaftlichen Kosten-Nutzen-Analysen beruht, dann ist sie grundsätzlich durch Bewusstseins- und Überzeugungsarbeit und durch verbesserte gesellschaftliche und staatliche Reaktionsmuster auf die Gewalt veränderbar. Gesellschaft und staatliche Institutionen können es zum Beispiel dem (potenziellen) Gewalttäter schwer machen, die Gewalt zu verheimlichen und dafür sorgen, dass sie ihm persönlich mehr schadet als nützt, dass sie weder ein legitimiertes noch ein funktionierendes Mittel zur Aufrechterhaltung von individueller Macht und Kontrolle gegenüber Frauen ist. Um solche Ziele und Strategien langfristig durchzusetzen, bedarf es einer qualitativ hochwertigen und konzentrierten gesellschaftlichen und politischen Auseinandersetzung mit und Solidarisierung gegen Gewalt, die nur über eine gute Überzeugungsarbeit den notwendigen breiten gesellschaftlichen Rückhalt für umfassendere Veränderungen schaffen kann.

Die wichtige Rolle der Frauenhäuser als gesellschaftliche und politische Lobby

Die Frauenhäuser und Hilfeprojekte für misshandelte Frauen haben hier in den letzten Jahrzehnten sehr viel angeschoben. Auch die Untersuchung der Situation in Ostdeutschland vor und nach der Wende zeigte auf, dass der besondere Wert dieser Institutionen nicht nur in den konkreten sozialen Hilfen und der direkten sozialen Arbeit mit Misshandlungsopfern liegt, sondern auch in ihrer wichtigen Rolle als gesellschaftliche und politische Lobby zum Abbau der Gewalt und zur Veränderungen des Umgangs gesellschaftlicher und staatlicher Instanzen mit Gewalt. Eine verbesserte Herangehensweise von Polizei, Gerichten, verschiedenen Ämtern und sozialen wie politischen Institutionen an die Problematik wurde auch in Ostdeutschland erst durch die Öffentlichkeits- und Lobbyarbeit der Frauenhäuser und Frauenprojekte vorangetrieben. Diese wichtige gesellschaftsverändernde Arbeit der Frauenhäuser und Hilfeprojekte wird jedoch bislang weder in den Frauenhauskonzeptionen inhaltlich und zeitlich angemessen berücksichtigt, noch fließt sie in die staatlichen Finanzierungsmodelle dieser Projekte ausreichend mit ein.

Vielleicht wären an diesem Punkt neue Modelle der Konzeption von Frauenhausarbeit notwendig und – entlang der politisierenden Ursprungsideen feministischer Frauenhausarbeit – fachkompetent weiterzuentwickeln. Mit Sicherheit aber hat staatliche Politik, wenn sie es mit der Intention des Gewaltabbaus im Geschlechterverhältnis ernst meint, die wichtige politische und Lobbyarbeit von Frauenhäusern und feministischen Hilfeprojekten ideell und finanziell angemessen zu unterstützen.

Schlussbemerkungen

Zum Schluss: Was ist zu tun, welche weiteren Konsequenzen können aus solchen Überlegungen und politisierenden Analysen gezogen werden?

1. Um einen wirkungsvollen Gewaltabbau im Geschlechterverhältnis zu erreichen, muss – wegen der Mehrdimensionalität der Ursachen- und Entstehungszusammenhänge – an mehreren Punkten gleichzeitig angesetzt werden.
2. Die Maßnahmen und Strategien sind auf der Grundlage von Ursachenforschungen und wissenschaftlichen Begleitungen so zu verfeinern, dass sie einen Gewaltabbau und nicht lediglich Symptom- und Ursachenverschiebungen bewirken.
3. Dabei wird die politisch-kulturelle Überzeugungsarbeit auf breiter gesellschaftlicher Ebene eine große Rolle spielen. Die Frauen- und Hilfeprojekte sollten dabei ihre gesellschaftsgestaltende Macht und Verantwortung ebenso wahrnehmen wie andere solidarische Kräfte innerhalb und außerhalb der staatlichen Institutionen.
4. Meiner Einschätzung nach besteht derzeit eine große Chance, hier einige grundlegende Bedingungen im positiven Sinne zu verändern. Es wurde in den letzten Jahren ein hoher Grad an Politisierung, Enttabuisierung und politischer Aktivierung zum Abbau geschlechtsspezifischer Gewalt erreicht. Die Regierungen sind aktiv geworden, und auch durch die Arbeit der internationalen Organisationen steigt weltweit der Druck, sich mit der Problematik auseinander zu setzen und zu handeln. Es gibt sehr umfassende Maßnahmekataloge durch EU, UNO und die Pekinger Aktionsplattform, in denen zusammengefasst ist, was politisch, rechtlich und gesellschaftlich notwendig ist, um einen Abbau der Gewalt herbeizuführen. Sie müssen nun konsequent umgesetzt werden, wobei die Schritte der Umsetzung sehr genau und umsichtig in

ihren Folgen und Wechselwirkungen für das Gesamtsystem zu prüfen sind.

5. Hierfür werden sicherlich auch die Ergebnisse der feministischen Politikwissenschaft einen Beitrag leisten können, gerade wenn es um die Implementierung von Maßnahmen und Strategien geht und um den geschärften Blick auf die Wirkungen zwischen Individuum, Gesellschaft und *makrostrukturellen politischen* Zusammenhängen.
6. Aus politisch-strategischer Sicht scheinen derzeit für einen Abbau von Gewalt im Geschlechterverhältnis Strategien mittlerer Reichweite mit starker Basisanbindung, die auf die jeweiligen regionalen Kontexte und Bedingungen zugeschnitten sind, sinnvoller zu sein als langfristige, umfassende und übergreifende Gesamtkonzepte von oben. Sie sind flexibler und können im Zuge ihrer Umsetzung besser durch die Praxisarbeit von Institutionen und Hilfeeinrichtungen begleitet, kontrolliert und gegebenenfalls korrigiert werden.
7. Breite und gut vernetzte Kampagnen auf regionaler und überregionaler Ebene, Workshops, Runde Tische, Interventionsprojekte und Zukunftswerkstätten, bei denen einzelne Strategien und Maßnahmen unter Beteiligung unterschiedlicher Instanzen und Berufsgruppen konkretisiert und weiterentwickelt werden können, sind hierfür die geeignete Form.
8. Eine aktive Beteiligung und Mitwirkung gerade auch der feministischen Frauen- und Hilfeprojekte wird für die gesellschaftsverändernde Qualität und Kraft dieser Entwicklungen ebenso entscheidend sein wie die Bereitschaft von staatlichen und gesellschaftlichen Institutionen, gewaltfördernden Bedingungen gezielt und engagiert entgegenzuarbeiten.

Literatur

Augstein, Renate, 1998: Die Kampagne des deutschen Bundesfrauenministeriums zu Gewalt gegen Frauen. In: Heiliger/Hoffmann (Hrsg.). München, S. 21–37.

Barry, Kathleen, 1983: Sexuelle Versklavung von Frauen. Berlin.

Begenau, Jutta, 1995: Der andere Lebensalltag und die anderen Entscheidungs- und Handlungsspielräume von Frauen aus der DDR und die Schwierigkeiten des Beschreibens ostwestdeutschen Vergleichens. In: Zentrum für Interdisziplinäre Frauenforschung (Hg.): Unter Hammer und Zirkel. Berlin, S. 35–48

Benard, Cheryl/Schlaffer, Edith, 1978: Die ganz gewönliche Gewalt in der Ehe. Texte zu einer Soziologie von Macht und Liebe. Reinbek

Berghahn, Sabine, 1997: Die Verrechtlichung des Privaten – allgemeines Verhängnis oder Chance für bessere Geschlechterverhältnisse? In: Kerchner/Wilde (Hrsg.): Staat und Privatheit. Opladen, S. 189–222

Brownmiller, Susan, 1975: Against our will. Men, women and rape. New York

Die Aktionsplattform von Peking, 1995: Dreizehn Punkte zum Anpacken. Informationspapier. Bonn

Dobash, R.E./Dobash, R. P., 1979: Violence against wives. New York

Fraser, Nancy, 1994: Sex, Lügen und die Öffentlichkeit: Überlegungen zur Bestätigung des Bundesrichters Clarence Thomas. In: Institut für Sozialforschung Farnkfurt (Hrsg.): Geschlechterverhältnisse und Politik. Frankfurt a.M., S. 19–42

Gabriel, Birgit/Meinecke, Andrea, 1992: Frauen in Leipzig. alma – Frauen in der Wissenschaft e.V. (Hrsg.): Forschungsbericht Leipzig.

Godenzi, Alberto, 1989: Bieder, brutal. Frauen und Männer sprechen über sexuelle Gewalt. Zürich

Griffin, S., 1979: Rape: the power of consciousness. London

Hagemann-White, Carol, 1992: Strategien gegen Gewalt im Geschlechterverhältnis. Bestandsanalyse und Perspektiven. Pfaffenweiler

Heiliger, Anita/Hofmann, Steffi (Hrsg.), 1989: Aktiv gegen Männergewalt. Kampagnen und Maßnahmen gegen Gewalt an Frauen international. München

Henke, Jutta, 1992: Zusammenfassung zur Studie über die Bedrohung der Frauen in Magdeburg, unveröff. Manuskript, TU Magdeburg.

Holland-Cunz, Barbara, 1994: Öffentlichkeit und Intimität – demokratietheoretische Überlegungen. In: Biester, Elke/Holland-Cunz, Barbara/Sauer, Birgit (Hrsg.): Demokratie oder Androkratie? Theorie und Praxis demokratischer Herrschaft in der feministischen Diskussion. Reihe „Politik der Geschlechterverhältnisse“, Bd. 3. Frankfurt/New York, S. 227–246

Holland-Cunz, Barbara, 1996: Feminismus: Politische Kritik und patriarchale Gesellschaft. In: Neumann, F. (Hg.) Handbuch Politische Theorien und Ideologien, Bd. 2, Opladen

Informationsbroschüren der bundesdeutschen Interventionsprojekte BIG (Berlin); KIK (Kiel); HAIP (Hannover).

Kappeler, Susanne, 1994: Der Wille zur Gewalt. Politik des persönlichen Verhaltens. München

Kerchner, Brigitte, 1997: Rückzug als Verweigerung. Historische Perspektiven auf Sexualität und Staat. In: Kerchner/Wilde (Hg.): Staat und Privatheit. Opladen, S. 157–188

Kerchner, Brigitte/Wilde, Gabriele (Hrsg.), 1997: Staat und Privatheit: Aktuelle Studien zu einem schwierigen Verhältnis. Opladen

Klinger, Kornelia,1994: Zwischen allen Stühlen. Die politische Theoriediskussion der Gegenwart in einer feministischen Perspektive. In: Appelt, Erna/Neyer, Gerda (Hg.): Feministische Politikwissenschaft. Wien, S. 119–145

Kreisky, Eva/Sauer, Birgit (Hrsg.), 1996: Feministische Standpunkte in der Politikwissenschaft. Eine Einführung. Frankf./New York

Kury, Helmut/Dörmann, Uwe/Richter, Harald/Würger, Michael, 1996: Opfererfahrungen und Meinungen zu Inneren Sicherheit Deutschlands. Ein empirischer Vergleich von Viktimisierungen, Anzeigeverhalten und Sicherheitseinschätzung in Ost und West vor der Vereinigung. BKA-Forschungsreihe Bd. 25. Wiesbaden

Lang, Sabine, 1994: Politische Öffentlichkeit und Demokratie. Überlegungen zur Verschränkung von Androzentrismus und öffentlicher Teilhabe. In: Biester, Elke/Holland-Cunz, Barbara/Sauer, Birgit (Hg.): Demokratie oder Androkratie? Theorie und Praxis demokratischer Herrschaft in der feministischen Diskussion. Reihe „Politik der Geschlechterverhältnisse“, Bd. 3. Frankfurt/New York, S. 201–226

Locker, Beate/Starke, Kurt, 1991: Gleichstellung von Mann und Frau. Anmerkungen zu einem Querschnittprobelm der Jugendhilfe. In: Gotschlich, Helga et al. (Hg.): Kindheit und Jugend in der DDR, Berlin, S. 157–171

Martin, D., 1976: Battered wives. San Francisco.

Müller, Sylvia, 1995: Vortrag auf der Fachtagung des Sächsischen Frauenforums Ende 1995. In: Sächsisches Frauenforum (Hg.), Gegen die Gewalt an Frauen. Dokumentation zur Fachtagung und Delegiertentag, Leipzig

Niekant, Renate, 1996: Politisch oder nicht? Dimensionen des Politischen aus der Perspektive feministischer Politik/en und Theorie/n. Fem. Vortragsveranstaltung der Frauenanstiftung 1996, Frankf.a.M, unveröff. Manuskript

Pateman, Carole, 1988: The sexual contract. Cambridge/Oxford.

PDS, 1994: Gewalt gegen Frauen und Mädchen. Problem – und Informationspapier. Angefertigt im Auftrag der Fraktion der PDS im Abgeordnetenhaus Berlin. August 1994

Rösemann, U./Klaar, K. et al., 1989: Intervention gegen Gewalt in der Familie. Studie zur Übertragbarkeit des amerikanischen Modells DAIP im Auftrag des BMJFFG. Gladbeck

Rösseler, Beate, 1995: Feministische Theorien der Politik. In: Politische Theorien in der Ära der Transformation. Politische Vierteljahresschrift (PVS), Sonderhaft 26/1995, 36. Jg.,. Opladen, S. 267–291

Ruf, Anja, 1998: Frauennetzwerke im Spannungsfeld von Globalisierung und Vielfalt. In: Klingebiel, Ruth/Randeria, Shalini (Hg.), Globalisierung aus Frauensicht. Bilanzen und Visionen. Bonn, S. 66–83

Rumpf, Mechthild, 1996: Staatsgewalt, Nationalismus und Krieg. Ihre Bedeutung für das Geschlechterverhältnis. In: Kreisky/Sauer (Hrsg.), Feministische Standpunkte in der Politikwissenschaft. Eine Einführung. Frankf. a.M./New York, S. 223–252

Sanday, P.R., 1981: Female Power and male dominance. New York

Schröttle, Monika, 1997: West „beforscht" Ost. Politische, forschungsethische und methodische Überlegungen zur Frage der Ost-West-Forschung aus feministischer Sicht. In: Diedrich, Ulrike/Stecker, Heidi (Hg.), 1997: Veränderungen – Identitätsfindung im Prozess. Frauenforschung im Jahre Sieben nach der Wende. S. 139–157

Schröttle, Monika, 1999: Politik und Gewalt im Geschlechterverhältnis. Eine empirische Untersuchung über Ausmaß, Ursachen und Hintergründe von Gewalt gegen Frauen in ostdeutschen Paarbeziehungen vor und nach der deutsch-deutschen Vereinigung. Kleine Verlag. Bielefeld

Verein Aktionsgemeinschaft der autonomen österreichischen Frauenhäuser, 1995: Informationsstelle gegen Gewalt. Tätigkeitsbericht 1995. Wien

Wetzels, Peter/Greve, Werner/Mecklenburg, Eberhardt/Bilky, Wolfgang/Pfeiffer, Christian, 1995: Kriminalität im Leben alter Menschen. Eine altersvergleichende Untersuchung von Opfererfahrungen, persönlichem Sicherheitsgefühl und Kriminalitätsfurcht. Hg. vom Bundesministerium für Familie, Senioren, Frauen und Jugend, Schriftenreihe Bd. 105. Bonn

Wetzels, Peter/Pfeiffer, Christian, 1995: Sexuelle Gewalt gegen Frauen im öffentlichen und im privaten Raum. – Ergebnisse der KFN-Opferbefragung 1992. KFN-Forschungsberichte Nr. 37, Hannover. Anlage: Bundesweite Statistiken sowie Untersuchungen des kriminologischen Forschungsinstitutes Niedersachsen – Stand Juni 1995.

Wilß, Cornelia, 1997: Keine menschliche Entwicklung ohne Gleichheit der Geschlechter. In: Arbeitsgemeinschaft Kirchlicher Entwicklungsdienst (Hrsg.): Nach dem Weltsozialgipfel: UN-Dekade für die Beseitigung der Armut (1997–2006). Informationspapier, Stuttgart

Angelika Henschel

Geschlechterdemokratie[1] als Maßnahme gegen Gewalt

Die Frauenhausbewegung, die sich von Anbeginn auch als politische Bewegung verstanden hat und durch ihren öffentlichen Diskurs und politische Aktionen auf die Aufhebung der Trennung von Öffentlichkeit und Privatem abzielte, hat immer wieder auf den Zusammenhang von gesellschaftlichen Strukturen und die Unterdrückung sowie Benachteiligung von und auf die Gewalt gegen Frauen verwiesen. So galt der letzte Tag des Kongresses auch der politischen Debatte und den aktuellen politischen Maßnahmen zum Abbau von Gewalt. Der politiktheoretische Grundlagenvortrag Monika Schröttles (s. *Staatliche Politik und Gewalt gegen Frauen in engen sozialen Beziehungen . . .*) wurde mit den Teilnehmerinnen kontrovers wie engagiert diskutiert, bevor im Rahmen einer Podiumsdiskussion Vertreterinnen aus Bundes-, Landes- und Kommunalpolitik sowie aus Kirche,

---

1 Der Begriff der Geschlechterdemokratie, der durch Halina Bendkowski geprägt und durch die Heinrich-Böll-Stiftung in den politischen Diskurs Einzug gehalten hat, wird z.Zt. inhaltlich unterschiedlich gefüllt. Für mich beinhaltet dieses politische Konzept die Erweiterung der feministischen Perspektive um die Auseinandersetzung mit den sozialen Konstruktionen von Geschlechterverhältnissen. Geschlechterdemokratie könnte demgemäß auch als gleichberechtigte gesellschaftliche Teilhabe der Geschlechter, mit gleichberechtigten Zugangsmöglichkeiten und Entscheidungsbefugnissen von Frauen und Männern in allen sozialen, öffentlichen und gesellschaftlichen Bereichen beinhalten. Gesellschaftliche, politische und soziale Verhältnisse wären daraufhin zu überprüfen, inwieweit sie diese Zielvorgaben erfüllen, wobei es nicht ausschließlich darum gehen kann, gleichberechtigte Partizipation ohne Kritik an den herkömmlichen gesellschaftlichen Strukturen und politischen Maßnahmen zu etablieren. Als notwendige Voraussetzungen für einen geschlechterdemokratischen Umgang müssen u.a. neue Wahrnehmungs- , Beurteilungs- und Bewertungskriterien entwickelt werden, die eine Geschlechter perspektivische Sichtweise ebenso beinhalten wie Geschlechterkompetenz. Gendertrainings, die durch eine geschlechtsbezogene und geschlechtsgerechte Didaktik (vgl. Derichs-Kunstmann, K. in nbeb-magazin 2/99) z.B. in der politischen Bildungsarbeit, in der Politik sowie der Wirtschaft eingesetzt werden, können dazu beitragen, traditionelle Rollenstereotype und Verhaltensweisen kritisch zu hinterfragen und aufzulösen, um den Prozess der Geschlechterdemokratisierung voranzutreiben.

Kultur und der Frauenhausbewegung sich dem Publikum stellten (*vgl. Tagungsprogramm, Liste der Teilnehmerinnen der Podiumsdiskussion*). Aus aktuellem Anlass standen dabei der damals kurz vor der Verabschiedung stehende Aktionsplan der Bundesregierung zur Bekämpfung von Gewalt gegen Frauen ebenso im Mittelpunkt der Diskussion, wie die als bedrohlich wahrgenommene Militarisierung der Gesellschaft im Zuge des Kosovo-Krieges. Realpolitische Diskussionen und Programme, die nach dem Einfluss der Politik auf die Verhinderung bzw. Verminderung von Gewalt gegen Frauen fragten, bestimmten die Auseinandersetzung im Plenum.

Die parlamentarische Staatssekretärin Frau Dr. Niehuis erläuterte, dass die punktuelle Förderung von Modellen und Projekten sowie damit verbundene Veröffentlichungen der Problematik sich bisher nicht als hinreichende Maßnahmen gegen Gewalt gegen Frauen erwiesen haben, weshalb die Bundesregierung einen Aktionsplan zur Bekämpfung von Gewalt gegen Frauen entwickelt hat. Dieser Aktionsplan setzt auf Prävention, die als gesamtgesellschaftliche Aufgabe begriffen wird. Es geht deshalb um die Schaffung eines gesellschaftlichen Klimas, in dem Gewalt gegen Frauen geächtet wird und die Ungleichbehandlung der Geschlechter behoben werden soll, wobei sich der Aktionsplan und alle Vorhaben der Gleichstellungspolitik der Bundesregierung selbst als Maßnahme in diesem Sinne verstehen. Der Sensibilisierung von Fachleuten durch Fortbildungsangebote, Schulungen und veränderte Richtlinien kommt dabei besondere Bedeutung zu, wie auch der Zusammenarbeit im internationalen Anti-Gewalt-Kontext verstärkte Aufmerksamkeit gewidmet wird.

Darüber hinaus soll durch veränderte Rechtsetzung dafür Sorge getragen werden, dass Gewalt im häuslichen Bereich sowohl auf zivil- wie strafrechtlicher Ebene geächtet und entsprechend geahndet wird und die Opfer von Gewalt ausreichende Unterstützung erfahren. Veränderte gesetzliche Maßnahmen, die neben dem Opferschutz auch die Täter in den Blick nehmen (z.B. Täter-Opfer-Ausgleich, soziale Trainingskurse für Täter, etc.) sollen in der nächsten Zeit auf den Weg gebracht werden, wobei Bestrafung nicht als alleiniges Mittel staatlicher Reaktion verstanden wird. Der sich in der Debatte abzeichnende Paradigmenwechsel beinhaltet auch, nicht nur die von der Gewalt betroffenen Opfer in den Blick zu nehmen, sondern auch die vorrangig männlichen Täter für ihr Gewalthandeln zur Verantwortung zu ziehen. Aus diesem Grund verfolgt der

Aktionsplan das Ziel, eine Änderung des gewalttätigen Täterverhaltens durch geeignete Maßnahmen zu unterstützen.
Um den Gewaltkreislauf zu durchbrechen, soll darüber hinaus eine Festschreibung auf gewaltfreie Erziehung im Bürgerlichen Gesetzbuch (§ 1631 BGB) erreicht werden. Geeignete Erziehungsmaßnahmen, die auf Gewalt verzichten können, sollen statt dessen durch Aufklärung vermittelt werden, um das Bewusstsein der Eltern zu schärfen. Auch der § 19 AuslG[2], der das eigenständige Aufenthaltsrecht von Ehegatten regelt, soll erneut diskutiert werden, wie auch Maßnahmen entwickelt werden sollen, die zum Schutz behinderter Mädchen und Frauen vor Gewalt beizutragen vermögen.
Die Kooperation zwischen staatlichen Institutionen und nichtstaatlichen Hilfsangeboten in den Bereichen Kriminalprävention, häusliche Gewalt und Frauenhandel soll ebenso verbessert werden, wie die bundesweite Vernetzung von Hilfsangeboten weiter vorangetrieben werden soll (vgl. Aktionsplan Bonn 1999).[3]
Die Ausführungen zum Aktionsplan der Bundesregierung wurden von der Ministerin für Frauen, Jugend, Wohnungs- und Städtebau des Landes Schleswig-Holstein, Angelika Birk, begrüßt. Sie verwies darauf, dass die erste Modellphase des Kieler Interventionsmodells (KIK) bereits erfolgreich verlaufen und demnächst mit einem Nachfolgeprojekt zu rechnen

---

2 Am 16. März verabschiedete der Bundestag die Neuregelung des Aufenthaltsrechts für ausländische Ehegatten. Nach dem neuen Gesetz haben ausländische Frauen nun bereits nach zwei Jahren (vorher vier Jahre) ein eigenes Aufenthaltsrecht, in Fällen so genannter „außergewöhnlicher Härte" auch früher. Zudem dürfen diese Frauen auch dann nicht mehr ausgewiesen werden, wenn sie auf Sozialhilfe angewiesen sind. Die Frauenhausbewegung hatte bereits seit Jahren für die Veränderung des §19 AuslG gestritten und durch eine breite Öffentlichkeitskampagne auf die besondere und erschwerte Situation von Gewalt bedrohten und betroffenen Migrantinnen verwiesen.

3 Der Aktionsplan zur Bekämpfung von Gewalt gegen Frauen ist mittlerweile vom Bundestag verabschiedet worden und kann beim Bundesministerium für Familie, Senioren, Frauen und Jugend in seiner ausführlichen Form bestellt werden. Im Rahmen der Plenumsdiskussion wurde auch darauf verwiesen, dass das Zustandekommen dieses Aktionsplans ohne die Frauenhausbewegung nicht denkbar gewesen wäre und die Verabschiedung dieses Maßnahmekatalogs somit auch eine Anerkennung der politischen Frauenhausarbeit darstellt.

sei[4]. Dabei wurde bei den Planungsschritten immer wieder Wert auf die Diskussion mit der Praxis gelegt, um nicht an den tatsächlichen Bedarfen der von Gewalt Betroffenen vorbei zu agieren. Das dichte Netz an Frauenhäusern, Frauenberatungsstellen und Notrufen innerhalb Schleswig-Holsteins könnte in der Zukunft bei veränderter Interventionspraxis und Gesetzgebung von besonderer Bedeutung sein, weshalb der Kooperation und Vernetzung große Bedeutung beigemessen wird.

Als Sozialpolitikerin der Hansestadt Lübeck, verwies Dagmar Pohl-Laukamp darauf, dass allein in Lübeck zwölf Mädchen- und Frauenprojekte mit städtischen Mitteln gefördert werden und ein kriminalpräventiver Rat bereits seit 1992 existiert, in dem auch der Arbeitskreis „Häusliche Gewalt" angesiedelt ist. Gleichzeitig kritisierte sie den Aktionsplan der Bundesregierung aus Sicht der Kommunalpolitikerin, da deutlich wird, dass die Kommunen mit den Folgekosten der im Bundesprogramm vorgestellten Ideen zu rechnen haben. Dieser Aspekt wurde auch in der anschließenden Debatte durch Kongressteilnehmerinnen hervorgehoben. So wurde die Entwicklung und Verabschiedung eines Aktionsplans zur Bekämpfung der Gewalt gegen Frauen begrüßt, aber auch die Sorge geäußert, dass die damit verbundenen notwendigen Arbeitsschritte und Aufgaben erneut kostenneutral umgesetzt werden sollen. Die in der Frauenhaus- und Frauenberatungsarbeit tätigen Mitarbeiterinnen, die im Zuge des Sozialabbaus und der Qualitätssicherungsdebatten noch stärker um den Erhalt ihrer häufig unzureichenden Finanzierung kämpfen müssen, machten deutlich, dass die unstrittig notwendigen Präventions- und Interventionsmaßnahmen nicht zusätzlich und unentgeltlich zu leisten seien.

Aus Sicht der Frauenhäuser verwies Anke Kock u.a. darauf, wie problematisch sich die Praxis des neuen Kindschaftsrechts für die Frauenhausarbeit und die von Gewalt betroffenen Frauen und ihre Kinder auswirkt. Durch die gemeinsame elterliche Sorge haben Väter nun die Möglichkeit, über das Zugriffsrecht auf das Kind, auch weiterhin die Mütter bzw. ihre ehemaligen Partnerinnen zu bedrohen und ihnen nachzustellen. Die gemeinsame elterliche Sorge kann somit in der Alltagspraxis zur Aufrechterhaltung von Unterdrückung, Bedrohung, Grenzüberschreitung sowie Beschneidung weiblicher Autonomie- und Selbstbestimmungsrechte dienen. Die anschlie-

4 Ansätze für die erneute Interventionsarbeit wurden durch Frauenhausmitarbeiterinnen und einen Frauennotruf entwickelt und die Umsetzung des Konzeptes wird zunächst in Flensburg, Kiel und Elmshorn versucht.

ßende und durch zahlreiche praktische Beispiele ergänzte Diskussion zwischen den Frauenhausmitarbeiterinnen und den Politikerinnen verwies auf den Änderungsbedarf im Gesetz, der auch von der Bundesregierung gesehen wird[5].

Deutlich wurde in der Abschlussdiskussion des Kongresses, dass die Frauenhausarbeit nicht ausschließlich als (sozial)pädagogische, sondern noch immer als politische Bewegung zu verstehen ist. Auch wenn sie vorrangig im unkonventionellen Politikbereich zu verorten ist, so ist doch nicht zu übersehen, dass die mittlerweile auch institutionell verankerten politischen Maßnahmen, wie z.B. Frauenförderpläne, Frauenministerien, Gleichstellungsstellen etc., ohne das feministische Engagement der Frauen- und Frauenhausbewegung nicht denkbar wären. So ist auch der von der Bundesregierung mittlerweile verabschiedete Aktionsplan zur Bekämpfung von Gewalt gegen Frauen als Ergebnis der jahrelangen öffentlichen Forderungen der Frauenhausmitarbeiterinnen zu verstehen, ein gesellschaftliches Klima herzustellen, in dem Gewalt gegen Frauen geächtet wird und die Opfer ausreichende Unterstützung erfahren.

Trotz dieser Anerkennung der Leistung der Frauenhausbewegung und der damit verbundenen Erfolge, darf jedoch nicht übersehen werden, dass Frauen noch immer nicht gleichberechtigt und selbstverständlich am demokratischen Gemeinwesen teilhaben, oder wie Barbara Holland-Cunz es formuliert:

> „Die Zweiteilung der Demokratie nach Geschlecht ist offensichtlich. Hier die mehrheitlich abgesicherten konventionellen Partizipationsmöglichkeiten des citoyen, dort die allenfalls im unkonventionellen Politikbereich ausreichend vorhandenen Teilhabechancen der citoyenne. . ." *(Holland-Cunz, B. 1998: 181).*

Von Gleichheit und Freiheit aller StaatsbürgerInnen im Sinne von Geschlechterdemokratie kann, trotz der in den letzten Jahren erzielten politischen Erfolge, noch immer nicht die Rede sein. Dennoch sollten sich Frauen und Männer nicht durch den strukturell bedingten „gender

---

5 Im Anschluss an den Kongress haben sich die Landesarbeitsgemeinschaft der schleswig-holsteinischen Frauenhäuser und das Frauenministerium darauf verständigt, eine von den Frauenhäusern zu erarbeitende Stellungnahme zum Kindschaftsrecht in den ministeriellen Umlauf auf Landes- und Bundesebene zu bringen. Seit Dezember 1999 liegt diese Stellungnahme vor und kann über das Frauenhaus Elmshorn, Frau Pfennig, Postfach 344 in 25303 Elmshorn, bestellt werden. Beim Bundesjustizministerium wird z. Zt. ein Gutachten zur richterlichen Anwendung des Kindschaftrechts in Hinblick auf gemeinsames oder alleiniges Sorgerecht erarbeitet.

gap" (Holland-Cunz, B. 1998) vom gemeinsamen Projekt der Geschlechterdemokratie abbringen lassen.

Der feministisch orientierten Frauenhausbewegung, die sich auch immer als herrschaftskritische verstanden hat, kommt meines Erachtens hierbei eine besondere Rolle zu. Denn der Einblick in das vermeintlich außerhalb von Öffentlichkeit und Politik angesiedelte Private und die Veröffentlichung von Gewalttaten im häuslichen Bereich, haben erst zu einer Politisierung des Privaten geführt. Insbesondere die autonomen Frauenhäuser müssen sich deshalb auch fragen, ob und wie sie sich an den aktuell geführten Diskussionen und Maßnahmen zur Bekämpfung von Gewalt gegen Frauen beteiligen wollen, oder ob sie in einmal vorgefertigten Denkmustern und Verhaltensweisen verharren wollen. Etablierte politische Systeme und lebendige Demokratien brauchen die aktive Auseinandersetzung, leben von divergierenden Interessen und aktiver BürgerInnenbeteiligung. Umgangs- und Diskursformen, die Gleichheit und Differenz auf Grund der Zunahme gesellschaftlicher Individualisierungs- und Pluralisierungsprozesse zulassen können, wären noch zu entwickeln bzw. zu verbessern, um nicht nur zwischen den Geschlechtern, sondern auch innerhalb der jeweiligen Geschlechtsgruppe Gemeinsamkeiten und Differenzen erkennen, benennen, aushandeln und miteinander vermitteln zu können. Zu thematisieren wäre dann auch, inwieweit Frauen nicht nur als Opfer männlicher Gewalt in ihrem Recht auf seelische und körperliche Unversehrtheit zu unterstützen sind, sondern auch als Gewalt ausübende Mütter an der Aufrechterhaltung des Gewaltkreislaufs beteiligt sein können. Weitaus undogmatischer als zum Teil bisher, sollte dann auch in der Autonomen Frauenhausbewegung über die Themen Generation, Migration, Behinderung, sexuelle Orientierung und unterschiedliche soziale Milieus reflektiert und diskutiert werden, um den individuellen, also auch unterschiedlichen Bedürfnissen, der von Misshandlung bedrohten oder betroffenen Frauen durch geeignete Unterstützungsmaßnahmen gerecht zu werden. Dies schließt meines Erachtens auch ein, sich wieder stärker um spezifische Konzepte, Arbeitsformen bzw. Methoden sozialarbeiterischen professionellen Handelns innerhalb der Frauenhausarbeit zu bemühen und anzuerkennen, dass therapeutisches Handeln spezifischer Settings bedarf, die mit dem Frauenhausalltag kritisch abzugleichen sind.

Der Arbeitsform Soziale Gruppenarbeit könnte dann im Sinne des Empowerment innerhalb der Frauenhausarbeit wieder größere Bedeutung zukommen und der Selbstbestimmungs- und Selbstverwaltungsgedanke, wie er zu Beginn der Frauenhausarbeit als grundlegendes Prinzip formuliert wurde, erhielte somit wieder eine größere Bedeutung. Demokratisches Verhalten als politische Beteiligungsform könnte so innerhalb der Frauenhäuser eingeübt werden und käme sicherlich als Politikform, mit der in geschütztem Rahmen praktische Erfahrungen gesammelt werden können, den Interessen der Frauenhausbewohnerinnen und Mitarbeiterinnen entgegen. Neue Themen und Problemlagen aus dem privaten Bereich könnten so auch einer Politisierung des Privaten Vorschub leisten. Nicht zuletzt würde die Anerkennung von Gemeinsamkeiten und Differenzen auch beinhalten, einer verstärkten Bündnispolitik in der Bekämpfung der Gewalt im sozialen Nahraum den Weg zu ebnen. Denn die mittlerweile über zwanzig jährigen Erfahrungen in der Frauenhausarbeit und der Frauenhausbewegung zeigen, dass das Problem der Gewalt gegen Frauen bisher nicht gelöst werden konnte. Es muss deshalb auch überlegt werden, welche zeitlich oder thematisch begrenzten Vernetzungen oder Aktionsbündnisse eingegangen werden sollten, um Anti-Gewalt-Maßnahmen zu entwickeln bzw. durchzusetzen. Im Sinne von Geschlechterdemokratie hieße dies auch, punktuell Bündnisse mit so genannten traditionellen Institutionen (Polizei, Justiz, etc.) oder Männern einzugehen, um gemeinsam und im Sinne der Betroffenen sinnvoll und effektiv an der Bekämpfung von Gewalt mitzuwirken.

Der Kongress und die mit ihm verbundenen Diskussionen zeigten, dass die Frauenhausbewegung offen für neue Auseinandersetzungen und Maßnahmen ist und dass noch immer gilt," ... dass Ideale (nicht, Umstellg v. d. Verfass.) dazu bestimmt sind, Ideale zu bleiben"(Sartori 1992:77, zit. n. Holland-Cunz 1998: 194). Gemeinsame Wege und Maßnahmen, die einen neuen und veränderten Aufbruch im Sinne der Zunahme von Geschlechterdemokratie bewirken können, gilt es deshalb in der Zukunft weiter zu entwickeln und zu beschreiten, um Gewalt gegen Frauen effektiv bekämpfen zu können.

Literatur

Bundesministerium für Familie, Senioren, Frauen und Jugend: Aktionsplan der Bundesregierung zur Bekämpfung von Gewalt gegen Frauen, Bonn 1999

Holland-Cunz, Barbara: Feministische Demokratietheorie – Thesen zu einem Projekt, Opladen 1998

Derichs-Kunstmann, K.: Wie wir wurden – was wir sind. Frauenbildungsarbeit vor der Jahrtausendwende, S. 1–7 in: nbeb-Magazin Hannover, Heft 2/99

7 Rück- und Ausblicke

Marietta Bäumer, Margot Flaig

Von den Freuden und Leiden eines Kongresses – Ein Resümee

Oft wurden wir gefragt, warum ein Frauenhausteam einen bundesweiten dreitägigen Kongress veranstaltet und wie wir dieses Projekt ermöglicht haben. Um diese Frage beantworten zu können, müssen wir die Entstehung der Kongressidee erläutern.

21 Jahre autonome Frauenhausarbeit in Lübeck gaben Anlass, die Arbeit der vergangenen Jahre zu reflektieren, unsere Grundsätze neu zu überdenken und ggf. neue Wege einzuschlagen.

Seit der Gründung des Frauenhauses Lübeck 1978 gehört die öffentliche und politische Arbeit zum Selbstverständnis unseres Projektes. Sie hat mit dazu beigetragen, das Thema Gewalt gegen Frauen zu enttabuisieren und frauenpolitische Forderungen umzusetzen. Auf diesem Wege haben viele von Gewalt betroffene Frauen und deren Kinder von der Existenz der Frauenhäuser erfahren und diese als Beratungs- und Zufluchtsstätte genutzt. Leider war und ist die öffentlich politische Arbeit auch eine Notwendigkeit für die existenzielle Absicherung unseres und anderer Frauenprojekte. Die Existenzsicherung hat all die Jahre viel Zeit und Energie in Anspruch genommen.

Viele Frauen wissen heute um die Existenz dieser Zufluchtstätte, andere verlassen viel früher und selbstverständlicher die Gewaltbeziehung. Öffentliche und politische Arbeit haben die Frauenhäuser publik gemacht. Andererseits ist aber auch festzustellen, dass die Gewaltinttensität und die Brutalität in einem schwer vorstellbaren Ausmaß zugenommen haben.

Wir haben es in den letzten 21 Jahren nicht geschafft, die Gewalt im Geschlechterverhältnis zu verhindern oder gar zu verringern. Diese Erkenntnis wirft Fragen auf, die unserer Meinung nach auch wegweisend für die zukünftige Arbeit sind. Wie begegnen wir der zunehmenden Brutalität in Gewaltbeziehungen? Was bedeutet das in der Unterstützungsarbeit mit den Frauen? Was für Konsequenzen ergeben sich daraus für die politische Arbeit? Wo sehen wir Ansätze, Täter mehr in die Verantwortung zu nehmen?

Die Reflexion machte weiterhin deutlich , dass wir im Umgang mit dem Thema Gewalt gegen Frauen und Kindern eine Professionalität entwickelt haben, die im Vergleich zu unserer politischen Arbeit in der Öffentlichkeit wenig sichtbar ist. Nur wenige MitarbeiterInnen aus sozialen Einrichtungen und Institutionen sowie aus der Politik wissen um die fachliche Arbeit innerhalb des Frauenhauses. Diese Unkenntnis hat zu Vorbehalten gegenüber dem Frauenhaus geführt und eine konstruktive Zusammenarbeit oft erschwert. Aber auch wir Frauenhausmitarbeiterinnen fürchteten in der Zusammenarbeit mit anderen Einrichtungen eine Gefährdung unserer Grundprinzipien wie z.B. die Wahrung der Annonymität der zufluchtsuchenden Frau oder die Gefährdung des parteilichen Ansatzes. Die gegenseitige fachliche Abgrenzung sowie Berührungsängste sehen wir heute als Barrieren in der Weiterentwicklung von Handlungsstrategien im Umgang mit dem Thema Gewalt im Geschlechterverhältnis. Fragen entstanden: Wo und wie können wir mit anderen Projekten, Einrichtungen und Institutionen zusammen arbeiten, ohne unsere Grundsätze aufgeben zu müssen? Wie lassen sich Vorbehalte auf Grund von Unwissenheit abbauen? Wo können Bündnisse geschaffen werden, die trotz unterschiedlicher Arbeitsansätze ein gemeinsames Ziel verfolgen?

Diese Erkenntnisse und Fragen wollten wir gerne mit anderen Frauen und Männer unterschiedlicher Fachrichtungen diskutieren – und wo ist so ein interdisziplinärer Austausch möglich? Auf einem Kongress, an einem schönen Ort mit viel Zeit.

Die Planung und Organisation des Kongresses

Um einen interdisziplinären Kongress in dieser Größenordnung zu organisieren, waren wir in unserer ganzen fachlichen wie organisatorischen Kompetenz gefragt.

Nach intensiver Reflexion unserer Praxis folgte nun die praktische Umsetzung unserer neuen Erkenntisse. Drei Mitarbeiterinnen des Autonomen Frauenhauses Marietta Bäumer, Margot Flaig und Anke Kock entwickelten mit der wissenschaftlichen Unterstützung von Prof. Dr. Angelika Henschel das Konzept des Kongresses. Aus den von uns formulierten Zielen und Zielgruppen entstanden die inhaltlichen Schwerpunkte, die sich im Programm in den unterschiedlichen Foren wieder finden.

Die Kongressinhalte spiegeln zum großen Teil die Arbeitsfelder im Frauenhaus wider und verdeutlichen noch einmal das breite berufliche Spektrum einer Frauenhausmitarbeiterin.

Die Planungsphase umfasste ebenso das Aufstellen eines Finanz- und Zeitplanes, sowie die Suche nach Räumlichkeiten.
Mit viel Organisationstalent und Kommunikationsbereitschaft arbeiteten wir uns durch den Berg der anfallenden Aufgaben: Kontakte mit ReferentInnen und Schirmfrauen, die Erstellung des Kongressflyers, die Fertigstellung des Programms, die Suche nach Spendern und Sponsoren, Pressekontakte, die Gestaltung des Rahmenprogrammes sowie die Verhandlungen mit der Musik- und Kongresshalle. Die Aneignung und Einarbeitung in neue Arbeitsfelder und Themenkomplexe war zu diesem Zeitpunkt unumgänglich und erforderte viel Neugier, Flexibilität und persönlichen Einsatz. Die Zusammenarbeit untereinander wurde durch unsere unterschiedliche fachliche Qualifikation beflügelt und erleichterte die Bewältigung der Kongressorganisation.
Zwar war die Organisationsphase auch geprägt von Ängsten und Unsicherheiten, jedoch sorgte viel positive Resonanz und Ermutigung von Interessierten immer wieder für neue Motivation. Die hohe Nachfrage nach unserem Programm sowie der Kontakt mit den ReferentInnen bestätigten unsere Konzeptidee.
Die Organisation des Kongresses war neben der alltäglichen Arbeit im Frauenhaus für das gesamte Team eine große Herausforderung und auch mit Schwierigkeiten verbunden. Das Mehr an Arbeit in den begrenzten Räumlichkeiten des Frauenhauses sowie der Termindruck sorgten immer wieder für Spannungen.
Auch wenn die Arbeitsbereiche unter uns Mitarbeiterinnen aufgeteilt waren, konnte keine die Verantwortung für den jeweils anderen Arbeitsbereich vollständig abgeben. So spürten die Mitarbeiterinnen, die nicht direkt mit der Kongressvorbereitung beschäftigt waren, Verunsicherung durch mangelnde Einfluss- und Kontrollmöglichkeiten.
Die Kolleginnen, die den Kongress vorbereiteten, fühlten sich doppelt belastet in der Arbeit, da sie die Verantwortung für die Beratungsarbeit schlecht delegieren konnten.
Konkurrenzgefühle äußerten sich in mangelnder emotionaler Unterstützung und verursachten Belastungs- und Überforderungszustände. Diese Teamerfahrungen haben gezeigt, wie wichtig die klare Delegation von Aufgaben und die damit verbundene Verantwortung ist. Eine räumliche Trennung hätte die Abgrenzung der Arbeitsfelder erleichtert.
Transparenz über Arbeitsinhalte sowie Kommunikationsbereitschaft sind in einem nicht hierarchisch organisierten Team wichtige Vorraussetzun-

gen dafür, Verantwortung abgeben zu können, umsomehr , wenn es sich um die Durchführung eines Kongressprojektes handelt.
Trotz der erwähnten Schwierigkeiten hat das gesamte Team die Herausforderung angenommen und ist daran gewachsen.

Die Auswertung des Kongresses

400 TeilnehmerInnen besuchten den Kongress, was deutlich macht, wie groß das Interesse an einem interdisziplinären Austausch war. Die großzügigen Räumlichkeiten sowie ausreichend Zeit haben den fachlichen Austausch in Workshops, Referaten und Plena in angenehmer Atmosphäre ermöglicht. Das kulturelle Rahmenprogramm mit verschiedenen Ausstellungen, Informationsständen, Büchertischen, Film, Theater und Musik hat das inhaltliche Programm bereichert wie auch unterschiedliche Sinne angesprochen.
Mit dem Titel des Kongresses und der Auswahl der Referate und workshops haben wir bewusst versucht, Männer in die Diskussion miteinzubeziehen. Dass nur wenige der Kongresseinladung gefolgt sind, lässt vermuten, dass die fachliche Auseinandersetzung mit dem Thema immer noch im Zuständigkeitsbereich der Frauen gesehen wird. Die Schwellenangst ist nicht verwunderlich, weil Diskussionen und Auseinandersetzungen in diesem Rahmen bisher noch nicht stattgefunden haben. Leider gehören auch Veranstaltungen dieser Art noch nicht in das Fort- und Weiterbildungsangebot vieler Institutionen.
Die Auswertung von Fragebögen sowie viele persönliche Rückmeldungen zu dem Kongress haben ergeben, dass diese Fachtagung denTeilnehmerInnen Austauschmöglichkeiten geboten und viele innovative Gedanken angeregt hat. Sie hat den TeilnehmerInnen Mut gemacht, sich gegenüber anderen Fachrichtungen zu öffnen und Zweckbündnisse zu schließen.
Der Kongress hat einen Rahmen geschaffen, indem es möglich war, unterschiedliche Standpunkte auszutauschen, eine Wertschätzung für die Arbeit anderer zu entwickeln und eigene und andere Konzepte kritisch zu überprüfen. Für MitarbeiterInnen anderer Institutionen wie z.B. Sozialbehörde, Schule, Beratungsstellen, Polizei etc. bot der Kongress die Möglichkeit, Frauenhausarbeit konkreter kennen zu lernen und eventuelle Ressentiments abzubauen.
Neben diesem Austausch über unterschiedliche Konzepte diskutierten die TeilnehmerInnen die Leitfragen des Kongresses mit dem Ziel, Lösungen

für vorhandene Probleme und gesellschaftliche Misstände zu entwickeln: Mangelhafte Gesetzgebung zum Schutz für von gewaltbetroffene Frauen und deren Kinder, Täterverantwortung, wenig qualifizierte Aus- und Weiterbildung für Frauen und Männern, die mit dem Thema arbeiten, Politik und Gewalt, Präventionsarbeit, Qualitätssicherung, zunehmende Therapeutisierung versus Politisierung in der Frauénprojektarbeit.
Aus den Diskussionsforen haben sich gesellschaftliche und politische Forderungen an PolitikerInnen ergeben. Der Opferschutz muss finanziell besser und selbstverständlicher unterstützt werden. Bestehende Gesetze müssen zum Schutz von Frauen und Kinder neu überarbeitet und verbessert werden. Erfahrungsberichte aus dem Ausland haben gezeigt, wie Vorschläge zur Gesetzesveränderung eingebracht und umgesetzt werden können.
Deutlich wurde auch die Forderung, PraktikerInnen mehr in politische Entscheidungen miteinzubeziehen.
Frauenhäuser und Beratungsstellen stellen nur einen Teil der notwendigen Arbeit im Antigewaltbereich dar. Gewalt im Geschlechterverhältnis kann nur verringert werden, wenn Täter stärker in gesellschaftliche und juristische Verantwortung genommen werden. Damit dieser Bereich der Täterarbeit ausgebaut und verbessert werden kann, müssen zusätzliche finanzielle Mittel bereitgestellt werden.
Um die Arbeit mit von Gewalt betroffenen Frauen und Kindern qualifiziert leisten zu können, sind bessere und ausreichende Aus- und Weiterbildungsangebote notwendig. In den Hoch- und Fachschulen sollten spezielle Studienschwerpunkte Eingang finden, die sich gezielt mit den unterschiedlichen Facetten des Themas Gewalt beschäftigen. Desweiteren sollten die strukturellen Bedingungen für Frauen an den Hochschulen verändert werden. Hilfreich wären auch interdisziplinäre Schulungen, die eine Zusammenarbeit zwischen verschiedenen Fachrichtungen ermöglichen.
Der Kongress hat die Notwendigkeit von kooperativer Zusammenarbeit und Vernetzung deutlich gemacht. Dies gilt sowohl für bestehende Bündnisse, wie auch für neu zu entwickelnde Arbeitszusammenhänge. Die auf dem Kongress vorgestellten Interventionsprojekte haben die Chancen und Schwierigkeiten solcher Kooperationen aufgezeigt. Eine Öffnung gegenüber anderen Fachrichtungen ermöglicht den Blick „über den eigenen Tellerrand“.
Wie diese vielen Anregungen, Ideen und Forderungen in der Zukunft umgesetzt werden, wird sich zeigen.

Persönliches Fazit

Für uns als Veranstalterinnen war dieser Kongress mit seinem interdisziplinären Austausch eine gute Erfahrung. Der Fachaustausch mit anderen KollegInnen hat unsere bisherige Arbeit und die vorhandenen Kompetenzen bestätigt. Die praktische Umsetzung der Kongressergebnisse geht einher mit einer konzeptionellen Weiterentwicklung der Frauenhausarbeit, so z.B. die notwendige Delegation von Arbeitsschwerpunkten mit Entscheidungskompetenzen, die Erweiterung der Zusammenarbeit mit anderen Einrichtungen und Institutionen unter der Prämisse, den Schutz und die Rechte von Frauen und Kindern zu gewährleisten unter Berücksichtigung der Frauenhausgrundsätze sowie die Stärkung der Mädchen- und Jungenarbeit im Frauenhaus.

Für uns war es eine besonders schöne Erfahrung ehemalige Frauenhausbewohnerinnen und Jugendliche als Professionelle im Kongressablauf zu erleben. Im Forum E und in der Ton-Dia Show im Rahmenprogramm haben Frauen und Jugendliche auf kreative Art und Weise ihre persönlichen Erfahrungen von Frauenhaus und Gesellschaft sichtbar gemacht und sich als Fachfrauen und Fachmänner dieses Themas gezeigt.

Wir bedanken uns bei allen Frauen und Männern, Einrichtungen und Institutionen, die durch organisatorische Unterstützung oder inhaltliche Ausgestaltung diesen Kongress möglich und erfolgreich gemacht haben.

Er war mit all seinen Freuden und Leiden ein wichtiger Meilenstein in unserer Frauenhausarbeit.

Anhang

Kongressprogramm

Donnerstag, 7.10.

bis 13:30 h	Anreise
14:30 h	**Begrüßung und Grußworte:** Mitarbeiterinnen des Autonomen Frauenhauses Lübeck Doris Gercke, Schirmfrau Angelika Birk, Ministerin für Frauen, Jugend, Wohnungs- und Städtebau des Landes Schleswig-Holstein
15:15–16:30 h *Vortrag und Diskussion*	**Von der Frauenhausbewegung zur Frauenhausarbeit: Konsolidierung oder neuer Aufbruch?** Prof. Dr. Margrit Brückner, Fachhochschule Frankfurt am Main
16:30–17:00 h	*Pause*
17:00–17:30 h *Vortrag*	**„Wie werden Frauen zum Opfer“ Gedanken aus Geschichte und Sozialisation** Dr. Marion Traub, Wicker-Klinik, Bad Wildungen
17:30–18:00 h *Vortrag*	**„Lieber gewalttätig als unmännlich“ Männliche Sozialisation und Gewalt** Burkhard Oelemann, Männer gegen Männergewalt®, Hamburg
18:00–19:00 h	**Diskussion im Plenum** Tagesmoderation und Diskussionsleitung: Dr. Angelika Henschel, Fachhochschule Nordostniedersachsen, Lüneburg Dr. Sigrid Arnade, Medienbüro, Berlin
ab 20:00 h	**Abend der Begegnung** Die Kongressgäste haben die Möglichkeit zum informellen Austausch beim Buffet.

Freitag, 8.10.

Forum A

Unterschiedliche Formen der Gewalt sowie individuelle Gewalterfahrungen und Gewaltverarbeitungsmöglichkeiten erfordern differenzierte Hilfsangebote, Therapie- und Beratungsansätze, die an den Bedarfen der Betroffenen orientiert sein sollten. Neue Arbeitsansätze werden in diesem Forum dargestellt und diskutiert.

9:30–11:00 h
Vortrag und Diskussion

Grundlagenvortrag
Formen und Nutzen von Gewalt – Ansätze und Perspektiven in der Arbeit mit von Gewalt betroffenen Frauen
Charlotte Aykler, Frauenhaus, Wien

11:00–11:30 h *Pause*

Arbeitsgruppen Vormittag:

11:30–13:30 h **A1:**
„Ich sehe was, was Du nicht siehst" Möglichkeiten und Grenzen feministischer freiwilliger Initiativen
Martina Palm, Projekt „Patchwork", Hamburg

11:30–13:30 h **A2:**
Geschlechterperspektive in der Systemischen Therapie/ Beratung
Prof. Dr. Dagmar Hosemann,
Evangelische Fachhochschule, Darmstadt

11:30–13:30 h **A3:**
Rechte, Chancen, Benachteiligungen von Frauen in der Gesetzgebung
Wie reagiert die Jugend- und Sozialberatung auf die Gewalt im Geschlechterverhältnis in ihrer Praxis?
Irene Böhme,
Bereich Jugendhilfe/Jugendamt, Lübeck

13:30–15:00 h *Mittagspause*

Arbeitsgruppen Nachmittag:

15:00–17:00 h **A4:** **Umgang mit Gewalt im Geschlechterverhältnis im Rahmen stationärer Aufenthalte (oder Psychotherapie)**
Dr. Marion Traub, psychosomatische Abteilung der Wicker-Klinik, Bad Wildungen

15:00–17:00 h **A5:** **Die Folgen von Verfolgung, Folter und Flucht bei Frauen**
Anke Ollech,
Behandlungszentrum für Folteropfer, Berlin

15:00–17:00 h **A6:** **„(Un)gleiche Schwestern?!" – Spezifische Gewalterfahrungen von Frauen mit Behinderungen und Möglichkeiten der Unterstützung**
Magdalene Ossege, Bettina Durt,
mixed pickles e.V., Lübeck

15:00–17:00 h **A7:** **„Wenn Flüchten keine Lösung ist und Bleiben nicht auszuhalten" Überlebensstrategien für Frauen, die nicht ins Frauenhaus gehen**
Wiltrud Evers, Frauenzentrum „Courage", Bottrop

17:00–17:30 h *Pause*

17:30–18:30 h *Plenum* **Aufbruch oder Stagnation? – Merk- und Denkwürdiges aus Sicht der TagungsbeobachterInnen**
Es kommentieren für das **Forum A:**
Karl-Heinz Haase,
niedergelassener Psychotherapeut, Lübeck
Dr. Christine Meier Rey, Universität Zürich

18:30–19:15 h **Diskussion im Plenum**
Moderation:
Dr. Angelika Henschel, Dr. Sigrid Arnade

Forum FB	Geschlechtersozialisation in asymmetrischen Geschlechterverhältnissen kann für Mädchen und Jungen unterschiedliche Erfahrungen mit dem Themenkomplex Gewalt beinhalten. Geschlechtsbewußte sowie rollenkritische pädagogische und therapeutische Konzepte und Methoden werden in diesem Forum vorgestellt und diskutiert.
9:30–11:00 h *Vortrag und Diskussion*	**Grundlagenvortrag** **Familiale Gewalt und Geschlechtsspezifik** Gerd Stecklina, Technische Universität Dresden
11:00–11:30 h	*Pause*
	Arbeitsgruppen Vormittag:
11:30–13:30 h **B1:** **Nur für Frauen**	**Interventionsmöglichkeiten der mädchenspezifischen Jugendhilfe in der pädagogischen Praxis** **Die Bedeutung von Parteilichkeit in der Arbeit mit Mädchen und jungen Frauen, die Gewalterfahrungen gemacht haben** Maureen Raburu, Gabi Mehmel Mädchenhaus Kiel
11:30–13:30 h **B2:**	**„Kinder und häusliche Gewalt"** **Kinder mit chronischen „leisen" Gewalterfahrungen durch Eltern, die „nur das Beste für ihr Kind" wollten** Edeltraud Sochaczewsky, Fachklinik für Kinder- und Jugendpsychiatrie und Psychotherapie, Lübeck
11:30–13:30 h **B3:**	**„Lieber totreden als totschlagen"** **Arbeit mit gewalttätigen Jugendlichen** Brigitta Tschermak, Verein für Jugendhilfe Pinneberg e.V.
13:30–15:00 h	*Mittagspause*

	Arbeitsgruppen Nachmittag:
15:00–17:00 h **B4:**	**„Ganze Männer brauchen keine Gewalt"** **Aus der praktischen Arbeit mit Jungen und jungen Männern** Stefan Pötzsch, Michael Regner, Evangelische Akademie Nordelbien, Bad Segeberg
15:00–17:00 h **B5:** **Nur für Frauen**	**Grenzen und Chancen feministisch-parteilicher (Beratungs-)Arbeit mit Mädchen und FrauenLesben, die sexuelle Gewalt erleb(t)en** Martina M. Mangels, Urte Paulsmeier, Dolle Deerns e.V., Hamburg
15:00–17:00 h **B6:**	**„(K) Ein Ende der Gewalt in Sicht?"** **Mädchen und Jungen im Frauenhaus** Birgit Sachweh, 5. Frauenhaus, Hamburg
15:00–17:00 h **B7:**	**„Macht uns nicht an"** **Neue Wege in der mädchenparteilichen Gewaltprävention** **Mädchen schreiben ein Buch für Mädchen** Christiane Wortberg, Frauen und Mädchen-selbstverteidigungssportverein Münster e.V.
17:00–17:30 h	*Pause*
17:30–18:30 h	**Aufbruch oder Stagnation?** **Merk- und Denkwürdiges aus Sicht der TagungsbeobachterInnen** Es kommentieren für das **Forum B:** Arianne Hoppler, For ju, Kiel Kathrin Ziese, mixed pickles, Lübeck
18:30–19:15 h	**Diskussion im Plenum** Moderation: Dr. Angelika Henschel, Dr. Sigrid Arnade

Forum C	Die Frauenhausbewegung hat Gewalt gegen Frauen politisch öffentlich und transparent gemacht. Sie hat das Thema enttabuisiert, die Gewalt jedoch nicht verringert. Weitergehende Modelle, neue Bündnisse und Vernetzungen sollen in diesem Forum vorgestellt und diskutiert werden.
9:30–11:00 h *Vortrag und Diskussion*	**Grundlagenvortrag:** **Die Enttabuisierung der Gewalt gegen Frauen als Beginn einer weitergehenden Diskussion und Vernetzung unter besonderer Berücksichtigung vonFrauenhausarbeit** Dr. Dagmar Ohl, Senatsverwaltung für Schule, Jugend und Sport, Berlin
11:00–11:30 h	*Pause*
	Arbeitsgruppen Vormittag:
11:30–13:30 h **C1:**	**„Aktiv gegen Männergewalt.** **Münchner Kampagne gegen Männergewalt an Frauen, Mädchen und Jungen"** Dr. Anita Heiliger, DeutschesJugendinstitut, Kommunikationszentrum für Frauen zur Arbeits- und Lebenssituation, München
11:30–13:30 h **C2:**	**Kooperation und Arbeit am Runden Tisch Erfahrungen aus den Interventionsprojekten in Basel und Zürich** Bettina Kurz, Basel (Arbeitsgruppe ist ausgefallen)
11:30–13:30 h **C3:**	**Gewalt im sozialen Nahraum.** **Was tun mit den Tätern? Zwangsberatung versus Freiwilligenberatung** Burkhard Oelemann, Vorstand bei Männer gegen Männergewalt®, Hamburg
13:30–15:00 h	*Mittagspause*

15:00–17:00 h **C4:**	**Arbeitsgruppen Nachmittag:** **Interventionsansätze im Problemfeld häuslicher Gewalt für den ländlichen Bereich. Ein Modell für Schleswig-Holstein** Prof. Dr. Monika Frommel, Christian-Albrecht Universität, Kiel
15:00–17:00 h **C5:**	**„Die Kartoffel blüht“** **Intervention in Nordrhein-Westfalen** Ute Rösemann, Frauenberatungsstelle Gladbeck e.V.
15:00–17:00 h **C6:**	**Innovation in der Gewaltprävention durch die Frauenbewegung: Das Gewaltschutzgesetz in Österreich und die Tätigkeit der neuen Interventionsstellen** Dr. Rosa Logar, Interventionsstelle gegen Gewalt in der Familie, Wien
15:00–17:00 h **C7:**	**Alte Ziele auf neuen Wegen** **Ergebnisse und Erfahrungen aus dem Berliner Interventionsprojekt gegen häusliche Gewalt** Patricia Schneider, Birgit Schweikert,BIG Berlin
17:00–17:30 h	*Pause*
17:30–18:30 h	**Aufbruch oder Stagnation?** **Merk- und Denkwürdiges aus Sicht der TagungsbeobachterInnen** Es kommentieren für **Forum C:** André Zorn, Mannege e.V., Berlin Mira Renka, Beratungsstelle für Frauen aus den Ländern des ehemaligen Jugoslawiens, Berlin
18:30–19:15 h	**Diskussion im Plenum** Moderation: Dr. Angelika Henschel, Dr. Sigrid Arnade

Forum D

Wie ist es um die Aus- und Weiterbildung für MitarbeiterInnen, die mit dem Thema Gewalt im Geschlechterverhältnis in ihrer Arbeit konfrontiert sind, bestellt? Wie wird im Sinne von Professionalität systematisches Wissen und methodisches Handeln vermittelt? Wie kann das Thema Gewalt im Geschlechterverhältnis in Aus- und Weiterbildung verankert werden? Diese Fragen sollen auf dem Hintergrund verschiedener Ausbildungsbereiche beleuchtet werden.

9:30–11:00 h *Vortrag und Diskussion*	**Grundlagenvortrag: Gewalt im Geschlechterverhältnis – Ein blinder Fleck in der Ausbildung von Professionellen?** Prof. Dr. Sabine Scheffler, Fachhochschule Köln
11:00–11:30 h	*Pause*
	Arbeitsgruppen Vormittag:
11:30–13:30 h **D1:**	**Qualitätsmanagement – ein Kriterium der Professionalisierung?** Sonja Schelper, Organisationsberaterin/ Supervisorin, Hamburg
11:30–13:30 h **D2:**	**Aus- und Weiterbildung von Frauen, die in Frauen- und Mädchenprojekten arbeiten und professionell mit dem Thema Gewalt im Geschlechterverhältnis beschäftigt sind** Prof. Dr. Marianne Hege, München
11:30–13:30 h **D3:**	**Gewalt in Familien – Interventionsformen gegen die Sprachlosigkeit** Prof. Dr. Friedrich Balck, Lübecker Institut für Angewandte Psychologie, Lübeck (Arbeitsgruppe ist ausgefallen)
11:30–13:30 h **D4:**	**„Pack schlägt sich – Pack verträgt sich" Gewalt im Geschlechterverhältnis und die Rolle der Polizei** Gundhild Ameln, Psychologischer Dienst der Polizei, Schleswig-Holstein

13:30–15:00 h *Mittagspause*

Arbeitsgruppen Nachmittag:

15:00–17:00 h
D5: **Rolle der Justiz: Teil im Netzwerk oder letzte Instanz? Die Notwendigkeit personeller, fachlicher und struktureller Veränderungen in der Justiz**
Ulrike Stahlmann-Liebelt,
Staatsanwaltschaft Flensburg

15:00–17:00 h
D6: **Schülergewalt – ein Jungenphänomen? Ansätze (rollenkritischer) Prävention in der Schule**
Dr. Ulrike Popp, Universität Bielefeld

15:00–17:00 h
D7: **Von vielfältigem Nutzen: Die neuen Fortbildungsmaterialien für Mitarbeiterinnen im Frauenhaus**
Dr. Brigitte Sellach, Gesellschaft für sozialwissenschaftliche Frauenforschung e.V. (GSF e.V.), Frankfurt

17:00–17:30 h *Pause*

17:30–18:30 h **Aufbruch oder Stagnation? Merk- und Denkwürdiges aus Sicht der TagungsbeobachterInnen**
Es kommentieren für **Forum D**:
Juristin Veronika Milke-Felling, Hamburg,
Maren Splettstößer, Notruf e.V., Lübeck

18:30–19:15 h **Diskussion im Plenum**
Moderation:
Dr. Angelika Henschel, Dr. Sigrid Arnade

Forum E	Als Expertinnen für das Thema „Gewalt gegen Frauen" hat sich eine Gruppe ehemaliger Frauenhausbewohnerinnen gegründet und dieses Forum unter dem Aspekt „Frauen gehen neue Wege . . ." vorbereitet.
9:30–12:00 h	**„Ansichtssache"** Offener Informationstreff für alle Kongressgäste. Ehemalige Frauenhausbewohnerinnen dokumentieren ihre persönliche Lebenssituation vor- , im- und nach dem Frauenhaus
10:00 und 11:00 h	**„Aufbruch"** Videoprojekt des Autonomen Frauenhaus, Lübeck: Gezeigt und vorgestellt wird das Video von ehemaligen Frauenhausbewohnerinnen
12:00–14:00 h	*Mittagspause* (vorgezogen wegen Filmveranstaltung)
14:00–17:00 h	**„Auswahl"** **Kurzfilmwettbewerb „Knicks in der Linse" in Kooperation mit dem Kommunalen Kino Lübeck** Die ehemaligen Bewohnerinnen des Autonomen Frauenhauses Lübeck führen anlässlich des Kongresses einen Kurzfilmwettbewerb durch und prämieren den besten Kurzfilm zur Thematik „Gewalt im Geschlechterverhältnis". Eine Auswahl der besten Filme wird an diesem Nachmittag gezeigt. Die Preisverleihung ist öffentlich, die Presse wird hierzu eingeladen.
17:30–18:30 h	**Aufbruch oder Stagnation? – Merk- und Denkwürdiges aus Sicht der TagungsbeobachterInnen** Es kommentieren für das **Forum E**: Nassrin Abbassi, Sara Meitner, Lübeck
18:30–19:15 h	**Diskussion im Plenum** Moderation: Dr. Angelika Henschel, Dr. Sigrid Arnade

Samstag, 9.10.

Die autonome Frauenhausbewegung versteht sich seit ihren Anfängen als eine politische Initiative und hat kontinuierlich Forderungen zur Verbesserung der Lebenssituation von misshandelten und bedrohten Frauen und Kindern gestellt. Wie die Thematik Gewalt im Geschlechterverhältnis Eingang in politische Theorie und Praxis findet, beleuchten Vortrag und Podium.

9:30–11:00 h
Vortrag und Diskussion

Staatliche Politik und Gewalt gegen Frauen in engen sozialen Beziehungen – ein politiktheoretischer und empirischer Zusammenhang?
Dr. Monika Schröttle, München

11:00–11:30 h

Pause

11:30–13:30 h
Podiumsdiskussion

**Bei aller Liebe . . .
Gewalt gegen Frauen (k)ein Thema?
Politische Programme, Perspektiven und Reformen zur Verhinderung und Verminderung von Gewalt gegen Frauen**

Doris Gercke, Autorin und Schirmfrau
Maria Jepsen, Bischöfin der nordelbischen evangelisch- lutherischen Kirche im Sprengel Hamburg, Schirmfrau
Dr. Edith Niehuis, parlamentarische Staatssekretärin des Bundesministeriums für Familie, Senioren, Frauen und Jugend
Angelika Birk, Ministerin für Frauen, Jugend, Wohnungs- und Städtebau des Landes Schleswig-Holstein
Dagmar Pohl-Laukamp, Senatorin für Soziales der Hansestadt Lübeck
Anke Kock, Autonomes Frauenhaus Lübeck
Moderation und Diskussionsleitung:
Dr. Angelika Henschel, Dr. Sigrid Arnade

13:30–14:00 h

Kongressabschluß durch die Veranstalterinnen

Personenregister

Abbassi, Nassrin

lebt seit 1992 in Deutschland und seit 1994 in Lübeck.

Sie hat eine erwachsene Tochter. Von Beruf ist sie Sprachwissenschaftlerin und war in Teheran als Sachverständige für internationale Beziehungen im Bereich Umweltschutz tätig. Frau Abbassi unterstützt aktiv das Autonome Frauenhaus in Lübeck.

Aykler, Charlotte

Therapeutin, Supervisorin in eigener Praxis, Wien

Arbeitsschwerpunkte: Arbeit mit Frauen, die von Gewalt und/oder sexuellem Missbrauch betroffen sind, PTSD, Trauma, Angstzustände u.a.

Bäumer, Marietta

Dipl. Psychologin, 1991–1999 Frauenhausmitarbeiterin im Autonomen Frauenhaus Lübeck, seit März 2000 selbstständig tätig als Therapeutin in eigener Praxis in Hamburg.

Brückner, Margrit Prof. Dr.

Fachhochschule Frankfurt am Main, Fachbereich Sozialarbeit

Arbeitsschwerpunkte: Gewalt gegen Frauen, Professionalisierung der sozialen Arbeit, Geschlechterverhältnis, weibliche Identitätsbildung.

Durt, Bettina

mixed pickles e.V., Lübeck

Diplompädagogin, Mitarbeiterin bei mixed pickles e.V. im Bereich Fort- und Weiterbildung mit Frauen mit und ohne Behinderung, freie Bildungsreferentin in der HVHS Alte Molkerei Frille/Schwerpunkt feministische Mädchenarbeit, Sexualpädagogik und Fortbildung von ErzieherInnen.

Flaig, Margot

Diplom-Pädagogin und integrative Gestalttherapeutin. Mitarbeiterin des Autonomen Frauenhauses Lübeck seit 1993. Arbeitsschwerpunkte: Arbeit mit von Gewalt betroffenen Frauen, Öffentlichkeitsarbeit und Teamstrukturarbeit.

Heiliger, Anita Dr.

Deutsches Jugendinstitut, Kofra-Kommunikationszentrum für Frauen zur Arbeits- und Lebenssituation, München
Arbeitsschwerpunkte: feministische Mädchen-/Frauenpolitik/-forschung, Gewalt gegen Mädchen und Frauen, sexuelle Gewalt, männliche Sozialisation und potenzielle Täterschaft, wissenschaftliche Begleitung der Münchner Kampagne „Aktiv gegen Männergewalt“. Zahlreiche Veröffentlichungen zu den o.g. Themen.

Henschel, Angelika Prof. Dr.

Geb. 1957, ist Sonderschulpädagogin. Sie ist Mitbegründerin des Autonomen Frauenhauses Lübeck (1977) und war als Mitarbeiterin 13 Jahre im Projekt tätig. Als Vorsitzende des Vereins Frauen helfen Frauen Lübeck, hat sie bei der inhaltlichen Gestaltung des Kongresses mitgewirkt. 1991–1996 Studienleiterin und Jugendbildungsreferentin an der Evangelischen Akademie Bad Segeberg. Seit 1999 als Professorin an der Fachhochschule Nordostniedersachsen, Fachbereich Sozialwesen, tätig.
Schwerpunkte in der Forschung und Lehre: Soziale Arbeit mit Mädchen und Frauen, soziale Arbeit mit Jugendlichen und mit Menschen mit Behinderungen. Veröffentlichungen zu den Themen Gewalt im Geschlechterverhältnis und zur Lebens-situation behinderter Mädchen und Frauen. 1995 entwickelte sie das schleswig-holsteinische Modellprojekt „mixed pickles“, das die Zielsetzung verfolgt, die Lebenssituation behinderter Mädchen und Frauen zu verbessern und Berührungsängste zwischen Frauen mit und ohne Behinderungen abzubauen.

Kock, Anke

Dipl. Soz. Päd. ist seit 18 Jahren Mitarbeiterin im Autonomen Frauenhaus Lübeck. Neben der Beratungsarbeit arbeitet sie im Schwerpunkt Öffentlichkeitsarbeit in den Bereichen finanzielle, ideelle und politische Absicherung; Darstellung der Frauenhausarbeit in Gruppen und Gremien, Vernetzung unterschiedlicher Einrichtungen zum Thema Gewalt gegen Frauen. Darüber hinaus entwickelte sie in den letzten Jahren Kooperations- und Aktionsformen mit ehemaligen Frauenhausbewohnerinnen im Rahmen der Öffentlichkeitsarbeit.

Logar, Rosa Dr.

Geb. 1958, Dipl. Sozialarbeiterin, Supervisorin
Seit 21 Jahren im Bereich der Bekämpfung von Gewalt an Frauen und Kindern tätig; Mitbegründerin des ersten Frauenhauses in Österreich (1978), Vorsitzende des Vereins autonome österreichische Frauenhäuser, Lehrtätigkeit an Akademien für Sozialarbeit, in der Aus- und Weiterbildung der Polizei und anderer Berufsgruppen seit 1989, Mitarbeit an neuen Gesetzen zum Schutz vor Gewalt in Österreich, Mitbegründerin des Europäischen Netzwerks gegen Gewalt an Frauen WAVE, Initiatorin der Interventionsstellen in Österreich, Geschäftsführerin der Wiener Interventionsstelle, Mitautorin des Buches „Gewalt gegen Frauen in der Familie" (1995) und anderer Publikationen.

Meitner, Sara

Geb. 1955 in Vancouver, Bundesstaat Washington, USA.
Sie hat eine erwachsene Tochter, zwei Söhne und einen Enkelsohn. Seit 1989 in Lübeck, freiberufliche Tätigkeit als Dozentin für Englisch, Wirtschaft und Technik, Textübersetzerin und Manuskriptkorrektorin. Regelmäßige aktive Unterstützerin des Autonomen Frauenhauses in Lübeck.

Ohl, Dagmar Dr.

Diplompädagogin, Mitbegründerin des zweiten Berliner Frauenhauses 1979, Mitarbeiterin der wissenschaftlichen Begleitung der Beratungsstelle und Zufluchtwohnung von Wildwasser e.V., Berlin 1988–1991. Seit 1994 Referentin für Grundsatzangelegenheiten in den Bereichen „Gewalt in der Familie" und „Gewalt gegen Frauen und Mädchen" bei der Landeskommission gegen Gewalt des Berliner Senats.

Ossege, Magdalena

Diplompädagogin, Mitarbeiterin bei mixed pickles e.V. im Bereich Beratung/Schwerpunkt Beratung von Frauen mit Behinderungen, (peer-support) und Frauen ohne Behinderung in psychosozialen und beruflichen Fragen und Fachberatung; Erfahrung in der Begleitung von Frauengruppen und Straffälligenhilfe.

Palm, Martina

Pastorin, Projekt „Patchwork“, Hamburg
Arbeitsschwerpunkte: Vernetzung, Begleitung von Freiwilligen, Information.

Popp, Ulrike Dr.

Universität Bielefeld, Fakultät für Pädagogik
Arbeitsschwerpunkte: Schulpädagogik, schulische Sozialisation, Geschlechtersozialisation, Forschungsmethoden in der Erziehungswissenschaft, interkulturelle Erziehung.

Raburu, Maureen

Mädchenhaus Kiel. Praktikerin und Theoretikerin aus der feministischen Mädchenarbeit mit den Schwerpunkten: Self-Empowerment mit Mädchen of Colour und Sensibilisierungsarbeit bezogen auf Rassismus mit weißen Mädchen. Sie ist Mitfrau bei Adefra, Schwarze Frauen in Deutschland sowie bei ISD. Sie arbeitet in dem Europäischen Leonardo Projekt: „Developing A Common European Framework for Anti-Racist Practice and Anti-Oppressive Practice For The Social Professions“, ist Mitautorin des Buches Suchbewegungen: Interkulturelle Beratung und Therapie, hält Vorträge und sensibilisiert in Bezug auf Rassismus und andere Formen von Gewalt.

Rösemann, Ute, Gladbeck

Frauenberatungsstelle Gladbeck e.V. Arbeitsschwerpunkte: Gewalt gegen Frauen in Beziehungen, Polizeiarbeit, LAG Sprecherin, Öffentlichkeitsarbeit, Mitbegründerin des Europäischen Netzwerks der Interventionsprojekte im deutschsprachigen Raum.

Scheffler, Sabine Prof. Dr.

Professorin für Sozialpsychologie an der Fachhochschule Köln, Leiterin des Studienschwerpunktes Frauen, Dipl. Psychologin, psychotherapeutische Ausbildung in Gesprächs- und Gestalttherapie, Fortbildung in Psychoanalyse, Supervision (DGSv).

Schneider, Patricia

Dipl. Pädagogin, Koordinatorin des Berliner Interventionsprojektes gegen häusliche Gewalt, langjährige Mitarbeiterin eines Berliner Frauenhauses.

Schröttle, Monika Dr.

Studium der Politologie mit dem Schwerpunkt Frauen und Geschlechterforschung, Gewaltforschung und DDR-Forschung, freie Wissenschaftlerin und Journalistin, Dissertation zum Thema „Politik und Gewalt im Geschlechterverhältnis", Veröffentlichung Herbst 1999 im Kleine-Verlag.

Schweikert, Birgit

Juristin, Koordinatorin des Berliner Interventionsprojektes gegen häusliche Gewalt.

Sellach, Brigitte Dr.

Gesellschaft für sozialwissenschaftliche Frauenforschung e.V. (GSF e.V.), Frankfurt
Arbeitsschwerpunkte: Lebensverhältnisse von Frauen, u.a. Armut, Gewalt gegen Frauen, Wohnungslosigkeit, Erwerbsarbeit, Hausarbeit, Migration, Sozialpolitik. Gegenwärtig arbeite ich intensiv zum Thema „Qualitätssicherung im Frauenhaus".

Stahlmann-Liebelt, Ulrike

Staatsanwaltschaft Flensburg. Arbeitsschwerpunkte: Straftaten gegen die sexuelle Selbstbestimmung, Koordination des Zeugenbegleitprogramms in Schleswig – Holstein für Kinder, Jugendliche und Erwachsene als Opfer von Sexualstraftaten, seit 1994 Referentin an der Landespolizeischule Eutin u.a. zu den Themen Opferschutz und Gewalt.

Stecklina, Gerd

Diplompädagoge, Wissenschaftlicher Mitarbeiter an der TU Dresden, Institut für Sozialpädagogik und Sozialarbeit. Arbeitsschwerpunkte: Sozialisation und Geschlecht, Geschichte der Sozialpädagogik und Sozialarbeit, Jüdische Sozialarbeit in Deutschland.

Stegen, Heidrun

Geb. 1960 ist Sonderpädagogin und Kinder- und Jugendtherapeutin. Arbeitet seit 1988 im Autonomen Frauenhaus Lübeck. Jetzige Arbeitsschwerpunkte: Öffentlichkeitsarbeit sowie Arbeit mit Mädchen und Jungen mit Gewalterfahrungen, die mit ihren Müttern im Frauenhaus leben.

Traub, Marion Dr.

Oberärztin der psychosomatischen Abteilung, Wicker-Klinik, Bad Wildungen

Arbeitsschwerpunkte: Arbeit mit Frauen mit Gewalterfahrungen sowohl als Kind als auch als Erwachsene, Frauengesundheit.

Tschermak, Brigitta

Verein für Jugendhilfe Pinneberg e.V.

Arbeitsschwerpunkte: Soziale Gruppenarbeit und Anti-Gewalt-Training.

Wortberg, Christiane

Arbeitsschwerpunkte: Mädchenspezifische Gewaltprävention Schnittstellenarbeit im Bereich Jugendhilfe, Sonderschule, Gleichstellungsstelle und Berufswahlorientierung, Mädchenarbeit als Querschnittsaufgabe, produktorientierte Präventionsarbeit.

Institutionen und Projekte

Auf dem Kongress „Bei aller Liebe... – Gewalt im Geschlechterverhältnis" waren folgende Projekte und Institutionen vertreten:

Aranat e.V., Lübeck
Feministisches Kommunikationszentrum,
Steinrader Weg 1, 23558 Lübeck

Arbeitskreis Jungenpädagogik, Bad Segeberg
Evangelische Akademie Nordelbien,
Marienstr. 31, 23795 Bad Segeberg

Behandlungszentrum für Folteropfer, Berlin
Spandauer Damm 130, 14050 Berlin

Beratungsstelle für Frauen aus den Ländern des ehemaligen Jugoslawiens
Muskauer Str. 5, 10997 Berlin

BIFF e.V., Lübeck
Psychosoziale Beratungsstelle für Frauen und Mädchen ab 12 Jahren,
Mühlenbrücke 17, 23552 Lübeck

BiG, Berlin
Berliner Interventionsprojekt gegen häusliche Gewalt,
Paul-Lincke-Ufer 7, 10999 Berlin

Dolle Deerns e.V., Hamburg
Beratungsladen gegen sexuelle Gewalt an Mädchen und FrauenLesben,
Juliusstr. 16, 22769 Hamburg

Deutsches Jugendinstitut, München
Kofra-Kommunikationszentrum für Frauen zur Arbeits- und Lebenssituation,
Nockherstr.2, 81541 München

For Ju, Kiel
Fortbildung für Mädchen- und Jungengerechte Jugendhilfe,
Beselerallee 44, 24105 Kiel

5. Hamburger Frauenhaus
Postfach 203240, 20222 Hamburg

Frauenberatungsstelle Gladbeck
Hochstr. 28, 45964 Gladbeck

Frauenzentrum Courage, Bottrop
Scharnhölzstr. 52, 46236 Bottrop

Informationsstelle gegen Gewalt, Wien
Hofgasse 9/14, A-1050 Wien, 18. Bezirk

Internationales Mädchen- und Frauenprojekt, Lübeck
Fleischhauerstr. 32, 23552 Lübeck

Mädchenhaus Kiel
Holtenauer Str. 127, 24118 Kiel

Männer gegen Männergewalt®, Hamburg
Kontakt- und Beratungsstelle,
Mühlendamm 66, 22087 Hamburg

Mannege e.V., Berlin
Information und Beratung für Männer im Fachbereich
Konflikt- Krise- Gewalt,
Tucholskystr.11, 10117 Berlin

Mixed Pickles e.V., Lübeck
Verein für Mädchen und Frauen mit und ohne Behinderungen,
Kanalstr.70, 23552 Lübeck

Notruf und Beratung für vergewaltigte Frauen und Mädchen e.V., Lübeck
Marlesgrube 9–15, 23552 Lübeck

Patchwork, Hamburg
Billrothstr. 79, 22767 Hamburg

Verein für Jugendhilfe Pinneberg e.V.
Panjestraße 18, 25335 Elmshorn

Rahmenprogramm

Zum Rahmenprogramm des Kongresses gehörten folgende Ausstellungen und Veranstaltungen:

Beratung sichtbar machen

Diese Ausstellung gibt Einblick in einen wesentlichen Arbeitsbereich des Frauenhauses – die psychosoziale Arbeit mit Frauen, die von körperlicher und/oder psychischer Gewalt betroffen und bedroht sind. Die Ausstellung wurde anlässlich des 20-jährigen Jubiläums des Autonomen Frauenhauses Lübeck entwickelt.

Wie Jungen und Mädchen ihren Aufenthalt im Frauenhaus erleben

Ein Ausstellungsprojekt zum Thema Kinder und Jugendliche im Autonomen Frauenhaus Lübeck. Entwickelt wurde diese Ausstellung von einer Jugendgruppe, die auf dem Wege der eigenen Erinnerungen Eindrücke, Erfahrungen und Ansichten zur Problematik Gewalt und Bedrohung in der Familie sammelten. Bildete das Frauenhaus ein Moment der Lebensveränderung?

Bei aller Liebe... Gedanken und Bilder zum Thema Gewalt in der Partnerschaft von StudentInnen der Kunstschule Wandsbek in Hamburg.

Über 50 Plakate und Objekte haben sich zu diesem Kongress mit dem empfindsamen Thema „Bei aller Liebe..." versammelt: Was sich hier zeigt, ist nicht das Resultat von Werbestrategen, sondern Ausdruck der Gedanken einer jungen Generation, die sich eines großen Themas angenommen hat. Ein Thema, das den meisten zunächst fremd war, weil es die wenigsten unmittelbar betrifft. Aber im Prozess der Recherche wurde schnell klar, wie tief das Phänomen GEWALT in unserem Zusammenleben verankert ist und wie komplex seine Problematik ist.

Sigrid Dettlof präsentierte im Theater Combinale, Hüxstraße 115, 23552 Lübeck, das Stück „Cornflakes" – eine 1-frau-seifenoper.

Das Stück erzählt am Schicksal dreier Freundinnen die Geschichte der Frauenbewegung seit 1971. Die Erzählerinnen sind Rosie, eine so genannte ‚big lady', eine obdachlose Frau und ihr alter Ego Lily, die die Doppelbelastung als erfolgreiche Werbefachfrau und Mutter bis zu dem Punkt meistert, an dem ihre Ehe scheitert. In Vor- und Rückblenden werden die ursprünglichen Ansprüche der Women's Lib und ihre Überprüfung durch den Alltag in unterhaltsamer, intelligenter Form zueinander in Beziehung gesetzt. Das Stück fesselt durch seine Darstellung mittlerweile schon historischer Ereignisse und durch die Erzählweise, die in ihrer brillanten Komik an amerikanische Sitcom-Serien erinnert.

Das Kino Filmpalast Stadthalle, Mühlenbrücke 11, 23552 Lübeck, zeigte den Film „Das Fest“ von Thomas Vinterberg, Dänemark 1998.

Veranstaltungsort

Veranstaltungsort des Kongresses war:

Musik – und Kongresshalle Lübeck
Die Musik- und Kongresshalle ist das moderne Tagungszentrum im Norden. Dem großen Saal (1.800 Plätze) steht ein industriell anmutendes, multifunktionales Foyer für Messen, Begleitausstellungen, Bälle, Bankette aber auch unbestuhlte Konzerte mit bis zu 3.500 Besuchern gegenüber. Die Räume sind behindertengerecht – acht Seminarräume, zwei Konferenzräume und ein kleiner Saal ergänzen das Raumprogramm. Ergänzt wird das hoch stehende Raum- und Technikangebot der Musik- und Kongresshalle Lübeck durch ein umfassendes Servicekonzept der Betreibergesellschaft. In Absprache mit den Veranstaltern werden Dienstleistungen in breiter Palette von der Zimmervermittlung bis zur Kongressvollorganisation bereitgestellt.

Kontakt: Tel. 04 51 / 79 04-1 15, Fax 04 51 / 79 04-1 00
e-mail muk-luebeck@t-online.de, Internet www.muk.de

Grafische Gestaltung

Alle Kongressunterlagen wurden grafisch gestaltet von:
Atelier Albrecht, Max-Brauerallee 277, 22769 Hamburg

Presse

aus
Wochenspiegel
vom 5.10.1999

Bei aller Liebe

Kongreß in der MuK: Gewalt gegen Frauen und Mädchen

Gewalt gegen Frauen und Mädchen und die Gewaltbereitschaft von Männern stehen im Mittelpunkt des bundesweiten Kongreß „Bei aller Liebe - Gewalt im Geschlechterverhältnis", der von 7. bis 9. Oktober in der Musik- und Kongreßhalle stattfindet. „Rund 350 Teilnehmer haben sich bislang angemeldet, die meisten stammen aus dem Kreis der Frauenberatung", erzählt Anke Kock, Mitarbeiterin des Lübecker Frauenhauses.

Gemeinsam mit Margot Flaig und Marietta Bäumer organisiert sie die Veranstaltung, die sich an alle sozialen Institutionen, Behörden, Kliniken, Bildungsstätten und Interessierte richtet, die sich praktisch oder theoretisch mit diesen Themen beschäftigen. „Durch den veränderten Diskussionsprozeß ist die Thematik keine reine Frauensache mehr, sondern in die Menschenrechte eingegliedert," sagt Dr. Angelika Henschel, Vorsitzende des Vereins Frauen helfen Frauen e.V. und Mitbegründerin des Autonomen Frauenhauses.

Erstmalig sind zum Kongreß auch Männer eingeladen, „leider haben sich bisher nicht allzuviele angemeldet", bedauert Anke Kock. „Es nutzt nichts, wenn sich nur die Frauenhäuser fortbilden, das gesamte System muß sich weiterentwickeln. Eine Vernetzung der einzelnen Stellen wäre wichtig", formuliert sie eines der Ziele, denn „Gewalt gegen Frauen ist immer noch Frauensache." Der Kongreß ist ein wichtiger Schritt auf dem Weg zur Vernetzung. Vertreter aus Praxis, Forschung und Politik können Gedanken austauschen, zudem sollen politische Einflußmöglichkeiten erarbeitet werden, um die Lebenssituation mißhandelter Frauen zu verbessern. Ein weiteres Ziel ist es, „den Gewaltbegriff weiter auszudifferenzieren, denn Gewalt beginnt nicht erst mit einem blauen Auge."

Das Programm des Kongresses ist vielfältig und beinhaltet zum Beispiel einen Kurzfilm-Wettbewerb. Unter dem Titel „Knicks in der Linse" werden 30 Beiträge, Fernsehproduktionen und eine Reihe von Abschlußarbeiten diverser Filmhochschulen, gezeigt. Die fünf besten Filme erhalten einen Preis. Die Beiträge stammen größtenteils aus (Nord-) Deutschland, doch auch Dänemark und Österreich sind vertreten.

Im Plenum, in Arbeitsgruppen und auf Podien werden während des Kongresses Experten aus Forschung und Lehre sowie Praktiker aus den verschiedensten Bereichen diskutieren und Erfahrungen, Probleme und Lösungsmöglichkeiten austauschen. Über ihre persönliche Erfahrungen mit Männergewalt, ihren Aufenthalt im Frauenhaus und ihre Perspektiven außerhalb des Frauenhauses berichten ehemalige Bewohnerinnen und Jugendliche. Tagesgäste sind herzlich zu den verschiedenen Veranstaltungen eingeladen. **BeA**

„Bei aller Liebe": Filme zum Frauen-Kongress

Beim bundesweiten Kongress „Bei aller Liebe ...- Gewalt im Geschlechterverhältnis", der von heute an bis Sonnabend in Lübeck stattfindet, wird nicht nur debattiert und getagt - es gibt auch Filme zu sehen. „Knicks in der Linse" heißt der Wettbewerb, bei dem sieben Kurzfilme zum Thema gezeigt werden, und zwar morgen von 14 bis 17 Uhr im Kommunalen Kino, Mengstraße 35. Dokumentarisch, aufklärerisch oder satirisch haben sich die Regisseure mit der Gewalt gegen Frauen auseinandergesetzt. Die Preisverleihung ist um 16.30 Uhr, Einlass ab 13.30 Uhr. Der Eintritt kostet 15 Mark, Kongressteilnehmer zahlen nichts.

aus Lübecker
Nachrichten
vom 7.10.1999

Männer erwünscht

Kongreß über Gewalt im Geschlechterverhältnis

aus Stadtzeitung vom 5.10.1999

■ Gewalt gegen Frauen und Mädchen und die Gewaltbereitschaft von Männern stehen im Mittelpunkt des bundesweiten Kongresses „Bei aller Liebe - Gewalt im Geschlechterverhältnis". Das Ziel der Veranstaltung des Autonomen Frauenhauses Lübeck vom 7. bis 9. Oktober in der Musik- und Kongreßhalle (MuK) ist es, den Gedankenaustausch verschiedener Berufsgruppen zu fördern und diese stärker miteinander zu vernetzen. Unterstützt wird der Kongreß vom Bundesministerium für Familie, Senioren, Frauen und Jugend und dem Ministerium für Frauen, Jugend, Wohnungs- und Städtebau des Landes Schleswig-Holstein.

Die Thematik sei durch den veränderten Diskussionsprozeß keine reine Frauensache mehr, sondern in die Menschenrechtsdebatte eingegliedert, so Dr. Angelika Henschel, Vorsitzende des Vereins Frauen helfen Frauen. Deshalb sei es bedauerlich, daß sich bisher nur wenige Männer zum Kongreß angemeldet haben, zumal Männer wie Frauen beruflich mit dem Thema zu tun hätten. Anmeldungen sind kurzfristig noch unter der Rufnummer (0451) 79 04 104 oder per Fax unter 79 04 100 möglich.

Im Plenum, in Arbeitsgruppen und auf Podien werden während des Kongresses Experten aus Forschung und Lehre sowie Praktiker beispielsweise über „Gewalterfahrungen von Frauen im Blickpunkt unterschiedlicher Beratungs- und Therapieangebote" diskutieren. Außerdem sollen politische Einflußmöglichkeiten erarbeitet werden, um die Lebenssituation mißhandelter Frauen und Mädchen zu verbessern. Über ihre persönlichen Erfahrungen mit Männergewalt, ihren Aufenthalt im Frauenhaus und ihre Perspektiven berichten ehemalige Bewohnerinnen.

Teil des Kongresses ist darüber hinaus der Kurzfilm-Wettbewerb „Knicks in der Linse". Die besten der rund 30 eingereichten Filme zum Thema „Gewalt im Geschlechterverhältnis" werden prämiert.

Gesetz zum Schutz der Frauen gefordert

Ein Gesetz zum Schutz der Frauen vor gewalttätigen Männern – das fordern die Teilnehmer des bundesweiten Kongresses „Bei aller Liebe – Gewalt im Geschlechterverhältnis", der gestern in Lübeck zu Ende ging. Das Bundeskabinett werde vielleicht noch in diesem Monat den Aktionsplan zur Bekämpfung von Gewalt gegen Frauen verabschieden und damit den Rahmen für ein entsprechendes Gesetz schaffen, teilte Edith Niehuis, parlamentarische Staatssekretärin im Bundesfamilienministerium, mit. Geplant ist ein Gesetz, das Männer, die ihre Partnerin misshandelt haben, für bestimmte Zeit aus der gemeinsamen Wohnung verweise.

◁ aus Lübecker Nachrichten vom 10.10.1999 ▷

Ein Kongreß nicht nur für Frauen

■ „Bei aller Liebe - Gewalt im Geschlechterverhältnis" lautet der Titel eines bundesweiten Kongresses des Lübecker Autonomen Frauenhauses vom 7. bis 9. Oktober in der MuK, der am vergangenen Donnerstag vorgestellt wurde. Das Ziel sei, so Anke Kock vom Autonomen Frauenhaus, alle, die mit dem Thema Gewalt gegen Frauen zu tun haben, zusammenzuführen, und eine Bestandsaufnahme vorzunehmen. Die Fragestellung dabei laute: Was wurde bisher geschafft? Wo stehen wir? Gemeinsam wolle man ferner nach Lösungen suchen, um Gewalt zu vermindern und zu verhindern. Über die Teilnahme von Männern freue man sich besonders, denn Männerberatung und Täterarbeit seien ebenfalls wichtige Themen. Unterstützt wird der Kongreß unter anderen von der schleswig-holsteinischen Frauenministerin Angelika Birk. Sie betonte, daß die Tagung der Regierung ein Podest böte, um Gesetze für Frauen neu zu diskutieren. Weitere Informationen und Anmeldung: Musik- und Kongreßhalle, Willy-Brandt-Allee 10, Telefon: (0451) 79 04 100.

Offene Türen beim Kongress zum Thema Gewalt gegen Frauen

Männer erwünscht

Von JULIA SUSAT

Das Thema Gewalt gegen Frauen geht beide Geschlechter etwas an: Dank der Frauenbewegung ist es keine „Frauenfrage“ mehr. Doch immer noch wird zu viel männliche Gewalt gegen Frauen ausgeübt, wie der Zulauf von Frauenhäusern und Beratungsstellen zeigt. Deshalb will der Verein „Frauen helfen Frauen“ des Autonomen Frauenhauses mit dem bundesweiten Kongress „Bei aller Liebe...“ vom 7. bis 9. Oktober in der Lübecker Musik- und Kongresshalle neue Impulse geben.

Auch Männer aus der Justiz, Medizin oder der Jugendhilfe sind im Berufsalltag mit dem Problem der Gewalt gegen Frauen konfrontiert, doch die Ursachenbekämpfung und der Umgang mit Betroffenen ist vielen fremd. Daher hoffen die Veranstalterinnen auf rege Männerbeteiligung.

„Ehemalige Bewohnerinnen des Frauenhauses werden über ihr Leben im Frauenhaus berichten und auf welchem Wege sie wieder herausgefunden haben“, kündigt die Sprachwissenschaftlerin Nassrin Abbassi an, die das Autonome Frauenhaus Lübeck zusammen mit Angelika Henschel, Anke Kock und Margot Flaig aktiv unterstützt und den Kongress mitorganisiert hat. Dabei sollen Inhalte, Methoden, Grenzen und Erfolge der Frauenhausarbeit vermittelt, Erfahrungen zwischen Mitarbeitern unterschiedlichster Professionen ausgetauscht und die Bildung neuer thematischer Bündnisse angestrebt werden.

Bisher haben sich 320 Interessierte aus ganz Deutschland angemeldet. Weitere Anmeldungen sind unter Telefon 79 04 104 möglich.

Margot Flaig, Nassrin Abbassi, Anke Kock und Angelika Henschel (v.l.) haben den Kongress zum Thema ‚Bei aller Liebe‘ organisiert. Foto: JULIA SUSAT

aus Lübecker Nachrichten vom 25.9.1999

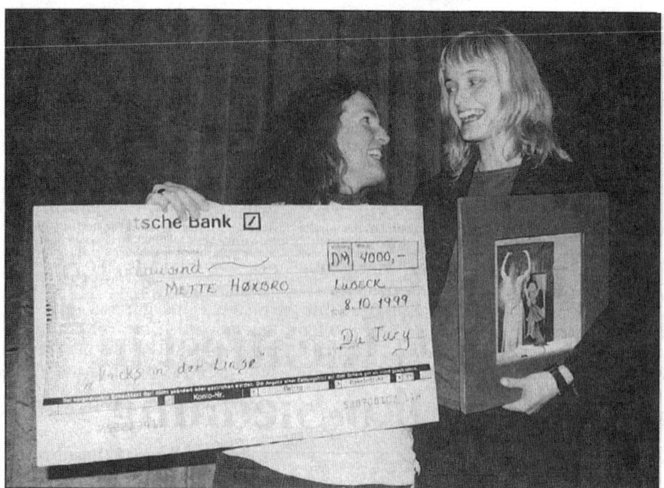

Strahlende Gewinnerin: Die 27-jährige Dänin Mette Høxbro (rechts) gewann beim Kurzfilmwettbewerb „Knicks in der Linse". Jury-Mitglied Sara Meitner überreichte gestern im Kommunalen Kino den Preis von 4000 Mark. Foto: LATZEL

Junge Dänin gewinnt Filmwettbewerb

Physische und psychische Gewalt, ihre ersten Anzeichen und die Folgen: Darüber hat die Dänin Mette Høxbro einen Film gedreht, und dafür wurde sie gestern belohnt. Die 27-Jährige gewann den ersten Preis von 4000 Mark beim Kurzfilmwettbewerb „Knicks in der Linse", der im Rahmen des Kongresses des Autonomen Frauenhauses Lübeck veranstaltet wurde. Insgesamt sieben Filme über Gewalt gegen Frauen und Kinder wurden im Kommunalen Kino gezeigt, mit Titeln wie „Gewalt auf meiner Haut" oder „Das Recht auf Liebe".

„Die Auftraggeber des Films mochten ihn gar nicht - deswegen bin ich sehr froh, dass er euch gefallen hat", freute sich Mette Høxbro. Die Jury, bestehend aus ehemaligen Bewohnerinnen des Frauenhauses, war vom Beitrag der Dänin, „Femtex 2", einer rasant zusammengeschnittenen, achtminütigen Dokumentation über Gewalt gegen Frauen, überzeugt. „Ein toller Film. So etwas sollte auch in Deutschland gedreht werden", so das Urteil. latz

aus Lübecker Nachrichten vom 9.10.1999

Wie werden Frauen zum Opfer?

„Bei aller Liebe... - Gewalt im Geschlechterverhältnis" heißt ein Kongreß, der vom 7. bis 9. Oktober 1999 in der Lübecker Musik- und Kongreßhalle stattfinden wird. Veranstalter ist das Autonome Frauenhaus Lübeck. Der Kongreß richtet sich an alle, die beruflich oder privat mit dem Thema Gewalt gegen Frauen zu tun haben. „Es würde uns besonders freuen, wenn möglichst viele Männer kämen", so Macherin Anke Kock. 35 Prozent der Interessentenanfragen kamen von Männern. Schirmherren der Veranstaltung sind die Hamburger Bischöfin Maria Jepsen und die Schriftstellerin Doris Gercke. Maria Jepsen hofft darauf, daß das Problem Gewalt auf ein Minimum reduziert werden kann. Sie begrüßt die derzeitige Stellung der Kirche: „Das Thema Gewalt ist seit einigen Jahren kein Tabu mehr." Ziele des Kongresses sind die Vermittlung von Inhalten, Methoden, Grenzen und Erfolgen der Frauenhausarbeit sowie Diskussionen und Erfahrungsaustausch. Geplante Themen sind zum Beispiel „Männliche Sozialisation und Gewalt" und „Wie werden Frauen zum Opfer". Senatorin Dagmar Pohl-Laukamp lobt das Engagement der Mitarbeiterinnen des Frauenhauses. Ihrer Ansicht nach sind die gesetzgebenden Initiativen zum Thema Gewalt längst überfällig. Die Veranstalterinnen rechnen mit 500 Teilnehmern. Interessenten können sich bei „Frauen helfen Frauen", ☎ 66033, melden. **CN**

aus Wochenspiegel vom 16.6.1999

Frauen fordern Schutz vor Gewalt

Von SABINE LATZEL

Frauen als Opfer, Schülergewalt, die Arbeit in den Frauenhäusern – all dies und vieles mehr wird seit gestern in der Lübecker Musik- und Kongresshalle (MuK) diskutiert. Unter dem Motto „Bei aller Liebe... – Gewalt im Geschlechterverhältnis" findet dort bis morgen ein bundesweiter Kongress zum Thema „Gewalt gegen Frauen" statt, organisiert vom Autonomen Frauenhaus Lübeck. Schirmherrin ist unter anderem Frauenministerin Angelika Birk.

Auch wenn sich bei dem Kongress alles um Gewalt gegen Frauen dreht, geht dieses Thema gewiss nicht nur den weiblichen Teil der Bevölkerung an. Dennoch scheinen Männer wenig Interesse an der Problematik zu haben: Unter den 390 Anmeldungen für den Kongress sind nur 20 von Männern zu finden.

„Wir bedauern das sehr", erklärte Anke Kock vom Autonomen Frauenhaus Lübeck. „Wir hätten uns viel mehr Männer hier gewünscht." Der Aktionsdrang der Tagenden in der MuK wird dadurch aber nicht gedämpft. Bis morgen stehen Vorträge, Diskussionen und Arbeitsgruppen auf dem Programm. Zielgruppe sind die Mitarbeiter sozialer Institutionen wie den Jugendämtern oder den Beratungsstellen, aber auch Fachleute aus Justiz und Polizei.

Das Spektrum reicht von Therapiemöglichkeiten über die Jugendarbeit bis zur Frauenhausbewegung. Dabei finden sich zumindest unter den Referenten einige Männer, die sich etwa unter den Titeln „Ganze Männer brauchen keine Gewalt" oder „Was tun mit den Tätern?" äußern.

Für den Kongress konnten prominente Schirmherrinnen gewonnen werden. Zu ihnen gehört die schleswig-holsteinische Frauenministerin Angelika Birk (Grüne), die gestern deutliche Forderungen erhob. „Es muss endlich gesetzlich geregelt werden, dass gewalttätige Männer die Wohnung zu verlassen haben - und zwar prompt", so die Ministerin. Sie wies auf Untersuchungen hin, die ergeben hätten, dass jede dritte Frau durch ihren Partner Gewalt erfahre.

Die Beratungsstellen und 16 Frauenhäuser in Schleswig-Holstein würden mit jährlich 1,8 Millionen Mark vom Land sowie 2,7 Millionen Mark von den Kommunen unterstützt, sagte Birk. „Das ist nur ein Bruchteil der Kosten, die durch männliche Gewalt verursacht werden."

„Über die Einladung zum Kongress konnte ich mich nicht wirklich freuen - das Thema ist zu furchtbar", meinte eine weitere Schirmherrin, die Krimi-Autorin Doris Gercke („Bella Block"). „Aber weil so viele Frauen teilnehmen, wird sich vielleicht ja doch etwas ändern."

Auch von der Kirche wird der Kongress unterstützt. Hamburgs Bischöfin Maria Jepsen, ebenfalls Schirmherrin, schickte ein Grußwort. „Wir rechnen zwar nicht damit, dass Gewalt wirklich zu überwinden ist", heißt es da. „Aber dass sie gelindert wird und geahndet, erwarten wir."

Der Kongress endet morgen mit einer Podiumsdiskussion um 11.30 Uhr. Dabei werden unter anderem Bischöfin Jepsen, Ministerin Birk und Lübecks Sozialsenatorin Dagmar Pohl-Laukamp über Perspektiven zur Verhinderung von Gewalt gegen Frauen sprechen.

Engagierte Kämpferinnen gegen die männliche Gewalt: Anke Kock vom Autonomen Frauenhaus Lübeck, Frauenministerin Angelika Birk und die Schriftstellerin Doris Gercke (von links) auf dem Kongress in der MuK. Foto: FABIAN MATZERATH

aus Lübecker Nachrichten vom 8.10.1999

Das Autonome Frauenhaus, hier Marietta Bäumer (li.) und Anke Kock (re.), veranstaltet einen Kongreß über Gewalt. Schirmherrinnen sind Bischöfin Maria Jepsen (2. v. li.) und Ministerin Angelika Birk. Rechts vor ihr: Dagmar Pohl-Laukamp. Foto: STEFAN HORNI

Frauenhaus veranstaltet Kongreß zum Thema Gewalt

Bei aller Liebe...

Von LILIANE JOLITZ

Schleswig-Holsteins Frauenministerin Angelika Birk sagte dem Autonomen Frauenhaus Lübeck gestern „herzlichen Glückwunsch zu diesem Programm": Im Oktober veranstaltet der Trägerverein „Frauen helfen Frauen" in der MuK einen bundesweiten Kongreß. Unter der Überschrift „Bei aller Liebe . . ." geht es um das, womit sic das Autonome Frauenhaus seit 21 Jahren Tag für Tag beschäftigt: um Gewalt zwischen Männern und Frauen

Die Idee entstand im vergangenen Jahr, als das Autonome Frauenhaus 20 Jahre alt wurde. Bilanz der Arbeit: „Die Frauenhäuser sind immer noch voll", sagt Mitarbeiterin Marietta Bäumer. Mehr noch. „Die Intensität und Brutalität der Gewalt ist gestiegen." Daher will das Autonome Frauenhaus das Jahrzehnt damit abschließen, „neue Wege auszuprobieren", so Anke Kock. Früher habe der Verein provoziert, um Aufsehen zu erregen. „Inzwischen können wir auch den Dialog suchen." Oder „Herzen sprechen lassen", wie gestern bei der Pressekonferenz, wo es rot verpackte Marzipanherzen gab.

Mit der Schriftstellerin Doris Gercke und Bischöfin Maria Jepsen hat der Kongreß zwei prominente Schirmfrauen. Unterstützt wird er vom Bundesministerium für Familie, Senioren, Frauen und Jugend und vom Frauenministerium des Landes Schleswig-Holstein. Etwa 500 Gäste werden vom 7. bis zum 9. Oktober in der MuK erwartet. Alle Berufsgruppen sollen sich angesprochen fühlen, etwa Sozialpädagogen, Ärzte, Polizisten, Juristen und auch Journalisten.

Männer sind ausdrücklich willkommen. Sie sollten sich endlich mit dem Thema intensiv beschäftigen, sagte gestern Bischöfin Jepsen. „Denn fast immer sind Männer die Täter." Was Gewalt ist, darüber hat wohl jeder eigene Vorstellungen. Lübecks Sozialsenatorin Dagmar Pohl-Laukamp hält zwar nichts davon, in jedem Mann einen potentiellen Vergewaltiger zu sehen. Gewalt jedoch sei nicht auf körperliche Mißhandlung beschränkt. Vielmehr gebe es auch verhaltenere Formen, „Frauen unter Druck zu setzen".

Der Kongreß beschäftigt sich am ersten Tag mit Fragen wie zum Beispiel „Wie werden Frauen zum Opfer?" und einem Vortrag von Burkhard Oelemann (Männer gegen Männergewalt Hamburg) zum Thema „Lieber gewalttätig als unmännlich – Männliche Sozialisation und Gewalt". Am zweiten Tag sind fünf Foren vorgesehen, am dritten ist eine politische Diskussion geplant. Außerdem gibt es Ausstellungen, eine Ein-Frau Seifenoper, den Mißbrauchsfilm „Das Fest" und einen Kurzfilmwettbewerb ehemaliger Bewohnerinnen des Autonomen Frauenhauses.

Erst seit gestern liegt das Kongreß-Programm schriftlich vor. Dennoch gab es bei der MuK schon jetzt 400 Anfragen. Christiane Clausen vom Kongreßmanagement: „Ein sehr guter Rücklauf."

aus Lübecker Nachrichten vom 11.6.1996